스마트 물류 비즈니스를 위한

글로벌 공급사슬관리 2판

HB 한빛아카데미
Hanbit Academy, Inc.

스마트 물류 비즈니스를 위한 글로벌 공급사슬관리 2판

초판발행 2022년 8월 30일

지은이 김종락, 김시영, 신건철 / **펴낸이** 전태호
펴낸곳 한빛아카데미(주) / **주소** 서울시 서대문구 연희로2길 62 한빛아카데미(주) 2층
전화 02-336-7112 / **팩스** 02-336-7199
등록 2013년 1월 14일 제2017-000063호 / **ISBN** 979-11-5664-629-7 93320

책임편집 김현용 / **기획** 권오상 / **편집** 권오상
디자인 표지 이아란 / **전산편집** 인투 / **제작** 박성우, 김정우
영업 김태진, 김성삼, 이정훈, 임현기, 이성훈, 김주성 / **영업기획** 길진철, 김호철, 주희

이 책에 대한 의견이나 오탈자 및 잘못된 내용에 대한 수정 정보는 아래 이메일로 알려주십시오.
잘못된 책은 구입하신 서점에서 교환해 드립니다. 책값은 뒤표지에 표시되어 있습니다.

홈페이지 www.hanbit.co.kr / 이메일 question@hanbit.co.kr

Published by HANBIT Academy, Inc. Printed in Korea

지은이 김종락

현재 장안대학교 지식융합경영학부(구 유통물류경영학부) 유통경영과 교수로 재직 중이다. 경희대학교에서 경영학을 전공하였으며 동 대학원에서 경영학박사(Ph.D) 학위를 취득하였다. 유통물류 시스템 및 공급망관리 분야의 전문가로서 국내외 사회과학 전문학술지인 KIECA, KODISA, IJIPM, JIECR 등에 수많은 논문을 등재하였다. 한편 유통물류 분야 전문학회의 국제학술대회에서 "Best Paper Award"를 2차례 수상하기도 했다.

한국 휴렛팩커드 IPG Marketing, 글로벌 컨설팅사인 Deloitte Consulting 및 한국능률협회컨설팅(KMAC)에서 Expert 컨설턴트로 활동했으며, 2006년부터 최근까지 S-Oil, GSshop, GS홈쇼핑, GS autoOasis, Lotte.com, Interpark, Homeplus 등에서 기업 효율성 증진에 관한 프로젝트와 자문 활동을 수행하기도 하였다. 주요 저서로는 상권분석 실무(2014), 경제학 속의 유통(2015), 리테일마케팅(2016), 플랫폼 비즈니스시대의 온라인마케팅(2017), 국제물류와 SCM(2017), 마켓 4.0시대의 온라인 커머스전략(2019), 마켓 4.0시대의 마케팅(2019) 및 플랫폼 비즈니스를 위한 경영시스템(2020) 등이 있다.

지은이 김시영

경희대학교 학부를 마치고 고려대학교 대학원(MBA)을 거쳐서, 경희대학교 대학원에서 경영학박사(Ph.D) 학위를 취득하였다. 경희대학교와 동 대학원, 인제대학교와 동 대학원, 우석대학교, 계명대학교, 성신여자대학교 그리고 공공 교육기관인 세종시 인재평생교육진흥원에 출강 중이다. 비즈니스 매개 전문가로서 국내외 사회과학 전문학술지인 KABA, KRAIC, KACST, KASBS 등에 주로 비즈니스 논문을 등재한 바 있다.

한국보건산업진흥원, 새만금개발공사, 용인디지털산업진흥원, 세종테크노파크, 지방공기업평가원, 한국전기공사협회, 건국대학교 산학협력단, 전주비전대학교 산학협력단, 경기도청, ㈜메가원격평생교육원, ㈜엑스퍼트컨설팅, ㈜대웅제약, ㈜동화약품, 전주라마다호텔, 전북타임즈신문사, 영경의료재단 등에서 평가 및 프로젝트 그리고 경영 자문 활동을 수행하기도 하였다. 주요 저서로는 마켓 4.0시대의 마케팅(2019), 플랫폼 비즈니스를 위한 경영시스템(2020) 등이 있다.

지은이 신건철

현재 경희대학교 경영대학 교수로 재직 중이고 동 대학 경영연구원장을 맡고 있다. 경희대학교 정외과를 졸업하고 Georgia State University에서 경영학 석사 및 박사학위를 취득하였으며, ICI Co. Ltd.에서 시니어 컨설턴트로 활약하였고 Michigan State University, University of Vienna 및 저장대학교에서 연구교수로 근무하였다. 저자는 한국국제경영학회 회장을 역임함과 동시에 한국유통학회 부회장, 한국구매조달학회장, Asia Pacific Academy of International Business 회장을 역임하였다.

연구 활동으로는 유통연구, 경영학연구, 국제경영연구 뿐 아니라 미국, 일본, 유럽 등지의 저널에 마케팅전략, 로지스틱스, 글로벌 경쟁전략 및 신상품개발과 관련하여 수많은 논문을 발표한 바 있다.

저서로는 Marketing, Marketing Management; StrategicApproach, Strategic Management: Theory and Practice, 국제물류, 마케팅, 글로벌경영, 한국기업의 국제경영전략, 글로벌 비즈니스 시대의 국제물류와 SCM 등이 있으며, 현재도 국내 수많은 기업의 경영자문활동과 수많은 국책 연구프로젝트를 수행한 바 있다. 또한 현재에도 다수의 공공기관과 중견 · 대기업의 물류 인프라 관련 자문 및 글로벌 마케팅전략 수립에 관한 연구 프로젝트들을 담당하고 있다.

21세기 글로벌 경쟁시대 특히 비즈니스 영역에서 국제적 공급망을 통한 벨류체인 관리 그리고 국제 물류관리가 차지하는 비중이 더욱더 커지고 있다. 점차 글로벌 기업들은 소비자들이 원하는 가격으로 그들이 원하는 시간과 장소에 상품을 제공하지 못하면 경쟁에서 살아남기 힘들게 되고 있다. 이러한 측면에서 원재료 및 자재나 상품과 서비스, 그리고 관련 정보의 국가 간 이동에 수반되는 국제물류의 역할은 기업 경쟁력에 지대한 영향을 미친다. 특히 점차 다양화된 고객의 욕구를 충족시키기 위하여 다품종 소량생산과 적기 공급을 실현하는 효율적인 국제물류시스템을 구축할 필요성은 더욱 커지고 있다.

한편 우리나라는 미 · 중 · 일 · 러 세계 4대 강국을 주변에 두고 이들 국가를 정치 · 경제 · 문화적으로 연결하는 지정학적 육교에 위치해 있으며, 21세기 글로벌경제의 지정학적 동북아 지역의 중심에 있다. 뿐만 아니라 한 · 중 · 일 동북아 3국은 세계 경제의 5분의 1, 동아시아경제의 90%를 차지하고 있으며 그 비중은 점차 높아만 간다. 서울을 중심으로 반경 1,200km 내의 동북아시아 지역은 7억의 인구와 국내총생산(GDP) 총합이 5조 달러가 넘는 시장이며, 그 중심에 한반도가 있다. 전 세계적으로 볼 때도 한반도는 북미와 유럽 간 주무역항로의 중심에 있으며, 중국과 일본이라는 대규모 시장을 지척에 두고 있어서 국제물류의 중심지로서 천혜의 조건을 갖추고 있다. 이러한 사실은 우리나라가 동북아경제권, 나아가서는 글로벌경제의 허브국가가 될 수 있는 충분한 잠재력을 확보하고 있음을 의미한다. 따라서 신흥시장(emerging market)인 서해 경제권을 비롯하여, 동해를 가로질러 환태평양 경제블럭을 서로 연결하고 오대양 육대주로 진출하는 교두보로서의, 우리의 지정학적 이점을 극대화하는 다양한 국가전략이 절실한 시점이다.

이에 따라서 물류의 효율성이 국가의 경쟁력을 좌우하는 중요한 요소인 만큼, 물류 선진국으로 진입하기 위해 국가적 역량을 집중할 필요가 있다. 그러나 서점에서 물류 혹은 공급망관리와 관련된 도서의 양은, 경영학이나 무역학 등의 다른 분야와 비교가 안 될 정도로 적은 것이 우리의 현실이다. 이러한 현상은 비단 우리나라에만 국한된 것은 아니어서, amazon.com과 같은 웹사이트에서 'logistics' 또는 'global SCM' 등의 키워드로 검색되는 책의 숫자가 'e-business'와 같은 키워드로 검색되는 숫자에 비할 때 턱없이 적다. 전자상거래도 결국에는 물류활동이 수반되어야 비즈니스를 마무리할 수 있으며, 이는 1990년대 말 닷컴이 풍미했을 당시에도 실제 수입은 물류기업으로 흘러 들어갔다는 사실로도 증명된다.

이러한 맥락에서 본서의 저술은 국제물류의 다양한 측면과 이론적 · 실제적 이슈들을 정리하여 소개하려는 동기에서 비롯되었다. 다행스럽게도, 저자들은 전 세계 16개국의 언어로 번역 출간된 "International Logistics"의 저자인 Douglas Long 교수의 이론적 기틀을 바탕삼아 본서의 기본적인 방향을 설정할 수 있게 되었다. 이 자리를 빌려서 San Francisco State University의 Long 교수에게 다시 한번 감사하는 바이다.

한편, 본서는 국제물류 이론을 바탕으로 글로벌 공급사슬관리 중심의 이론에 대한 실제를 전략과 관리(strategy and management)라는 큰 틀에서 내용을 다룬다. 또한 본서의 내용이나 사례는 단순한 사실의 나열에서 벗어나 종합적인 관점을 다루고자 노력하였다. 특히 외국의 사례뿐만 아니라 우리나라 실정에 맞는 내용과 사례를 본서 각 부문(Chapter)에 추가하여, 이론의 단순한 나열에만 그치지 않도록 집필하였다. 즉, 이론을 통해 국제물류의 각 이슈에 대한 논리적 구조를 명확히 하고, 학습된 본문과 연관된 도입사례와 글로벌 학습사례를 통해 보완 학습함으로써, 숲과 나무를 동시에 볼 수 있는 균형 잡힌 시각을 제공하고자 노력하였다.

더불어 독자들이 본서를 활용해 이론과 더불어 연관 사례들을 접목하여 응용된 학습을 이어나간다면 현재 벌어지고 있는 각 분야에서 국가간 공급사슬에 대한 이슈를 분석하고 미래를 예측할 수 있는 통찰력을 가지게 될 것이다.

위와 같은 내용을 통해 본 저자들의 바람은 본서가 학문으로서 경영학, 무역학 등에서 다루는 물류관리, 로지스틱스, 공급사슬관리 등과 같은 과목들을 위한 학업 도서로서 충분히 활용되기를 바라는 마음에서 집필하였다. 또한 본서에서 제공하는 각종 제반 사항들은 대학생뿐 아니라 물류업이나 국제물류, 무역업에 종사하는 직장인들의 영역에서 전문업무를 깊이 이해하는 데에도 큰 도움을 줄 것이다. 특히 물류관리사와 같은 국가공인자격증을 취득하려는 사람들에게 참고도서로 활용될 수도 있다.

이를 통해 본서는 독자들이 비즈니스 물류와 공급사슬 이슈에 대해 더 쉽고 현실적으로 이해할 수 있도록 하는 데 중점을 두었다. 더불어 내용 전반에 걸친 물류시스템의 구성 개념을 분야별로 학습할 수 있도록 구성하였다.

이를 위해 전체 구성은 총 4부 12장으로 구분하여 물류체계에 대한 접근을 시도하였다. 서론에 해당하는 제1부에서는 물류시스템의 기본 구성에 대한 기본 이론을 시작으로 물류의 개념과 역할 그리고 물류시스템의 구조에 대한 이론들을 설명하였다. 제2부에서는 글로벌 공급사슬관리 전략에 대한 전반적인 개념과 시스템 형식, 그리고 비즈니스 영역에 관해 설명하였다. 본 부문에서는 특히, 글로벌 공급사슬관리 SCM의 전략구축에 관한 이론을 중점으로 설명하였으며 이에 관한 이론적 사례를 고찰하였다. 제3부에서는 전략적 물류계획과 복합수송전략에 관해 설명하였는데, 일반적으로 다루어지고 있는 운송계획과 전략, 복합수송과 항만 및 공항 그리고 국제운송 수단에 대한 개념도 심화하여 고찰하였다. 마지막 제4부에서는 국제물류시스템에 대한 전반적인 부분을 고찰하였는데, 특히 국제물류에 있어서 중개 · 제휴활동, 그리고 재고관리와 국제물류의 정보시스템 영역에 대해 다루었다. 더불어 정보관리 측면에서 기술과 비즈니스 모형이 급변하고 있는 측면을 파악하고 정보시스템이 제공하는 혜택과 기술에 대한 미래의 해결과제를 고찰하며 마무리하였다.

본서가 나오기까지 많은 분의 도움과 지원이 있었다. 특히 촉박한 일정에도 불구하고 책이 완성되기까지 밤낮없이 애써주신 한빛아카데미 편집부 관계자분들에게도 깊은 감사를 드린다. 아무쪼록 본서가 독자들에게 물류의 중요성을 새삼스럽게 인식하는 계기가 되었으면 한다. 또한 본 책으로 말미암아 대한민국이 국제물류의 중심지로 도약하는 데 미미한 디딤돌이라도 된다면 저자들은 매우 행복할 것이다.

2022년 8월, 청명한 가을을 맞이하는 길목에서

저자 일동

PART 01 물류시스템의 기본 구성

PART 02 글로벌 공급사슬 관리의 전략적 이해

PART 03 전략적 물류계획과 복합수송전략

PART 04 국제물류시스템

스마트 물류 비즈니스를 위한

글로벌 공급사슬관리 2판

PART

01 물류시스템의 기본 구성

물류의 개념과 역할

INTRODUCTION CASE

고속도로 고가하부, 철도역사 유휴부지… 생활물류시설로

LEARNING CASE

흑해항 언제 열리나… 발 묶인 밀 2천 500만t 거취에 시선 집중

Chapter

01

INTRODUCTION CASE

고속도로 고가하부, 철도역사 유휴부지... 생활물류시설로

정부가 도심과 가까운 고속도로 고가하부나 철도역사 유휴부지 8곳을 생활물류시설 용지로 공급한다. 급증하는 택배 물량 처리를 지원하기 위해서이다. 국토교통부는 한국도로공사 · 한국철도공사 · 서울문산고속도로 · 신공항하이웨이 등 4개 기관과 함께 공공유휴부지에 생활물류시설을 조성할 택배사업자를 18일부터 모집한다고 밝혔다. 공급되는 유휴뷰지는 도심 8개소, 총 5만3,000㎡ 규모이다. 고속도로 고가하부 4개소(1.8만㎡)와 철도역사 4개소(3.5만㎡)가 공급된다.

택배 사업자 선정을 위해 4개 기관에서 합동으로 사업계획서를 평가해 적격업체(80점 이상)를 결정하고 경쟁입찰을 추진한다. 택배종사자 과로방지를 유도하기 위해 종사자 휴게시설 및 자동분류기 설치 여부 등 근로여건 개선 정도를 평가하고, 아울러 주변 경관을 고려한 가림막 등 지역주민 불편 최소화 노력도 평가한다. 입주 대상업체는 도심 내 물류시설 확충이 필요한 택배사업자로, 중소 · 중견업체는 업체선정 시 가점을 부여해 우대한다.

오송천 국토교통부 첨단물류과장은 "물류업계가 도심 내 물류시설 확보에 어려움을 겪고 있는 상황에서 이번 공공 유휴부지 공급이 도시 물류망 구축에 도움이 될 것으로 기대한다"라면서 "앞으로도 적재적소에 물류시설이 지속해서 공급되도록 노력하겠다"라고 밝혔다.

표 1-1 (공급부지) 고속도로, 철도 등 유휴부지 8개소(5.3만㎡)

명칭	위치	가용면적(m^2)	관리 기관
양노3교 하부	경기 화성	2,811	한국도로공사(www.ex.co.kr)
강릉IC 4,5,6교 하부	강원 강릉	6,100	
장도교 하부	인천 서구	1,186	신공항하이웨이(주)(hiway21.com)
서문15교 하부	경기 고양	7,500	서울문산고속도로(주)(www.sm-hi.co.kr)
이원역 인근	충북 옥천	6,077	한국철도공사(www.korail.com)
용문역 인근	경기 양평	3,505	
점촌역 인근	경북 문경	5,875	
구(舊) 남원역 인근	전북 남원	19,509	

전자신문 기사 편집(2022. 1. 17.)
https://www.etnews.com/20220117000142

1.1 | 물류란 무엇인가?

당신이 세계 최대 규모 기업 중의 하나인 GM(General Motors)의 물류관리자로 채용되었다고 생각해보자. 그렇다면 당신에게 물류관리란 과연 무엇을 의미하는가? 우선, GM은 전 세계에 흩어진 여러 지역으로부터 부품을 공급받는다. 그리고 전 세계에 산재해 있는 공장에서 자동차를 조립하고 또 전 세계를 대상으로 자동차를 판매한다. 자동차 모델 하나를 제작하기 위해서는 수천 가지 부품이 소요된다. 한 가지 모델에도 이렇게 많은 부품이 필요한데 GM은 승용차, 트럭, 승합차, 특장차 등 수백 가지의 모델을 제작한다. 따라서 누군가 이 모든 부품과 자동차의 운송을 담당하여 적시에 적소로 이동할 수 있도록 해야 한다.

이러한 물류에 관한 작업은 주목받는 화려한 일은 아니지만, GM의 예에서도 볼 수 있듯이 대부분의 사람이 생각하는 것보다 훨씬 더 중요한 일이며 때로는 기업의 흥망을 결정짓는 일이 될 수도 있다. 우리가 먹는 음식은 아주 먼 곳에서 운송되어 오는 경우가 많다. 식료품 운송을 원활하게 처리할 수 있는 역량을 갖추고 있지 않다면 우리 모두 큰 위험에 처하게 될 것이 분명하다. 우리 가정에서 볼 수 있는 모든 물품은 각각 다른 곳에서 온 것이다. 물류는 또한 이러한 물품을 합리적인 가격에 구매하는 것을 가능케 해준다. 경영학자인 Peter Drucker는 "물류가 경제의 음지(the economy's dark continent)로 인식되어 많이 간과되고 있으나, 실제로는 가장 유망한 사업 부문"이라고 말한 바 있다. 그가 1962년에 이렇게 설명했으나 기업들은 여전히 물류를 효과적으로 이용하는 방법에 대해 배우고 있다.

물류는 목적지로 화물을 운송하는 작업이다

물류의 정의에 대해 논란의 여지가 없는 것은 아니다. 미국의 CLM(Council of Logistics Management)은 물류를 "물품, 서비스, 그리고 관련 정보를 소비자의 욕구(needs, 니즈) 충족을 위해 원천지에서 소비지로 효율적이고 효과적으로 이동 및 저장하는 과정을 계획, 실행, 통제하는 공급사슬(supply chain) 프로세스의 일부분"이라고 정의한다. 이 정의에는 여객운송은 포함되지 않은 점에 주목하자. CLM이 정의한 물류는 좀 더 정확히 말하자면 비즈니스 물류(business logistics)라고 할 수 있다. 그러나 물류 전반을 고려할 때는 사람의 이동도 포함되어야 한다.

Council of Logistics Management에서 정의한 물류

물품, 서비스, 그리고 관련 정보를 소비자의 니즈 충족을 위해 원천지에서 소비지로 효율적이고 효과적으로(efficiently and effectively) 이동 및 저장하는 과정을 계획, 실행, 통제하는 공급사슬 프로세스의 일부분

사람을 이동시키는 물류는 화물을 이동시키는 것과 근본적으로 다르다. 바로 이러한 이유에서 비즈니스 물류와 일반 물류를 구분하는 것이 중요하다. 화물운송에는 소유(ownership)의 문제가 수반된다. 화물은 스스로 움직이지 않지만, 사람은 스스로 결정을 내리고 자신의 의사에 따르게 된다. 또한 사람은 보통 왕복 이동을 하지만 화물이 왕복운송되는 경우는 거의 없다. 화물은 한 장소에서 다른 장소로 이동하는 과정에서 형태가 변화하기도 한다. 이동 패턴에도 차이가 있다. 사람이 이동하는 장소는 일반적으로 휴가지 또는 대도시 지역이지만 화물은 원재료 산지에서 산업공단으로, 그리고 마지막으로 소비를 위해 대도시 등의 지역으로 이동된다. 운송수단(transportation modes) 역시 다르다. 도로, 철도, 해운산업은 화물과 여객 수송 모두를 위해 존재하지만, 이들 운송수단이 여객과 화물을 동시에 수송하는 일은 드물다. 이러한 맥락에서 볼 때 항공화물은 대부분 비행기(여객기, passenger airlines)로 운송된다는 점에서 독특하다고 할 수 있다.

한편 공급사슬관리(Supply Chain Management: SCM)는 물류를 한 단계 고도화한 것이라고 할 수 있다. 공급사슬은 물품을 단순히 한 장소에서 다른 장소로 이동시키는 것이 아니라 원천지(예컨대, 광물 채취 시점에서 시작)에서 최종 소비지까지 이동시키는 것을 의미한다. 책을 예로 들어보자. 책은 인쇄소에서 인쇄되어 제본소에서 제작되고 인쇄소는 제지회사에서 종이를 구매한다. 제지회사에서 종이를 운송하는 것이 물류의 한 부분이다. 제지회사에서 한 걸음 뒤로 물러나 살펴보면 종이는 펄프회사에서 온 것이고 펄프는 벌목회사에서 온 것이다. 이러한 부분을 모두 연결하면 공급사슬이 되는 것이다.

Council of Logistics Management에서 정의한 공급사슬관리

공급사슬 내 개별기업과 공급사슬 전체의 장기적인 성과 개선을 목적으로 특정 기업의 여러 가지 비즈니스 기능에 걸쳐서, 그리고 공급사슬 내의 여러 가지 비즈니스에 걸쳐서 전통적인 비즈니스 기능과 전술을 체계적이고 전략적으로 조율하는 작업

1.2 | 물류의 목적은 무엇인가?

물류는 필요한 곳으로 물품을 이동하는 것에 관한 것이지만 운송과 동일한 것은 아니다. 운송도 중요하기는 하지만 물류는 이보다 훨씬 더 광범위한 의미를 포괄한다. 물류 부문의 권위자인 Donald Bowersox와 David Closs에 따르면 물류는 운송과 관련된, 그리고 운송을 통제하기 위한 많은 활동을 조율하는 작업을 필요로 한다. 여기에는 물류 네트워크 설계, 정보, 운송, 재고 및 창고관리 등이 포함된다.

- 네트워크 설계(network design) : 최적의 물류 네트워크 구축을 위해 기업이 자사와 여타 관계 조직을 조직화하는 방법
- 정보(information) : 물류 운영의 조율을 위해 요구되는 정보의 생성, 유통 및 관리
- 운송(transportation) : 물품의 물리적 이동
- 재고(inventory) : 물품(원자재, 재료, 부품, 반제품, 완제품 등) 저장
- 창고관리, 자재 취급, 포장(warehousing, material handling, and packaging) : 물품의 취급 및 물리적 관리

Bowersox와 Closs는 물류시스템의 여섯 가지 운영목적을 다음과 같이 설명했다.

- 신속한 대응(rapid response) : 기업은 변화 또는 새로운 상황에 신속하게 대응할 필요가 있다. 고객이 필요로 하는 것을 제공할 수 있는 능력이 사업 성공의 비결이 된다.
- 변동 최소화(minimum variance) : 납기(delivery time)와 같은 시스템 성능지표는 일관성이 있어야 한다.
- 재고 최소화(optimal inventory level) : 재고관리에는 많은 비용이 소요되므로 그 규모를 적정수준으로 유지할 수 있어야 한다.
- 이동 통합(movement consolidation) : 작은 규모의 운송품목들을 통합함으로써 그 규모를 확대하고, 운송의 빈도를 줄임으로써 운송비를 절감할 수 있다.
- 고품질(high quality) : 제품뿐만 아니라 물류서비스도 품질기준을 설정하고 이를 준수해야 한다.
- 라이프사이클 지원(life cycle support) : 이는 납품뿐만 아니라 반송품의 처리도 포함한다. 불량품 반송, 포장재와 제품의 재활용 등도 이에 포함된다.

물류는 단순히 물품을 필요한 곳으로 이동시키는 것만을 의미하지 않는다. 언제든지 고객을 쟁탈해가려는 경쟁사와 경쟁하는 환경에서 고객지향적인 서비스를 제공해야 한다. Bowersox와 Closs에 따르면 "물류의 총체적인 목적은 최저비용으로 고객서비스 수준을 달성하는 것"이다. 물류의 정의에는 '효과적이고 효율적인'이라는 말이 항상 포함되어 있다. 효과성 및 효율성을 판단하기 위해서는 신뢰성, 속도, 정보흐름, 비용 및 통제를 포함하는 몇 가지 기준을 설정할 수 있다.

제품의 품질에는 한계가 있으나 물류는 이를 보완하여 더 많은 가치를 창출할 수 있다. 최고 품질의 제품을 생산할 수 있으나 제품의 기능에는 분명히 한계가 있기 마련이다.

예를 들어, 피자 배달을 생각해보자. 피자 배달의 역사가 분명하지는 않으나 피자 가게가 가장 맛있는 피자를 만드는 데 한계를 느끼는 시점이 있을 것이다. 과거에는 없었던 피자 배달서비스는 바로 품질의 한계에 직면하여 피자 가게가 제공하는 추가적인 가치로 볼 수 있다. 기업들은 자사가 생산할 수 있는 최고 수준의 품질을 생산할 수 있게 되면 또 다른 측면에서 경쟁우위를 구축해야 한다. 여기에는 물류, 즉 배달서비스, 적시 배달, 적절한 재고수준 등을 생각해 볼 수 있다.

한편 몇 가지 용어에 대한 정의를 더 명확히 해야 할 필요가 있다. 먼저 자재흐름관리(material management)는 투입자원과 관련하여 기업이 수행하는 작업을 의미한다. 다시 말해, 원자재 또는 부품과 같은 자재를 구매하는 방식, 자재구입 후 취급 및 배달방식 등을 의미한다. 그리고 비즈니스 물류(business logistics)는 기업 전반에 거쳐 물류의 역할을 강조하는 용어로서, 최첨단방식으로 재무, 마케팅과 같은 기업의 운영기능(functional elements)들을 물류기능으로 통합하는 것을 의미한다.

예를 들어, 운송 결정은 재무 및 마케팅에 영향을 미칠 것이고, 비즈니스 물류는 이러한 영향 관계에 대한 인식을 도모하고, 재무와 마케팅과 같은 기능 부문이 처음부터 물류 관련 의사결정에 참여하도록 한다.

통합물류(integrated logistics)도 이와 유사하지만, 공급업체와 고객과의 조율의 필요성을 강조한다.

이처럼 목적지로 물품을 운송하는 것이 왜 그렇게 어려운 작업인가? 수월한 일처럼 들릴 수도 있지만 실제로 이는 매우 어려운 일이다. 한 기업 내에서 여러 부서가 공동작업을 하도록 하는 것만 해도 충분히 어려운 일이다. 그런데 물류에는 다른 업체와의 상호작용이 필연적으로 수반된다. 따라서, 효과적인 물류를 위해서는 외부업체 및 조직, 개인과의 조율이 필요하다. 외부조직/외부인들이 한 기업의 필요에 의해 움직이도록 해야 하는 것이 바로 물류가 왜 어렵고 그만큼 어렵고 복잡한 작업인지를 설명해 주는 부분이다.

그림 1-3 통합물류

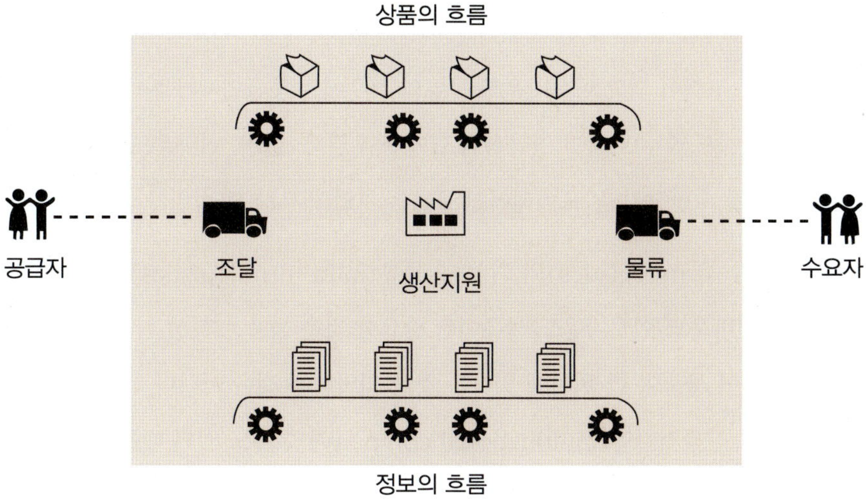

그럼에도 불구하고 통합물류가 제대로 실행되기 어려운 이유는 많은 작업과 비용이 소요되기 때문이다. 다른 업체들을 또는 한 기업 내 다른 부서를 조율하기 위해서는 관리자원과 시간이 투입되어야 하며 프로세스와 시스템도 재설계되어야 한다. 이러한 투자는 이에 상응하는 성과가 가시화될 때 정당화될 수 있다.

또 한 가지 혼란을 일으키는 용어에는 기업의 기본적인 기능(주요 활동 영역)을 의미하는 '운영(operations)'이 있다. 한 예로 Siemens의 경우라면 운영이 전기제품 생산을 의미할 것이다. 그러나, Siemens에서는 물류, 인력관리, 재무 등은 운영이라는 기능에는 포함되지 않을 것이다. 이들 부문이 기업의 성공을 위해 중요하기는 하지만 Siemens가 물류관리를 위해 사업을 하는 것은 아니다. 이러한 이유에서 종종 혼란이 발생한다. 많은 교재와 대학에서 물류를 운영의 일부로 간주하고 있기 때문이다. 실제로 물류는 인사, 재무 등과 같이 운영기능에 대한 지원역할을 하는 기능(supporting functions)이다. 물류가 기업의 운영 부문이 되는 경우는 해당 기업이 물류/운송업체인 경우에 국한된다.

기업의 관점에서 물류를 살펴보면 물류는 다음과 같은 세 가지로 구분이 가능하다.

첫째, 인바운드 물류(inbound logistics)에는 구매 및 자재흐름관리가 포함된다.

둘째, 자재흐름관리와 매우 밀접한 관계에 있는 오퍼레이션 물류(operations logistics)는 물류가 운영에 영향을 미치게 되는 메커니즘을 강조한다.

셋째, 물리적 유통으로도 알려진 아웃바운드 물류(outbound logistics)는 물품이 실제로 고객에게 배달되는 방식을 의미한다.

인바운드 물류의 경우 그 기업은 고객이 되고 아웃바운드 물류의 경우에는 공급업체가 된다. 한 기업의 목표 달성 능력은 구매업체 또는 공급업체로서의 영향력에 크게 좌우된다. 한편, 인바운드/아웃바운드 물류는 다른 업체와의 상호관계를 수반하지만, 오퍼레이션 물류는 기업 내부로 그 범위가 국한된다.

또한, 물류를 기업 간 물류(inter-firm logistics)와 기업 내 물류(intra-firm logistics)로도 구분해 볼 수 있다. 기업 간 물류이건 인바운드/아웃바운드 물류이건 중요한 것은 물품은 항상 한 기업에 속하게 된다는 것이다. 그러나, 이것이 물품이 한 위치에 있다는 것을 의미하는 것은 아니다. 그 기업이 전 세계에 생산 시설을 갖춘 대규모 다국적기업(multinational company)일 수도 있기 때문이다.

이처럼 물류의 기본 개념을 바탕으로 물류관리와 SCM 관점에 대한 접근법에 있어 본서는 주로 비즈니스 관점에서 물류를 고찰하고자 한다.

여기서 비즈니스 관점이란 비즈니스에 영향을 미치는 물류적 측면을 검토하는 것을 의미한다. 예를 들어, 주어진 물류 의사결정과 관련된 재무비용, 물류시스템을 설계하는 데 있어서 마케팅의 역할 등이 이에 해당한다. 비즈니스 관점과 대비되는 접근법에는 엔지니어링/오퍼레이션 관점이 있다. 이러한 관점은 비즈니스가 아닌 물리적/정량적 측면을 강조한다. 또한 비즈니스 관점이 고객의 니즈에 더 많은 중점을 두지만 엔지니어링/오퍼레이션 관점은 시스템설계를 위한 최적의 대안을 모색한다.

이들 두 가지 관점은 모두 중요하며 물류에 대한 타당한 관점이므로, 본서에서는 비즈니스 관점을 중심으로 하되, 때에 따라서 엔지니어링/오퍼레이션 관점에서의 이슈들도 소개한다.

국제물류를 접근하는 방법도 여러 가지 이유에서 특별하다. 우선, 전 세계에 걸쳐서 비즈니스환경은 다양하다. 문화도 각양각색이어서 비즈니스와 물류관리에 영향을 미친다. 이러한 맥락에서 문화의 역할은 응당 받아야 할 관심을 받지 못한 부분이다.

물류에 대한 기본적인 관점 역시 국가별로 상이하다. 프랑스에서는 물류를 운영과 같이 다루며 운영관리와 물류관리 간에 큰 차이를 두지 않는다. 러시아의 경우 물류 분야가 크게 발전되어 있지 않은 관계로, 러시아대학에서 물류라는 용어를 사용하는 강의를 찾아보기 힘들다. 일본에서는 물류가 경제발전에 있어서 중요한 요인으로 간주되어 왔다.

그림 1-4 비즈니스 물류시스템

The Business Logistics System
Accounted for 10.1% of Current GDP in 2021

Carrying Costs-$1.485 Trillion All Business Inventory		$ Billions
Interest		95
Taxes, Obsolescence, Depreciation, Insurance		204
Warehousing		78
	Subtotal	377
Transportation Cost		
Most Carriers: Truck-Intercity		323
Truck-Local		158
	Subtotal	481
Other Carriers: Railroads		36
Water (International 18, Domestic 8)		26
Oil Pipelines		9
Air (International 8, Domestic 19)		27
Forwarders		6
	Subtotal	104
Shipper Related Costs		5
Logistics Administration		39
	Total Logistics Cost	**1006**

Source: Cass Information Systems, Inc./ProLogis

물류에 얼마나 많은 비용이 소요되는가? 이 질문은 간단한 것처럼 들리지만 물류를 어떻게 정의하느냐에 따라서 다양한 답변이 제시된다. 이 Fortune지는 2000년에 미국 내 모든 상품가격의 10%가 물류비용이라고 인용했으며, Cass Logistics 사는 2004년 기준 미국에서 GDP의 10.7%가 물류비용을 충당하는 데 소요되며, 미국에서의 총 물류비용은 6,000억 달러에 이르고 이는 국방비의 두 배라고 추정했다. 그뿐만 아니라 William Copacino는 국제물류비용이 제품 판매가의 25~35%를 차지하는 반면에 국내 운송비는 8~10%에 그친다고 설명했다.

글로벌경제의 관점에서 볼 때 물류비용을 통제하는 것이 국제사업의 성패를 좌우하는 중요한 요소인 만큼 물류비용은 매우 중요한 것이다. 반가운 소식은 물류비용이 감소하는 추세라는 것이다. Michigan State University의 연구 조사에 따르면 1990년대 후반기에 이르러 물류비용이 3.6% 감소했으며 이후 점차 최근까지 감소하는 현황이다.

그러나, 물류비용이 감소했다고 해서 물류의 중요성도 감소하는 것이 아니다. 물류비용의 감소와 더불어 기업의 효율성은 더욱 개선되었다. 반면 최근의 또 다른 연구 결과에 따르면 이러한 물류비 감소 추세는 반전되어 물류비가 증가하고 있으며 그 이유로 기업의 효율성이 떨어져서가 아니라 기업이 보다 신속한 배달을 위해 저렴한 해상운송보다는 항공운송을 선택하고 있기 때문이라는 연구 결과가 발표된 바 있다. 다시 말해서 물류 담당자가 저렴한 운송비보다는(보다 신속한 배달을 통하여) 더욱 우수한 고객서비스 달성을 선택하고 있다는 것이다.

그림 1-5 GNP 대비 유통, 운송, 재고비용지수

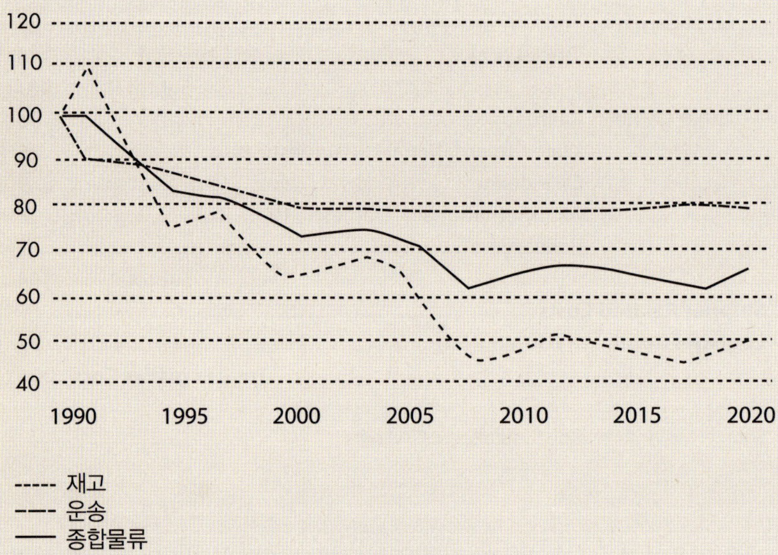

Source: Cass Information Systems, Inc./ProLogis

물류비용은 주로 다음과 같은 세 가지 요소에 의해 결정된다. 첫째, 경제활동과 교역의 수준이 그것이다. 구매량이 많아질수록 물품의 운송량에 직접적인 영향을 미친다. 두 번째 요소는 효율성이다. 물류시스템이 효율적일수록 물류비용을 더 많이 절감할 수 있을 것이다. 마지막으로 서비스로의 전환이다. 선진국에서는 물품에서 서비스로 초점이 이동되고 있다.

사람들이 원하는 물품은 줄어들고 여행, 오락과 같은 서비스를 더 많이 원한다. 이러한 추세는 물류 수요에 두 가지 상반된 영향을 미친다. 즉, 물품 구매량이 감소하여 물품의 이동을 줄이지만, 보다 신속하고 효과적인 배달, 보다 특화된 상품, 보다 다채로운 다양성에 대한 요구가 커짐에 따라 물류 니즈가 고도화되고 있다.

1.3 | 지역 내 물류평가

앞에서는 비즈니스 관점에서 물류를 살펴보았으나 이제 한 차원 높은 관점에서 이를 고찰해보자. 비즈니스를 하다 보면 비즈니스 파트너의 역량을 파악할 필요가 있을 때도 있고 사업 추진 지역에 대해 알고자 할 때도 있다. 물류 역량과 관련된 사업평가는 나중에 다루게 될 것이고 지금은 한 지역을 어떻게 평가할 것인가에 대해 논의한다.

특정 국가 혹은 지역은 물류자산 및 역량 측면에서 평가될 수 있는데 이를 지역 내 물류평가(regional logistics assessment)라고 한다. 전 세계적으로 볼 때 어떤 지역은 그 지역의 번영에 기여하는 우수한 물류자산을 보유하고 있는가 하면, 또 어떤 지역은 빈곤하고 경제적으로 또는 다른 이유에서 어려움을 겪고 있다.

이러한 맥락에서 지역 내 물류평가는 중요하다. 지역 내 평가에서는 지리, 물리적 인프라, 제도적 인프라와 같은 물류자산을 검토하게 된다.

지리(geography)

어떤 지리적 특색은 자연적인 도움이 되지만, 장애물이 되는 지리적 특색도 있다. 만(bay)과 같은 자연적 항구는 해당 국가에 매우 중요한 자산이 된다. 전 세계적으로 유명한 도시 중 많은 경우가 자연항구를 중심으로 발전된 도시이다. 대표적으로 Istanbul, Rotterdam, Bombay, San Francisco 등을 예로 들 수 있다. 내륙에의 접근가능성은 육상운송 역량을 의미한다. 견고한 대지로 이루어진 평지는 최상의 조건이지만 이와 반대로 산지나 늪은 육상운송을 어렵거나 불가능하게 한다. 중부 유럽과 미국은 우수한 지리조건의 혜택을 누리고 있다. 독일의 Ruhr Valley와 미국의 Ohio Valley를 중심으로 산업이 발달한 것도 바로 이러한 이유에 기인한 것이다. 한편, Chad는 세계에서 가장 빈곤한 국가이다. 이 국가는 바다로 직접 연결되는 육로도 없이 200마일 남짓한 도로가 있을 뿐이다.

물리적 인프라(physical infrastructure)

아무리 천혜의 지리적 조건을 갖추었더라도 도로, 항만, 공항과 같은 인프라가 구축되어 있지 않다면 그러한 조건의 혜택을 받을 수 없다. 공공 인프라는 국가의 경쟁우위에도 막대한 영향을 미친다. 어떠한 기업도 좋건 나쁘건 그 기업이 위치한 국가의 인프라의 영향을 피할 수는 없다. 또한 인프라 구축에는 수년, 수십 년이 소요된다. 그러나 일단 구축이 되어 오랜 시간 지속되면 철거가 어렵다. 전쟁이나 민족분쟁이 항만과 도로를 부분적으로 파손할 수 있을 것이다. 인프라는 금융 위기와 같은 상황에서 정부가 수년간 방치를 해도 잘 사라지지 않는다.

특정 무역블록 내 가용 인프라와 최첨단시스템(운송 및 교역시설을 포함하여)의 격차가 클수록 교역 및 경제성장 기회의 상실이라는 측면에서 해당 무역블록의 손실이 더 커지게 된다. – T.R. Lakshmanan, "Trade and Trade Facilitation: An Overview," in Integration of Transport and Trade Facilitation: Selected Regional Case Studies, World Bank Report, Washington DC, 2001, p. 7.

인프라에는 두 가지 유형이 있다. 교량과 도로와 같은 매크로(macro) 인프라와 도로 표시 시스템과 같은 마이크로(micro) 인프라가 그것이다.

제도적(법적/비즈니스) 인프라

물류시스템의 물리적 부분이 모두 구축되고 나더라도 제도적 인프라 구축이라는 과제가 남는다. 현대적 비즈니스를 운영하기 위해서는 법적 제도와 아울러 교역 및 통상에 관한 규정, 세관원, 비즈니스 계약 시행을 위한 법/제도의 정비 등이 필요하다. 또한 은행 등 금융기관이 자금조달 역할을 해야 한다. 이처럼 무역과 물류는 기업과 정부가 제공하는 다양한 서비스를 필요로 한다. 이러한 서비스가 제공되지 않는다면 아무리 우수한 인프라를 갖추고 있더라도 사업 운영을 통한 수익 달성이 어려울 것이다. 일반적으로 경제적으로 잘 발전된 선진 지역에는 적절한 법적 시스템이 구축되어 있으며 우수한 물류 서비스가 제공된다. 개도국은 필요한 서비스를 제공하기 위해 은행, 화물운송업체, 투자기관 등을 자력으로 구축하거나 혹은 외부로부터 유치하고자 노력한다.

앞서 논의한 다양한 이유에서 어떤 국가는 다른 국가에 비해 훨씬 더 강력한 경쟁력을 보유하고 있다. 전반적인 상황은 물류에 투입된 자금규모를 통해 검토할 수 있다. 한 연구 조사 결과에 따르면 물류비 지출을 기준으로 가장 효율적인 국가에는 미국(10.5%), 프랑스(11.1%), 이탈리아(11.3%), 네덜란드(11.3%)가 있다. 또한 물류비용 개선의 기회가 큰 국가에는 독일(13%), 스페인(11.5%), 멕시코(14.9%), 일본(11.4%) 등이 해당하는 것으로 나타났다. 예리한 독자라면 위의 수치가 꽤 크다는 것을 파악했을 것이다. 이러한 통계 수치는 전체 국가 차원의 지출을 나타내는 것으로서, 여기에는 여객 수송을 비롯하여 모든 형태의 운송을 포함한 것이다. 예를 들어, 미국의 일반 제조업체의 경우 운송비가 총비용의 4%를 차지하지만, 업종에 따라 이 수치도 크게 다르다.

한 기업체의 물류분석에 있어서 가장 기본적인 단위가 되는 것은 성능주기(performance cycle)이며 이를 고객주문처리주기(fulfillment cycle)라고도 한다. 이는 고객으로부터의 수요를 인식한 시점에서부터 고객에게 물품 또는 서비스를 제공하기까지의 모든 활동으로서, 송장(invoice) 또는 이와 유사한 수금을 위한 문서처리를 끝으로 완료된다. 성능주기의 간단한 예를 들어보자. 직장에서 일하고 있는데 의자가 고장 났다고 생각해보자. 그러면 사무용품업체에 전화하여 의자를 주문할 것이다. 의자 없이 책상에서 일하는 것은 불가능하므로 익일 배달을 위해 추가 비용을 부담할 것이다. 다음날 속달업체가 새 의자를 배달하게 되면 성능주기는 의자를 주문한 시점에서 시작하여 의자가 도착한 시점에서 완료된다. 성능주기 동안에는 여러 가지 활동이 동시다발적으로 진행되는데, 이를 크게 다음 세 가지 채널로 나누어 볼 수 있다.

- 거래(transaction) : 물품의 구매 및 판매
- 유통(distribution) : 물품의 물리적 이동
- 문서화/커뮤니케이션(documentation/communication) : 거래 및 관련 정보의 커뮤니케이션에 따른 서류/문서 및 이에 필요한 작업

실제로 세상의 모든 일은 차질 없이 진행되는 경우가 드물다. 즉, 많은 경우 오류가 발생하게 된다. 그러므로 물류의 또 다른 목적은 문제를 해결하고 오류를 시정하는 것이다. 성능주기의 궁극적인 목적은 완벽한 주문(perfect order)으로서, 이는 모든 주문이 항상 완벽하게 처리되는 것을 의미한다. 식품점이나 백화점을 갈 때마다 항상 원하는 제품이 무제한의 수량, 색상, 사이즈로 구비되어 있는 경우는 거의 없다. 이처럼 물류의 또 다른 측면은 완전한 복구로서 고객이 오류를 인식하거나 오류로 인한 불편을 겪기 전에 오류를 시정하는 것이다. 누구나 한 점포에서 특정 제품을 찾았으나 그 점포에는 재고가 없고 멀리 떨어진 다른 점포에나 재고가 있다는 연락을 받은 경험이 있을 것이다. 이 경우 그 제품을 배달받도록 할 것인가? 또는 내일 점포를 다시 방문할 것인가? 이것이 바로 기업이 완전한 복구를 모색하는 사례이다.

1.4 | 운송의 역할

운송(transportation)은 물류, 특히 국제물류에 있어서 핵심적인 역할을 한다. 목적지로 물품을 이동하기 위한 모든 물류작업 중 가장 중요한 작업이 바로 물리적으로 물품을 이동하는 작업이기 때문이

다. 국내물류에서 국제물류로 전환될 때 운송의 역할은 더욱 중요해진다.

항공, 철도, 도로, 트럭, 선박에 소요되는 비용이 수십억 달러에 이르는 것만 보아도 운송은 그 자체만으로도 대규모산업이다. 운송은 전 세계를 하나로 묶는다. 정보통신의 발전으로 이동이 불필요하다는 것은 매우 잘못된 생각이다. 공동작업이 필요한 경우 직접 대면하고 작업을 하는 것이 여전히 중요할 때가 많다. 이러한 이유를 모두 고려해볼 때 그동안 간과되었던 운송 부문이 지구촌 형성에 기여했다는 사실이 명백해진다. 사실상 국제법이라는 분야를 창시했던 Hugo Grotius(1583~1645)는 그의 저서 Law of Prize and Booty(1605)에서 운송에 대해 다루고 있으며, Freedom of the Seas(1609)에서는 항해의 자유와 관련된 이슈를 제기하였다.

운송을 바라보는 시각에는 세 가지가 있다. 화주(또는 하주, shipper)의 시각, 운송업체(carrier)의 시각, 화물인수자(consignee)의 시각이 그것이다. 이들 용어는 다소 혼란스러워서 명확하게 정의해야 할 필요가 있다. 물류에서 화주란 화물(cargo 또는 freight)을 소유 및 통제하고 화물의 수송을 결정하는 주체를 의미한다. 화주가 화물의 소유주일 수도 있지만, 반드시 그런 것만은 아니다. 한 법률기관에서는 화주를 '화물 이동을 위해 탁송을 준비하는 개인, 조직, 또는 정부'라고 설명한다. 이 용어가 혼란스러운 이유는 대부분의 사람이 화주(shipper)를 선박(ship)운송업체라고 짐작하기 때문이다. 운송업체는 실제로 화물을 이동시키는 업체이다. 따라서 운송업체 입장에서 보면 화주는 고객이 되는 것이다. 화주가 운송업체에 운송을 위탁하기 때문이다. 화주를 운송위탁자라고도 하지만 엄밀히 말하면 양자가 다를 경우도 많고, 현실적으로도 화주라는 용어를 일반적으로 사용한다.

화물인수자는 화물을 인수받는 측이다. 한 기업의 한 시설에서 다른 시설로 화물을 운송할 때는 화주와 화물인수자가 동일하게 된다. 그러나 화주와 화물인수자가 동일하지 않은 때도 있다. 또한 화주와 화물인수가 동일한 경우에도 이들이 다른 기능을 수행한다는 점을 이해하는 것이 중요하다. 화주로서 화물을 보내는 일은 화물을 인수하는 작업과는 매우 다르기 때문이다. 예를 들어, 수입업체(화물인수자)와 수출업체(화주)로서의 업무에 수반되는 법적인 처리 절차에는 큰 차이가 있다.

화주 시각에서의 운송에 대한 논의는 운송업체 시각과 다른 경우가 많다. 화주는 운송업체의 상세한 운영방식에는 직접적인 관심이 없으며 단지 정시에 화물이 목적지에 도착하기만을 기대한다. 그러나 운송업체에는 운송 자체가 중요한 활동이다. 본서에서는 많은 경우에 운송업체의 시각을 취할 것이며 운송업체가 어떻게 운영되는가를 살펴볼 것이다.

국제운송에는 또한 특별한 점이 있다. 가장 큰 차이점은 화물이 국경선을 넘어 운송된다는 것이다. 국경은 정치적인 구분이다. 세계화와 국가권력의 감소에 대한 많은 논의가 있었으나 국경을 통과하는 운송은 여전히 매우 다르며 특별히 어려운 점을 가진다. 여기에는 정치적인 문제 외에 법적 · 제도적 · 경제적 문제도 많다. 화물이 통과하는 모든 국가에서의 상이한 규제제도가 그 한 예이다. 요구되는 서류작업도 국내운송의 경우보다는 다양하며 분량도 일반적으로 크다.

사실 국내운송에서는 서류가 전혀 필요하지 않은 경우도 많다. 또한 평균적으로 국제운송의 거리는 국내운송보다 길다. 운송거리가 긴 만큼 운송수단도 다양하다. 트럭이나 기차 대신 선박과 항공기를 더 많이 이용하게 되며 다양한 종류의 운송수단을 이용하게 된다.

1.5 | 물류와 운송의 역사 개요

물류는 원래 군사용어로 출발하였다. 삼국지에서 보는 바와 같이 대다수의 경우 물류(병참)가 전쟁의 승패를 좌우하는 핵심 요소이기 때문이다. 실제로 많은 군사 전문가들이 물류를 전쟁의 핵심 성공 요소(Key Success Factor or Critical Success Factor: KSF or CSF)라고 말한다(손자병법의 손자는 물론, 제갈공명과 사마중달도 그중의 하나다). 역사적으로 볼 때도 물류는 많은 무력충돌에서 승패의 요인이 되었다.

한편으로 과거에서 오늘에 이르기까지 운송(수송, 좁은 의미에서의 물류) 역시 한 국가가 그 파워를 국내, 지역 내, 그리고 전 세계적으로 행사하는 것을 가능하게 하고 있다. 교역의 증진을 통한 경제력 강화는 군사력 강화로 이어지는 경우가 많다. 미국의 Theodore Roosevelt 대통령은 Admiral Alfred T. Mahan의 유명한 저서 The Influence of Sea Power Upon History, 1660~1783에 영향을 받아 미국이 전 세계 최고 수준의 해군력을 갖추도록 지시했다. 미국의 독립전쟁 초기에 영국군은 Continental Army보다 더 신속하게 미국 해안을 따라 이동할 수 있었고, 따라서 제대로 방어력을 갖추지 못한 목표 지점 어느 곳이나 승리할 수 있었다. 최근의 걸프전이나 이라크전을 통해서 단순한 군사력보다는 물류와 군사작전의 중요성이 한층 더 강조되고 있다.

물류가 군사작전의 핵심적인 부분이라면 이는 기업에도 마찬가지로 중요한 부분이 된다. 최근 수십 년간 물류는 비즈니스 전쟁에서 성공하기 위한 중요한 부분이 되었고 그러한 사실이 바로 본서에서 강조하고자 하는 바이다. 그러나 물류는 공공조직과 민간조직에서 모두 실시되는 것이며, 그 목적은 기본적으로 군사작전과 동일하다는 것을 이해할 필요가 있다. 일부 접근법과 아이디어는 해당 조직의 니즈에 따라 차이가 있겠지만 그 차이는 전체의 유사성에 비추어 볼 때 미미한 수준이다. 군사물류(병참)가 신속한 대응과 변화하는 상황에 적응할 수 있는 융통성을 강조하는 것과 똑같이 기업들도 신속한 대응과 융통성이 사업의 성공에 중요한 환경에서 비즈니스를 하고 있다.

그러나 물류가 오래전부터 연구 대상이나 구체적인 비즈니스 기능으로 인식되지는 않았다. 1915년의 한 고전에서 언급된 마케팅의 두 가지 기능은 수요창출과 물리적 공급에 국한되었다. 1950년대 이전에는 물류에 대한 이론적 기반도 제대로 수립되지 않았다.

그 이후에 많은 변화가 발생하여 이제 물류는 잘 알려진 기능 부문이 되었으며 비즈니스에서 중요한 역할로 인식되고 있다. 그렇다면 이러한 변화가 발생한 이유에는 어떤 것이 있는가?

- 컴퓨터화(computerization) : 방대한 양의 정보를 처리할 수 있는 능력은 많은 물류기능을 수행하는 데 있어서 중요하다. 이전에는 복잡한 문제를 해결하기에는 처리능력에 한계가 있었다.
- 품질관리(quality management) : 기업들은 자사의 운영방식 개선을 모색해왔고 그 결과 물류가 간과되어온 부문이라는 것을 인식하게 되었다.
- 파트너십 및 제휴(partnerships and alliances) : 효율성 증진을 위해 기업이 공급업체, 고객, 여타 협력업체와 더욱더 긴밀히 공동작업을 하는 경향이 뚜렷해지고 있다.
- 규제완화(deregulation) : 과거에는 물류의 핵심 부문 중 일부가 강력한 규제 대상이 되었기 때문에 고객과의 긴밀한 협력이 어려웠다(철도, 해상운송, 항공산업 등이 그 예이다). 또한 반트러스트(anti-trust)법으로 인해 기업들은 반경쟁적(anti-competitive)이라는 사실을 증명하지 못하는 한 기업 간 협조가 불가능했었다. 그러나 이러한 규제들이 완화되면서 보다 많은 거래가 발생하였고 결과적으로 물류에의 의존도가 높아지게 되었다.

운송수단과 운송산업의 변화는 물류의 발전에 복합적인 역할을 했다. 운송업계의 변화가 바로 이러한 변화를 있게 한 주체라고 생각하는 것은 그다지 옳지 않다. 지난 수십 년간 항공산업을 제외하고서는 선박, 트럭, 철도의 운영방식에는 거의 변화가 없었기 때문이다(항공산업의 경우 상대적으로 신기술이므로 많은 변화가 있었던 것은 사실이다). 운송 부문의 변화는 운송수단 및 운영방식 그 자체에서 발생한 것이 아니라 물류와 비즈니스 관행에 있어서 운송의 역할이 변화한 것으로부터 비롯되었다. 이제는 다양한 운송수단이 통합적으로 활용된다.

LEARNING CASE

흑해항 언제 열리나... 발 묶인 밀 2천 500만t 거취에 시선 집중

우크라이나 자구책 역부족... 다뉴브 운하에 정체된 선박 130척

세계식량위기 악화... 러시아 · 우크라이나 흑해 재개방 협상 속도 내는 듯

다뉴브강 운하로 진입하려고 대기하는 곡물수출선
(AFP 연합뉴스 자료사진)

우크라이나 오데사 곡물창고에 하역되는 보리
(로이터 연합뉴스 자료사진)

흑해 수출항을 다시 열기 위한 우크라이나와 러시아의 협상이 진전을 보는 것으로 전해져 기대를 모은다. 전 세계적으로 식량난이 가중되는 가운데 러시아의 흑해 봉쇄로 발이 묶인 거대한 곡물이 풀리기 시작하면 '가뭄에 단비'가 될 수 있기 때문이다.

13일(현지 시각) 영국 가디언 등 외신 분석에 따르면 현재 흑해 주변에 묶여 있는 우크라이나산 밀은 2천만~2천5백만t에 이른다. 우크라이나를 침공한 러시아군의 위협, 우크라이나가 자국 최대항 오데사를 방어하려고 연안에 설치한 대량의 기뢰 때문이다. 올해 2월 24일 전쟁 발발 후 이 지역 해상 수출은 그대로 막혀 유럽을 대표하는 곡창지대 우크라이나의 곡물 대부분이 오도가도 못하고 있다. 우크라이나는 세계 밀 시장의 9%를 차지하는 주요 수출국으로 2020년 밀 수출량은 1천800만t에 달한다. 넉 달 이상 지속된 이 같은 공급 차질 때문에 지구촌 식량위기는 고조됐다. 특히 우크라이나에 대한 의존도가 높은 중동, 아프리카 국가에서는 기근 우려까지 제기된다. 우크라이나는 나름대로 자구책을 찾고 있으나 공급을 정상화하기에는 부족하다는 평가다. 바닷길이 막힘에 따라 열차나 트럭으로 곡물을 운송하던 우크라이나는 최근 다뉴브강을 본격적으로 이용하기 시작했다.

선박 위치추적 회사인 마리트레이스(MariTrace)에 따르면 다뉴브강으로 진입하기 위해 하구에서 대기하고 있는 곡물 선박만 130여 척이다. 우크라이나는 러시아가 점령하고 있던 흑해 요충지 뱀 섬을 지난달 말 탈환한 이후 다뉴브강 비스트레 운하도 수출길로 이용할 수 있게 됐다. 이전에는 루마니아를 통과하는 술리나 운하를 통해서만 다뉴브강으로 진입할 수 있었는데, 이 운하는 일방통행 노선이어서 화물선이 강을 통과하는 데 몇 주가 걸렸다. 비스트레 운하를 이용할 수 있게 되면서 밀 수출은 일부 숨통이 트였다. 우크라이나 관리들은 당시 비스트레 운하가 개통된 지 4일 만에 선박 16척이 운하를 통과했다고 밝혔다.

다만 이 운하 역시 대형 선박이 움직일 만큼 크지는 않다. 우크라이나는 새로운 경로를 통해 월간 수출량을 50만t 늘릴 수 있기를 기대하고 있다. 우크라이나 오데사주 농업정책국에 따르면 곡물 수출은 3월 20만t으로 급감했으나 4월 160만t, 5월 174만t, 6월 250만t 등으로 점차 늘고 있다. 하지만 6월 250만t은 우크라이나가 바랬던 800만t 수출에는 크게 못 미친다. 전쟁 전 우크라이나가 오데사주 흑해항 6곳을 통해 수출한 곡물만 매달 500만~600만t이었다. 우크라이나도 비스트레 운하가 흑해를 대체할 수 없다고 보고 흑해 운송 재개 협상에 기대를 걸고 있다. 한편 러시아와 우크라이나는 전날 튀르키예(터키) 이스탄불에서 튀르키예와 유엔이 참여한 가운데 흑해 봉쇄 해제를 위한 4자 협상을 벌였다. 이들 대표단은 곡물 운송을 위한 흑해 항로의 안전보장 조정센터 설립에 합의하고 곡물 수출입 항구에 대한 공동 통제 원칙에도 동의했다. 러시아는 무기 밀수를 막기 위해 선박을 수색할 권리를 달라고 요구했으나 우크라이나는 이를 거부한 것으로 전해졌다. 드미트로 쿨레바 우크라이나 외무장관은 "러시아와의 합의까지 두 걸음 남았다"라며 "협상이 마지막 단계에 와 있지만 모든 것은 러시아에 달렸다"라고 스페인 언론과의 인터뷰에서 상황을 설명했다. 전쟁 장기화로 우크라이나의 곡물 생산량은 크게 줄어들 것으로 예상돼 운송의 중요성은 더 커졌다. 지난주에 발표된 미국 항공우주국의 자료에 따르면 러시아가 올해 2월 24일 침공한 후 우크라이나 농경지의 22%가 러시아 통제하에 들어갔다. 우크라이나는 러시아가 무차별 폭격으로 농경지를 파괴하거나 농작물을 훔쳐 갔다는 주장을 되풀이해왔다.

농작물 없는 우크라이나의 검은 옥토
(연합뉴스 자료사진)

전자신문 기사 편집(2022. 7. 14.)
https://www.yna.co.kr/view/AKR20220714052500009

물류시스템의 기능

INTRODUCTION CASE

메쉬코리아 부릉, 단순 배달대행 아닌 종합 유통물류 지향한다

2.1 | 물류의 주요 기능과 역할

2.2 | 물류시스템의 구성 요소

2.3 | 물류와 로지스틱스의 개념적 구분

2.4 | 물류비 산정 및 물류 원가관리

2.5 | 물류비용의 상충관계

2.6 | 물류비 계산 및 물류원가관리

2.7 | 물류채산성 및 경제성분석

LEARNING CASE

우버, 캘리포니아에서 로봇 음식 배달 서비스 시작

Chapter

02

INTRODUCTION CASE

메쉬코리아 부릉, 단순 배달대행 아닌 종합 유통물류 지향한다

"데이터 활용성 높이는 종합 물류 인프라, 통합 물류 시스템에 대한 기업 수요 커"

부릉 풀필먼트 센터. 사진=메쉬코리아

물류 위탁과 대행의 범위가 넓어지고 있다. 약 10년 전 음식 배달이 활성화된 이후 배달대행 서비스들이 속속 등장했다. 현재는 실시간배송, 새벽배송, 풀필먼트 서비스, 물류IT 시스템 구축과 운영 등으로 물류 위탁과 대행의 범위가 확대되고 있다. 사업의 범위가 확대되는 가장 큰 이유는 음식업, 소매업 등의 배달대행에서 B2B 거래로 무게중심이 이동하고 있기 때문이다. 기업들의 물류 생산성 증가, 물류 비용효율화에 대한 니즈가 물류 위탁과 대행이라는 제삼자 물류시장과 결합한 것이다.

최근 기업들은 퀵커머스, D2C커머스, 라이브 커머스 등 다변화된 유통방식과 물류를 효율적으로 결합할 필요성을 인식했다. 또한 유통물류 과정의 수익성을 높이기 위해 복잡한 물류 네트워크와 시스템을 통합하고 데이터 기반의 디지털 경쟁력을 확보할 수 있는 제삼자 물류 기업을 찾고 있다.

현재 데이터 활용성을 높이는 일원화된 사업모델과 디지털 물류IT 기술을 바탕으로 B2B 물류 시장을 이끄는 기업이 바로 메쉬코리아이다. B2B 시장에서 메쉬코리아의 부릉 서비스가 주목받는 이유는 다단계의 복잡한 물류 구조, 비효율적이고 고비용인 물류 환경을 단일 인프라와 데이터 기반 물류 테크로 혁신하고 있기 때문이다.

메쉬코리아 부릉, 단순 배달대행 추구하지 않아

실제 부릉의 서비스는 물류–보관–포장–배송에 이르는 과정을 원스톱으로 연결하고, 물류 전 과정의 디지털 전환을 앞당겼다. 배달대행 업체가 음식, 소매품 배달 서비스에 집중하는 것과 달리 메쉬코리아 부릉은 라스트마일–미들마일–퍼스트마일 영역을 통합한 종합 유통물류 서비스 제공에 집중하고 있다.

또한 메쉬코리아는 디지털 기반의 물류 테크 기업을 지향한다. 이를 위해 필수적인 데이터 확보를 중심으로 사업을 재편했다. 배달만 쫓아서는 배달 건이 있었다는 데이터 외에는 얻을 수 있는 데이터에 한계가 있다는 것이다. 메쉬코리아가 물류-보관-포장-배송 사업을 하나로 묶어 종합 유통물류 서비스를 만들고 단계별 데이터가 투명하게 활용되는 길을 택한 이유이다.

실제로 메쉬코리아는 사업을 설명할 때 배달 건수를 강조하지 않는다. 배달 건수 증가라는 외연 확대는 지역별 소규모 배달 사업자들과 계약을 통해 비교적 쉽게 해결할 수 있는 방식이다. 메쉬코리아는 사업 주체가 다를 경우 데이터를 소유하는데 제약이 발생한다는 점에서 마지막 배달 구간도 직영 운영 구조를 주로 사용한다.

제삼자 물류시장의 기업고객들도 종합적인 물류 서비스를 제공받을 수 있는 인프라와 물류 IT 기술력을 중점적으로 보고 있다. 물류IT의 데이터 활용성, 즉 데이터를 통한 기업체의 의사결정이 가능하냐는 부분은 대행업체 선정의 중요한 기준이 된다.

물류 인프라와 물류 테크 결합해 종합 유통물류 기업으로 성장

메쉬코리아는 물류 분야에서 데이터를 활용하는 스마트 솔루션의 개발과 적용에 앞장섰다. 인공지능(AI), 빅데이터 기반의 자동배차 시스템과 최적경로 운송시스템, 유통과 물류를 통합한 주문관리시스템과 물류창고관리시스템 등을 갖췄다.

부릉의 2륜, 4륜 복합배송 차량. 사진=메쉬코리아

AI와 빅데이터 기반의 부릉TMS(첨단 운송관리솔루션)는 국내 스마트 물류솔루션 시장에서 각광을 받았다. 부릉 TMS는 배송기사들의 현재 위치, 수행 업무의 종류, 예상되는 배송품질 등을 분석해 자동배차와 최적경로를 제공함으로써 배송기사들의 생산성과 수익성을 높인다. 또한 주행 거리와 배송 수행 결과 등에 대한 통계를 한눈에 확인할 수 있도록 했으며 물류 사업에 필요한 다양한 핵심 데이터들을 손쉽게 관리하는 기능을 제공, 이용하는 기업들의 만족도를 높였다.

부릉은 유통 전반으로 스마트 물류솔루션을 확대했다. 기업고객용 주문관리시스템인 부릉 OMS와 물류창고관리시스템인 부릉WMS를 개발, 부릉 TMS와 연동해 생산-주문-재고관리 영역과 물류-보관-포장-배송 영역을 통합했다.

현재 제삼자 물류시장을 찾은 기업들이 부릉의 시스템과 솔루션을 도입하고 공급망관리 최적화와 비용절감 효과를 거두고 있다. 메쉬코리아가 유통과 물류 전반의 단일 통합 IT솔루션을 제공할 수 있는 거의 유일한 종합 유통물류 서비스 기업이 된 것이다.

기업 수요 증가로 상반기 매출 약 2천억... 전년 대비 33% 급성장

메쉬코리아는 물류와 유통 영역을 결합한 종합 인프라, IT물류 솔루션과 테크 등에 힘입어 올해 상반기 전년 동기 대비 33% 증가한 매출액 약 2천억 원을 달성하며 급성장했다. 메쉬코리아는 전국 520여 곳의 직영화 물류거점, 수도권 4곳의 풀필먼트 센터, 11만 명 이상의 배송인력, 650여 대 이상의 직영 4륜 트럭 등 물리적 인프라를 확보하고, 이를 디지털 기술로 연결해 AI와 빅데이터 기반의 종합 유통물류 IT시스템을 만들었다.

최근 기업을 중심으로 유통물류 비용효율화와 최적화, 물류 시스템과 네트워크에 대한 통합을 위해 제삼자 물류에 관한 관심이 커지면서 부릉의 고객 수가 크게 늘고 있었다. 현재 607개의 기업고객이 부릉의 스마트 물류솔루션을 이용하고 있다. B2B 스마트 물류 분야의 선두가 바로 메쉬코리아이다.

부릉을 이용하는 고객은 물류거점, 배송차량, 배송망, 유통물류 통합 IT 시스템, 운영 인력 등의 확보에 대규모 자본을 투입할 필요가 없다. 이미 메쉬코리아가 갖춰 놓았기 때문이다. 기업고객들은 한정된 자원과 역량을 물류가 아닌 제품과 서비스의 연구개발과 소비자 마케팅 등에 투입함으로써 시장경쟁력을 높일 수 있게 된다.

유통물류 분야의 인프라와 IT 통합은 유기적인 온오프라인 재고관리, 경영 효율화에 필요한 수요 · 공급 예측 등과 같은 데이터 기반 의사결정을 가능하게 해준다. 최근 여러 기업이 물류 네트워크와 시스템의 통합을 위해 메쉬코리아에 컨설팅을 요청한 것으로 알려졌다.

물류 산업의 구조 변화와 더불어 배달대행에서 데이터 기반의 종합 유통물류 기업으로 발 빠르게 변신하고 있는 메쉬코리아가 기업고객들에게 어떤 맞춤 서비스를 제공할지 업계의 관심이 쏠리고 있다.

전자신문 기사 편집(2022. 8. 1.)
https://www.etnews.com/20220801000211

2.1 | 물류의 주요 기능과 역할

물류의 기능적 관점에 대한 개념적 정의는 "물리적인 상품에 관한 경제활동으로서 시간, 공간, 그리고 일부의 형질변경을 통한 효율창출을 가능케 하는 데 있으며, 생산된 재화를 제공자로부터 수요자에게 이동시키는 과정으로 운송, 보관, 하역, 포장 등의 활동을 지원하는 정보 등의 제반 경제적 활동"이라고 규정할 수 있다.

한편 물류의 범위 및 영역에 있어 전통적으로 조달물류, 사내물류(생산물류) 그리고 판매물류로 분류되고 있다.

물류에 대한 개념은 국가나 산업의 역사적인 배경과 목적에 따라 상이하게 접근되고 있는데, 최근에 이르러 마케팅 분야에서 유통활동의 지원 분야로서 물류를 인식해 오고 있으며, 경영적인 측면에서 볼 때 자재관리, 공급관리, 로지스틱스 등의 개념으로 확대되어 사용되고 있다.

일반적으로 물류는 개별기업의 입장에서 협의로는 생산단계에서 소비에 이르기까지 재화의 이동 및 취급을 관리하는 것에 대한 관점으로 그 역할이 정의되고 있다.

즉, 물류의 기능은 생산자부터 소비자까지의 유통단계의 실시로 유형의 재화와 무형의 서비스를 대상으로 포장, 수용, 일관, 하역 등 물류활동을 내용으로 하고, 각 활동을 종합적으로 계획하고 통제하는 활동인 동시에 경제적 차원에서의 주 기능은 수송이나 보관 등에 의해 공간적 · 시간적 간격을 극복하는 활동이다. 여기서 상품이 장거리에 걸쳐 수송될 때는 적지 않은 시간이 소요되므로 상품의 수송 과정은 동시에 보관 과정이기도 하다.

상품을 보관하는 데에는 상품을 적재하기도 하고, 창고에 상품을 반출입하기도 한다. 이러한 활동을 하역(material handling)이라고 한다. 또한 보관, 하역 과정에서 상품이 파손 또는 변질하지 않도록 외부로부터 보호할 필요도 있는데, 이러한 포장활동(packaging)도 물류활동의 영역에 해당한다.

한편 물류의 기능은 공공적, 사회경제적, 개별기업 관점에서 다소 차이가 있다.

첫째, 공공적 관점에서 물류의 합리화와 물류 생산성의 제고가 물가상승을 억제하며 국가경쟁력 확보 및 경제활동에서 유통 측면의 지원기능을 하고 있다.

둘째, 사회경제적 관점에서 물류기능의 향상으로 산업유통구조를 선진화하고 능률을 향상시키는 기능을 갖는다.

셋째, 개별기업 관점에서 최소의 비용으로 고객에 대한 서비스를 최대화하는 것으로 보고 있다. 이는 마케팅 개념을 도입하여 비용의 최소화뿐 아니라 고객의 욕구를 만족시켜 기업의 장기이익을 추구한다.

기업의 입장에서 볼 때 물류는 비용절감을 위한 분야이며 이윤과 비용절감을 가져오는 분야이기도 하다. 국가경제적 차원에서 물류시스템의 합리화 추구는 단순한 비용절감이나 단순노동을 기계로 대체하는 것을 뜻하는 것이 아니고, 상충효과의 개념을 고려한 경제적인 '합리화'를 의미한다.

2.2 | 물류시스템의 구성 요소

물류활동을 구성하고 있는 영역은 본원적 시스템과 하부적 시스템으로, 물류하부시스템은 기본시스템인 보관, 하역, 운송, 포장, 그리고 지원시스템인 정보, 유통가공으로 나눌 수 있다.

그림 2-1 **물류하부시스템의 구성**

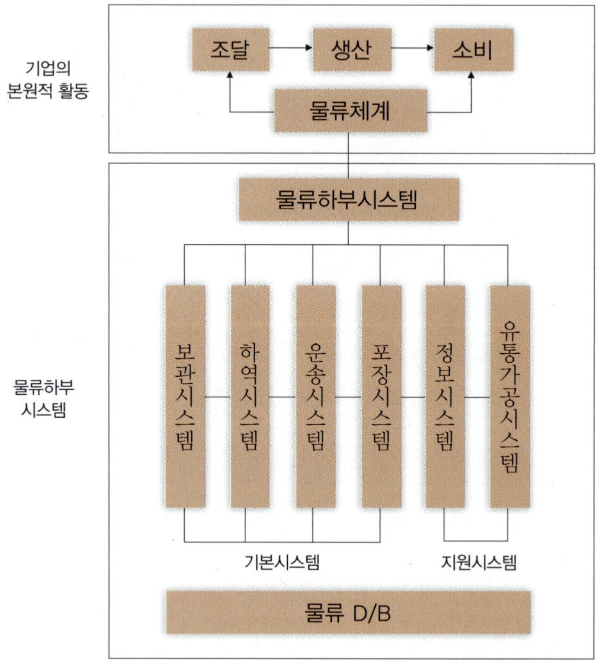

보관활동

보관이란 재화를 물리적으로 저장하고 관리하는 일련의 작업을 수행하고 물품의 생산과 소비의 시간적 거리를 조정하여 시간적 효용을 창출하는 핵심적인 물류활동이다. 즉, 보관활동은 수송비와 생산비를 줄이고 더불어 생산 과정을 지원하면서 효과적이고 경쟁력 있는 판매활동을 위한 것이다.

현대 경제적 차원에서 보면 재고의 보유를 최소화하는 것만을 추구해 왔지만 이와 동시에 최소 재고보유만이 아닌 재고관리의 중요성이 더욱 부각되고 있다.

보관은 입고와 출고, 자재와 생산, 그리고 생산과 판매 간의 시간과 공간적인 차이를 최소화해주는 일종의 완충장치 기능을 수행하며, 수 · 배송 경로(link)의 접점이 이루어지는 거점(node)의 역할을 통하여 비용절감과 부가가치창출이라는 두 가지 경제적 목적이 있다.

하역활동

하역이란 "물류 과정에서 이루어지는 화물의 적재, 양하, 운반, 입 · 출고, 분류 등의 작업 및 이에 부수적인 작업"을 말하며, 운송 및 보관에 수반하여 발생하는 작업이다. 수송, 보관의 전후에는 반드시 하역작업이 수반되며 하역의 합리화는 물류프로세스의 전반적인 합리화에 중요한 요소가 된다.

종래의 하역은 최근에 점차 기계화, 자동생산화가 진행되어 지금은 무인화나 로봇까지도 도입되고 있다.

또한 이 하역은 작업의 형태에 따라 두 가지 측면으로 나뉠 수 있는데, 컨테이너 등에 물건을 싣는 것을 적하(vanning)라 하고 내리는 것을 양하(devanning)라고 한다.

수송활동

운송 부문이 물류비에서 차지하는 비중은 총 물류비 대비 약 60%를 차지한다. 이는 차지하는 역할 측면에서 기업이 어떤 운송수단을 얼마만큼 효율적으로 활용하느냐 하는 것이 비용관리의 성패를 결정할 만큼 중요한 부문이 되고 있다.

운송 혹은 수송은 물적 유통 과정에서 원료, 부품, 반제품, 완제품 등과 같은 화물의 이동 과정을 말한다. 이러한 과정에서 운송은 화물의 장소적 효용을 창출한다.

또한 수송이 고도화됨으로써 지역 간 혹은 산업 간에 존재하는 입지상의 거리가 극복되고, 이들 간에 기능을 분담할 수 있도록 한다. 운송은 생산과 판매를 촉진하고, 원격지 간에도 경제활동을 활발하게 만든다. 이처럼 수송의 고도화로 유통의 범위 및 기능이 점차 확대된다.

이 외에도 운송은 산업구조와 규모를 고도화하고, 생산지와 소비지를 확대함으로써 시장을 활성화하고, 유통산업에서도 물류 및 배송센터 등의 물류거점을 대도시 주변에 건립해서 대형화 · 고도화하는 경제적 효과도 발생시킨다.

포장활동

포장은 창고관리와 자재관리에 있어 중요한 요소로서 물류서비스의 효율성과 효과성을 제고하기 위해서 필요한 작업이다. 좋은 포장은 서비스 수준을 높이면서 비용을 낮추고, 자재취급의 효율성과 효과성을 높일 수 있다. 또한 적절한 포장의 활용은 창고의 생산성에 긍정적인 영향을 미친다.

그럼에도 불구하고 만일 포장의 개념이 비용이라는 인식으로 포장간소화, 무포장화를 추구하면 다른 물류비가 상승해 총 물류비가 높아져 결국 물류합리화가 어려워진다. 따라서 포장의 합리화는 물류 전반에의 영향을 고려해서 추진되어야 한다.

또한 포장은 물류의 규격화와 표준화 관점에서 중요한 역할을 하고 있다. 한국공업규격(KS A 1001 : 포장의 정의)에서는 포장하는 방법 및 상태에 대하여 표 2-1에서 세 가지로 구분하여 규정하고 있다.

- 낱포장 : 물품 개개의 포장을 말하며, 적절한 재료, 용기 등을 물품에 가하는 기술 또는 가한 상태 또는 단위포장
- 속포장 : 내부의 포장을 말하며 습기, 충격 등을 고려하여 적절한 재료, 용기 등을 물품에 가하는 기술 및 가한 상태를 의미
- 겉포장 : 포장화물의 외부 포장으로 물품을 상자, 자루 등의 용기에 넣거나 결속하고 기호, 표식 등을 가한 상태를 의미

표 2-1 **포장의 분류**

포장분류의 종류	분류의 내용	
형태적 분류	낱포장(단위포장), 속포장(내부포장), 겉포장(외부포장)	
기능별 분류	공업포장	• 보호성, 취급편리성 중시 • 반드시 직접 접촉하지는 않음 • 물적유통의 중요한 요소(물류기술의 수단) • 비용 최소화 중심
	상업포장	• 상품성, 판매 촉진성 중시 • 구매자 및 소비자와 직접 접촉 • 상적유통의 중요한 요소(판매촉진의 수단) • 매출액 증가 중심

사용재료별 분류	골판지 포장, 나무상자, 플라스틱 용기 등
포장기법별 분류	방수포장, 방습포장, 방청포장, 완충포장, 진공포장, 압축포장 등
포장상품별 분류	식품포장, 약품포장, 의료품포장, 전기기기포장 등
발송목적지별 분류	수출용 포장, 국내용 포장 등
내용상태별 분류	액체포장, 분말포장, 입체포장 등
기타	포장단계별 분류, 납품처별 분류, 운송수단별 분류 등

물류정보활동

물류정보는 전체적인 물류활동의 원활화를 위해 생산으로부터 소비에 이르기까지 모든 물류활동을 결합하여 효율적인 수행이 가능하도록 하는 물류활동이다. 물류정보는 전산화를 통하여 물류를 시스템화하여 보다 효율적인 관리를 가능하게 하고 원료조달에서부터 최종소비자에게 이르기까지 물류기능을 연결하여 정확한 제품의 흐름을 만들어 내는 것이다.

또한 상품을 신속하고 정확하게 소비자에게 전달시킴으로써 고객만족을 창출하고, 효율적인 물류시스템의 운용을 통한 총 물류비의 절감에 목적을 두고 있다. 한편 물류정보시스템이란 물류활동을 구성하는 정보를 수집 또는 처리하거나 결합하게 함으로써 물류시스템이 가장 효율적으로 운용될 수 있도록 지원하는 정보시스템이라고 할 수 있다.

물류정보시스템은 개별기업의 물류활동 및 상업활동의 여러 가지 정보를 상호연계시킴으로써 효율화를 극대화할 수 있어서 물류정보흐름을 합리화하여 물류업무의 일괄처리(one-stop)를 통한 서비스의 질 향상 및 비용절감을 나타낼 수 있으므로 종합물류정보시스템을 구축하는 것은 곧 기업경영 · 경제적 측면에서 매우 효과적이라고 할 수 있다.

물류정보는 역할에 따라 생산정보, 출하정보, 물류관리정보, 수주정보 그리고 재고정보 등으로 분류할 수 있다.

유통가공

유통가공이란 물류 과정 도중에 상품의 형질을 변경하거나 추가하는 활동으로 판매촉진, 물류효율화, 제품보호 등을 위해 제품에 물리적 · 화학적 변화를 부여함으로써 부가가치를 추가하는 것을 말한다.

유통가공의 업무활동으로 수송 · 판매 과정에서 제품의 소량화 포장, 선별, 마크인쇄, 라벨부착, 검량 등과 생산 과정에서의 휘기, 늘리기, 조립 절단, 구멍파기 등의 활동을 예로 들 수 있다. 이러한 유통가공의 업무는 통상적으로 터미널, 배송센터, 유통창고 등에서 이루어지고 있다. 결국, 생산이 형질의 효용을 창출하는 것인데 반해 제품이 공장에서 완전히 이루어지지 않은 채 유통을 담당해야 하는 경우가 생기는데, 이런 경우 유통 과정에서 이행되는 업무활동이, 즉 유통가공인 것이다.

2.3 | 물류와 로지스틱스의 개념적 구분

최근에는 물류 개념의 변화에 따라 로지스틱스(logistics)라는 용어가 많이 사용되고 있다. 원래 로지스틱스란 프랑스에서 유래한 군사 용어로, 전쟁 시 공급에 대한 후방지원활동 전체를 가리켰으나 제2차 세계대전 후 용어를 군사 면에만 한정하지 않고, 일반적으로 특정 목적달성을 위한 지원활동 전반에 적용하였으며, 제품을 소비자에게 공급하는 전 과정 가운데 주요 역할을 할 수 있다고 인식하게 된 것이다.

근래에 와서 기업에서는 물류관리에 대한 개념이 비즈니스 로지스틱스라는 용어로 사용되고 있는데, 그 개념은 원재료의 조달에서부터 완성된 제품이 고객에게 인도되기까지의 전체적인 화물의 흐름을 관리한다는 것이다.

로지스틱스는 고객서비스에 목표로 두고 있기 때문에 최근에는 기업의 전략적인 관점에서 인식하여 전략적인 로지스틱스의 개념으로 진화되고 있으며, 기업경영에서의 보편화된 개념으로 정의되고 있다. 또한 제품을 제조하는 것은 생산활동 기능이지만 그 생산된 제품의 수요를 맞추기 위한 제조 지원활동이 곧 로지스틱스의 하부시스템이 된다. 즉, "구매와 관련된 원자재, 중간제품, 부품 등의 흐름뿐 아니라 제조지원, 물류의 3가지 시스템 요소들을 통합한 전 과정"이 바로 로지스틱스인 것이다. 그뿐만 아니라 로지스틱스의 과정은 고객이 공급자에게 요구하는 정보의 흐름도 포함된다.

한편 로지스틱스는 조달물류, 사내물류, 생산물류, 판매물류, 반품물류 및 폐기물류 등을 총칭하는 것으로 사용되고 있으며, 생산지점에서 소비지점에 이르는 제품의 부가가치 획득의 전 과정을 통합적으로 인식한 개념으로 볼 수 있다.

그림 2-2 로지스틱스 시스템

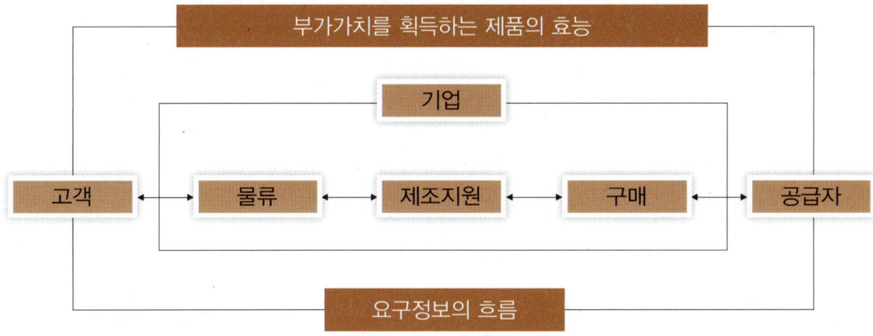

자료: D. J. Bowersox, P. L. Carter and R. M. Monczka, Materials Logistics Management, IJPP& MM, 1984, pp. 27~35.

표 2-2 물류와 로지스틱스

구분	물류	로지스틱스(Logistics)
목적	비용절감	부가가치 창출
기능	수요충족 기능	수요창출, 수요조정통합 기능
개념	효율 개념(비용 개념)	성과 개념(가치 개념, 통합 개념)

한편 마케팅에서는 로지스틱스에 대해 그 중요성을 인식하지 못하다가 최근에는 로지스틱스가 독자적인 경영관리의 한 분야로 발전하고 있다. 무엇보다 기업경영활동에 있어 로지스틱의 수요창출과 '수요조정통합 기능'으로 인해 경제적 부가가치 창출효과를 나타냈다. 또한 점차 그 영역이 확대됨에 따라, 마케팅 영역으로부터 독자적 영역으로 발전하게 되었고, 결국 마케팅은 유통경로에서 가격결정, 판매촉진, 판매 등에서만 그 역할을 할 수 있게 된 것이다.

그림 2-3 마케팅과 로지스틱스의 관계

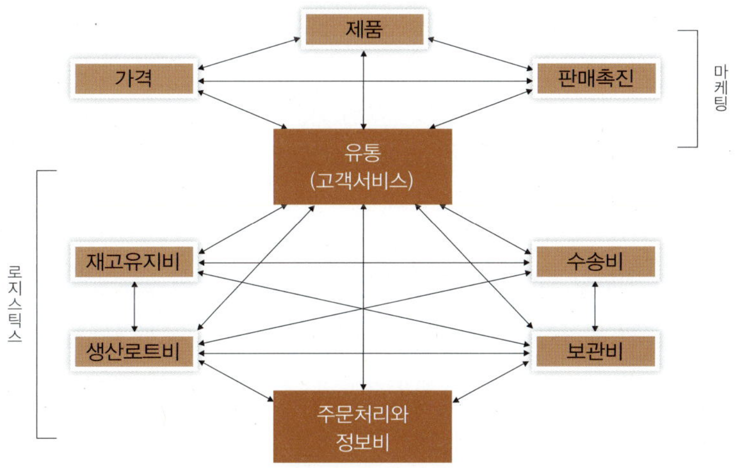

자료: Douglas M. Lambert and J. R. Stock, Strategic Logistics Management, 3rd ed., Irwin, Boston, MA, 1993.

2.4 | 물류비 산정 및 물류 원가관리

물류비(logistics cost)란 원산지로부터 소비자까지의 조달, 사내 및 판매, 재고의 전 과정을 계획 · 실행 · 통제하는 데 소요되는 비용을 말한다. 물류비는 중점 물류관리의 대상을 선정하고, 관리 대상별로 물류비를 파악하여 정보를 제공하고, 물류활동의 기본 방향을 수립하는 기초자료를 제공해 주는 부분이다.

물류비의 산정목적은 다음과 같다. 첫째, 물류활동에 대한 규모 파악, 둘째 물류관리를 위한 물류비의 분석, 셋째 예산편성 및 채산성분석, 넷째 물류활동에 대한 문제점 파악, 다섯째 물류활동의 계획, 통제 및 평가의 정보제공, 여섯째 원가관리에 필요한 자료의 제공을 들 수 있다.

일반 기준에 의해서 물류비의 분류는 영역별, 기능별, 자가 · 위탁별, 세목별, 관리항목별로 구분된다.

첫째, 영역별 분류에서 물류비 영역은 기업경영의 영역 중 어디에서 발생한 물류비인가를 식별하기 위해 구분하는 것으로 이는 조달물류비, 사내물류비(생산물류비), 판매물류비로 분류된다.

둘째, 기능별 분류에서 물류기능이란 물자의 이동 · 보관하는 부대활동으로서 기업의 가치창출을 위해 꼭 필요한 활동 영역이 여기에 해당한다. 해당 물류비는 보관 및 재고관리비, 운송비, 포장비, 하역비, 가공비, 물류정보관리비 등으로 구분한다.

셋째, 자가 · 위탁별 분류에서는 개별 물류활동은 누가 수행하고 물류 대금 지출은 누가 지급할 것인가 등에 대한 상세한 정보를 알 수 있도록 하고 물류비를 종합적으로 집계하는 데 필요하다.

넷째, 세목별 분류는 기본적으로 재료비, 노무비, 경비, 이자로 구분하며, 회계 부문의 비용계정과목을 중심으로 구분하여 물류비를 상세화시키며, 계정과목의 분류 및 정의 등은 기업회계기준 및 원가계산준칙의 계정과목과 동일 체계를 준용하도록 한다.

마지막으로 관리항목별 분류는 제품별, 지역별, 고객별 등과 같은 대상들을 특정 단위별로 물류비를 분류하는 것을 말한다.

물류비를 관리항목별로 분류하는 이유는 적합한 물류비 산출을 통해 관리목적을 위한 물류활동의 업적평가 및 관리단위별 채산분석을 함으로써 원가절감의 실현이 가능하기 때문이다. 또한 물류활동의 관리목표를 전략적 차원에서 실시하게 되면 물류전략의 실효성을 검토해 볼 기회를 제공해 주기 때문이다. 관리항목별 구분을 통해 물류비 절감에 관한 유용한 물류비의 산출을 관리항목별로 구분하는 것은 필수적이다. 관리항목별 분류는 기업의 물류관리 목적에 따라 그 내용은 각기 상이하다.

표 2-3 물류비의 분류

과목분류	영역별	기능별	자가 · 위탁별	세목별	관리항목별
비목	• 조달물류비 • 사내물류비 • 판매물류비	• 운송비 • 보관 · 재고관리비 • 포장/하역/유통가공비 • 물류정보 · 관리비	• 자가물류비 • 위탁물류비	• 재고비 • 노무비 • 경비 • 이자(시설부담이자+재고부담이자)	• 부문별 • 조직별 • 제품별 • 지역별 • 고객별 • 운송수단별 • 물류거점별

자료: 유창권(2012), SMART 물류, p. 102.

그림 2-4 세목 · 관리항목별 코스트 종류

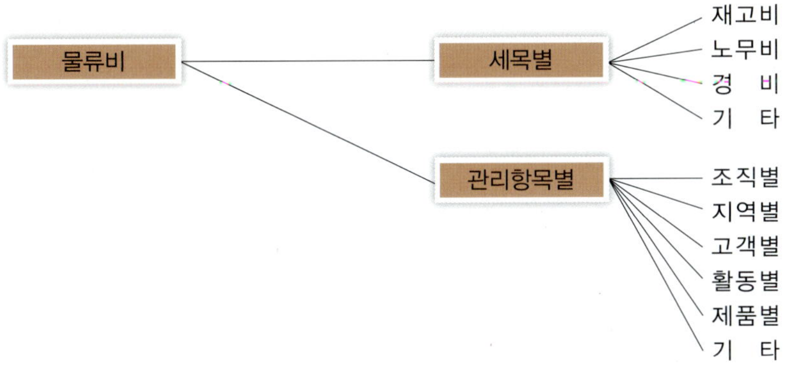

2.5 | 물류비용의 상충관계

물류비용과 서비스는 서로 상충관계(trade-off)에 있다. 결국 고객만족을 나타내면서 기업의 이윤을 달성하기 위해서는 적정한 물류서비스 수준(CSL: Customer Service Level)을 정하는 것이 필요하다.

- 총 비용접근법(total cost approach) : 자사가 기준으로 하는 고객서비스 수준과 총 물류비를 비교하여 총 물류비가 최소화되는 점에서 서비스 수준을 결정하는 것

예를 들어, 그림 2-5에서 보듯이 물류거점의 수를 정하기 위해 거점의 수가 늘어나면 늘수록 수송비는 하락하고 고객서비스 수준은 높아지지만, 재고비용은 늘어나게 된다. 그러므로 적절한 물류거점의 수를 결정하기 위해선 재고비와 수송비의 수준을 고려하여 총비용이 최소가 되는 지점을 찾으면 된다.

그림 2–5 **물류비용의 Trade–off 관계**

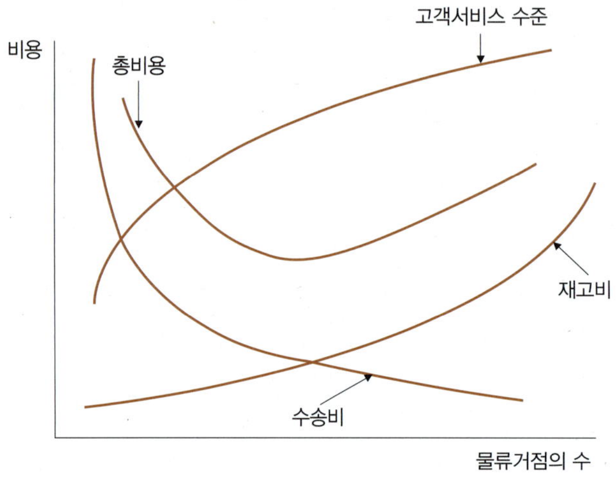

즉, 물류서비스 수준은 기업의 서비스 전략에 따라 적절히 설정되어야 하는데, 결국 기업의 물류서비스 수준은 매출액과 물류비용, 그리고 고객의 서비스 수준 등을 같이 고려하여 기업의 이윤이 최대가 되는 지점에서 선택하는 것이 가장 합리적이다.

그림 2–6 **비용/매출액과 고객 물류서비스 수준의 변화**

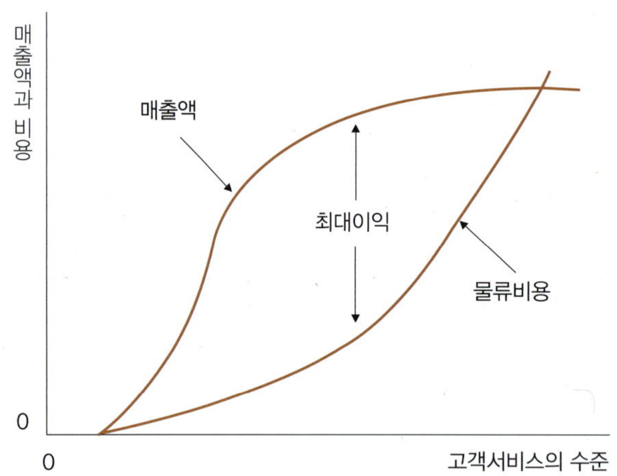

자료: Ronald H. Ballow, Business Logistics Management, 1999.

2.6 | 물류비 계산 및 물류원가관리

물류비 계산절차를 단계별로 나타내면 그림 2-7과 같다.

그림 2-7 일반 기준에 의한 물류비 계산절차

[제1 단계]		[제2단계]		[제3단계]		[제4단계]		[제5단계]
물류비 계산 욕구의 명확화		물류비 자료의 식별과 입수		물류비 배분기준의 선정		물류비 배분과 집계		물류비 계산의 보고
• 물류비 계산 목표 확인 • 물류비 계산 대상 결정 • 물류비 계산 범위 설정	⇨	• 물류비 계산 대상별 자료 식별 • 물류비 관련 회계자료 수집 • 물류기회원가 관련 자료 입수	⇨	• 물류비 배분 기준 결정 – 영역별 배분기준 – 기능별 배분기준 • 물류비 배분 방법	⇨	• 영역별 집계 • 기능별 집계 • 자가 · 위탁별 집계 • 관리항목별 집계	⇨	• 물류비 보고서 작성 • 문제점과 대책 제시 • 물류비 정보의 활용 및 피드백

자료: 유창권(2012), SMART 물류, 물류계산 단계와 절차 인용, p. 59.

- 제1단계: 물류비 계산의 목표, 대상, 범위 그리고 왜 물류비 계산을 해야 하며, 물류비 계산을 통해 무엇을 얻을 수 있으며, 산출된 정보는 어떻게 활용할 것인가에 대해 필요(needs)를 명확히 한다.
- 제2단계: 물류비 관련 자료는 해당 기업의 계정과목을 중심으로 제공되며 이 자료는 세목별 물류비의 기초 자료에 해당한다.
- 제3단계: 물류비의 배부기준과 배부방법을 선정해야 한다. 영역별, 기능별, 관리항목별(조직별, 제품별, 고객별 등)로 계산을 위해 직접물류비와 간접물류비로 구분해야 한다.
- 제4단계: 배부기준에 의해 물류비를 배부하여 집계하는 단계이다. 이 중 직접물류비는 해당 계산 대상에 직접부과를 원칙으로 하며, 간접물류비는 물류비의 일정액 또는 일정률을 계산 대상별로 집계하여 합산한다.
- 제5단계: 마지막 단계로 물류비 계산에 따른 보고서를 대상별로 내용을 종합하여 물류활동에 관한 전사 물류비 보고서를 작성하면 된다.

한편 물류비에 대한 예산관리 및 채산분석을 통한 원가절감을 위해서는 영역별 · 기능별 물류비의 정확한 파악이 가장 중요하다.

우선 물류원가는 중점물류관리의 대상을 선정하고, 대상별로 물류비를 파악함으로써 물류활동의 기본 방향을 수립하는 데 필요한 기초자료를 제공해 주는 부분으로써 다음의 목적을 위해 시행된다.

- 물류관리를 위한 물류비의 세부분석
- 물류활동의 규모 파악
- 예산편성 및 채산분석의 정보 제공
- 물류활동의 문제점 파악
- 물류활동의 계획과 통제, 업적평가의 정보제공
- 원가관리에 필요한 원가자료의 제공

물류원가 계산 방법으로는 회계부서의 원가자료를 이용하여 물류비를 산정하는 형식의 관리회계방식과 물류활동에 직 · 간접적으로 소비된 물류비를 집계함으로써 물류비를 산정하는 재무회계방식이 있다.

영역별 물류비는 물류비의 발생 원천을 나타내며, 기능별 물류비는 물류비 절감의 대상을 더욱 구체화해 줄 수 있다. 그리고 소요되는 물류원가를 통합적으로 산정하는 활동기준원가방식(ABC: Activity Based Costing)은 완제품이 최종소비자에게 전달되는 시점까지의 활동원가를 통합적으로 계산하는 방법이다.

전통적 관리회계방식과 재무회계방식은 예를 들어 나사못에 흠을 한 줄 더 파는 데 원가가 얼마나 드는가를 측정한다. 반면 활동기준원가방식은 거기에서 더 무엇을 하지 않는 데 따른 원가를 측정하는 것으로, 예를 들어 필요한 부품이나 도구를 기다리는 데 따른 원가, 재작업 또는 결함 부품의 처리에 드는 원가까지 측정하는 것이다.

2.7 | 물류채산성 및 경제성분석

물류채산성분석은 현재 물류관리시스템에 대한 구조적 문제점 또는 업무 집행상의 문제와 관련해서 개선안에 대한 채산성 여부 또는 수익성의 여부를 파악하기 위한 분석이다. 채산성분석을 이용하면 물류효율성을 측정할 수 있다.

물류채산성분석은 크게 두 가지로 나뉠 수 있다. 첫째, 비용 트레이드오프 분석(cost trade-off

analysis)은 물류업무의 추진에 있어서 trade-off 관계가 발생하는 경우 원가비교를 중심으로 분석하는 방법이다.

예를 들어, 고객의 서비스 향상을 위하여 운송을 늘리면 총보관비는 감소하나 운송에 따른 총운송비는 증가하는 trade-off 현상이 발생하므로 상충관계에 대한 분석을 통해 적절한 방향을 선택하는 것이다.

그림 2-8 **비용 트레이드오프(trade-off) 분석**

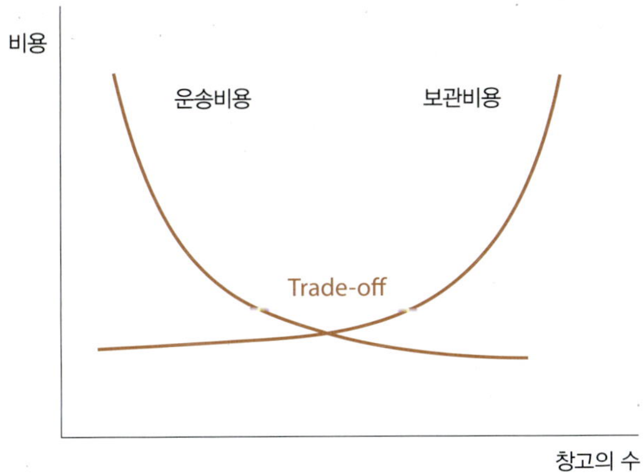

둘째, 총 비용접근법(total cost approach)은 물류개선에 관한 물류비의 부분적인 절감이 아닌 총액을 어떻게 절감할 것인가를 목적으로 분석하는 방법이다. 이 총비용 관점에서 채산성분석을 실시하기 위해서는 무엇보다 대체안별 상세원가정보를 입수해야 하므로 시간과 비용이 많이 든다. 이 때문에 총비용접근법에 의한 분석 시 원가의 비교 · 분석 과정에서 비용 트레이드오프 분석을 부분적으로 도입하여 보완적으로 실시하여야 한다.

표 2-4 **물류채산성분석과 물류원가계산의 비교**

	물류채산 목적	물류원가계산
계산의 목적	물류활동에 대한 의사결정	물류활동에 대한 평가
대상	개선안 투자안	물류업무 진반
기간	개선안에 대한 전(특정) 기간	예산기간(월, 분기, 연도)
방식	상황에 따라 상이	항상 일정
지속성	임시적	반복적
물류원가의 종류	미래원가, 실제원가	표준원가, 실제원가

한편 물류설비투자는 물류에 관련된 기술개발 및 교육훈련 등과 관련하여 실시되는 것이 일반적인데, 이에 대한 물류설비투자의 경제성과 효과를 정확히 측정하여 채산성이 있는 때에만 실질적으로 투자가 이루어져야 한다. 이에 대한 경제성분석의 방법으로는 할인모형과 화폐의 시간적 가치를 고려하지 않는 비할인모형이 있다.

할인모형

- 현재가치법: 각 연도의 현금흐름을 일정한 할인율로 할인해서 현재가치를 구하고, 공제해서 순현재가치를 계산하여 계산금액이 플러스(+)가 되면 투자안을 선택하는 방법이다.
- 내부수익률법(Internal Rate of Return): 투자로 인한 미래의 현금유입에 대한 현가와 현금유출에 대한 현가를 같게 하는 할인율을 말한다.

비할인모형(회계이익률법)

회계이익률법은 투자로 인한 평균이익금을 분자로 하고 투자 총액 혹은 전 기간을 통한 평균투자액을 분모로 계산하는 방법이다.

투자이익률 = 평균이익/투자액
평균투자이익률 = 평균이익/평균투자액

LEARNING CASE

우버, 캘리포니아에서 로봇 음식 배달 서비스 시작

다라 코스로우사히 우버 최고경영자(CEO). 사진=INC

미국 승차공유 서비스 업체인 우버(Uber Technologies Inc.)는 캘리포니아에서 로봇의 음식 배달 서비스를 시작했다.

우버는 16일(현지 시각) 캘리포니아 2개 도시에서 자율주행 차량으로 음식 배달 시범 서비스를 시작했으며 글로벌 운전자 앱에 전기 차량 충전소를 추가한다고 밝혔다. 이번 발표는 차량 공유 및 음식 배달 회사가 앱에 대한 최신 업데이트를 선보이는 우버의 연례 제품 이벤트의 일부이다. 우버는 자율주행차를 활용한 음식 배달 서비스 하나와 보행 로봇을 활용한 별도의 파일럿을 발표했다. 두 서비스는 모두 산타모니카와 캘리포니아 웨스트 할리우드의 우버 이츠(Uber Eats) 사용자가 이용할 수 있으며 소비자는 프로그램에서 탈퇴할 수 있다.

자율주행차 시범사업은 한국 현대자동차와 아일랜드의 자동차 기술 공급업체인 앱티브 PLC(Aptiv PLC)의 자율주행 합작사인 모셔널(Motional)과 협업해 지난해 12월 처음으로 발표했다. 우버는 2020년 우버가 인수한 배달 회사 포스트메이트(Postmates)의 분사인 서브 로보틱스(Serve Robotics)가 보행 로봇을 제공한다고 말했다. 우버는 두 서비스 모두에서 차량을 운전자가 적극적으로 모니터링하며 "이 기술이 대규모로 운영되기까지는 시간이 걸릴 것"이라고 덧붙였다. 자율 주행 회사는 진정한 무인 여행을 대규모로 제공하기 위해 일정을 계속 미뤘으며, 미국 전역에서 사용할 수 있는 완전 자율주행 프로그램은 극히 일부에 불과하다. 우버는 16일 운전자가 배터리 구동 차량으로 전환하는 것을 촉진하기 위해 올여름에는 미국에서, 그리고 나중에는 전 세계적으로 운전자 앱에서 전기자동차 충전소 지도를 출시할 것이라고 밝혔다. 2030년까지 미국, 캐나다, 유럽에서 전기차만 플랫폼에 탑재하는 것을 목표로 하는 우버는 전기차로 전환하는 데 있어 충전이 운전자의 가장 큰 장애물 중 하나라고 지적했다.

이 회사는 또한 차량 렌탈 서비스 US 코치웨이(US Coachways)와 협력하여 미국 앱을 통해서 파티 및 코치 버스, 승객 밴을 렌탈하는 옵션을 이번 여름에 출시할 것이라고 예고했다.

글로벌이코노믹스 기사 편집(2022. 5. 17.)

https://news.g-enews.com/ko-kr/news/article/news_all/202205171639067048e8b8a793f7_1/article.html?md=20220517164051_U

물류시스템의 구조와 변화현상

INTRODUCTION CASE

무신사, 日 · 동남아서 풀필먼트… 해외 시장 개척 '승부수'

LEARNING CASE

'미국 배민' 도어대시 앞에 놓인 장애물

Chapter

03

INTRODUCTION CASE

무신사, 日 · 동남아서 풀필먼트… 해외 시장 개척 '승부수'

이달 '글로벌 스토어' 오픈... 온라인 통해 해외 진출

입점 브랜드 풀필먼트 제공을 위해 국제물류주선업 신청

무신사로지스틱스가 해외 물류, 통관, 현지배송 책임

국내 시장 압도적 1위... 지속 성장을 위해 해외시장 도전

무신사 '글로벌 스토어 재팬'의 광고 사진
(사진=무신사)

무신사가 해외시장 공략을 위해 해외 풀필먼트 사업을 본격화한다. 향후 풀필먼트 체계를 완료하면 입점 브랜드의 상품을 직매입한 뒤 입점 브랜드의 해외진출을 지원한다는 계획이다. 이를 통해 올해를 'K패션 세계화'의 원년으로 삼겠다는 목표다.

19일 업계에 따르면 무신사의 물류 자회사 무신사로지스틱스는 최근 경기도 여주시청에 국제물류주선업 인허가를 요청했다. 국제물류주선업은 수출입 사업자와 계약을 맺고 화물집하와 입고, 선적, 보관 등을 대행하는 사업으로 국내 의류 브랜드 상품의 수출 등을 대행할 예정이다. 국제물류주선업 신청을 한 큰 이유는 무신사가 최근 오픈한 '글로벌 스토어' 입점 브랜드의 풀필먼트 지원을 위해서다. 글로벌 스토어는 일본 · 동남아 진출을 위해 무신사가 신규로 시작한 서비스로 디스이즈네버댓, 마르디 메크르디 등 K-패션 브랜드 200~300개가 입점해있다. 무신사로지스틱스는 3분기까지 인천에 해외 물류를 위한 인프라 구축을 마무리한다는 계획이다. 이후 무신사가 각 패션 브랜드 상품을 직매입해 해외에 판매하는 시스템으로 운영한다는 계획이다. 무신사 글로벌은 현재 일본을 비롯해 대만, 베트남, 싱가포르 등 9개 국가에 판매 중이다. 앞으로 미국, 캐나다 등 시장에서도 구매를 할 수 있도록 서비스를 준비 중이다.

"무신사의 요청에 해외시장 반응을 보기 위해 입점했다"며 "무신사가 직매입부터 최종 배송까지 담당키로 해 신사업 차원에서 준비했다"

무신사는 국내 패션시장에서 50% 이상 점유율을 확보한 압도적 1위 업체이다. 작년 거래액은 2조 3000억원으로 올해는 3조원을 무난하게 돌파할 전망이다. 특히 빠른 성장을 위해 올해를 해외진출 원년으로 삼고 관련 투자를 늘리고 있다. 올해 초 해외사업본부를 신설하면서 해외사업 진출을 위한 준비를 본격화했다.

무신사가 해외시장 중 가장 눈독을 들이는 곳은 일본이다. 일본 패션시장은 2020년 기준 100조원을 돌파한 국내의 2배 규모다. 규모는 크지만 이커머스 활용율은 10%대로 국내(33%)의 3분의 1 수준이다. 여기에 일본의 1020세대가 K패션에 대해 큰 관심을 보이고 있어 성장 가능성이 크다.

한편 지난 5일 선보인 '무신사 글로벌 재팬'에서는 BTS의 소속사인 하이브(352820)가 키우고 있는 보이그룹 '앤팀'과 함께 마케팅을 펼치고 있다. 앤팀이 되기 위한 오디션 방송 프로그램 '앤오디션: 더 하울링'에 참여하는 11명의 멤버들이 방송에서 입은 옷을 무신사에서 판매하는 식이다. 이들 멤버는 MMLG, 로맨틱크라운, 마하그리드 등 캐주얼 브랜드를 입고 방송에 출연했다. 무신사는 일본시장에서 K팝, K드라마 등 한국 문화에 관한 호감이 큰 만큼 온라인 패션 시장 진출이 승산이 있다는 판단을 하고 있다. 무신사 관계자는 "한국에서 가장 관심이 높고 인기 있는 제품을 해외에 선보이기 위해 글로벌 스토어를 오픈했다"며 "일본과 동남아시아를 타깃으로 서비스를 운영할 예정이며 향후 진출 시장을 확대할 것"이라고 말했다.

이데일리 기사 편집(2022. 7. 19.)
https://www.edaily.co.kr/news/read?newsId=02751926632396160&mediaCodeNo=257&OutLnkChk=Y

3.1 | 새로운 형태의 물류시스템 구성

제품의 생산과 매입 그리고 판매에 이르기까지 확대되는 새로운 형태의 물류시스템의 구성 형태를 살펴보면, 무엇보다 과거의 재화를 이동 및 저장하는 과정에 대한 실행계획의 범위를 벗어나 원재료의 조달에서 완성품의 배송, 판매에 이르는 전반적인 흐름을 효율적이고 효과적으로 하기 위한 로지스틱스의 기능으로 확산되어왔다.

물류에서 로지스틱스로의 변화

새로운 형태의 물류시스템이라 할 수 있는 로지스틱스(Logistics)란 '원재료를 매입하고 나서 완성품이 소비자에게 배송될 때까지 화물의 흐름을 효율적이게 하기 위한 방식이나 구조'의 개념으로 이해할 수 있다. 로지스틱스란 용어 자체가 군사 용어로서, 전쟁 수행 시 공급에 대한 지원활동의 개념으로부터 발전해 온 만큼 제품을 얼마나 빨리 효율적으로 적재적소(최전선 부대)에 옮길 것인가의 작전의 개념으로 인식되어진 것이다.

미국의 경우 이와 같은 비즈니스 로지스틱스의 개념은 1960년대부터 도입되어 왔으며 이후 우리나라와 일본에도 도입됨에 따라 물류를 곧 비즈니스 로지스틱스라고 불리우는 현상이 대두되고 있다(비즈니스 로지스틱스를 곧 로지스틱스라고도 함)

그림 3-1 **로지스틱스 메커니즘**

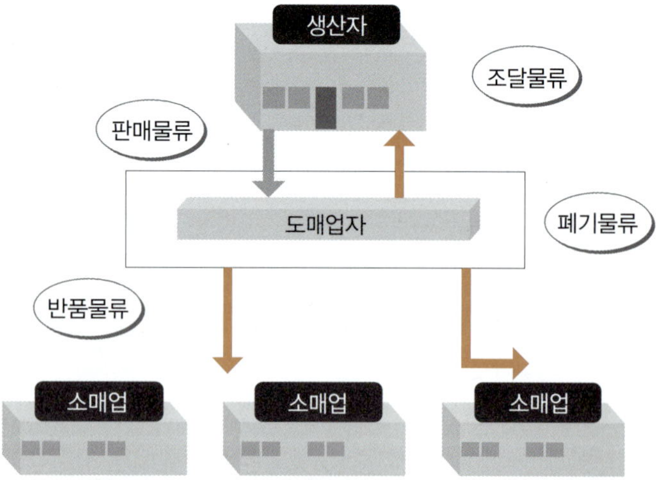

현 전세계 유통업에 종사하는 대부분의 기업들은 컴퓨터 정보시스템 등을 활용하여 재고파악 뿐 아니

라 제품 수주, 발주에 해당하는 작업을 간소화 하거나 운반 등에 해당하는 비용을 최소로 억제하는 방법을 강구하고 있다.

한편 상품의 흐름뿐 아니라 제품 제조 과정에도 로지스틱스의 사고방식을 도입하는 등 보다 효율적으로 상품을 전달하기 위한 시스템이 점차 도입되고 있다.

물류시스템화

상품은 매장에 진열되기까지 여러 가지 물류 거점을 거치게 된다. 예를 들어, 편의점에서 판매하는 도시락은 적어도 생산자 · 도매(도매업 창고) – 소매(편의점)이라는 경로는 통하게 되는데, 도시락의 경우 매장 내에서 24시간 내내 품절 없이 항상 신선한 제품이 지속 공급되어야 한다. 뿐만 아니라 도매업자의 창고에서 출발한 수송트럭은 여러 개의 편의점을 들러야 하므로 계획적으로 시스템화된 배송을 하지 않으면 품절 없이 하루 종일 신선한 제품을 공급할 수 없게 된다.

따라서 유통업계에서는 수 · 발주시스템을 간소화 하고 재고관리를 전산화하는 '물류시스템화'가 가장 중요한 과제이다. 한편 신선한 상품 공급을 위해 단지 배송의 빈도만 높을 경우 신선한 상품을 공급할 수 있지만 물류비용 역시 높아지게 된다. 반면 비용을 줄이기 위해 배송빈도를 축소시킬 경우 신선도 좋은 상품을 공급받을 수 없게 됨에 따라 무조건 비용을 축소시키면서 소비자가 원하는 상품을 공급하기란 어려운 일이다.

이로 인해 상품공급의 효율성 제고를 위한 '물류센터' 활용이나 동종업계의 '공동배송시스템' 활용 등을 통해 보다 저렴한 비용으로 물품을 공급할 수 있는 방안 들이 마련되고 있는 현실이다.

물류센터 · 유통센터

최근 창고의 개념은 점차 상품의 포장, 가공, 분할 등의 기능을 지닌 물류센터 · 유통센터로 변모해 가고 있다. 기존 생산자로부터 도매업자에게 인도된 상품은 일단 창고에 납품되어 소매점으로 유통되기 전까지 보관된다. 이것이, 즉 단순 창고의 역할이었으며, 창고는 단지 상품을 보관하고 배송을 위해 보관하는 장소의 역할을 하였기 때문에 '배송센터'라 하기도 하였다.

그러나 점차 유통흐름 전체의 효율화를 도모하기 위한 방식이 필요로 하였으며 이에 따라 창고 혹은 배송센터 역시 새로운 역할이 요구되었는데, 특히 창고에서의 상품보관, 포장 및 상품분할 등의 추가적인 작업활동이 요구되어지게 되었다. 뿐만 아니라 상품 가공역할을 의뢰받거나 기존 소매점의 영역이었던 가격표 부착 등과 같은 역할도 의뢰받는 창고업자도 생겨나게 되었다.

이와 같이 새롭고 다양한 활용이 이루어지는 물류거점창고를 물류센터(Distribution Center)라고 한다.

그림 3-2 **물류 효율화**

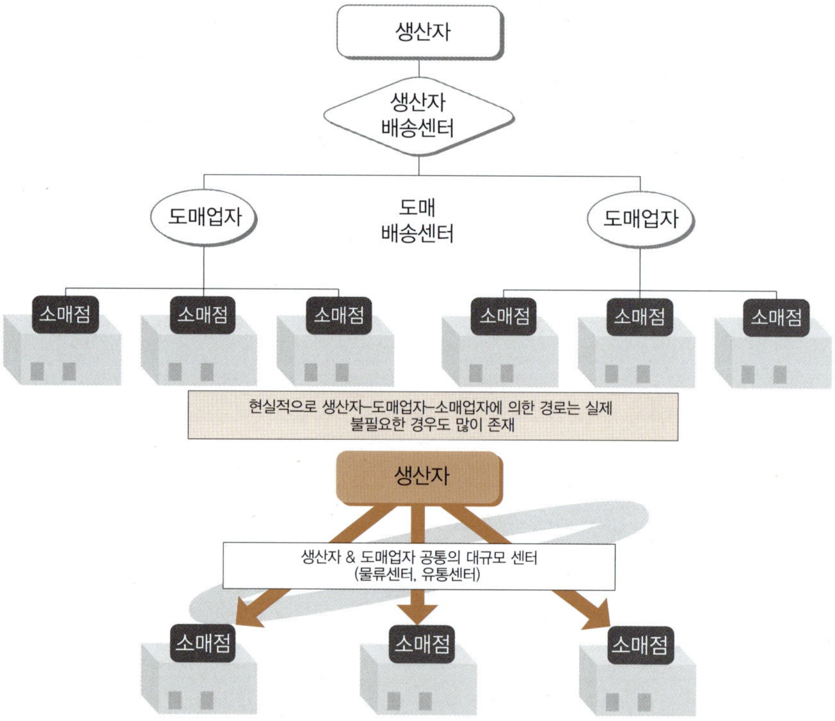

물류센터는 최근 점차 기계화 되고 전산화가 활발히 이루어지고 있는 추세이며, 특히 제품의 입고에서 상품출하에 이르기까지 컴퓨터 전산화로 관리되고 있다. 특히 최근에는 적정한 시간에 맞게 수주 · 발주에 대응할 수 있도록 점차 체계화 되어가고 있으며, 각 작업마다 시스템화된 기계가 도입됨에 따라 인건비도 들지 않는다.

이와 같이 단순 물류 영역에 한정되지 않고 폭넓은 기능을 갖고 있으므로 유통센터(Commercial Distribution Center)라 부르기도 한다.

3.2 | 배송 효율화방식

JIT 시스템(적시배송시스템)

JIT 시스템(Just In Time system)의 의미는 '필요한 때 필요한 상품을 필요한 양만큼' 즉 적기에 공급과 생산을 이뤄 재고비용을 최대한으로 줄이는 것으로 이를 유통 · 물류에선 도매업자가 소매점에 배송하는 구조, 즉 적시배송시스템이라고도 한다.

예를 들어, 편의점에서는 작은 점포 안에 음료수, 도시락, 샌드위치, 일용품, 잡화 등 3천여 종이 넘는 상품을 진열하고 있는데, 이와 같이 수많은 진열상품으로 인해 각 하나의 상품에 할당된 공간은 작아질 수밖에 없다.

또한 많은 상품을 구비하는 대신에 샌드위치는 한 종류에 3개씩, 김밥은 한 종류에 2개씩이라는 식으로 소품종으로 진열해 둘 수밖에 없다. 이 경우 판매매대를 여러 차례 중간 점검하면서 상품을 보충하지 않으면 쉽게 품절되어 기회손실이 발생한다. 그래서 생겨난 것이 다빈도 소량배송시스템인 JIT 시스템이다.

이 경우 김밥이 한 개 팔린 시점에서 곧 김밥을 추가 주문하여 점포 내에 보충분을 비치해 두지 않으며, 일반적으로 편의점에서는 이 시스템을 활용하여 하루에 세 차례 필요한 상품을 보충할 수 있도록 되어 있다.

한편 JIT 시스템을 도입하면 배송횟수는 늘어나고 트럭이용량이 많아지게 되는데 이렇게 배송비용이 늘어나게 되면 도매업자의 물류부담이 증가되는 한편 심각한 환경 문제가 대두되기도 한다.

재고관리(기회손실 · 투매손실)

재고관리는 소비자의 주문에 항상 적절하게 대응할 수 있도록 재고량을 최적으로 유지하는 것이다. 소비자가 원하는 상품을, 원하는 때에 제공하기 위하여 소매점은 항상 적절한 양의 재고를 보유해야만 한다. 재고를 너무 적게 보유하면 고객이 원하는 시점에 상품을 제공하는 것이 불가능할 수도 있고, 이와 반대로 재고가 너무 많으면 재고품이 생길 수 있다. 이것은 소매점에 따라서 큰 손실로 처리될 수 있다.

이러한 사태가 발생하지 않도록 하기 위해서 철저한 재고관리를 통해 재고량을 적절하게 조절하며 상품의 과부족 혹은 악성재고가 발생하지 않도록 해야만 하는데, 이것을 종합적으로 관리하는 것을 일컬어 재고관리(inventory control)라고 한다. 유통업에 있어서 재고관리는 상품의 매입과 더불어 굉장히 중요한 요소이다.

재고가 너무 많은 경우	재고가 너무 적은 경우
• 제품을 팔았는데도 남거나, 상품가격을 인하시켜서 판매하기 때문에 투매손실이 발생한다. • 자금을 묶어놓게 되는 것이다. • 재고의 보관비용이 들어간다.	• 소비자의 수요에 대응할 수 없는 기회손실이 발생한다. • 품절이 발생하기 쉽다. • 상품이 적기 때문에 소비자에게 상품 구색면에서 빈약하다는 느낌을 준다.

투매손실 · 기회손실

적절한 재고량을 보유하지 않아 발생하는 손실에는 투매손실(mark down loss)과 기회손실(chance loss)이 있다. 흔히 투매손실은 재고가 지나치게 많은 경우 발생하는데, 제품이 잘 팔릴 것으로 예상하여 대량으로 매입했지만 팔리지 않아 악성재고로 남게 되는 경우 남은 상품을 적절한 시기에 처분해야 한다. 이는 일반적으로 가격인하에서 시작하여 점차적으로 폐기처분의 절차를 밟게 된다.

예를 들면, 시간이 많이 지난 생선은 판매 가능한 시각을 결정해 두고, 그 시각이 지난 단계에서는 우선 가격을 대폭 인하하여 판매한다. 이후 가격인하에도 불구하고 판매되지 않는 것은 폐기처분하는데, 이때 발생하는 손실 부분이 바로 '투매손실'이다. 한편 기회손실이란 재고가 부족하여 매출을 올릴 수 있는 기회를 잃어버리는 것을 말한다. 상품이 잘 팔릴 경우, 재고가 지나치게 적으면 상품의 보충을 할 수 없게 되는데, 이 경우 상품의 구매를 원하는 고객이 와도 판매할 수 없기 때문에 손실이 발생하며 이를 '기회손실'이라 한다.

캔번 시스템

캔번방식(Kanban system)은 도요타의 부품조달시스템으로 재고를 비축하지 않으며 필요할 때 부품을 생산자에게 납입하는 방식으로 JIT 시스템의 선구자 모델이라 할 수 있다. 이 방식은 부품을 재고로 비축하지 않으며 부품 생산자로 하여금 필요 시에만 부품을 들여오게 하는 방식을 의미한다. 한편 이 방식은 재고관리비용이 들어가지 않기 때문에 매우 합리적이다.

그러나 본 방식을 실천하는 데 있어 관련 부품의 생산자가 본 시스템 체계를 충분히 파악하고 대응하지 않으면 안 된다. 뿐만 아니라 매회 주문된 수량만큼 납품해야 함으로 인해 부품 생산자는 많은 납품비용이 들어간다. 때문에 부품조달에 대한 비용이 크게 증가한다는 단점이 있다.

공동배송시스템

공동배송시스템이란 동일한 업종의 유통업자 혹은 다른 업종 간 기업들이 공동으로 배송사업을 함으로써 배송비용의 절감과 고객서비스 및 차량적재율 향상을 꾀하는 것을 말한다. 이러한 공동물류 사업을 위해서는 공동의 물류창고와 운송차량 · 정보시스템 구축이 필요하며, 공급자들은 개별적으로 창고 · 차량 · 시스템을 구축하는 데 비해 시간과 비용절감효과가 발생하고, 소매점(수요자)들은 동일한 제품군을 한꺼번에 들여올 수 있는 편리함이 있다.

이와 같은 방식은, 특히 트럭 한 대에 다른 회사의 상품을 모아서 효율적으로 많은 상품을 이동시킬수 있으며, 이로 인해 트럭이 왕래 횟수를 현격하게 줄일 수 있다.

기존까지 수많은 기업들은 제품의 기밀이 새어나갈까 우려하여 이 같은 공동배송의 용단을 내리지 못했으나 JIT 시스템이 도입됨으로 인해 배송비용 폭발적 증가와 더불어 운송수단의 환경오염 문제에 대한 문제가 대두됨에 따라 최근에는 공동배송이 활발히 늘어나는 추세이다.

한편 이 같은 운영방식은 도매업자 뿐 아니라 생산자도 채택하는 경향이 증가하고 있다.

그림 3-3 **공동배송시스템**

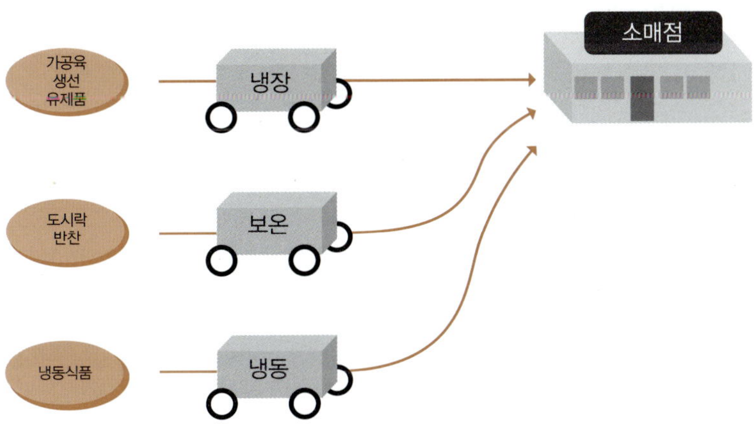

서로 다른 생산사의 상품을 트럭 한 대에 모아서 운반함으로써 효율적인 배송이 가능

모달 시프트

모달 시프트(Modal Shift)란 트럭에 의한 수송은 줄이고 해운수송과 철도수송 등을 늘리는 시책을 의미한다. 이는 기존에 이용하던 운송수단을 보다 효율성 높은 운송수단으로 변경하는 것으로서 운송효율성을 향상시키기 위하여 이종의 운송수단의 활용과 복합운송의 개념으로 볼 수 있다. 이는 구체적으로 수송 설비 또는 터미널 시설 정비에 대한 자금지원, 세금 혜택 등을 통한 시책을 추진하는 경우가 많으며, 특히 장거리 페리나 철도의 특성과 트럭의 장점을 이용하는 피기백(piggyback) 수송방식도 모달 시프트를 도모하는 방법으로 볼 수 있다.

이 방식은 특히 최근 해외의 선진국들이 도로, 철도, 항만의 연계를 강화하고 있으며(여러 운송수단

간의 복합운송체계 : Inter–modality) 도로에서 철도로의 모달 시프트가 특히 증가하고 있다.

그러나 현실적으로 장거리수송은 선박이나 철도를 통해 이용되지만 한 도시에서 여러 도시로의 이동하는 소량배송에는 효과를 기대하기 어려운 한계가 존재한다. 이로 인해 우리나라의 경우도 도로수송 원가가 철도의 10배에 해당하는 높은 비용에도 불구하고 도로를 활용한 수송률은 96.4%로[1] 대부분 도로수송에 편중되어 있다.

한편 도로에서 철도로의 모달 시프트 대표적 사례로는 일본철도(JR)의 ORS(Off Rail Station), Korail 컨테이너의 Block Train 등이 있다.

피기백 시스템

철도에 트럭을 싣고 운반하는 수송 방법으로서, 이는 모달 시프트 수단 중 하나이다. 피기백이란 의미 자체가 '합승' 이란 의미로, 피기백 시스템(piggy–back system)은 화물용 철도에 여러 대의 수송트럭을 싣고 운반하는 방법을 뜻한다. 본 방식은 50여년 전 미국에서 시작된 방식으로 점차 일본에 도입되어 1980년에 운영되기 시작되었다.

이 같은 방법으로 운송을 할 경우 철도에 실려 가는 동안 운송 운전자가 필요 없기 때문에 인건비가 적게 들며 또한 트럭이 먼 거리를 이동하는데 들어가는 에너지 그리고 환경오염 절감 측면에서도 매우 효과적인 방식이다.

유니트 로드 시스템

유니트 로드 시스템(unit load system)은 화물의 유통활동에 있어서 하역 · 수송 · 보관의 전체적인 비용절감을 위하여, 출발지에서 도착지까지 화물을 옮겨 실을 때 팔레트나 컨테이너 등을 사용하여 형태가 바뀌지 않게 일정한 방법으로 효율적이게 수송 · 보관하는 시스템을 의미한다.

이 방식은 1960년대부터 급속히 세계적인 규모로 보급되었으나 한편 이를 통해 수송 · 보관 · 통신네트워크 등이 종합적인 시스템으로 작용하여야 하는데, 기업 입장에서 이 시스템을 어떻게 확립하느냐에 따라 유통경비가 크게 달라진다. 뿐만 아니라 이 시스템을 통해 하역이나 수송에 의하여 발생하는 화물 손상의 감소로 수송의 안전성이 향상되고, 고객과의 신뢰가 증진됨에 따라 각광받게 되었다.

---

1) 한국철도기술 연구원 수송비 통계자료, 2005년

이처럼 화물을 쌓는 시간의 단축 뿐 아니라 화물을 신속하게 운반하는 것이 유니트 로드 시스템 방식의 최대 포인트가 된다. 기존과 같이 화물이 하나하나 흩어져 있는 상태에서 제각기 쌓이면 수송 중에 상품이 손상될 수 있을 뿐 아니라 시간적 손실도 크다. 이 때문에 화물을 효율적으로 정리하고 운반하기 위해 컨테이너리제이션과 팔레티제이션이라는 방법을 채택하고 있다.

컨테이너리제이션(containerrization)이란 복수의 화물을 하나의 형태로 패키지화 하기 위해 큰 형태의 컨테이너(container)를 사용하는 것을 의미한다. 이 컨테이너는 수송 분야에서 전 세계적으로 사용되고 있는 방법이다.

팔레티제이션(Palletzation)은 팔레트라고 불리는 큰 화물판대(리프트, 지게차 등으로 들어 올리고 내리기 쉬운 플렛판자 상태)를 사용하는 것을 말한다.

이와 같이 화물수송을 효율화 하기 위해 화물을 한꺼번에 정리, 운반하는 구조가 바로 유니트 로드 시스템이다.

다이어그램 배송

다이어그램 배송(diagram system)이란 수송경로나 납품일정을 면밀히 계획하고 여러 곳에 산재해 있는 배송처에 배송의 효율적 이용을 위하여 배송처의 거리, 수량, 지정 시각, 도로 상황(속도) 등을 감안하여 복수의 배송처를 묶어서 정시 정루트로 배송하는 것을 말한다.

그림 3-4 **다이어그램 배송체계**

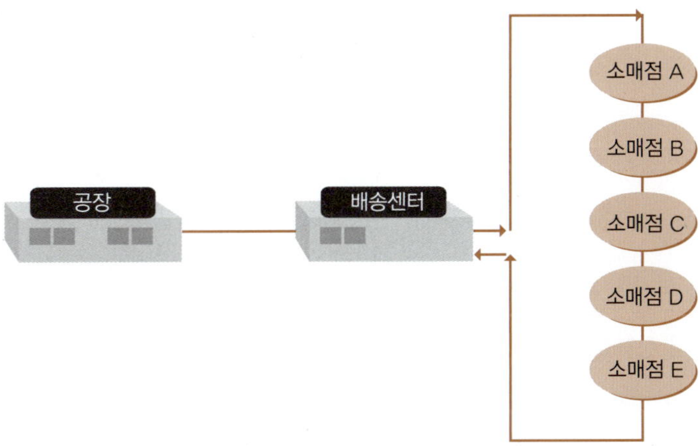

다이어그램이란 원래 철도 시각표를 의미하는 말로서 다이어그램 배송은 배송시각 뿐 아니라 운반하는 수량, 도로의 혼잡도 등에 있어 사전에 면밀한 조정이 필요하며, 특히 배송처가 가깝게 밀집되어 있

는 경우 본 방식의 효율성이 더욱 높아진다.

한편 이 기본적인 사고방식은 루트배송에 의한 거리(시간, 코스트)의 절약이라는 이념이 있기 때문에 적정 차종의 사용이 큰 요건이 된다. 또한 점차 컴퓨터에 의한 프로그램도 개발되고 있다.

유통 VAN

유통 VAN(Value Added Network)이란 생산자, 도매 · 소매업자, 물류기관 및 금융기관 등을 연결한 통신네트워크를 위미한다. 이는 부가가치통신망, 공중 전기통신사업자(예: KT)로부터 통신회선을 차용하여 독자적인 네트워크를 형성하는 것을 의미한다.

독자적인 네트워크로 각종 정보를 부호, 영상, 음성 등으로 교환하거나 정보를 축적하거나 또는 복수로 해서 전송하는 등 단순한 통신이 아니라 부가가치가 높은 서비스를 하는 것이다.

VAN은 1973년 세계 최초의 VAN 사업자가 미국에서 등장하여, 1975년에 텔레넷(TELENET)이, 1977년에는 타임넷(TYMNET)이 서비스를 개시하며 본격적인 VAN의 시대가 개막됐다. VAN은 같은 업종의 기업 간에 정보교환을 통해 공동으로 업무처리를 할 수 있도록 하며, 변환장치를 사용하여 기종이 다른 단말장치 간의 정보교환도 가능하게 한다. 또 기업 간에 공동시스템을 구성하여 부가가치 통신망 사업자에게 위탁운영시킴으로써 업무의 효율을 높일 수 있다는 점에서 사용되고 있다.

예를 들어, VAN 회사는 'A'라는 회사로부터 일반 통신회로를 통해 보내온 정보를 컴퓨터에 일단 받아들인다. 이후 'A'사의 보내온 정보를 통신기관인 'B'사에 맞게 호환하여 다시 송신한다. 이러한 일련의 과정들을 통해 다른 사양, 다른 기종의 컴퓨터를 지닌 서로 다른 기업 간에도 표준화 된 정보를 주고받는 것이 가능하게 된 것이다.

국내에서는 특히 롯데백화점이 협력업체들과 롯데백화점 간 자동화된 수 · 발주 및 매출, 매입 등과 관련한 정보를 공유함으로써 결품 방지 및 기회손실을 방지하는 데 큰 효과를 거두고 있다.

이처럼 VAN 시스템의 보급과 더불어 본 VAN 시스템을 제공하는 회사들이 생겨남에 따라 생산자부터 도매업자, 물류기관, 소매업자에서의 정보를 서로 효율적으로 주고 받을 수 있으며, 발주 등의 업무를 원활하게 함으로써 유통정보화가 비약적으로 발전되고 있다. 한편 이러한 발전과 더불어 최근 들어 VAN은 단순히 컴퓨터의 고도 이용촉진 뿐만 아니라 앞으로의 고도 정보화사회에 다각적인 정보활용 수단을 제공한다는 점에서 중요한 의미를 갖고 있다. 각 업계에서는 업무연락의 신속성, 정확성, 일관성을 위하여 VAN을 공동으로 구축하여 이용 중에 있다.

3.3 | 유통 · 물류시스템 구조의 변화

POS 시스템

슈퍼마켓이나 편의점의 금전출납계에 설치되어 있는 상품의 판매결과를 기록하는 시스템을 말한다. POS 시스템(point of sales system)은 판매시점 정보관리시스템으로 불리우며, 팔린 상품에 대한 정보를 판매시점에서 즉시 기록함으로써 판매정보를 집중적으로 관리하는 체계로서 점포판매시스템이라고도 한다.

또한 POS 시스템을 통해 매장의 주문처리시스템과 관리자의 메인컴퓨터를 온라인으로 연결하여 판매시점의 정보를 실시간으로 통합, 분석, 평가하여 미래의 고객대응능력을 배가시키기 위한 종합적인 판매관리시스템이다. 상품에 바코드(barcode)나 OCR 태그(광학식 문자해독 장치용 가격표) 등을 붙여놓고 이를 스캐너로 읽어서 가격을 자동 계산하는 동시에 상품에 대한 모든 정보를 수집, 입력시키는 방식으로 특히 백화점, 대형마트, 은행 및 대형서점 등 유통 서비스 업계의 매장 자동화를 가능하게 하는 핵심적 역할을 한다. 뿐만 아니라 각종 판매정보를 체계적으로 관리할 수 있어 상품회전율을 높이고 적정재고량을 유지할 수 있는 등의 이점이 있다. 이를 통해 수집된 POS 데이터에 의해 신제품 및 판촉상품의 판매경향, 인기상품 및 무매출 사멸품의 동향, 유사품 및 경합품과의 판매경향, 구입 고객별 분석, 시간대별 분석, 판매가격과 판매량의 상관분석, 그 밖에 진열상태, 대중매체 광고효과 등을 파악하여, 생산계획 · 판매계획 · 광고계획을 세울 수 있는 장점도 존재한다. 이를 활용해 어느 상품이 어느 정도 팔렸는지에 대한 단품에 대한 매출정보가 매장의 컨트롤러에서 컴퓨터로 보내져 기록 · 저장되는데, 과거의 단품(예를 들어, 농심 백산수)에 대한 정보기록을 별도로 모을 수 없었으나 POS 시스템에서는 단품에 대한 상세 정보까지 기록된다. 따라서 현재 판매하고 있는 제

그림 3–5 POS 시스템 구조

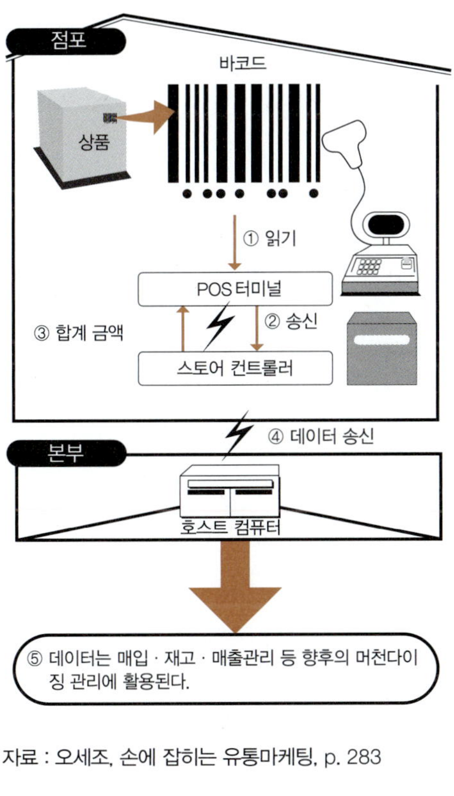

자료 : 오세조, 손에 잡히는 유통마케팅, p. 283

품들에 대한 정확한 정보를 알 수 있으며, 점포 매대입구에 어떤 상품들을 진열할지에 대한 전략적인 정보도 세우기 쉬어짐에 따라 재고관리에 많은 도움이 된다.

본 시스템 도입의 시작은 일본의 세븐일레븐이 1983년 전국적으로 도입한 것을 시초로 편의점, 슈퍼마켓 등으로 점차 도입되기 시작했다. 이후 다른 형태의 유통업태에 도입됨에 따라 유통매장의 필수적인 정보시스템이 되었다. 우리나라에서는 지난 1984년 신세계백화점, 뉴코아백화점에서 첫 도입됐다.

KAN 코드

KAN(Korean Article Number) 코드는 표준상품코드라 하며 국내 공통 바코드를 뜻하는데 13자 타입과 8자 타입이 있다.

이는 각종 제품에 상품의 식별을 위해 붙이는 바코드로서 QR사업추진에 가장 중요한 요소인 기업 간 정보교환 및 정보공유를 위한 가장 기본적인 정보기술이다.

바코드의 기원을 살펴보면 미국이 UPC를 만들어 표준화하자 1970년대 말 유럽 국가들이 모여 UPC와 유사한 EAN(European Article Number)을 채택하고 실용화하였다. 우리나라는 1988년 EAN 협회에 가입하고 KAN(Korean Article Number)을 제정하여 사용하기 시작하였다. KAN은 EAN의 일종이기 때문에 공식적으로는 EANKOREA라고 한다. KAN은 EAN과 마찬가지로 13개의 숫자로 이루어지는데 처음 3개의 수는 국가를 나타낸다. 예를 들어, 우리나라의 국가 코드는 880이며, 중국은 690부터 695까지이다. 국가 코드 다음의 4~6개의 수는 제조업체를 나타내고, 그 다음 3~5개의 수는 상품의 고유번호(상품 코드)이며, 마지막은 체크 숫자이다.

바코드는 한국유통물류진흥원이 부여하는데, 국가 코드와 체크 숫자의 자릿수는 정해져 있지만, 제조업체와 상품 코드의 자릿수는 일정하지 않다. 그러나 최근 발급된 제조업체 코드는 모두 6자리이고, 그에 따라 상품 코드는 3자리가 된다.

그림 3-4 **다이어그램 배송 체계**

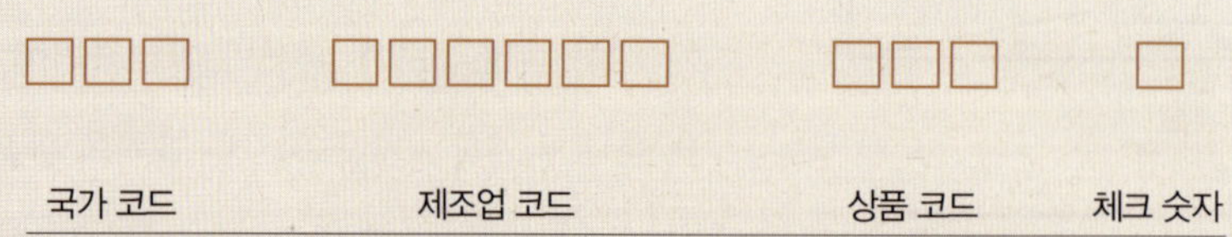

- 1~3자리 : 국가식별 코드 (한국의 국가 코드 880)
- 4~7자리 : 제조업체 코드 (제조업체 등록번호)
- 8~12 자리 : 상품품목 코드 (제조업체가 설정한 번호)
- 13자리 : 체크 디지트 (기계가 잘못 읽는 것을 방지하기 위한 번호)

ITF 코드

ITF(Interleaved Two of Five) 코드는 물류단계에 주로 이용되는 바코드로 표준물류바코드를 박스에 인쇄하여 사용되는 코드이며, 심벌 14자리 표준형 그리고 128자리의 확장형이 있다.

바코드는 단지 유통매장에서 뿐만 아니라 물류 과정에서도 식별번호에 의한 상품관리가 실시되어야 한다. 최근엔 물류체계도 기계에 의한 자동처리가 이루어지고 있지만, 상자 속에 들어있는 상품까지 몇 개 인지에 대한 내용은 KAN 코드로는 알 수가 없다.

이에 따라서 KAN 코드 대신 물류단계에서는 ITF 코드가 일반적으로 사용되고 있다. 14자리 코드와 128자리 코드 모두 KAN 코드를 기준으로 만들어졌으며 14자리 표준형의 코드 구성은 다음과 같은 형식을 따른다.

ITF-14 바코드

GTN-14 1 88 01234 56123 2

즉, 물류센터에서 유통되는 박스(box)나 팔레트(pallet) 식별에 사용하는 14자리 숫자 코드이며, 일반적으로 ITF-14 바코드에 입력한다. 박스나 팔레트 내 세부 구성품 단위를 식별하는 1자리 물류 식별자, 업체 코드와 상품 코드로 구성된 12자리 숫자, 검증번호(체크 지디트) 1자리 숫자로 구성되어 있다.

- 첫 번째 자리 : 물류식별 코드
- 2~13자리 : KAN코드 12자리(체크 디지트 제외)
- 14자리 : 체크 디지트

3.4 | 유통 · 물류 공급망관리시스템

정보시스템의 활용에 따른 유통공급망관리는 일반적으로 SCM, ECR 등과 같은 관리시스템을 도입하여 운영한다. SCM(Supply Chain Management)은 컴퓨터 정보기술을 이용하여 원자재 공급업체, 제조업, 유통업, 물류서비스 지원이 서로 협력하여 상품의 흐름을 통합적으로 관리하는 관리시스템이며, 또한 제품의 생산과 유통 과정을 하나의 통합망으로 관리하는 경영전략시스템이기도 하다.

일반적으로 기업에서 원재료의 생산 · 유통 등 모든 공급망단계를 최적화해 수요자가 원하는 제품을 원하는 시간과 장소에 제공하는 '공급망관리'가 반드시 필수적인데, 이에 따른 SCM은 부품 공급업체와 생산업체 그리고 고객에 이르기까지 거래관계에 있는 기업들 간 IT를 이용한 실시간 정보공유를 통해 시장이나 수요자들의 요구에 긴밀하게 대응토록 지원하는 체계를 마련하게 되었다.

이에 따라 세계적으로 선도적 위치에 있는 제조업체, 물류업체, 유통업체들은 SCM을 통해 거래선들과 긴밀하게 협력함으로써 그 이익을 훨씬 더 극대화하고 있다. SCM의 고도화는 공급자관계관리(SRM), 제품주기관리(PLM), 성과측정지표(BSC), 능률원가측정(ABC) 등의 애플리케이션을 기업애플리케이션통합(EAI) 및 기업포털(EP)작업에 연계함으로써 협력사들과의 총체적인 협업체계를 구현하는 데 목적이 있다. 한편 SCM의 구축과 개발 저변에는 전사데이터웨어하우스(EDW), 초대형 서버, 전사자원관리(ERP), 고객관계관리(CRM) 등이 자리 잡는다.

한편 SCM을 실현하는 주요 기술로는 EOS, CAO, 크로스 도킹, ECR, QR 등이 있는데 이러한 기술을 적절하게 운영하기 위해서는 POS시스템이나 바코드, EDI 등이 기본적으로 잘 갖추어져 있어야만 한다.

SCM의 시작은 1980년대 중반 미국의 의류제품 부문의 QR(Quick Response)에서부터 시작되었다고 할 수 있다. 의류 부문에서 QR의 도입으로 인해 미국 내 의류제조업계와 소매점들은 획기적인 매출증대와 재고감소를 이루어 냈다.

이후 1993년에 이르러 가공식품산업 부문에서는 기존에 고질적으로 진행되어 왔던 과다재고를 감소시키고, 반품을 감소시키기 위한 유통산업의 경쟁력 제고 방안 차원의 ECR(Efficient Consumer Response, 효율적 소비자 대응)이라는 방식의 도입을 통해 유통망 내에 비효율을 제거하고자 하였다.

그림 3-6 SCM 구조

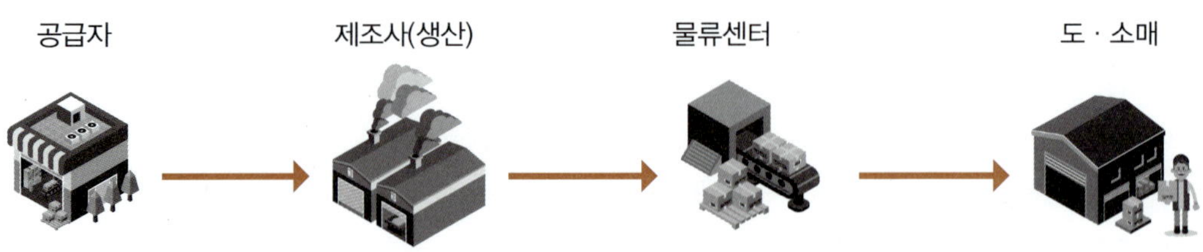

한편 유럽에선 1994년 ECR 유럽이사회(ECR Europe Executive Board)를 구성하여 ECR을 적극 추진하고 있다.

뿐만 아니라 최근 홍콩, 싱가포르, 아르헨티나, 브라질 등 아태 지역과 중남미 지역에서도 SCM 위원회를 조직화 하여 이와 관련한 프로젝트를 추진하기에 이르렀는데, 1998년 10월경에는 ECR/SCM 아시아위원회가 구성되었다.

우리나라도 역시 1999년 3월 한국 SCM위원회가 구성되었는데, 이는 한국유통정보센터가 중심이 되어 SCM에 대한 기반을 마련하고 표준화사업 시행, 그리고 홍보 및 교육 등을 통해 다각적으로 노력하고 있다.

한편 SCM은 관련된 적용 산업별로 그 개념에 대한 표현을 달리하고 있다. 특히 의류 부문의 경우 QR(Quick Response), 식품 부문은 ECR(Efficient Consumer Response), 신선식품 부문의 경우 EFR(Efficient Foodservice Response)이라 하며 또한 의약품 부문에서는 EHCR(Efficient Healthcare Consumer Response) 등으로 불리우고 있다.

이처럼 세계적으로 선도적인 제조업체 뿐 아니라 도 · 소매업체, 물류 · 배송업체 그리고 유통업체들은 목적을 달성하기 위하여 자신들의 거래선들(공급망)과 협력함으로써 시간/비용 절감과 더불어 이익을 추구하고 있다. 이처럼 성공적으로 SCM을 추진 중에 있는 대표적인 업체로는 P&G, 유니레버, 월마트, 코카콜라, J.C.Penney 등이 있다.

EOS · CAO

본 시스템은 독자적인 컴퓨터 네트워크를 사용하여 상품을 주문하는 시스템을 의미하는데, EOS(Electronic Ordering System)은 전자발주시스템이라고 해석된다.

종래의 소매점, 도매업, 생산자들 간의 원자재나 완제품의 수주와 발주 작업에 전화나 팩스가 사용되었는데 여기에 컴퓨터를 도입한 것이 바로 EOS이다.

EOS가 도입되면 발주하는 측은 발주 데이터를 컴퓨터에 입력하고, 수주하는 측 컴퓨터에 데이터가 전송되어진다. 수주한 측은 전송받은 데이터로부터 납품전표와 더불어 출하전표를 갖추고 납품을 하게 되는 것이다.

EOS에서는 데이터가 모두 컴퓨터로 관리되기 때문에 처리가 매우 정확하며 신속하게 발주 측으로부터 수주자 측으로 전달될 수 있고, 양측의 실수를 최소한으로 억제할 수 있는 장점이 있다. 또한 데이터를 계속 재입력해하는 수고를 덜 수 있는 것도 장점이다. 이에 따라 발주에서 납품까지의 리드타임이 단축될 수 있게 된다.

그림 3-7 자동발주시스템

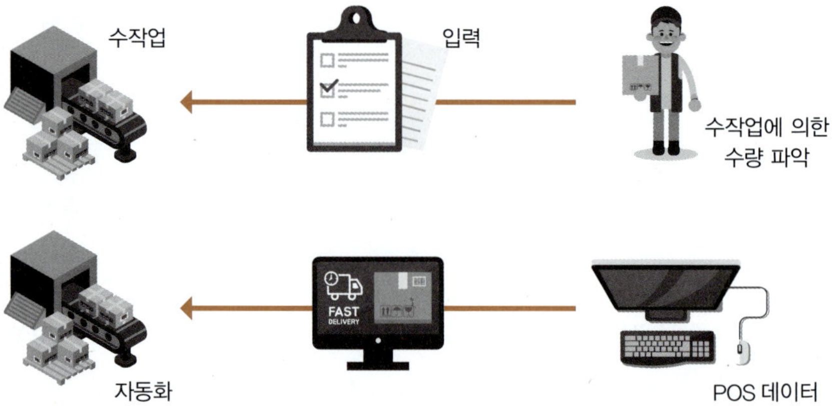

한편 최근에는 EOS와 POS 시스템을 조합하여 단품별 매출 현황과 재고 데이터를 바탕으로 환산하여 컴퓨터가 스스로 자동발주하는 시스템도 개발되어 있는데 이를 CAO(Computer Assisted Ordering), 즉 자동발주시스템으로 번역된다.

CRP(지속적인 상품보충)

CRP란 실제 판매된 매출 데이터에 예측 수요를 근거로 환산하여 상품을 보충시키는 시스템이다. 이 방식은 특히 유통공급망 내에 있는 업체들끼리 서로 협력함으로써 전통적으로 행해진 관행인 경제적인 주문량에 근거한 공급업체에 주문하는 기존 방식에서 벗어나 실제 판매 데이터와 예측된 수요를 바탕으로 하여 상품을 보충시키는 방법이다.

이처럼 CRP는 적기에 소매점의 재고를 보충하기 때문에 재고비용을 현저하게 절감시킨다. 한편 CRP에서는 POS 데이터를 바탕으로 한 판매예측 데이터를 통하여 창고의 재고보충주문과 선적을 용이하게 해준다.

CRP의 근간은 전자문서교환(EDI)시스템으로 EDI는 소매업이 제조업자에게 상품의 출고요청을 전송하는 것에서 비롯된다. 이후 POS 데이터의 통합관리능력이 확장됨에 따라 매장에서 실제로 판매된 품목별 매출수량에 근거한 EDI 문서전송이 가능해졌는데 이를 통해 각각의 단품별 판매에 준한 단품별 보충이 가능하게 되었다. 이와 같은 POS 데이터에 근거한 상품보충은 상품을 제조업체로부터 소매점까지 원활하게 공급될 수 있게 만들었으며, 심지어 상품흐름에 대한 예측 역시 가능하게 만들었다.

크로스 도킹

크로스 도킹(Cross Docking)은 창고 혹은 물류센터로 입고되는 상품을 보관하는 단계 없이 바로 소매점으로 배송하는 물류시스템을 의미한다. 이러한 크로스 도킹을 통해 보관, 하역 및 피킹 등의 작업을 배제함으로써 물류비용을 현격히 절감시킬 수 있다.

크로스 도킹은 입 · 출고를 위한 작업들 간 체계적이고 긴밀한 연계를 필요로 하는데 특히 다음의 세 가지 수준에서 구현될 수 있다.

- 팔레트 크로스 도킹: 한 종류의 상품이 팔레트별로 입고되어 소매점으로 직접 배송되는 형태이며 가장 단순한 형태의 크로스 도킹이다.
- 케이스 크로스 도킹: 팔레트 크로스도킹보다 보편화된 형태로서 한 종류의 상품으로 적재된 팔레트 단위이며 입고 시 소매업체의 물류센터로 직접 입고된다. 이후 팔레트 단위로 입고된 단일 팔레트 상품은 각 해당 소매점별로 주문 수량에 따라 피킹(Picking)[2]되고, 남은 팔레트 상품은 보관된다.
- 사전 분류된 팔레트 크로스 도킹: 제조업체가 사전에 상품을 분류하여 납품할 각각의 매장별로 적재하여 배송하는데, 이 경우 제조업체가 각 매장별 주문사항에 대한 사전정보를 알고 있어야 한다. 이 경우 제조업체에게 추가적인 비용이 종종 발생한다. 한편 이는 매우 드물게 사용되는 방식이다.

그림 3-8 **크로스 도킹**

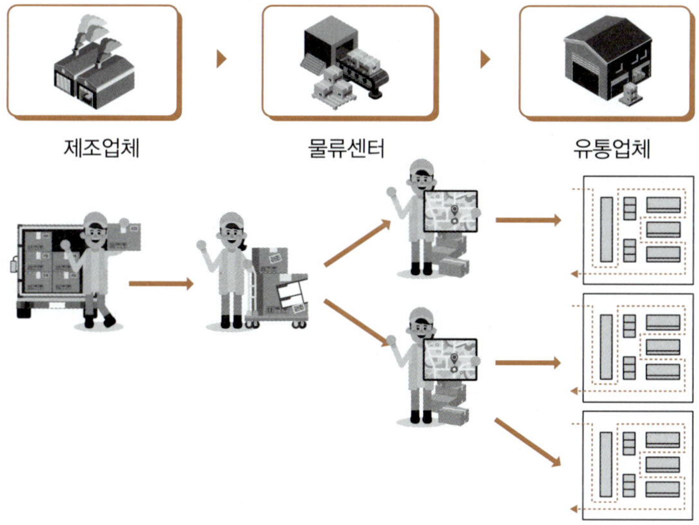

2) 제품을 물류창고의 저장된 위치에서 꺼내는 행위를 말하며, 주로 출고를 위해 수행

카테고리 관리

공급업체와 유통업체와의 협력을 통해 상품 카테고리별 상품에 대한 소비자 구매패턴 및 시장동향 등을 파악함으로써 체계적인 마케팅관리를 통한 업무를 개선시키고자 하는 활동으로 정의할 수 있다.

카테고리 관리(Category Management)는 상품매입과 더불어 마케팅을 하나로 통합한 개념으로 볼 수 있는데, 기존에는 '매입과 물류체계', '마케팅과 매장운영'과 같은 식으로 단편적인 활동이 강조되고 있었지만, 카테고리 관리는 이러한 소매점 경영의 단면적인 관점을 변화시켰다.

이러한 변화의 의미를 한마디로 표현하면 '바이어는 사라졌다'는 관점인데, 즉 바이어를 대체한 새로이 등장한 것이 곧 '카테고리 매니저'이다. 이로 인해 카테고리 매니저는 담당 카테고리 상품의 매입과 마케팅을 모두 책임진다.

또한 카테고리 매니저는 해당 카테고리의 경영자라고도 할 수 있다. 비유하자면, 즉 생산업체의 '브랜드 매니저'가 브랜드 경영자로서의 역할을 부여받는 것과 마찬가지 개념이다.

한편 카테고리 메니저의 업무역할을 보면 수시로 모니터를 주시하면서 상품을 분석 · 기획하고 해당 카테고리 상품의 생산 책임자(파트너)와 지속적인 협의를 하거나 매장의 담당자에게 업무지시를 내린다. 이 같은 업무 영역과 역할로 인해 카테고리 매니저에게는 소비자와 상품에 대한 분석능력과 기획능력이 요구되며, 실제로 카테고리 매니저의 보고 라인은 대표이사 등 최고경영층인 경우가 많다.

결과적으로 소매점장과 카테고리 매니저의 역할분담이 점차 명확해지고 또한 책임도 명확해지는 추세이다.

한편 경영 자체를 변화시킨다고 할 수 있는 ECR의 관점 역시 카테고리 관리에 포함되어 있다. 1988년 당시 P&G와 월마트의 SCM 제휴작업에 앞서 월마트의 샘 월튼은 당시 P&G의 세일즈담당 부사장인 밀리건에게 다음과 같이 말한바 있는데, 즉 "P&G 상품의 80%는 진열대에서 팔리고 있기 때문에 바이어는 더 이상 필요하지 않다. 그리고 P&G도 역시 상품에 영업사원이 필요하지 않을 것이다"라고 한 바 있다.

현재 샘 월튼의 예언대로 소매점에서 바이어가 사라지고 있으며, 생산업체에서도 역시 세일즈맨이 사라져가는 추세라 할 수 있다.

ECR · QR

생산자와 도매업자, 소매점이 서로 협력하여 상품의 유통을 보다 효율적이고 체계화하는 것을 ECR[3] (Efficient Consumer Response, 효율적 소비자 대응)이라고 한다. 이는 섬유업계 등에서는 같은 의미로 QR(Quick Response, 납기 단축)이라고도 한다.

한 예로 미국의 대표 할인점인 월마트와 가정용품 제조 · 생산 대표업체인 P&G는 1980년대 후반부터 POS의 데이터를 서로 공유하고 있다. 이로 인해 월마트의 매장 내 판매정보는 즉시 P&G의 컴퓨터로 송신된다. 시스템을 통해 두 회사 사이에는 재고량의 최저선(재고의 최저수량)이 정해져 있는데, 만일 월마트의 재고가 최저선에서 떨어질 경우 P&G가 자동적으로 납품하는 구조로 시스템화 되어있다. 이로 인해 별도의 수주와 발주에 대한 수고가 필요 없다.

이로 인해 P&G는 자사 제품이 어느 정도 판매되고 있는지를 실시간으로 확인할 수 있다. 따라서 어느 품목의 수요가 어느 정도인지 정확하게 파악할 수 있으며, 이를 통한 계획 생산도 가능해짐에 따라 많은 재고를 비치해 둘 필요가 없어졌다.

이처럼 ECR 도입으로 인한 능률은 결국 작업의 간소화와 이에 따른 납기 단축, 그리고 재고 감소로 인한 비용절감이라는 이득을 가져온 바 있다.

EDI

컴퓨터로 수주와 발주 작업을 처리하는 EOS 시스템을 한 단계 더 발전시킨 것이 곧 EDI(Electronic Data Interchange, 전자 데이터 교환)이다. 이는 자동화된 수주와 발주 처리뿐만 아니라 계약서, 견적서 등과 같은 여러 가지 정보를 컴퓨터에 의해 전산화하여 처리한다.

EDI에서는 생산자와 소매점 그리고 도매업자가 컴퓨터로 수주와 발주작업을 실행할 뿐만 아니라, 공동시스템을 도입함으로써 서로간의 정보 역시 공유한다.

일반적으로 소생산자와 소매점 그리고 도매업자 간의 거래에 있어서 주문서나 견적서, 납품서 및 계약서 등 수많은 문서가 교환되는 것이 일반적인데, 이것만으로도 많은 업무와 시간이 소요되며, 서류작성이나 기록에 있어서도 실수가 일어날 가능성이 존재한다. 하지만 EDI에서는 이들 간의 정보시스템을 서로 공유함에 따라, 수주와 발주에 해당하는 업무들 뿐만 아니라 견적서 작성에서부터 계약 · 결제

3) 컴퓨터 시스템의 도입으로 인한 상품의 발주 · 납품이 재고에 맞게 자동적으로 처리되는 구조

까지 모든 거래 행위를 컴퓨터상에서 처리할 수 있다.

그림 3-9 EDI 구조

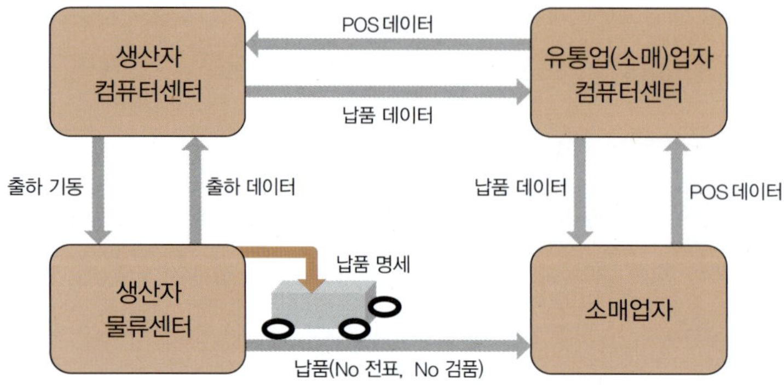

자료 : 오세조, 손에 잡히는 유통마케팅, p. 298.

한편 EDI 상에서는 전표를 직접 발행할 필요가 없으며 이로 인해 절차가 간소화되어 납품까지의 시간(리드타임)도 단축되어진다. 한편 소매점이 발주 리스트를 EDI를 통해 전송하는 경우, 그대로 도매업자의 창고 컴퓨터에 도착하기 때문에 오류가 발생하지 않는다.

표준화[4)]

기업끼리 정보교환을 통해 업무효율화를 마련하려 해도 컴퓨터나 소프트웨어가 서로 다르거나 송신 방법에 차이가 있다면 소통이 원활할 수 없다.

때문에 EDI 등을 도입할 때에는 우선 고려해야 할 사항이 정보를 공유하는 기업들끼리 공통 컴퓨터 시스템을 도입하고, 소프트웨어를 통일하며, 데이터의 송·수신을 위한 절차 등을 통일한다. 그러나 거래하는 상대가 여러 곳이 되면 각각에 대응하는 시스템을 설치하는 것은 생각처럼 쉽지 않다.

따라서 정보시스템과 운용 방법에 대한 통일을 개별기업들 뿐만 아니라, 업계 전체적으로 통일시키며 더 나아가 국가수준, 세계수준으로 통일시키는 움직임이 일고 있다. 이것이 곧 정보교환시스템의 표준화이다.

---

4) 기업들 간 정보교환을 원활하게 하기 위해 컴퓨터나 소프트웨어 등의 규격을 통일화(표준화)하는 것

FAX-OCR

EDI를 도입하기 위해서는 시스템 전용 컴퓨터를 마련하거나 전용 소프트웨어를 설치해야 하는데, 영세기업에게는 그 비용이 부담이 될 수밖에 없다. 그래서 일부 기업에서는 EDI 시스템 도입 대신 FAX-OCR(Facsimile-Optical Character Reader)이 흔히 사용되고 있다. FAX-OCR이란 발주처에서 팩스 주문을 하면, 수신처에서는 팩스 전송 정보를 OCR이라는 장치로 읽는 시스템을 의미한다.

OCR은 광학적 문자판독장치로, 인쇄 혹은 수기문자를 복사기처럼 스캔하여 쓰여진 데이터 정보를 컴퓨터에 직접 올리게 된다.

이에 대해 수신처에서는 일정한 양식의 발주서를 만들어 발주처에 건네주면, 발주처는 주문 내용을 발주서에 작성하여 팩스로 보내는 것으로써 발주 작업이 완료된다.

FAX-OCR을 활용할 경우, 발주처는 팩스만 있으면 되기 때문에 비용은 그만큼 축소가 가능하다. 또한 수주처에서도 팩스만을 통해 정확하게 주문을 받을 수 있으며 전화처럼 사람이 항상 대기하고 있을 필요가 없으므로 효율적이다.

LEARNING CASE

'미국 배민' 도어대시 앞에 놓인 장애물

美 기술주 수난 시대… 저(低)마진 탈피, 수익 다각화 관건

도어대시는 한국 배달의민족처럼 음식배달 중개 서비스를 제공한다. 애플리케이션으로 음식을 주문하면 '대셔(Dasher)'가 식당에서 음식을 받아 고객 집으로 가져다준다. [사진 제공 · 도어대시]

미국 중앙은행 연방준비제도(연준 · Fed)가 올해 첫 금리인상을 3월로 예고하면서 '기술주 수난 시대'가 본격화됐다. 통화당국이 인플레이션에 대응하고자 금리를 높이면 기술주는 하락세로 전환되는 것이 일반적 추세다. 투자자들이 미래 성장 가능성에 기대기보다 수익성이 높아진 채권과 저축, 우량주 투자를 선호하기 때문이다. 실제로 최근 나스닥 지수 하락은 기술주가 견인하고 있다.

지난해 인기 투자처로 자주 거론되던 '미국판 배달의민족' 도어대시(DoorDash) 앞날은 어떻게 될까. 2020년 12월 기업인수목적회사(SPAC)와 합병으로 뉴욕증권거래소에 입성한 도어대시는 상장 첫날 주가가 공모가 대비 85% 폭등한 175달러로 마감되며 큰 화제를 불러일으켰다. 이후 등락을 거듭하다 지난해 11월 최고가 242.72달러를 기록했다. 하지만 이후 하락세로 돌아서 131.53달러로 최고가 대비 46%나 떨어졌다(1월 13일 기준).

'약체' 도어대시 주가에 대한 미국 월스트리트 견해는 크게 갈린다. 이 회사가 여전히 흑자를 내지 못하고 있고 음식배달 시장 경쟁이 갈수록 치열해지는 상황임을 고려할 때 현 주가가 적정하다는 의견이 있다. 이에 맞서 음식배달 플랫폼 중 펀더멘털(거시경제 지표)이 가장 탄탄한 도어대시가 향후 수익을 낼 것이라는 기대도 있다.

투자자문사 에버코어는 도어대시 목표 주가를 256달러로 잡으면서 "올해 도어대시는 온라인 배달업체 중 수익을 내는 유일한 기업이 될 것"이라고 전망했다. 반면 최근 시장조사 전문기관 트레피스 팀은 '포브스'에 기고한 칼럼에서 "오미크론으로 인한 수요 급증에도 도어대시 수익성이 우려된다"며 도어대시 적정 주가를 130달러로 평가했다.

우버이츠 제치고 '진성 고객' 확보 우위

도어대시는 한국 배달의민족이나 쿠팡이츠처럼 음식배달 중개 서비스를 제공하는 회사다. 애플리케이션(앱)을 통해 음식을 주문하면 '대셔(Dasher)'라 부르는 독립계약 노동자가 식당에서 음식을 받아 고객 집으로 가져다준다. 지난해 11월 기준 시장점유율 57%로, 시장점유율 24%인 2위 우버이츠(Uber Eats)를 2배 이상 격차로 따돌리고 있다.

토니 쉬 도어대시 최고경영자
(사진 제공 · 도어대시)

도어대시는 2013년 실리콘밸리에서 토니 쉬 최고경영자(CEO)가 스탠퍼드대 친구들과 함께 창업했다. 쉬는 1985년 중국 난징에서 태어나 1989년 부모를 따라 미국 일리노이주로 이민한 중국계 미국인 2세다. 중국에서는 의사였으나 미국에 와선 유학생인 남편 대신 식당 일을 하며 생계를 꾸려나간 어머니 밑에서 자란 스토리로도 유명하다. UC버클리 산업공학과를 졸업하고 스탠퍼드대에서 경영학 석사(MBA) 과정을 밟은 쉬는 친구들과 창업 아이템을 고민하다 "배달 주문이 밀려 감당하기 힘들다"라는 미가롱가게 종업원 말에 착안해 도어대시를 창업했다. 처음에는 홈페이지에 식당 메뉴판을 올려놓고 휴대전화로 주문받아 직접 배달했다. 우버가 우버이츠 사업을 개시하기 1년 전이었다.

쉬는 도어대시로 실리콘밸리의 스타트업 사관학교 와이콤비네이터에서 초기 자금 12만 달러(약 1억 4288만 원)를 지원받았고, 이듬해 2000만 달러 투자금을 유치하며 본격적으로 사업에 나섰다. 이후 소프트뱅크 비전펀드, 세콰이어캐피털, 싱가포르 국부펀드 등 굵직한 투자자들이 도어대시에 투자하면서 유명 스타트업 반열에 올랐다.

오늘날의 도어대시를 만든 것은 코로나19 팬데믹이다. 미국 내 식당 영업이 전면 중단되면서 음식 배달 수요가 크게 늘었는데, 도어대시는 이 변화에서 확실한 승자로 자리매김했다. 2019년 8억5000만 달러(약 1조120억 원)였던 매출이 2020년 29억 달러(약 3조4500억 원)로 3배 이상 급증했다. 지난해 식당 영업이 재개되면서 성장세가 둔화될 것이라는 예상은 빗나갔다. 도어대시의 지난해 3분기 매출은 12억8000만 달러(약 1조5238억 원)로 시장 추정치보다 1억 달러나 많은 것으로 집계됐다. 식당과 카페 문이 다시 열린 이후에도 음식을 집으로 배달시키는 것이 일상적 문화로 자리 잡은 덕분이다. 지난해 11월 소비자 조사에 따르면 '최근 한 달간 한 번 이상 음식배달을 주문한 적 있다'고 응답한 미국인이 50%에 달한다.

2020년 3월 40%였던 도어대시 시장점유율은 현재 57%까지 높아졌다. 같은 기간 2위 우버이츠 시장

점유율은 다소 하락했다. 한때 1위였던 그럽허브(Grubhub)는 15%로 한참 뒤처지는 수준이다. 또한 도어대시의 강점을 꼽자면 고객 기반이 탄탄하다는 것이다. 우선 도어대시는 월 9.9달러를 내면 배달비가 무료인 구독서비스 대시패스(DashPass) 가입자 900만 명을 확보했다. 이들은 일반 고객보다 주문을 더 자주, 많이 하는 진성 고객이다. 또 지난해 3분기 고객당 평균 주문금액이 302달러(약 36만 원)로, 2019년 3분기 대비 112%나 증가했다. 우버이츠의 229달러와 비교해도 한참 높은 수준이다. 한편 한국과 마찬가지로 미국 소비자도 배달 앱 여러 개를 동시에 사용한다. 이는 기업 입장에선 아쉬운 대목인데, 그나마 도어대시가 가장 많은 독점 고객을 확보하고 있다.

소비자데이터 분석기업 블룸버그 세컨드 메저에 따르면 도어대시 고객의 61%가 독점적으로 도어대시만 사용하고 있다(지난해 3분기 기준). 우버이츠(46%), 포스트메이츠(34%)와 비교해 상대적으로 높은 수준이다. 또한 여타 배달 앱 고객의 40%가 도어대시를 동시에 사용하는 것으로도 나타났다.

매출 증대에도 여전히 적자

하지만 문제는 음식배달이 마진이 매우 낮은 사업이라는 데 있다. 미국 '월스트리트저널' 분석에 따르면 도어대시는 팬데믹 기간 주문당 평균 36달러를 받아 대셔 인건비, 광고·마케팅비, 운영비 등 각종 비용을 제하고 90센트를 남겼다. 수익률이 고객 구매금액의 2.5%에 불과한 셈이다. 이처럼 박한 수익 구조 탓에 도어대시는 빠른 매출 증대에도 계속 적자를 보고 있다. 지난해 3분기까지 누적 적자가 3억 1300만 달러(약 3725억 원)로 전년 동기 대비 2배 수준이다. 2020년 2분기 2300만 달러(약 274억 원) 수익을 낸 게 유일한 흑자 경험이다.

도어대시는 최근 대시마트(DashMart)라는 이름으로 초고속 식료품 배달사업에도 뛰어들었다. [사진 제공 · 도어대시]

박리(薄利)를 타개하려면 고객당 주문금액을 늘리거나 마진이 좀 더 높은 신규 사업에 뛰어들어야 한다. 도어대시는 세이프웨이 등 식료품 프랜차이즈 브랜드를 다수 보유한 앨버트슨(Albertsons)과 손잡고 미국 전역 2000개 매장에서 1시간 내 식료품을 배달해주는 서비스를 시작했다. 또 최근에는 대시마트(DashMart)라는 이름으로 초고속 식료품 배달사업에도 뛰어들었다. 배달의민족 B마트처럼 도심 곳곳에 소규모 매장을 두고 주문 15~20분 안에 식료품을 배달해주는 서비스다.

2022년 1월, 도어대시는 뉴욕 첼시에 대시마트를 마련하고, 10~15분 안에 배달해주겠다고 발표했다. 이 서비스를 위해 초고속 배달을 전담하는 정규직 직원도 채용했다.

최근 쉬 CEO는 메타(옛 페이스북) 이사진 멤버로 영입됐다. 이를 두고 최근 메타가 인스타그램 커머스 기능을 강화하는 움직임과 맞물려 메타와 도어대시의 제휴 서비스가 시작되지 않겠느냐는 기대도 나온다. 하지만 경쟁사들도 식료품, 주류, 편의점 물품 등 식당 음식보다 관리가 쉽고 마진도 높은 제품군으로 배달 대상을 확장하는 비슷한 전략을 구사하고 있다. 한편 초고속 식료품 배달의 경우 수요가 있는지, 마진은 충분한지 등 사업의 지속가능성이 입증되지 않은 상태에서 플레이어만 넘쳐나는 형국이다. 뉴욕만 해도 고릴라, 게티르, JOKR, 프리지노모어 등 다양한 업체가 치열하게 경쟁하고 있다. 도어대시가 경쟁 파고를 넘고 수익관리를 명민하게 실천해 기술주 수난 시대를 돌파해갈 수 있을지 귀추가 주목된다.

주간동아(2022. 1. 26.)
https://weekly.donga.com/3/all/11/3160126/1

PART

02 글로벌 공급사슬 관리의 전략적 이해

글로벌 공급사슬관리

INTRODUCTION CASE

해상운임 7주째 '뚝 뚝'…글로벌 물류 '파업'에 공급망 '대혼란'

LEARNING CASE

대만은 어떻게 반도체 강국이 됐나

Chapter

04

INTRODUCTION CASE

해상운임 7주째 '뚝 뚝'…글로벌 물류 '파업'에 공급망 '대혼란'

글로벌 경기침체 우려 고조…해상운임 7주 연속 '하락'
전세계 파업 이슈로 글로벌 공급망 흔들…경기침체 가속화

HMM 컨테이너선이 국내 수출기업의 화물을 선적하고 있다.
(사진 = HMM)

더 큰 문제는 최근 세계 곳곳에서 물류 노동자 파업까지번지면서 공급망 혼란이가중되고 있다는 대목이다.이번 전세계 파업 사태는 주 물류 중심지에서 적체 현상을 재현하는 동시에 경기침체를 가속화하는 주요 변수로 지목된다.

1일 관련 업계에 따르면 해운운임 지표인 상하이 컨테이너운임지수(SCFI)는 지난달 29일 기준 전주 대비 108.92포인트 내린 3887.85을 기록했다. SCFI는 지난 1월 사상 첫 5100선을 돌파하며 정점을 찍은 뒤 중국 봉쇄 등의 영향으로 17주 연속 하락했다. 이후 지난 5월 20일 18주 만에 반등에 성공해 6월 10일까지 4주간의 상승세를 이어갔다. 하지만 또 다시 6주 연속 내림세를 보이더니 지난해 7월 9일 이후 1년 만에 3000대로 급락하더니 이번에는 지난해 6월 25일 이후 1년1개월 만에 가장 낮은 수준을 기록했다. 운임 하락은 남미 노선을 포함해 7개 노선에서 이뤄졌다. 이는 최근 경기 침체 우려가 커지는 가운데 해상 물동량까지 줄며 해운 운임이 하락세에 접어든 것으로 분석된다.

해운업계 관계자는 "글로벌 인플레이션으로 인한 소비심리 위축이 운임 하방 압력을 높이고 있다"며 "올해 하반기 운임하락은 지속될 것으로 보이지만 예년과 같이 불황을 야기할 정도로 과도한 조정은 없을 것으로 보인다"고 말했다. 시장에서는 이번 운임 하락 현상이 해운업 불황으로 번지는 수준이 아니라고 보고 있다. 최근 해상운임 하락세가 뚜렷하지만 올해 평균 SCFI는 4427.90로, 지난해 연간 평균치 3791.77보다 여전히 16.8% 높은 수준이다. 특히 최근 해외 곳곳에서 일고 있는 파업 탓이다 앞으로의 운임 변화를 쉽게 전망할 수 없는 상황이다. 이번 파업 이슈로 글로벌 공급망이 다시 흔들리거나 경기침체를 가속화할 수 있다는 우려의 목소리가 제기되고 있다.

현재 미국에서는 운송업계의 파업 가능성에 촉각을 곤두세우고 있다. 지난 2년간 진행된 주요 철도회사들의 노사협상이 결려되면서 철도 파업이 예상되는 상태다. 철도 파업이 현실화할 경우 국가 공급망이 망가질 수 있다. 이미 영국에서는 열차 기관사들이 지난달 30일 파업 개시를 선언했으며, 캐나다에선 이미 대규모 철도 파업이 발생했다.

세계 각국에서 연료비 급등에 항의하는 트럭 운전사들의 파업도 속출하고 있다. 페루에서 전국적으로 트럭 운전사 파업이 벌어지고 있다. 지난달 미 캘리포니아주의 물동량 3위 항구인 오클랜드항에서는 트럭 운전사들의 도로 점거로 일부 게이트와 터미널이 폐쇄되기도 했다. 시장에서는 세계 공급망의 주요 핵심 지점에서 노동자 파업이 경기 침체 또는 회복의 주요 변수로 등장하고 있다고 관측하고 있다. 업계 관계자는 "경기 침체 위기와 인플레이션이 빚어내는 글로벌 복합위기 속에 치솟는 물가를 임금 수준이 따라가지 못하자 세계 곳곳에서 파업이 번지고 있다"며 "이는 크라이나 전쟁 이후 악화한 글로벌 물류난 역시 더욱 심화하면서 글로벌 경기침체의 주요 변수로 지목된다"고 설명했다.

아시아타임즈 기사 편집(2022. 8. 1.)
https://www.asiatime.co.kr/article/20220801500057

4.1 | 공급사슬관리 개념

물류와 관련된 논제와 이슈 중에서 공급사슬(supply chain) 만큼 중요함에도 불구하고 최근에 와서야 알려지기 시작한 주제도 흔치 않다. 공급사슬은 이론적인 개념으로, 서로 영향을 주고받는 다양한 조직 간의 상호작용의 결과이다. 본 장에서는 공급사슬에 관하여 설명할 것이나, 물류는 공급사슬관리(Supply Chain Management: SCM)와 완벽한 동의어가 아님을 먼저 인식하여야 한다. 마지막으로 마케팅 채널에 대한 부분에서는 제품이 생산업체에서 고객에 도달되는 다양한 방법과 다양한 채널관리가 왜 중요한지에 관해 설명할 것이다.

Henry Ford는 공급사슬관리의 중요성을 보여주는 좋은 사례를 제공한다. 그는 자동차 조립공장 구축으로 사업을 시작했다. 당시 그는 자동차 부품이 필요했고 그래서 자동차부품공장도 구축했다. 자동차부품은 작은 부품들로 만들어졌기 때문에 그는 이 모든 작은 부품들을 제작하기 위해 또다시 많은 공장들을 사들이고 직접 운영했다. 이러한 부품들은 철강을 주재료로 하기 때문에 Ford Motor Company에 철강 주조소도 포함시켰다.

결국 Ford는 완벽한 자급자족을 위해 Brazil에 2백만 에이커의 토지를 매입하여 고무 재배지를 개간하고 페인트의 재료가 되는 대두도 재배했다. 그의 광대한 제국에 속하는 각 조직들은 철광 채굴에서 자동차의 최종 조립라인에 이르는 긴 사슬을 따라 자재를 끊임없이 공급했다. 사실 최종 조립이 공급사슬의 마지막은 아니었다. 그는 생산된 자동차를 판매하는 소매업체 역시 통제했기 때문이다.

그러나 공룡처럼 커지고 둔해진 Ford사는 시장 변화에 신속히 대처하지 못함으로써, 사업부조직이라는 당시로서는 신조직 개념으로 무장한 Alfred Sloan의 GM과의 경쟁에서 처참히 패배하고 말았다.

공급사슬은 다음 단계의 조직에 필요한 투입을 공급하는 일련의 흐름시스템이며 과정(process)이다. 이들 조직은 독립적인 개발업체일 수도 있고 전체 사슬이 한 기업 내에 속하는 경우도 있다.

Ford는 공급사슬 전체가 한 기업에 속하는 경우에 해당한다. 여기서의 논점은 기업이 공급업체를 인수해야 한다는 것이 아니다. Ford가 구축한 공급사슬은 궁극적으로는 해체되어야하는 너무나 비효율적인 것이다. 기업들은 자사가 최고인 부문, 즉 핵심역량(core competency) 부문에 전문화하고 이외의 부문에 대해서는 그 해당 부문에서 최고인 조직으로부터 외주(outsourcing)하는 것이 훨씬 더 실리적이라는 것을 인식하게 되었다.

공급사슬관리의 목표

원재료, 부품, 서비스, 정보 등을 제공하는 공급업체로부터 최종 사용자에 이르는 전과정상의 핵심 비즈니스 프로세스들을 일관되고 효율적으로 운영함으로써, 고객 및 여타 이해관계자에게 궁극적인 가치를 제공함

Ford의 작업방식은 시스템을 통해 자재가 흐르는 방법에 주목을 끌게 했다. 공급사슬은 다수의 조직으로 구성된다. 이 다수의 조직은 최종 제품을 구성하는 자재와 서비스를 구매 · 판매하는 프로세스를 통해 서로 연결되어 있다. 최종 제품이 무엇인지 항상 명확한 것은 아니다. 한 사슬에서 최종 제품인 것이 다른 사슬에서는 원자재일 수도 있다. 예를 들어, 망치는 나무 핸들, 목제품, 삼림지 등을 포괄하는 공급사슬의 최종 결과이다. 그러나 그 망치가 공구세트에 들어가는 것이라면 공구세트 제조업체의 관점에서 망치는 하나의 부품일 뿐이다.

그림 4-1 **공급사슬의 예**

한 제품은 공급사슬을 따라 원자재에서 완제품으로 진행되면서 가치가 부가된다. 따라서 공급사슬을 부가가치 프로세스(value added process)라고도 한다. 공급사슬의 한 부분이 부가가치 역할을 제대로 완수하지 않는다면 시장원리에 따라 그 부분은 제거될 것이다. 예를 들어, 기업 B가 A로부터 제품을 구매하여 그 제품에 대한 아무런 부가가치 작업 없이 더 높은 가격에 이 제품을 다시 판다면 고객은 결국 A를 찾아 더 낮은 가격에 그 제품을 구매하게 될 것이다. 공급사슬관리는 이러한 부가가치 프로세스의 효율성 증진을 위해 공급사슬의 각 부분을 통합하는 방식을 취하기 때문에 공급사슬통합(supply chain integration)이라고도 한다. 공급사슬관리가 중요한 이유는 효율적으로 통합된 공급사슬은 전체 프로세스의 가치를 증가시킴으로써, 결국 모든 관련 업체의 이익을 크게 하기 때문이다.

그렇다면 공급사슬관리와 물류의 차이점은 무엇인가? 물류는 목적지로 물품을 이동시키는 것이지만 공급사슬관리는 거기서 한발 더 나아가 전반적인 비즈니스 운영방식을 조직화하고 외부 관련업체와의 상호작용방식을 조율하며 지속적으로 물류활동을 관리하는 것이다. 다시 말해서, 어떤 물품을 고객까지 인도하는 직접적인 제반 활동은 물류작업에 해당되며, 지속적인 물류기능의 수행을 위한 관리작업

은 공급사슬관리에 해당된다. 이들 두 가지 용어는 중복되는 부분도 있고 모호한 부분도 있기 때문에 세밀한 구분에 대해 너무 집착할 필요는 없다. 사실 전문가들조차도 이 두 가지 용어를 모두 사용하기 때문에 서로 다른 이름으로 같은 이슈에 대해 말하는 경우가 많다.

또한 공급사슬은 가치사슬(value chain)과 동일한 개념도 아니다. 가치사슬이란 사슬의 각 연결 부분이 제품생산에 일정한 가치를 창출해야 되는 경영 개념이다. 만약 어떤 부분이 가치를 제공하지 않으면 그 부분은 제거되어야 한다. 물품의 이동이 없는 가치사슬도 많이 있다. 서비스산업에서는 우리가 물류라고 인식하는 그 어느 것도 없는 공급사슬의 예를 발견할 수 있다.

그러나, 여러 업체로 구성된 공급사슬과 한 조직 내의 공급사슬은 구분해야 한다. 공급사슬이 한 기업에 속할 경우에는 관련 프로세스를 관리하는 작업이 완전히 한 기업의 통제 하에 있게 된다. 반면에 업체 간 공급사슬은 이와 매우 달라서, 각 조직은 자사에 해당하는 작업만을 통제하게 된다.

여기서 공급사슬은 업체 간 상호관계시스템이라고 할 수 있다. 1장에서 다룬 기업간 물류와 기업내 물류의 차이를 다시 상기해 보자. 공급사슬관리는 사슬의 각 연결 부분이 보통은 독립적인 개별조직이기 때문에 더욱 어려울 수밖에 없다. 각 조직은 자사 이익을 극대화하기 위해 운영되므로 개별 독립조직들의 작업을 조율하는 일이 쉽지 않은 것이다. 공급사슬 전반에 가장 이익이 되는 일이 반드시 어느 한 조직에게도 최대한의 이익이 되는 것은 아니기 때문이다.

또한 한 기업이 자사의 고객 또는 공급업체만을 대상으로 작업하는 것은 쉬우나 공급업체의 공급업체까지 혹은 고객의 고객까지 고려하여 작업하는 것은 매우 복잡한 일이다. 소위 채찍효과(bullwhip effect)라고 알려진 공급사슬의 동태성은 이러한 어려움을 잘 대변한다고 하겠다. 즉 공급사슬 상의 상위단계가 실제의 소비자 수요 변화가 아니라 증폭된 수요의 변화(주문의 분산)에 반응하게 되면 과잉재고나 재고고갈로 인해 큰 비용을 감수해야만 하는 결과를 낳게 된다.

4.2 | 공급사슬의 효율성

물류 및 공급사슬관리는 재고 및 수송 등의 물류비용, 구매비용 절감과 주문 · 조달의 불확실성과 변동을 최소화하여 생산계획을 합리화하고 납기단축 및 정확성을 향상시켜 전체적인 생산의 효율성과 고객만족을 달성할 수 있게 한다. 공급사슬관리의 도입으로 기업은 내 · 외 협력체계의 강화를 통하여 획기적인 공급 · 조달기간 및 계획기간 단축을 통한 시장선점, 신속하고 유동성 있는 영업 · 생산 · 구매 전략수립 등을 통한 시장변화에 대한 대응력 강화, 공급망 상의 자원의 효율적 활용과 불필요한 자원의 낭비요소 및 재고감축 등 큰 효과를 가져올 수 있다.

그렇다면 통합된 공급사슬은 그 구성 업체에게 어떠한 혜택을 주는가? 첫째, 공급사슬 구성원은 협력을 통해 전체 물류 프로세스의 리스크를 완화하고 효율성을 증진시킬 수 있다. 둘째, 공급사슬 내의 낭비 요소와 중복되는 부분을 제거하여 효율성을 높인다.

여기서 말하는 낭비 요소와 중복되는 부분이란 다음과 같은 것을 의미한다. 예를 들어, 자동차부품이 필요한 자동차제조업체를 가정해 보자. 이 제조업체에서 특정 부품이 부족한 경우가 용납되지 않는다면 이 회사는 대규모 재고를 유지 · 관리해야 할 것이며 이는 큰 비용을 수반한다(11장의 재고관리 부분 참조). 또한 자동차부품을 공급하는 업체도 자신의 공급업체로부터 부품을 공급받을 것이므로 부품업체도 (부품의)재고부족을 예방하기 위해 높은 수준의 재고를 유지해야 할 것이다. 공급사슬상의 모든 업체는 그들의 공급업체가 니즈를 충족시키지 못할 경우에 대비하여 재고를 유지한다. 이는 재고의 측면만을 고려한 것이다. 리스크, 낭비, 중복 요소에는 또 다른 많은 측면이 있다.

시간도 낭비되는 주요 요소 중의 하나이다. 한 연구결과에 따르면 평균적으로 건조식품(dry grocery product)이 공급업체에서 슈퍼마켓 계산대에까지 도달하는 데 평균적으로 104일이 소요된다. 같은 조사결과 의류업계 제품이 원자재 상태에서 소매업체에 이르기까지 약 66주가 소요된다. 많은 업계에서 이러한 긴 납기기간(lead time)은 용납되지 않는다. 생화와 같은 경우에는 몇 시간 차이가 제품에 막대한 영향을 미치기도 한다. 컴퓨터가 출시된 뒤 시장에서의 평균적인 제품수명은 6개월이다. 이러한 제품은 공급사슬상의 여러 업체를 매우 신속하게 거쳐야 한다.

공급사슬이 물류의 기본적인 개념이기는 하지만 지나치게 강조되는 측면도 다소 있다. 공급사슬은 기업 내 운송에서는 원활히 관리되는 편이지만 두 업체 이상이 개입되는 경우에는 관리가 순조롭지 못하다. 예를 들어, 한 기업의 대표 A가 공급업체 B에게 그들에 대한 완벽한 정보를 요청한다고 가정해 보자. 그리고 그 기업대표는 전향적인 사고방식을 갖춘 물류 전문가이고 완벽하게 통합된 공급사슬을 원한다고 생각해보자. 그 경우 이러한 정보제공을 요청받은 공급업체 B가 어떠한 반응을 보일 것이라고 생각되는가? 해당 공급업체 B가 자사의 공급업체 C에 대한 정보를 A에게 제공하면 A는 B와의 거래를 중단하고 C와 직접 거래를 하고자 하거나(C도 B가 제공하는 부품을 생산할 수 있는 능력이 있다는 가정 하에) 또는 B에게 공급가격의 인하를 요구할 수도 있다.

이러한 이유들로 인하여 일반적으로 기업들은 자사의 공급업체에 대한 정보를 노출시키지 않는다. 이렇게 보면 물류의 효율성 개선을 위해 독립적인 개별업체로 구성된 공급사슬을 통합한다는 아이디어는 비현실적인 것으로 보일 수 있다.

실제로 Keeping Score를 저술한 저자들은 22개 업체를 대상으로 인터뷰를 실시했으나 두 업체 이상이 공동으로 물류기능의 효율성을 측정한 사례는 단 한 건도 발견할 수 없었다. 인터뷰 조사를 통해 공급사슬상의 업체들이 그들의 상호작용을 통제할 수는 없지만 상호 어떠한 영향을 미치는지에 대해 인식하고 있는 상황을 공급사슬적응(supply chain orientation)이라고 부른다. Keeping Score의 본문에서는 공급사슬적응이 공급사슬상의 다양한 흐름을 관리하는 전술적인 활동이 시스템과 전략에 미치는 영향에 대하여 모든 구성원들이 인식하고 있는 상황이라고 정의했다.

이미 오래전에 사회과학자들은 조직이 자율을 중요시 여긴다고 설명했다. 기업과 정부는 스스로 의사결정을 하고 여타 조직으로부터의 승인과 간섭 없이 스스로 원하는 바를 시행할 수 있는 자유를 원한다. 이는 조직 행태의 가장 중요한 원칙 중의 하나이다. 공급사슬관리에 있어서의 문제는 각 업체가 다른 업체에 대한 배려 없이 사업을 운영하고자 하는 동기에 있다. 그러나 비즈니스 세계에서 이러한 행동은 불가능하다.

이상적인 상황에서는 고객과 공급업체가 요구하는 대로 움직이겠지만 앞에서 설명했듯이 현실은 그렇지 않다. 업체들은 자사의 자율을 제한하는 조치를 취하려고 하지 않을 것이다. 이러한 맥락에서 전략적 파트너십(strategic partnerships)을 살펴보면, 파트너십을 구축함으로써 파트너 업체들이 고수익 기회를 잡기 위해 자율권의 일부를 포기하는 사례를 볼 수 있다. 그러나 대부분의 기업들은 이러한 기회를 알면서도 독립적으로 사업을 운영하는 것을 선호한다.

Webster Motor Company의 공급사슬관리 사례

공급사슬의 효율성을 달성하기 어려운 이유: Webster Motor Company는 신규 모델인 Florence를 1,000대 생산하기 위해 엔진 1,000개를 주문해야 한다. 그러나, 엔진 부품 중 어느 하나라도 재고가 부족하면 전체 조립라인의 가동이 중단되는 큰 문제를 유발할 수도 있다[JIT(Just-In-Time) 시스템이라면 그런 위험은 더 커진다]. 또한 일부 엔진이 불량일 경우를 대비하여 수요량인 1,000개보다 많은 1,050개의 엔진을 공급업체에게 주문한다.

엔진 1,050개를 주문받은 엔진블럭 제조업체는 엔진블럭 1,050개와 불량 제품이 생산될 경우에 대비하여 추가로 50개를 더 생산하려고 한다. 이에 따라 이 업체는 1,100개의 엔진블럭을 생산하기 위해 철강업체로부터 1,150개의 엔진블럭을 만들 수 있는 철강을 주문한다(그 이유에 대해 답할 수 있는가?). 마지막으로 지금까지와 비슷한 이유로 철강업체는 1,200개의 엔진블럭에 해당하는 철광석을 주문한다.
공급사슬의 최종 단계에서 1,000개의 제품을 생산하기 위해 공급사슬 시작단계에서는 1,200개에 해당하는 자재를 생산해야 한다. 즉, 20%의 차이를 보인다. 여기에는 시간 요소와 거래비용 등은 고려되지도 않은 것이다. 이를 보면 통합된 공급사슬을 운영하고 효율성을 제고하는 것이 쉽지 않음을 알게 된다.

4.3 | 채널관계(channel relationships)

공급사슬관리는 기업의 내부 운영과 관련된 것이기도 하며 동시에 외부업체와의 관계에 관한 것이기도 한다. 기업의 내부 운영은 파트너와 조화를 이루도록 구성되어야 한다. 그러나 무엇보다 중요한 부분은 외부업체와의 관계이다. 지난 수십년간 기업들이 외부업체와의 관계를 관리하는 방법에 큰 변화가 있었다. 경쟁과 대립 양상에서 벗어나 협력을 지향하고 있는 것이 바로 그것이다. 여기서 경쟁이란 산업내(intra-industry) 경쟁이 아니라 산업간(inter-industry) 경쟁을 말하고 있다는 점에 주목해야 한다. 통상적으로, 경쟁이라고 하면 유사한 제품을 생산하고 동일한 목표고객을 공략하는 업체간 경쟁을 의미한다. 그러나 공급사슬의 관점에서는 공급업체와 구매업체 간 최적의 가격과 조건을 확보하기 위한 경쟁이 더 치열하다.

그렇다면 채널 구성원 간에는 무엇을 위해 경쟁하고 협력을 하는가? 이들은 가격과 서비스 품질, 문제 발생, 특히 재고 관련 문제 발생 시 책임을 둘러싸고 경쟁을 한다. 앞에서 공급사슬에서 발생하는 낭비요소의 사례를 살펴본 바 있다. 경기가 위축되면 기업의 재고물량은 늘어나고 이에 따른 비용부담이 커진다. 일단 지금은 대량의 재고가 발생하지 않도록 하는 것이 매우 중요하다는 점을 이해하자. 대량의 재고가 발생하게 되면 많은 경우 채널 구성원 간에 그 책임을 둘러싼 치열한 공방이 발생한다.

ARROW ELECTRONICS

Arrow Electronics의 Harriet Green은 다음과 같이 밝힌 바 있다. "대량의 재고가 발생하면 재고의 소유에 대한 공방이 발생하는 것을 보고 놀랐습니다. 모두들 그 재고가 상대방의 것이라고 주장합니다." 바로 이러한 이유에서 공급 파이프라인(공급사슬)을 유리 파이프라인이라고 한다.

한 기업의 임원도 다음과 같이 말한 바 있다. "고객사와 접촉할 때 우리의 재고수준을 절대 노출하지 않습니다. 만약, 고객사에서 우리의 재고가 많다는 것을 알게 되면 제품가격을 깎으려고 할 것이고, 우리의 재고가 적은 것을 알게 되면 충분한 물량을 확보하고 있는 다른 공급업체로 발길을 돌릴 수도 있기 때문입니다."

채널 구성원들은 또한 각자의 공급업체와 고객으로부터 최적의 가격과 조건을 확보하기 위해 경쟁한다. 이들은 모두 자사에게 도움이 될 만한 정보를 수집하고 이를 토대로 최적의 가격과 거래조건을 준비하고 협상에 임한다. 최근의 경험에 비추어볼 때 가장 협력적인 계약 관계도 경기침체기에는 와해되는 경향이 있다. 예컨대, Delaney와 Wilson은 그들의 보고서 'State of Logistics Report of 2001'에서 경기침체 기간 동안 협력이 와해되는 이유 세 가지를 다음과 같이 설명했다. ① 수요예측이 종종 부풀려 지는 경우, ② 제조업체가 협력업체에 부품 조달에 대한 통제권을 부여했으나(예를 들어, Vendor Managed Inventory : VMI) 초과 재고의 책임이 어느 측에 있는지 사전에 합의가 불분명한 경우, ③ 공급사슬관리용 소프트웨어 프로그램이 여전히 이용이 어렵고 비용이 많이 들어 잘 활용되지 않는 경우. 일차적 채널 구성원(primary channel members)이란 공급사슬관리를 위해 자원을 투입하고 리스크를 취하는 업체를 의미한다. 예를 들어, 자동차 제조업체는 많은 비용과 위험이 수반되는 조립생산과 재고관리를 담당하고(자동차제조업은 전형적인 재고생산(make-to-stock)에 따름), 이러한 비용을 절감하기 위해 공급채널 개발을 위한 강한 동기를 갖는다.

물품구성(assortment)

물류와 직접 관련된 공급사슬의 기능 중의 하나는 선적물의 구성을 통제하는 것인데 이를 물품구성이라고 한다.

- 중앙집중화(centralization) : 다수의 소량 선적품을 대량 선적품으로 통합
- 분산(dispersion) : 한 개의 대규모 선적품을 여러 개의 소량 선적품으로 나눔
- 고객화(customization) : 다양한 종류의 선적품을 모아 취합하여 구성함

모든 채널 구성원이 그 채널을 통한 활동의 성공에 동일하게 기여하는 것은 아니다. 즉, 공급사슬에서 모든 구성 부분 및 주체들이 동일하지는 않다는 것이다. 만약 어떤 구성원의 활동의 대부분이 해당 공급사슬 내부로 제한되는 것이라면 그러한 활동은 전문화된다. Webster Motor Company의 예에서 보면 E사가 Webster에게 공급할 엔진블럭만을 제작한다면 E사는 고도로 전문화될 것이다. 공급사슬에서 한 기업의 역할이 전문화될수록 그에 수반되는 리스크도 증가한다. 한 업체가 한 공급사슬만을

위해 생산하거나 한 공급업체에만 의존한다면, 그 업체는 매우 취약해 질 것이다. 반면에 한 업체가 생산한 제품을 다양한 고객 혹은 기업에게 판매함과 동시에 동일한 자재 및 부품을 공급하는 복수의 공급업체를 보유하고 있다면 리스크를 크게 완화시킬 수 있을 것이다.

리스크관리(risk management)는 공급사슬관리의 운영과 관련된 또 한 가지 핵심 이슈이며 공급사슬관리를 어렵게 만드는 주된 요인이다. 기업이 파트너 업체와 협력을 추진할 때마다 항상 파트너를 잃게 될 위험이 따르기 때문이다. 협력 관계 구축에 투여된 시간, 자원, 노력이 수포로 돌아갈 수도 있으며 파트너 업체가 상대방의 내부 정보를 획득하여 이를 악용할 수도 있다.

파워(power) 또한 공급사슬관리의 근본 이슈 중의 하나이다. 공급사슬 내의 각 구성원은 여타 파트너에 대하여 상이한 영향력을 가지고 있다. 한 채널 구성원에게 유리한 일이 다른 구성원에게는 불리하게 작용할 수도 있다. 그렇기 때문에 자사에게 유리한 방향으로 채널이 운영되도록 영향력을 행사할 수 있는 파워가 중요한 것이다. 비즈니스 세계에서도 서로 다른 유형(업종)의 채널 구성원 간 파워구도에 뚜렷한 동향이 있는 것을 관찰할 수 있다. 지난 십년간 미국에서는 소매업체의 제조업체에 대한 영향력이 강화되어 왔다. 이는 고객들이 예전과는 달리 제품 자체에 대한 충성도가 아닌 소매업체에 대한 충성도를 보이기 때문이다. 즉, 고객들이 특정 브랜드가 아닌 특정 소매업체를 찾는다는 것이다. 이러한 동향은 시장에서 일어나고 있는 아래 몇 가지 변화에 기인한 것이다.

- 몇몇 대기업이 소매상의 소유권을 통합, 보유하고 있음
- 소매업체가 시장동향에 대한 중요한 정보와 지식을 갖고 있음 : 이들이야말로 일선에서 가장 먼저 고객 수요의 변화를 관찰할 수 있는 위치에 있다.
- 제조업체가 새로운 브랜드 프랜차이즈를 구축하는 것이 더 어렵고 비용도 많이 소요된다는 사실을 인식하여 점점 더 소매업체에게 의존함
- 물류 전반의 보충(replenishment) 프로세스가 push에서 pull로 전환되고 있음

그러나, 이러한 동향에 대응하는 새로운 동향도 있다. 바로 새로운 채널의 확대가 그것이다. 제조업체는 자사가 생산한 제품을 더 다양한 채널을 통해 판매하고 있다. 이는 어떤 소매업체도 대체하기가 점

차 용이해진다는 것을 의미한다. 마케팅 채널에 관한 내용은 본장의 뒷부분에서 다루어질 것이다.

리더십(leadership) 역시 공급사슬관리에 있어서 필수적인 요소이다. 물론 공급사슬을 구성하는 업체들은 최대한 자사의 이익을 추구하기 위해 협력을 한다. 그러나 이것은 관리되는 것이 아니기 때문에 채널을 최대한 효율적으로 운영할 수 없다.

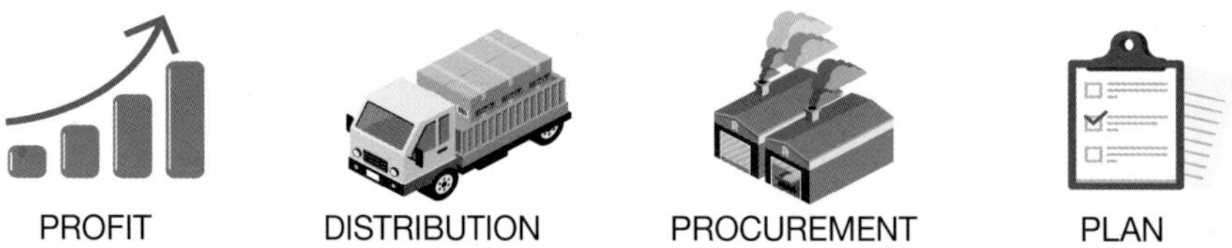

따라서 진정한 의미의 통합된 공급사슬관리를 위해서는 채널 구성원 간 조율과 협력 그리고 시스템관리 등을 위하여 누군가가 리더의 역할을 해야 한다. 공급사슬에서 누가 리더십 역할을 해야 하는지에 대한 명확한 기준은 없으나, 일반적으로 전체 공급사슬에서 최대 가치를 창출하는 기업이 리더십 역할을 수행한다. 그러나 가장 큰 영향력을 갖고 있는 기업이 리더십 역할을 회피하는 경우도 종종 있다.

채널 관계의 형태와 양상은 매우 다양하기 때문에 보통 스펙트럼(spectrum)으로 표현된다. 거래업체 간 의존성이 전혀 없는 관계에서 완전히 상호의존적인 관계에 이르기까지 다양한 형태의 채널 관계가 존재한다. 먼저, 두 업체 간의 일회성 거래(single transaction)에서는 의존 관계가 거의 없다. 전통적인 채널 조정(conventional channel arrangement)은 반복적인 거래가 지속되나 거래업체 간 이를 관리할 의사가 없는 경우에 해당한다. 예를 들어, 한 개인 고객이 매주 식품점에서 식품을 사는 경우 그 고객이나 식품점 주인 모두 앞으로 이 구매패턴이 지속될 것이라는 것을 알고는 있지만 향후 구매에 대해 고객과 식품점 주인 간에 특별한 계획을 수립하지는 않는다. 비즈니스에서도 마찬가지로 양자 간에 굳이 특별한 프로세스를 확립하지 않고 지속적인 거래를 반복하는 경우가 이러한 채널 관계에 해당된다. 다음 단계로는 관리형 시스템(administered system)을 들 수 있다. 관리형 시스템 하에서는 어느 정도 거래 프로세스가 수립되어 있으나 이 프로세스는 비공식적이고 문서화되어 있지 않다. 즉, 공급업체나 고객에게 향후 계획을 알려주는 정도의 간단한 프로세스이다. 그 다음 단계로는 계약시스템(contractual system)이 있다. 계약시스템에서는 공급사슬에 참여하는 업체가 법적 효력을 가지는 문서화된 공식계약을 바탕으로 거래를 실시한다. 예를 들어, 구매업체는 계약을 통해 계약기간 동안에 명시된 양의 품목을 구매해야 한다. 마지막으로, 파트너십/제휴(partnership/alliance) 관계가 있다. 이러한 관계에서는 양측이 상호 거래를 실시할 뿐만 아니라 파트너로서 협력하며 상대방의 성공에 따라 공급사슬 전체가 큰 영향을 받는다.

의존도수준을 기준으로 한 채널 관계

- 일회성 거래(single transaction)
- 전통적인 채널 구성(conventional channel arrangement)
- 관리시스템(administered system)
- 계약시스템(contractual system)
- 파트너십/제휴(partnership/alliance)

4.4 | 공급사슬관리의 제문제

공급사슬의 구축은 물류의 시작일 뿐이다. 공급사슬관리는 지속적이며 끝이 없는 프로세스이다. 또한 글로벌한 공급사슬에는 특별한 이슈가 있다. 국가 간 거리와 채널 구성에 따른 복잡성으로 인해 성능주기(performance cycle)가 국내 공급사슬에 비하여 길수밖에 없다. 운영 측면에서도 채널 구성원이 상이한 언어, 통화, 법률 · 정치시스템 등을 사용하므로 국내 공급사슬에 비하여 복잡한 측면이 많다. 또한 국경 통과와 관련된 정치, 규제 문제도 심각한 영향을 미칠 때가 많다.

공급사슬관리의 목적 중의 하나는 거래횟수를 줄이는 것이다. 이를 거래 수 최소화의 원칙(principle of minimum total transactions)이라고 한다. 모든 거래는 비용을 유발하므로 시스템을 재정비하여 거래횟수를 줄이면 비용을 절감할 수 있다. 또 다른 기본적인 목적은 속도(velocity 또는 speed)이다. 이는 공급사슬을 통해 물품이 운송되는 시간간격을 의미한다. 속도를 높이는 것은 가능하겠지만 여기서도 비용의 문제를 고려해야 한다. 따라서 관리자는 비용을 고려하여 최적의 속도를 결정해야 한다.

기업 간 협력은 법과 규제가 허용하는 범위에서 실행되어야 한다. 예컨대, 반트러스트(anti-trust) 문제를 살펴보자. 1994년 제정된 미국의 공동 연구 및 개발과 관련된 법을 살펴보면 전반적인 경쟁은 촉진하면서 협력을 증진시키려는 방향으로 미연방 규제가 변화하고 있음을 알 수 있다. 선진국의 법규는 일반적으로 경쟁을 제한하는 협력을 규제하고 있다. 그러나 정확히 무엇이 허용되고 무엇이 불허되는지를 파악하는 것은 어렵다. 바로 이러한 이유에서 기업 간 협력을 위한 노력이 경쟁을 제한하려는 시도와 혼동되지 않도록 세심한 배려가 필요하다.

공급사슬관리 자체를 외부업체에 일임하는, 즉 외주하는 경우도 있다. 이렇게 공급사슬관리 작업을 맡아하는 업체를 중개업체(intermediary)라고 하는데 이에 관한 내용은 10장에서 자세히 다룰 것이다. 일단은 공급사슬관리를 외부업체에 맡길 경우 일부 문제는 해결될 수 있으나 또 다른 문제를 야기할 수 있다는 점을 생각해야 한다. 거래 수 최소화의 원칙에 따르면 공급사슬 관련 업체의 수가 많으면 많을수록 그 공급사슬의 효율성은 떨어진다.

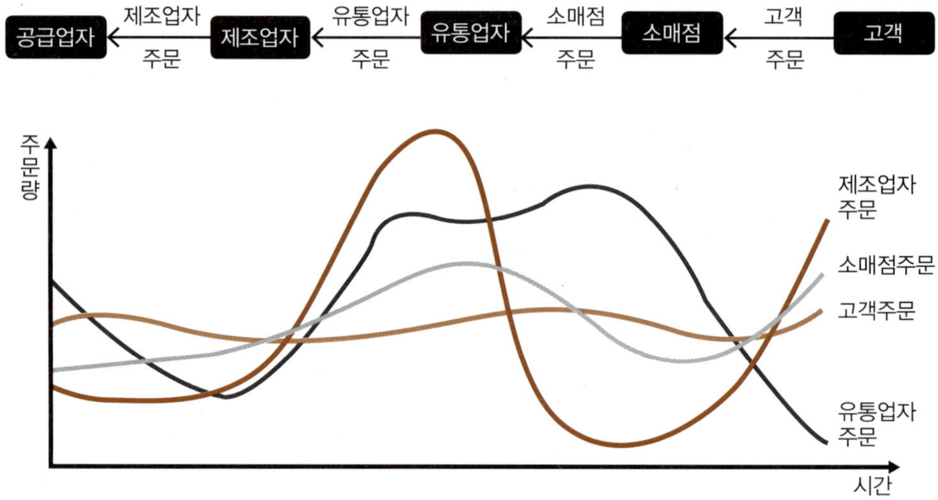

공급사슬의 주요 목적 중의 하나는 채찍효과(bullwhip effect)로 알려진 부정적 동태성(dynamics)을 최소화하는 것이다. 채찍효과란 수요의 작은 변동이 공급업체를 거슬러 올라가면서 전파되는 과정에서 점차 과장되어 공급사슬상의 전체 재고수준이 크게 확대되는 것을 말한다.

자동차 제조업체가 부품을 주문하는 예를 생각해보자. 자동차 제조업체는 정확히 어느 정도가 필요한지 확실히 모르므로 여분을 더 주문한다. 부품 공급업체도 그들의 공급업체에게 자재 주문을 내릴 때 여분을 주문한다. 따라서 공급사슬의 상위단계로 올라갈수록 여분이 누적되게 된다. 이제 자동차 제조업체의 수요가 예상보다 적을 경우 주문량을 축소하게 된다. 부품업체의 경우 이미 여분의 부품을 보유하고 있기 때문에 부품업체가 자신의 공급업체에게 내리는 주문량은 자동차 제조업체의 주문량보다 훨씬 적어질 것이다. 이에 따라 공급사슬의 시작점(좌측 끝)에 있는 업체의 주문량은 원래의 고객, 즉 자동차 제조업체의 주문량과는 큰 차이를 보인다. 이와는 반대로, 수요가 공급을 초과하는 경우 생산자는 고객에게 제품을 배급/할당하게 되고 고객 역시 배급에 대비하여 과다주문을 하게 된다. 이러한 일련의 현상을 할당게임(rationing & shortage gaming)이라고 하며, 이는 일반적으로 상황을 더 악화시킨다. 정리하면, 업체가 재고 부족이나 재고 과다를 우려하여 이에 대한 대응책을 마련하는 과정에서 작은 왜곡이 누적되어 나타나면서 전체 공급사슬의 효율성을(특히 재고관리 차원에서) 감소시키는 현상을 채찍효과라고 부른다.

효율적으로 관리되는 공급사슬은 이러한 채찍효과를 어떻게 통제하는가? 이러한 부작용을 완전히 제거하는 것은 불가능하지만 다음과 같은 방안은 최상의 통제 방법으로 알려져 있다.

- 수요예측(demand forecast) : 수요의 원천(일반적으로 소매업체)으로부터 정확한 정보를 수집하는 것이 가장 효과적인 방법이다.
- 정보공유(information sharing) : 채널 구성원이 더 많은 정보를 가질수록 보다 더 적절한 의사결정을 할 수 있다.
- 리드타임 단축(shorter lead times) : 재고수준에 대한 최신의 정보를 토대로 생산하도록 함으로써 유연성을 확대한다.
- 주문의 일괄처리(order batching) : 일괄처리(batch) 규모를 줄이고 주문횟수를 늘림으로써 수요의 변화가 공급사슬에 보다 쉽고 신속하게 반영되도록 한다.
- 가격변동 억제(price fluctuations) : 가격변동은 수요변동을 유발하므로 가격을 안정화함으로써 공급사슬의 안정성을 도모한다.

Just-In-Time(JIT, 적시생산) 시스템 또는 린(lean production) 시스템은 재고 감축을 위한 계획에서 발전되었다. JIT는 Toyota 자동차의 생산시스템으로도 잘 알려진 간반(kanban)시스템에서 비롯된 것으로서, 원래는 재고 및 운영관리시스템이었으나 공급사슬에도 적용될 수 있다. JIT의 핵심은 자재가 필요할 시점에만 배송되도록 하는 것이다. 그렇게 함으로써 재고관리 자체를 단순화하고자 한다(zero inventory). 그 외에도 다른 많은 효과가 있는데, 가장 중요한 것은 기업이 정확한 예측을 실시하고 운영의 품질(quality at the source)을 강조하도록 한다는 데 있다. JIT는 다양한 관점에서 볼 수 있다.

- 생산전략 : 낭비 요소를 제거하고 기업의 자원을 더욱 효과적으로 활용
- 철학 : 적절한 자재를 적재적소에 제공
- 프로그램 : 가치창출에 기여하지 않는 활동의 제거, 품질의 개선(불량품 제로화), 생산성 개선, 재고 감축, 채널 구성원과의 장기적 관계 유지

JIT 시스템은 반복적인 작업을 실시하는 제조업체에 가장 적절하다. 그러나 JIT이 모든 기업에게 해결책이 되는 것은 아니며, 해결되는 문제가 있는 반면에 또 다른 문제도 유발할 수 있다. 첫째, 생산일정이 훨씬 더 복잡해진다. 특히 공급업체 생산일정은 매우 중요한 문제이지만 JIT을 적용하는 기업에서는 아직 이를 제대로 통제하지 못하고 있다. 또한 공급업체가 거리상 멀리 위치하여 긴밀한 조율이 어려울 수도 있다. 둘째, JIT 시스템은 재고를 공급업체에 넘기게 된다. 따라서 공급업체의 협조가 필수적이며, 물류 관점에서 볼 때 운송은 더욱 중요해진다. 또한 창고기능도 단순히 재고를 보관하는 장소에서 벗어나 통합기능을 수행할 수 있어야 한다.

이러한 어려움으로 완전히 JIT으로 일시에 전환하는 기업은 사실상 없으며, 굳이 그러한 모험을 감행할 필요도 없다. 단계적으로 실시하거나 부분적으로만 도입하는 것이 일반적이다. 예를 들어, 유럽의 물류관리자의 연구결과에 따르면 설문조사 당시(1988년) 자사 선적량의 18%가 JIT 조건으로 입고되었으며 그 비중을 최대한 45%로 확대할 계획에 있다고 했다. 이는 다시 말해, 전체 오퍼레이션에 대해 JIT 시스템을 적용할 필요는 없으며 부분적으로 선적량의 최대 45% 정도만 JIT 시스템을 이용하겠다는 것으로 해석된다.

Push Systems versus Pull Systems

기업이 제품을 생산하여 판매를 추진할 때 공급사슬은 제품을 Push한다고 한다. 반면 Pull 시스템이란 기업이 고객이 원하는 바를 파악하여 고객의 수요를 충족시키고자 노력하는 경우를 의미한다. Pull 시스템의 경우 제품에 대한 수요가 분명히 존재하므로 Pull 시스템이 본질적으로 더 효율적일 수 있다. 그러나, 문제는 Pull 시스템이 항상 가능한 것은 아니라는 점이다. 고객의 수요 파악이 불가능할 경우에는 Push 시스템이 적용된다. 또한 제품수명주기(product life cycle)상의 위치에 따라서 Push와 Pull 시스템 중 보다 적절한 방식이 존재할 수 있다. 예를 들어, 처음 출시된 제품의 경우 수요 유형이 파악되기 전까지 시간과 연구조사가 필요하므로 Push 시스템을 이용하는 경우가 많다.

그림 4-2 Push vs Pull

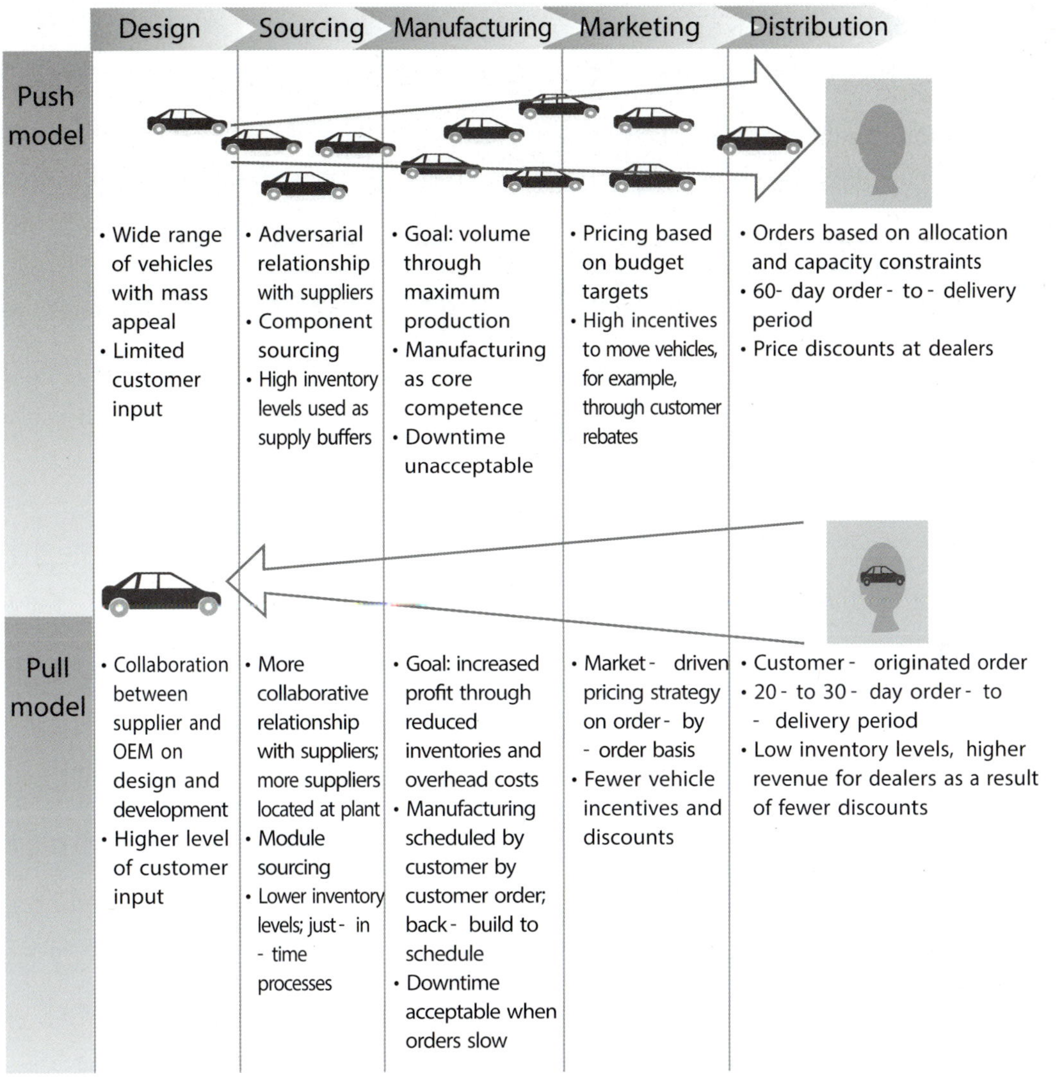

4.5 | 마케팅 채널과 정보화

위에서 국제무역을 글로벌한 시각에서 물류 수요의 발생 원인으로 보았다. 이제 마케팅 관점에서 수요를 생각해보자. 마케팅을 공부하는 학생이 배우는 첫 번째 내용은 4P's에 관한 것이다. Product(제품), Place(장소), Promotion(판촉), Price(가격)이 바로 그것이다. 이들 네 가지 요소는 모두 연관되어 있지만 여기서는 본서의 주제와 관련하여 장소에 초점을 맞추어 보고자 한다. 제품을 시장에서 판매하기 위해서는 고객이 제품에 접근할 수 있어야 하기 때문인데, 물류가 그것을 담당하기 때문이다. 이는 단지 제품이 고객에게 인도되는 시점의 문제가 아니라 어떻게 그 시점에 도달하는가의 문제이다. Bowersox와 Closs는 마케팅채널을 제품 및 서비스의 구매와 판매 프로세스에 참여하는 업체 간의 관계라고 정의했다. 여기서 채널, 파이프라인, 사슬은 많은 측면에서 동일한 개념으로 보아도 무방하다.

글로벌 생산업체와 글로벌 고객을 연결하는 비즈니스는 실로 방대한 규모라고 할 수 있다. 미국만 해도 150만 개 이상의 소매업체와 46만 개의 도매업체가 있다. B2B(Business to Business, 기업간 거래; cf. B2C: Business to Customer, 기업과 개인 고객 간의 거래) 시장에서는 더 많은 업체가 활동하고 있으며 이들 모두 제품을 출시하고 유통하는 방법을 결정해야 한다.

간단한 예로서 코카콜라를 들어보자. 기본적으로 동일한 제품을 다양한 채널을 통해 구매할 수 있다. 식품점, 편의점, 병원 매점, 자판기, 스포츠 경기장, 그 외의 많은 장소에서 판매되기 때문이다. 그렇지만 채널에 따라 차이가 있다. 최저가로 대량의 물품을 구매할 수 있는 대형 할인점에서는 콜라 한 캔의 가격이 50센트 정도 할 것이다. 반면에 축구 경기장에서 콜라 한 캔을 사려면 4달러 이상을 지급해야 할지도 모른다. 이러한 차이점은 바로 채널별로 제공할 수 있는 효용(utility)이 다르기 때문이다.

효용이란 제품이 제공하는 혜택을 의미한다. 한 제품에는 보통 네 가지 형태의 효용이 있다고 한다. 형태적 효용(form utility), 점유적 효용(possession utility), 시간적 효용(time utility), 장소적 효용(place utility)이 바로 그것이다. 형태적 효용이란 자재를 처리하여 형태를 변화시켰을 때 제공되는 효용을 의미한다. 주로 제조업체의 활동이 여기에 해당하지만 식품원료를 가공하여 음식을 제공하는 식당도 한 예로 볼 수 있다. 점유적 효용은 소유권을 고객에게 인도할 수 있는 능력을 의미한다. 시간적 효용은 특정 시간에 제품을 제공하는 것을 의미한다. 예컨대, 편의점은 24시간 영업을 함으로써 효용을 제공한다. 장소적 효용도 편리한 장소에서 제품을 제공한다는 점에서 시간적 효용과 유사하다. 지역시장은 그 지역 사람들이 쉽게 접근할 수 있는 위치에 있다는 점에서 장소적 효용을 제공한다. 소매업체는 점유적 · 시간적 · 장소적 효용을 제공하나 형태적 효용을 제공하는 경우는 거의 없다. 이와 반대로 제조공장은 일반적으로 형태적 효용을 제공하나 나머지 세 가지 효용을 제공하는 경우는 거의 없다.

이외에도 지배적 효용(ownership utility)이 있다. 지배권을 구매업체에서 판매업체로 이전할 수 있는 능력을 지배적 효용이라고 한다. 어떤 업체는 위의 세 가지 효용을 제공하면서 실제 제품 판매에 관여하지 않을 수도 있다. 또 어떤 업체는 제품 판매만 실시하면서 위의 세 가지 효용을 제공하지 않기도 한다. 지배적 효용은 물류와는 관계가 적다.

코카콜라의 사례로 돌아가자. 콜라 한 캔을 원하는데 있어서 중요한 것은 특정 장소에서 특정 시간에 콜라를 원하는 것이다. 대형 할인마트에서 저렴한 가격에 콜라를 살 때는 대량으로 출시되기까지 소요된 시간, 노력, 재고관리비용 등을 치루는 것이다. 식당에서는 식사와 함께 제공되는 콜라에 대한 가격을 지급하는 것이다.

마케팅 채널의 물류는 제품에 따라 크게 다르다. 코카콜라는 다양한 시간과 장소에 있는 고객에 다가가기 위해 매우 다양한 채널을 갖고 있다. 각 채널은 상이한 물류 지원을 필요로 한다. 콜라를 대량으로 배달하는 것은 쉽고 비용도 저렴하다. 그러나 캔 하나하나를 차갑게 냉장보관했다가 제공하기 위해서는 많은 비용이 소요된다(참고로, 코카콜라는 일반적으로 지역 배송은 직접 하지 않고 중개업체에게 운송을 일임한다). 이와는 상반되는 Webster Motor Company의 예를 다시 생각해보면, 이 회사가 생산한 대부분의 자동차는 자동차 판매상(dealership)을 통해 판매되므로 이 회사의 마케팅 채널은 상대적으로 단순할 것이다.

화학회사인 Rohm & Haas는 또 다른 종류의 예가 된다. 이 회사는 세 개의 채널을 보유하고 있다. 첫째, 일반시장으로서 항상 재고를 보유하고 있고 여기에 해당하는 제품에 대한 전략은 재고생산(maketo-stock)이다.

둘째, 특별주문시장으로서, 주문 접수 후에 제조에 들어가는 주문생산(make-to-order) 전략을 취한다. 이 경우 특별고객으로부터의 주문에 따라서 고객화된 제품을 생산한다. 마지막으로 터보 채널(turbo channel)로서 특정고객/제품에만 주력하는 경우이다. 예컨대, 대량구매고객과 제품만을 파트너십과 같은 형태로 고객의 계획에 따라 생산한다.

채널과 관련된 주요 이슈로는 고객에게 배송되는 최종 단계에서의 어려움을 의미하는 last mile 문제가 있다. 예를 들어, 택배업체의 경우 방대한 가정배송 인프라를 갖추고 있으나 다른 산업에서는 공급사슬의 마지막 단계를 정의하기조차 어렵거나 불명확한 경우가 많다. 여기에는 고가의 부피가 큰 가구, 가전제품, 부패가 쉬운 물품 등이 해당된다.

제품별로 이에 맞는 물류 지원이 필요할 뿐만 아니라 마케팅전략도 시간이 경과함에 따라 변화해야 한다. 제품수명주기는 시장에서 해당 제품의 위치가 어떻게 변화하는지를 보여준다. 예를 들어, 신제품 단계에서는 다른 어떤 제품도 제공할 수 없는 혜택을 제공하지만 시간이 경과하여 제품이 성장단계에 이르면 매출도 둔화된다. 이어 경쟁제품 혹은 대체재가 시장에 출시되면 매출 성장이 멈추고, 제품이 시대에 뒤떨어지면서 쇠퇴기를 맞게 된다. 제품(혹은 산업)이 이러한 수명주기를 거치면서 필요로 하는 물류 지원도 함께 변화한다. 수명주기의 초기에는 신상품이므로 채널 구축이 아직 미흡하다. 제품의 출시 방법에도 언제나 명확하고 올바른 공식이 있는 것은 아니다. 백화점을 통해 판매하는 것이 최상인 경우도 있고 전문점을 통해 판매하는 것이 더 효과적인 경우도 있다. 보다 넓은 관점에서 볼 때 특정 지역에서 판매하는 것이 다른 지역보다 더 효과적일 수도 있다. 제품이 성숙기에 접어들면서 채널이 확고히 구축되고 보다 효율적으로 운영된다. 특히, 경쟁사가 부상하기 시작하는 시점에서는 비용절감의 필요성이 대두되므로 효율성이 더욱 중요해진다. 이러한 이유로 선발 상품이 후발 상품에 비해 우위를 구축할 수 있는 것이다. 일단 제품이 쇠퇴기에 접어들면 범용품이 되어 동일한 종류의 제품 중 가장 저렴한 가격을 제시하는 게 최상의 전략이 되는 경우가 많다.

이제 제품 중심적 고찰에서 떠나 소매업체의 시각에서 검토해보자. 소매업체는 공급업체로부터 많은 제품을 공급받고 고객으로부터는 다양한 요구를 받는다. 따라서 소매업체는 공급해야 할 제품들의 품목과 수량을 결정해야 한다. 특정 크기와 색상의 개별상품 단위를 SKU(Stock Keeping Unit, 최소 유지 상품 단위)라고 한다. SKU는 수시로 변화하고 그만큼 재고로 남아있는 시간이 적기 때문에 그 종류가 다양하다. 이는 소매업 비즈니스를 점점 더 어렵게 만드는 요인 중의 하나가 된다.

컴퓨터는 소매 물류의 어려움을 잘 설명하는 사례이다. PC는 유통기간(shelf life)이 약 9개월 정도 되며 판매가는 2개월마다 하락한다. PC는 구성이 매우 다양하다. PC 모델 하나당 본체 두 가지, 프로세서 세 가지, 운영체제 두 가지, 메모리 구성 여덟 가지, 하드디스크 드라이브 다섯 가지 등이 가능하다. 현재 시장에는 대략 7만 가지의 제품 구성이 출시되어 있다.

이로 인해 고객은 제품선택의 범위를 확대시킬 것을 지속적으로 요구하는데 이는 공급자의 관점에서 볼 때, 다양한 채널을 통해 다양한 시장에 대응해야하는 필요성이 증가하고 있음을 시사 하는 것이다. 이제 기업이 한 개의 채널만을 통해 제품을 제공하던 시대는 지났다. 과거에는 책을 구매할 때 서점을 직접 방문하는 것이 거의 유일한 방법이었다. 그러나 이제는 온라인을 통해서 또는 학교에서 아니면 전문점 등에서 책을 구매할 수 있다. 이렇게 되면 출판사는 각각에 해당하는 모든 채널을 개발해야 한다. 고객이 자사의 책을 구매하기 위해 서점만 찾을 것이라고 생각하면 큰 오산이다.

본장의 앞부분에서 공급사슬 내에서의 영향력과 리더십의 개념에 대해 설명한 바 있다. 마케팅 채널 관리와 관계하여 보다 더 구체적으로 말하면, 채널 구성원은 다음과 같은 네 가지 종류의 파워 중 하나 이상을 갖게 된다. 첫째, 합법적 파워(legitimate power)란 모든 채널 구성원에게 적합한 리더고 인정되도록 만드는 역량을 의미한다.

예를 들어, 법에 의해 어느 특정 기업이 책임 업체로 지정되면 그 기업은 합법적 파워를 갖게 되는 것이다. 경제적 파워(economic power)란 특정 채널에 투입한 자금 및 재정적 기여가 상대적으로 많은 구성원이 가지게 되는 파워를 말한다. 전문적 파워(expert power)는 특정 채널 또는 상품에 대해 가장 많은 지식을 확보하고 있는 기업이 가지게 된다. 마지막으로 보상적 파워(reward power)는 여타 채널 구성원에게 적설한 보상을 제공할 수 있는 능력을 의미한다.

Bowersox와 Calantone의 연구에 따르면 고객의 충성심(customer loyalty)이 제조업체에서 소매업체로 이동했다는 것을 알 수 있다. 이러한 이유에서 소매업체가 고객의 구매 양상에 대한 최근 정보를 가장 많이 가지게 되는 것이다. 제품구매 시 점포의 계산대에서 스캐닝을 통해 지급을 처리할 때 구매자에 대한 방대한 양의 정보가 누적된다. 예컨대, 한 고객이 구매한 모든 상품 내역 그리고 지급 방법뿐만 아니라 하루 중 어느 시간대에 쇼핑을 하는지 또는 어떤 상품을 묶어서 구매하는지에 대한 정보가 기록된다. 결국, 소매점포는 제조업체보다 훨씬 빨리 고객의 선호도 변화를 파악할 수 있는 유리한 위치에 있게 된다.

전자상거래(E-Commerce : EC)는 아직도 급속한 변화를 겪고 있는 새로운 채널을 탄생시켰다. WWW(World Wide Web)과 같은 네트워크의 역할은 많은 혼란을 야기했는데 이에 대한 자세한 내용은 12장에서 다루어 질 것이다. 채널로서 EC는 특이한 점이 있다. 보통 소매업체는 고객과 가까운 곳에 점포를 갖고 있지만(장소적 효용) 인터넷을 통해 제품을 판매하는 소매업체는 이러한 점포를 갖고 있지 않다. 그렇기 때문에 더 넓은 시장을 대상으로 사업을 할 수 있는 유리한 입지에 있게 된다. 그러나 last mile 문제는 여전히 EC에서도 큰 골칫거리이다. 고객에게 배송하는데 있어서 경험하는 이 문제에 대한 해결안으로 일부 EC 업체는 고객이 직접 픽업(pick-up, 집화)할 수 있는 방안을 제공하기도 한다. 그러나 일반적으로는 이러한 서비스가 가능한 곳은 제한적이며 고객 밀도가 낮은 경우 비용효과적으로 배송할 수 있는 역량은 여전히 부족하고 이 부분은 물류가 개입되어야만 해결될 수 있다.

LEARNING CASE

대만은 어떻게 반도체 강국이 됐나

대만 신주시 신주과학단지에 위치한 TSMC 반도체 공장. TSMC 제공

최근 산업 분야의 국제적 이슈는 '칩4 동맹'이라고 해도 과언이 아니다. 전 세계에서 가장 중요한 산업재인 반도체 생산에 있어 미국은 설계를 맡고, 한국 · 대만은 제조, 일본은 소재 · 설비를 담당하며 공급망을 구축하자는 제안이기 때문이다.

이런 논의를 보고 있으면 대만이 반도체 강국이구나 하는 생각이 절로 든다. 대만이 국제 사회에 언급되는 건 중국과의 갈등 이외엔 반도체가 유일하기 때문이다. 대만은 어떻게 반도체 강국이 됐고, 그 핵심에 선 반도체 회사 TSMC는 어떤 길을 걸어온 걸까.

IT 기술 확보에 사활 건 대만 정부

1987년 대만에 설립된 TSMC는 반도체 위탁생산 혹은 '파운드리'란 새로운 사업 구조를 제시한 회사다. 생산 시설이 없거나 생산 설비를 추가 확대하는 데 부담을 느낀 반도체 회사들을 대신해 제품을 만드는 외주 생산 방식으로 성장을 거듭해온 것이다. 이런 독특한 사업구조를 가진 회사가 탄생하기까지 대만 정부는 각고의 노력을 했다.

대만 정부는 자국 기업의 기술력을 끌어올리기 위해 국책연구기관(ITRI)을 설립했다. 이곳에서 쌓인 지식과 기술을 민간으로 이전해 벤처기업 창업을 유도한 것이다. ITRI를 진두지휘할 수장으로 텍사스 인스투르먼트(TI)에 입사해 25년 경력을 쌓고 부사장까지 지낸 모리스 창을 임명한다.

TI는 반도체 역사에 중요한 업적을 남긴 회사다. 원래 초기에는 유전 탐사 회사였으나, 유전 탐사 과정에서 얻은 기술력을 바탕으로 군수 산업에 뛰어들었다. 1954년 세계에서 처음으로 실리콘 트랜지스터를 상용화했고, 최초로 트랜지스터 라디오도 내놨다. 1960년대 들어 세상에 처음 모습을 드러낸 휴대용 계산기를 만든 것도 TI다. 초기 반도체의 발전을 주도해 온 회사에서 부사장까지 지낸 모리스 창은 "반도체 산업 진흥에 도움을 달라"는 대만 정부의 요청을 수락, 1985년 귀국해 ITRI 기관장에 취임한다.

대만 정부는 대만 경제가 지속가능한 성장을 하기 위해선 정보기술(IT) 산업의 높은 기술력 확보가 절실하다고 봤다. 특히 1960년대부터 대만 경제는 미국의 원조가 폐지돼 경제적 자립이 최우선 과제였다.

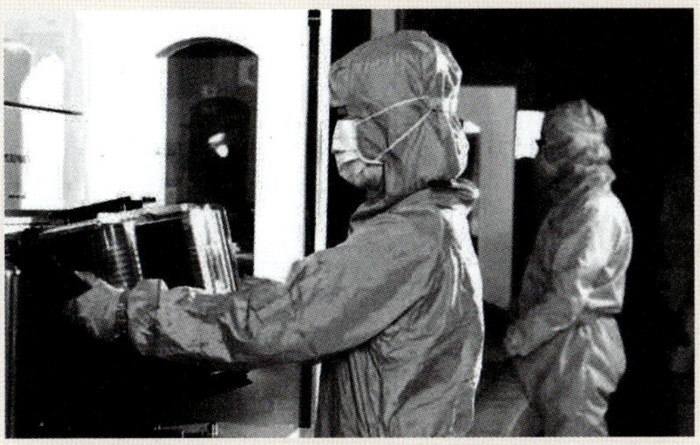

TSMC 반도체 공장에서 직원들이 제품을 점검하고 있다. TSMC 제공

이를 위해 대만 정부는 다양한 변화를 모색했다. 우선 수출 주도 경제 성장 모델을 선택했다. 외자 유치를 위해 수출 가공지역 내 기업의 모든 제품에 대해 수출을 의무화하는 대신, 해외에서 들여온 원료와 중간재에 대해선 관세와 화물세를 물리지 않았다. 더 나아가, 수출 가공지역 내 공장 부지에 대해서도 일체의 세금을 면제해 줬다.

기업하기 좋은 환경이 만들어지자, 대만의 우수한 노동력을 활용할 목적으로 미국과 유럽, 일본계 회사가 대만에 대거 진출하게 된다. 당시 대만의 전기 · 전자부품 산업에선 주로 트랜지스터 라디오와 흑백TV를 생산했다.

이와 함께 대만의 많은 기업들은 제2차 세계대전 이전에 세워진 일본 기업을 인수했다. 특히 1970년대 들어 일본 기업이 대거 전기 · 전자부품 산업에 뛰어들자, 대만 기업도 기업 경쟁력을 위해 관련 기술을 확보하는 게 중요해졌다. 이 과정에서 대만은 반도체의 중요성을 인식하게 된다.

반도체 설계와 생산 분리한 TSMC, 새로운 사업모델 제시

그중에서도 모리스 창은 반도체시장에서 설계와 생산을 분리할 필요성이 크다는 점을 남들보다 빨리 파악했다. 당시 TI에선 여러 인재들이 퇴사한 뒤 새로운 반도체 회사를 앞다퉈 창업하던 때였다. 더 많은 TI 소속 연구원이 회사를 그만두고 자신만의 회사를 창업하고 싶어 했지만, 막대한 생산 설비 투자 비용 때문에 주저하고 있다는 점을 꿰뚫어봤다. 반도체를 생산하기 위해선 생산설비에 막대한 규모의 투자가 필요하고, 이 점이 반도체 사업의 신규 창업을 가로막는 최대 장애물임을 파악했던 것이다. 실제 반도체 성능이 점차 향상되면서 이를 생산하기 위해 필요한 장비도 많아졌고, 사양도 높아졌다.

반도체 산업이 급성장할 것으로 예상되자 미국뿐 아니라 일본과 유럽, 한국, 대만 등에서도 반도체 회사들이 쏟아지기 시작했다. 이들은 초기 시장 경쟁력을 높이기 위해 대규모 생산 설비를 갖추기 시작한다. 막대한 시설 투자비용을 충당할 대규모 수요처를 확보하지 못한 기업은 적자를 낼 수밖에 없는 상황이 된 것이다. 그렇게 당시 반도체시장은 미국과 유럽, 일본 등 주요 국가 소재 대규모 회사들의 전쟁터로 바뀌어갔다.

TSMC 창업주인 모리스 창 전 회장. TSMC 홈페이지

하지만 대만 정부와 모리스 창은 달랐다. 이들은 반도체 산업에서 전통적 사업 구조의 틀을 깨는 방식으로 TSMC를 설립했다. 반도체 산업의 핵심 업무는 크게 반도체 설계와 생산 · 조립, 테스트로 구분된다. TSMC가 설립되기 전까지만 해도 모든 반도체 업체는 설계와 생산, 테스트까지 모든 업무를 수행해야 했다. 생산 설비를 갖추지 않은 기업이 반도체를 만드는 것은 상상하기 어려운 일이었던 셈이다.

TSMC는 바로 이 틀을 깼다. 생산 시설이 없거나 생산 설비 확장에 부담을 느낀 반도체 회사들의 제품을 대신 만들어주는 위탁생산 업체로 승부를 걸었다. 반도체에 관심 있는 기업이 막대한 생산 설비 투자 없이도 반도체 사업을 할 수 있도록 해주겠다고 선언한 것이다.

TSMC의 새로운 사업모델은 전 세계적으로 큰 호응을 얻는다. TSMC에 위탁생산을 맡길 경우 수많은 위험요인을 덜 수 있어서다. 반도체 공장이나 IT 자산은 시간이 지나면 노후화하고, 신기술 개발로 빠르게 낙후된다. 이뿐만 아니라 반도체 수요는 가변성이 커 수요가 갑작스럽게 늘다가 급감할 수도 있다. 게다가 확보한 장비에 대한 관리비용도 만만치 않다. 위험 요인이 산적한 상황에서 막대한 투자금이 요구되는 반도체 산업에 투자한다는 건 자칫 회사 자체의 존망을 결정하는 일이었던 것이다. 하지만 TSMC의 파운드리 사업모델 덕에 반도체 기업들은 위험 부담이 큰 반도체 공장 및 설비에 막대한 투자를 하지 않고도 사업을 계속할 수 있게 됐다.

생산 설비 투자와 같은 고정비용이 늘어나는 건 그만큼 위험 관리가 어려워진다는 것을 뜻한다. 하지만 TSMC 설립 이후 많은 신생 기업은 생산은 TSMC에 위탁해 맡기고 자신들은 기존 반도체 기업의 제품과 차별화한 새로운 반도체 설계에만 집중할 수 있게 됐다. 이로 인해 각 분야에서 전문 기업의 출현을 가속화했다. 새로운 제품을 설계하면 TSMC가 생산 서비스를 제공하기 때문에 설계에 재능이 있는 실리콘밸리의 기술자들은 창업에 뛰어들기 시작했다. 이처럼 생산 설비 없이 반도체 사업을 하는 회사는 '팹리스(Fabless) 회사'라고 불리게 됐다.

TSMC가 제공한 환경 변화 덕분에 다양한 형태의 반도체 제품이 탄생할 수 있게 됐다. 오늘날 반도체 산업이 급성장한 배경에는 TSMC의 위탁생산모델이 있었기 때문이라고 평가하는 이유도 바로 여기에 있다.

반도체 생산 기반 잃어버린 미국, 칩4 동맹 제안

TSMC 반도체 공장 내부. TSMC 제공

반도체 강국이 되기 위한 대만 정부의 노력은 TSMC 설립에만 국한되지 않는다. 반도체를 중심으로 한 안정적인 전후방 산업을 육성하기 위해 대만 정부는 신죽과학공업지구도 만들었다. 신죽과학공업지구는 중정국제공항에서 가깝고 주변에 공업 중심 대학인 청화대와 교통대, 전자공업연구소(ERSO) 등의 연구기관도 위치해 있다. 동시에 세제 혜택을 줘 많은 기업도 유치했다. 또한 미국 등 해외에서 학위를 받고 IT산업에 종사하는 하이테크 인재와 미국 내 유학생을 스카우트하기 위해 실리콘 밸리에 사무소를 설치하고 적극적인 유치 활동도 전개했다. 그 결과 많은 우수한 인재가 신죽 단지에 모이게 되었다.

TSMC의 사업 모델은 미국의 반도체 제조 시장 점유율을 줄이는 결정적인 요인으로 작용했다. 1980년대만 해도 미국은 전 세계 반도체 제조의 40%를 차지했다. 하지만 지금은 10%대 수준으로 크게 낮아졌다. 미국 내 신생 반도체 회사들이 TSMC 덕에 직접 생산설비를 구축하지 않아도 되는 편리성을 갖게 되었지만, 이 과정에서 미국은 반도체 생산 기반을 잃어버린 것이다.

향후에도 반도체 시장은 매년 7% 이상의 고도 성장을 구가할 것으로 전망된다. 특히 국방 장비의 대부분이 반도체를 사용하게 되면서 반도체를 직접 생산할 수 있는 환경 구축이 더욱 중요해졌다. 이 때문에 미국은 반도체를 자국 내에서 직접 생산할 수 있는 환경을 구축하고자 노력하고 있는 상황이다. 이번 칩4 동맹 역시 이런 노력의 일환으로 평가된다. 미국이 한국과 대만에 반도체 생산 도움을 요청하게 된 가장 결정적인 배경엔 TSMC가 있는 게 아닌가 싶다.

한국일보 글로벌 경제유람 칼럼 내용 편집(2022. 8. 2.)
https://www.hankookilbo.com/News/Read/A2022080116030003969?did=NA

공급사슬관리 전략구축의 배경

INTRODUCTION CASE

코로나19 이후의 글로벌 공급사슬 변화

LEARNING CASE

'악재만 가득' 최악의 공급망 대란 이어져

Chapter

05

INTRODUCTION CASE

코로나19 이후의 글로벌 공급사슬 변화

코로나19의 아이러니…신선식품 공급망은 붕괴, 콜드체인 수요는 증가

코로나19 팬데믹으로 글로벌 공급망 일부의 가동 중단을 겪은 기업이 적지 않다. 그동안 특정 지역에 편중돼 운영되던 공급망의 약점이 이번 사태로 여실히 드러난 것이다. 이에 따라 공급망의 불확실성과 빠른 변화에 대처할 수 있는 공급망 재설계의 중요성이 주목받고 있다. 기업들은 유연하고 민첩하며 지속가능한 공급망 재설계에 눈을 돌리고 있다.

글로벌 회계법인인 KPMG는 2020년 5월 발표한 'Supply Chain New World Order' 자료에서 앞으로 많은 기업이 코로나19와 같은 위기에서 공급망 네트워크의 복원력을 높이는 데 주안점을 둘 것으로 전망했다. 데이터 분석 및 통찰력을 바탕으로 미래 공급망 중단을 예상하고 공급망 흐름 및 네트워크를 설계하는 것이 중요하다. 공급망 관련 업무를 맡은 리더는 데이터 분석, 머신러닝(Machine Learning) 및 고도화된 기술을 활용하여 공급 중단 및 제반 리스크를 예측해야 한다. 아울러 공급망 리스크 예측 및 시나리오 플래닝 접근 방식을 활용하여 발생 가능한 잠재적 재해의 영향을 최소화해야 한다. KPMG는 원자재의 글로벌 공급망 및 완제품 핵심 요소 수급 문제의 해결 방안으로 '마이크로공급망(Micro Supply Chain)' 확보를 제시했다. 마이크로공급망은 소규모의 다양한 공급망을 의미한다. 운영전략 관점에서 볼 때, 마이크로공급망은 제조 및 조립 공장과 판매처 등을 세분화하는 것이다. KPMG는 미래의 공급망 모델에서는 최저 비용과 효율성만을 강조하지 않는 것이 중요하다고 강조한다. 이제는 리스크 노출 가능성, 공급망의 대안 확보, 세무 이슈, 채널의 복잡성 또한 염두에 두고 공급망 구축을 해야 한다는 것이다.

물류기업 공급망 위기 벗어나려면... "경쟁업체와도 협력해라"

물류 기업이 코로나19 팬데믹의 위기에서 벗어나려면 기존 공급사슬 위험관리 전략을 재검토해야 한다는 게 전문가들의 의견이다.

세계 4대 컨설팅 회사 중 하나인 롤랜드 버거의 일본법인 파트너인 물류/공급망 전문가 오노츠카 마사시(小野塚 征志)는 일본 온라인 매체 MONOist에 기고한 글에서 "조달처와 납품처는 물론 심지어 경쟁업체와도 협력해야 할 필요가 있다"고 지적했다.

팬데믹 위기 상황에서 기업이 관리해야 할 범위는 현저히 확대된다. 오노츠카 마사시는 "조달처나 납품처가 사업 활동을 계속할 수 없으면 공급사슬이 끊어지기 때문에 직접적인 조달처 뿐 아니라 '조달처의 조달처'나 '납품처의 납품처'도 사업 활동을 계속할 필요가 있으며, 이 같은 관점에서 대체 조달처 · 납품처의 사전 확보가 중요하다"고 강조했다. 또한, 공급사슬은 기본적으로 물품 공급 과정이기 때문에 기존 인프라를 정확히 파악한 뒤 물품 운송업체와의 제휴를 통해 유사시 신속한 협력이 가능한 시스템을 구축하는 게 요구된다고 밝혔다.

오노츠카 마사시가 제안하는 솔루션은 '서플라이 웹(supply web)'이다. 기존의 공급사슬이 '체인(chain)=사슬' 개념이었다면 앞으로의 공급사슬은 '웹(web)=거미줄' 개념으로 바뀌어야 한다는 것이다. 서플라이 웹은 불특정 다수의 조달처 · 납품처와 자유롭게 연결되는 환경을 말한다. 조달처 · 납품처 수는 큰 폭으로 증가하고 대상 지역도 넓어지면서 위험관리는 더욱 복잡해지고 어려워지기 때문에 아날로그적 사고로는 대응할 수 없다는 게 문제 인식의 출발점이다. IT 디지털 도구를 이용해 광범위한 정보를 수집 · 분석한 뒤 대응하는 전략이 바람직하다는 게 오노츠카 마사시의 주장이다.

실제 일본에서는 이러한 전략을 지원하는 디지털 도구가 공급되고 있다. 일본의 솜포 리스크 매니지먼트 사가 전 세계 위험정보를 취합해 구축한 위험관리시스템 '소라 원 2.0(SORA ONE 2.0)'과 후지쯔사가 시행 중인 공급사슬 위험관리 서비스 'SCR키퍼(SCRKeeper)', 파스코 사가 구축한 기상재해 발생 시 트럭 수송에 대한 영향을 저감하는 동태관리시스템 '파스코 로케이션 서비스(PASCO Location Service)' 등이 대표적이다.

물론 이들 디지털 도구는 아직은 위기 상황에서 신속 · 정확한 의사결정에 필요한 정보의 일부만 제공하는 데 그치고 있지만, 사물인터넷(IoT)과 빅데이터 등을 활용하면 품질이 크게 높아질 것으로 기대된다.

신선식품 공급사슬 거의 붕괴… 신속하고 강도 높은 변화 필요

코로나19가 사상 유례없는 규모와 속도로 확산되면서 신선도 유지가 생명인 신선식품 공급사슬이 완전히 무너질 위기에 놓였다.

글로벌 각국이 국경을 봉쇄하고 비필수 산업을 폐쇄함에 따라 교통흐름이 지연되고 있다. 이 때문에 운송 패턴이 깨지고 물량은 급감하고 있다. 또한, 입출항 서류 처리와 세관 수속 시간이 증가해 수출입 처리 과정의 비효율성이 높아지면서 제품 품질에 악영향을 미치고 있다. 특히 공급사슬 연결 고리가 취약한 과일과 채소 부문에서 피해가 크게 늘고 있다. 과일과 채소 부문은 운송 과정에서 발생한 장애로 신선도가 저하돼 판매에 어려움을 겪고 있다. 뿐만아니라, 짧은 수확기에 외국인 노동자를 대거 고용해야 하는 특성이 있는데 코로나19로 인해 이들의 이동이 제한되면서 수확 자체가 중단되는 이중고를 겪고 있다. 코로나19 이전에는 신선식품 시장이 성장을 거듭해 왔으나 지금과 같은 총체적 난국이 지속되면 더 이상 성장을 기대하기 어렵다는 어두운 전망도 나오고 있다. 물론 이전에도 소비자 니즈가 변하면서 신선식품 공급사슬에 변화가 온 적은 있지만 코로나19는 공급사슬을 거의 붕괴시키고 있다는 점에서 더욱 신속하고 강도 높은 변화가 요구된다.

코로나19 이후로 달라진 글로벌 신선식품 시장 동향을 보면, 신선식품 배송은 인구밀도가 높은 도시뿐 아니라 교외에서도 수요가 급증하고 있으며, 전통적 오프라인 구매에서 온라인 구매로 이동되는 트렌드가 확연하다. 신선식품은 생산에 유연성이 적다는 특성이 있다. 온도와 기후의 영향을 크게 받기 때문에 수확 시기를 엄격히 지켜야 하기 때문이다. 이처럼 수급이 불안정하고, 전통적으로 소비자가 직접 오프라인 매장에서 확인 뒤 구매해 왔다는 점을 감안하면 오프라인에서 온라인으로의 이동은 커다란 변화가 아닐 수 없다. 전문가들은 신선식품 업계가 현재의 위기에서 탈피하려면 공급사슬의 복잡성을 이해하고, 이를 바탕으로 디지털 기술을 활용한 온라인 거래 확대로 공급사슬 프로세스를 개선하고, 마지막으로 소비자와의 시공간 간격을 좁히는 전략이 필요하다고 말한다. 코로나19 이전에도 신선식품 업계는 공급망 변화에 대비해 인공지능(AI)과 심층학습(deep learning) 기술로 소비자 데이터를 수집한 뒤 공급사슬에 적용하는 움직임을 보여왔다. 그러나 코로나19 이후는 지금보다 훨씬 높은 수준의 온도 제어와 효율성을 담보하는 기술이 필요하다. 전문가 중에는 구체적으로 디지털 트윈(Digital Twin)(컴퓨터에 현실 속 사물의 쌍둥이를 만들고, 실제 발생 가능한 상황을 컴퓨터로 시뮬레이션 함으로써 결과를 미리 예측하는 기술)을 예로 들기도 한다. 디지털 트윈이 적용되면 사용자는 부패하기 쉬운 상품 운송 중 선적 조건과 온 · 습도 및 기타 환경 여건에 맞춘 컴퓨터 시나리오를 통해 예기치 못한 상황에 대한 대비가 가능하다. 해상 항해의 경우 냉동 컨테이너가 사용되는 구간에서는 상당히 안정적으로 온도를 제어할 수 있으나 다른 구간에서는 그렇지 못한 경우가 있는데 이런 상황에서 디지털 트윈 기술이 적용될 여지가 충분하다.

디지털 채널 중심의 물류 시스템 개선이 핵심

디지털 기술을 활용해 온라인 거래 공급망을 개선하려는 신선식품 업체는 다음 5가지 사항을 고려해야 한다.

첫째는 디지털 역량을 높이는 것이다. 온라인 거래를 위한 디지털 역량을 갖추되, 역량 확보 혹은 제고 프로그램을 내부에서 자체적으로 추진할지, 아니면 외부에 아웃소싱 할지 면밀히 검토한 후 진행해야 한다.

둘째는 디지털 채널로의 소비자 이동이 기업에 어떠한 영향을 미치는 지, 온라인 · 오프라인 쇼핑에는 어떠한 영향을 미치는 지 등을 분석(학습 코드화)한 뒤 전략을 수립해야 한다. 온라인 거래가 뉴노멀로 정착됨에 따라 '채널믹스(channel mix)' 전략이 중요해 지고 있다. 이는 유통이 오프라인과 온라인의 '대립'이 아닌 '결합'이라는 관점에서 한 채널이 다른 채널의 판매 활동을 지원하는 전략을 말한다.

셋째는 이런 관점에서 오프라인 매장 구매를 선호하는 소비자들이 왜 그런지 원인을 규명한 뒤 이들을 유인할 수 있는 인센티브를 마련하는 것이다.

넷째는 온라인 거래 촉진을 위해 오프라인 매장 공간을 활용하는 방법을 찾아내는 것이다.

마지막으로 도매업체와의 제휴가 중요하다. 도매업체들로부터 턴키 온라인 거래 솔루션을 제공받아 이들과 독립적인 지역 고객들에게 접근할 수 있는 기회를 만들어야 한다.

코로나19 이전에도 소비자들은 신선식품의 단순 관리와 전달을 넘어 정보의 투명성과 배송의 신속성을 요구했다. 기업들은 블록체인을 이용한 공급사슬 정보 시스템을 구축하고 물류센터의 자동화 · 첨단화를 통해 라스트마일 서비스를 강화한 것도 이런 요구에 따른 것이다. 코로나19 이후에는 제품의 상태 관련 정보를 실시간으로 소비자에게 제공해 시장의 신뢰를 확보하는 선도 기업들이 시장을 차지하는 데 유리할 것이다.

선도 기업의 서비스를 경험한 소비자들은 기존 혹은 신생 신선식품 업체에도 유사한 수준의 서비스를 요구할 것이고, 기대 수준에 미달한 업체들은 퇴출되기 때문에 업체들은 효율적 서비스를 위해 디지털 채널 중심 물류 시스템 개선에 역량을 집중할 필요가 있다.

코로나19 이후 신선식품 업계에게 더욱 필요해진 기술 솔루션의 기능으로는 △신선도 예측, △투명성 제고, △고급 분석 적용, △디지털 워크플로우 강화를 꼽을 수 있다.

신선도 예측 기술은 지능형 알고리즘을 통해 신선식품 수확 전 성장조건을 바탕으로 예측한 품질과 신선도 정보를 디지털 방식으로 기업에 전달하는 것을 말한다. 이를 통해 맞춤식 물류를 촉진할 수 있다.

투명성 제고 기술은 공급사슬의 완전한 투명성을 보장한다. 이로 인해 소비자는 신선식품 정보를 실시간으로 파악하고, 기업은 식품이 매장에 도착하거나 매장을 떠나기 전 안전성 여부를 확인할 수 있다.

전통적 공급사슬 분석을 넘어 물리적 환경 변화를 신속하게 진단하는 자동수정 방식의 고급 분석 적용기술을 적용하면 통합 네트워크를 구축하는 데 유리하다.

어림짐작으로 소비자 수요를 예측하지 않고, 적절한 재고관리가 가능하도록 디지털 워크플로우를 강화할 수 있는 기술도 필요하다. 신선식품 업계에는 아직 개척되지 않은 소비자 수요가 존재한다. 또 제조 및 소매업체들이 더욱 효율적으로 신선식품을 제공할 수 있는 다양한 기회 역시 남아 있다. 코로나19 이후는 이러한 수요와 기회의 존재를 확인하는 시간이 될 것이다.

코로나19 발생과 온라인 거래로 촉발된 콜드체인 공급망의 변화는 신선식품 시장에 큰 영향을 미치고 있다. 결국 새롭고 고도화된 신선식품 공급사슬을 보다 효과적 · 효율적으로 구축하는 기업이 시장을 주도해 나갈 것이다.

물류업계, 디지털 전환으로 승부 걸어야

코로나19의 확산은 주요 산업마다 수요와 공급 양 측면에 사상 유례없는 정도로 커다란 영향을 미치고 있다.

수요 측면에서는 해외 수요 감소, 외출 자제와 소득 저하로 인한 소비 감소, 디지털 · 전자상거래(EC) 수요 증가 등의 변화가 일어나고 있다. 공급 측면에서는 공급사슬 단절, 프로젝트 지연, 판매점포 휴업 등으로 기업들의 사업 재구축이 불가피한 상황이다. 해외 진출 기업의 경우 코로나19로 인해 일부 부품은 조달이 불가능하고 생산도 차질을 빚는 등 리스크가 표면화되고 있어 기업은 공급사슬 분산의 고도화를 통해 이에 대비할 필요가 있다.

일본정책투자은행은 코로나19의 영향으로 △커뮤니케이션의 디지털화와 △서비스 제공의 비접촉화, △생인화(省人化) · 합리화 구조로의변혁이 촉진될 것으로 전망했다. 물류기업은 이 같은 흐름을 염두에 두고 단기적 및 중장기적 차원에서 경쟁 전략을 마련해야 한다.

물류업계에서는 디지털 전환(Digital Transformation)이 코로나19로 한층 더 뚜렷해지고, 직원이 감염되면 물류흐름이 중단될 위험이 있기 화상회의 같은 비대면 업무가 활성화되는 등 근로방식에서도 큰 폭의 변화가 예상된다. 또한, △도시 중심 물류에서 지방 분산 물류로의 전환, △물류 품질기준에 바이러스 대책 포함, △자율주행과 택배장소 지정 등 무인화 · 비대면화 활성화 등도 진행될 것으로 전망된다.

코로나19가 공급사슬에 미치는 영향 공급 측면

	공급 측면	수요 측면
자원소재	재고의 증가	
가공	화학은 감소 자동차부품은 대폭 감소	완성품 조립과 연동해 감소
조립	자동차 · 스마트폰 · 주택설비는 대폭 감소	판매점 매출과 연동해 감소
판매	개점일수의 감소	이동 제한에 따른 고객의 감소

자료: 日本政策投資銀行

HBR "제조 · 물류 현장에서 디지털화와 로봇 활용 가속화"

HBR(Harvard Business Review)은 코로나19로 인해 글로벌 공급사슬에서 △국내 · 역내로의 회귀, △디지털화와 로봇 활용 가속화, △이커머스 성장에 따른 물류 효율화, △환경 · 지속가능성 의식 고조라는 4가지 변화가 발생할 것으로 전망했다. 이 정도의 변화는 기업의 사업 지속성을 좌우하는 것이기 때문에 경영 전략의 재검토가 필요하다. 그동안 국내 · 역내로의 회귀(Reshoring) 현상은 대규모 자연재해가 발생하거나 지정학적 리스크가 높아지는 등 공급사슬의 취약성이 표면화되면 나타나는 게 일반적이었다. 이번 코로나19 위기 역시 같은 경우로 봐야 한다는 게 HBR의 진단이다.

코로나 위기가 가져올 공급사슬의 4가지 변화

국내 · 역내로의 회귀
신흥국과의 임금격차 축소, 지정학적 리스크의 회 피로 국내 역내의 제조거점 · 서플라이어 선택을 지 속적으로 추진

디지털화와 로봇 활용의 가속화
감염증 대책이라는 새로운 판단 기준이 디지털화나 자동화에 대한 투자를 가속

EC 성장에 따른 물류 효율화
소비자 행동의 변화가 EC를 확산시키고, 거점에서 고객에게 전달하는 배송의 물류 효율화가 진행

환경 · 지속가능성 의식의 고조
외부불경제의 내부화가 진행되어, 환경부하가 낮은 공급사슬을 더욱 요구

출처 : HER, 공급망(supply-chain의 구조 변화를 가져오는 네 가지 변화(일본판, 2020. 6. 11)

코로나19의 장기화로 콜드체인 공급사슬의 국내 · 역내 회귀가 현실화된다면 제조거점과 공급업체, 물류기업 선택에도 변화가 예상된다.

코로나19로 제조 · 물류 현장에서 디지털화와 로봇 활용이 가속화될 것이란 전망은 HBR뿐만 아니라 여러 곳에서 나오고 있다. 원격 근무나 자동화 등 업무 환경이 변화하는 것에서부터 빅데이터를 활용한 제조판매 프로세스의 디지털화, IoT를 활용한 생산성 개선, VR과 AR을 활용한 생산 지도 등에 대한 투자가 속도를 낼 것으로 전망된다.

코로나19의 확산은 소비 행동의 변화를 가져오고, 그 변화는 이커머스(EC) 성장에 직접 영향을 미쳐 이전 일상으로의 회귀는 어려울 것이라는 게 대체적인 전망이다. HBR은 전자상거래 업체와 오프라인 소매업자들이 코로나19 위기를 계기로 라스트마일 배송의 효율성 제고 등 물류 효율화 작업에 박차를 가할 것으로 예상했다.

코로나19가 가져오는 긍정적 변화도 있다. 글로벌 각국 · 지역에서의 인력 활동이 억제되면서 온실가스 저감 등 환경에 대한 의식이 높아질 것이란 전망이 그것이다.

HBR은 이러한 공급사슬 변화가 업계별 플랫폼화 등 구조적 변화를 가져올 것으로 전망한다. 구체적으로는 디지털화와 로봇 활용으로 물류를 비롯한 노동집약적 산업의 표준화를 촉진하고, 배송 서비스의 로봇화와 자율주행 차량의 도입 확산 등이 예상된다. HBR은 향후 기업은 이러한 구조적 변화를 감안한 공급사슬을 구축하는 전략을 수립해야 한다고 충고한다.

무너진 식품공급망… 개도국 중심으로 콜드체인 수요 촉발시켜

코로나19 이전에 아프리카돼지열병(ASF)이 세계를 강타한 적이 있다. 2019년, 중국과 베트남에서는 ASF로 인해 각각 200만 마리와 600만 마리의 돼지를 살처분하면서 돼지고기 공급이 수요를 현저하게 밑도는 사태가 발생했다. 양국 정부는 수급 불균형 해소를 위해 돼지고기 수입을 확대했지만 문제는 해결되지 않았다. 왜일까?

수입한 돼지고기를 적절하게 운송 · 저장할 콜드체인 시스템이 구축되어 있지 않았기 때문이다. 이로 인해 가격이 폭등하면서 국민들의 불만이 폭발 직전까지 이르렀으며 결국 ASF가 진정되면서 가까스로 위기를 넘길 수 있었다.

이번 코로나19 사태에서도 생산된 식품이 소비자에게 원활하게 연결되지 않으면서 수급 불균형이 심화되고 있다. 미국 농림부는 이런 수급 불균형을 해소하기 위해 5월초, 식품 수급 불균형 완화를 위해

4억 7,000만 달러 상당의 식품 구매를 결정하기도 했다.

코로나19 같은 신종 감염병이나 기후 변화로 인한 자연 재해 등 식품 산업에 부정적 영향을 미칠 요인들은 앞으로도 계속 발생할 것이다. 따라서 이러한 외부충격에도 견딜 수 있는 효율적이고 견고한 콜드체인 시스템을 구축하는 게 무엇보다 중요해졌다.

코로나19로 인해 산업 구조가 오프라인에서 온라인 위주로 재편될 것이란 전망과 함께 콜드체인 시장 역시 이런 변화에 힘입어 성장에 속도를 낼 것으로 기대된다. 코로나19와 기후 변화 등 외부 충격이 앞으로도 계속 나타날 것이란 점에서 물적 인프라(포장, 창고, 운송 등)와 관리 인프라(표준, 가이드라인, 인증 등)가 적절히 조합 · 보완되고 안정성을 담보하는 콜드체인 시스템의 중요성은 더욱 커져갈 것이다.

코로나19는 콜드체인 시스템을 식품 뿐 아니라 여러 다양한 분야로 확대시켜 관련 기업이 높은 부가가치를 창출할 수 있는 도구가 될 것이다.

한편, 코로나19 확산 이전에 발표된 콜드체인 시장규모 전망 자료는 현 시점에서는 큰 의미가 없게 됐다. 하지만 코로나19가 콜드체인 시장 성장에 부정적 영향보다는 긍정적 영향을 미칠 거라는 전망이 대세라는 점을 근거로 미래시장 규모가 기존 전망치를 웃돌 것으로 기대된다.

미국의 시장조사 업체인 그랜드 뷰 리서치(Grand View Research, GVR)가 2019년 3월 발표한 콜드체인 시장 동향분석 보고서에 따르면 글로벌 콜드체인 시장 규모는 지난 2018년 1,680억 달러에서 연평균 15%를 상회하는 초고속 성장을 지속, 오는 2025년에는 4,500억 달러에 도달할 것으로 전망됐다.

콜드체인 시장은 식생활 수준의 전반적인 향상과 쓰레기 절감 등에 대한 사회적 요구가 높아지면서 지속적으로 확장될 것으로 예측되고 있다. 여기에 코로나19가 촉발시킨 식품안전 요소가 더해져 시장 확대를 견인할 것으로 보인다. 콜드체인 수요 증가는 일반적으로 국민소득 증가와 비례한다. 특히, 중국 · 인도 · 브라질 등 개도국 경제성장으로 소비자 소득수준이 높아 지면서 콜드체인 시장 성장을 견인할 것으로 예측된다. 이들 개도국은 신선식품의 생산량과 수요가 많은 반면 이를 저온으로 보관 · 유통하는 시스템은 제대로 갖춰져 있지 않아 콜드체인의 잠재적 성장 가능성이 많은 것으로 전망돼 왔다. 코로나19의 확산은 이들 개도국에서 콜드체인에 대한 관심과 수요를 더욱 촉발시킬 것으로 예상된다.

물류신문 기사 편집(2021. 2. 18.)

http://www.klnews.co.kr/news/articleView.html?idxno=300447

5.1 | SCM 및 물류관리시스템의 동향

공급사슬의 개념이 탄생하기 이전, 기업의 경영자들은 '개별 기업' 관점의 수익성을 극대화하기 위해 노력하였다. 즉, 고객충성도를 창출하기 위해 세부적인 시장전략을 개발하고, 엔지니어링, 설계 등의 기능 부문을 강화하는 등 기업의 경쟁력을 개선하기 위해 노력하였다.

또한 공급사슬상 지배적 영향력을 갖고 있는 경우에는 수직적 통합(Vertical Integration)에 의한 거대 기업구성을 통하여 규모의 경제를 활용하여 시장을 지배하고자 하였다.

이후 다양한 생산관리기법들이 도입되고 제조 분야의 개선은 더 이상 포화상태에 이르게 되었으며, 1990년대에 경영자들은 비로소 공급업체들로부터의 부품 및 서비스 투입이 기업의 역량에 중요한 영향을 미친다는 것을 깨닫게 되었다. 이에 따라 공급망관리인 아웃소싱 전략이 초점으로 부각되었다.

또 한편으로는 좋은 제품을 생산하는 것만으로는 불충분하다는 사실이 널리 인식되면서 고객이 원하는 장소와 시간 그리고 고객이 원하는 낮은 비용으로 전달해야 한다는 다른 차원의 새로운 과제가 등장한 것이다.

이러한 변화가 주는 시사점은 자기 조직만 잘 관리하는 것은 더 이상 경쟁력을 확보하지 못한다는 것이다. 즉, 자신의 기업 이 외에도, 투입 요소를 제공하는 모든 상류(upstream)조직의 네트워크를 통해 제품들을 최종소비자에게 효율적으로 전달하고 사후서비스를 제공하는 모든 하류(downstream)의 조직 네트워크까지 효율적으로 관리할 수 있어야 경쟁력이 확보되는 것이다.

즉, 현대의 경쟁은 '기업과 기업의 경쟁' 이라기보다는 '연관된 기업군 간의 경쟁'으로 볼 수 있다. 바로 이러한 인식에서 '공급사슬관리(Supply Chain Management)'라는 개념이 탄생되었다.

최근 정보기술의 혁명적인 발전과 더불어 물류 네트워크 시대의 등장은 이러한 공급사슬관리에 대한 문제해결에 큰 힘을 보태어주고 있다. 이는 현시대에 새롭게 부각되는 가상통합(Virtual Integration)의 바탕이 되었다.

그림 5-1 Dell 컴퓨터의 SCM

기업의 혁신은 운영의 효율성을 목적으로 지속적으로 추진되어 왔으나 기업 혁신활동 결과 전체적인 효율성 측면에서는 크게 변화가 없는 등의 문제점이 제기되고 있다. 이러한 현상은 개별기업 내 제한적인 최적화를 목표로 하여 진행되었거나 기업 내 일부만의 최적화를 목표로 했다는 점 등이 주요 원인으로 평가되고 있다.

기업 내부에서의 혁신 노력은 기업 외부와의 활동과 연계되어 전체의 최적화가 되어야 하며 이로 인해 최근 기업들은 공급사슬관리를 최적화하기 위한 많은 노력을 하고 있는 것이다.

결국, 공급사슬관리(Supply Chain Management)의 개념을 정리해보면 '기업 내 또는 기업 간 다양한 사업활동의 프로세스를 통합적으로 관리하는 것'으로 정의할 수 있다. 즉, 수주에서부터 고객 납품에 이르기까지 공급의 흐름을 효율적으로 잘 관리하는 것이라 할 수 있다.

구체적으로는 기업마다의 최적화에 머물렀던 물류, 정보, 현금 등에 관련된 업무흐름을 공급사슬 전체에서 재검토함으로써 정보의 공유화와 비즈니스 프로세스의 공급사슬 전체의 효율성을 향상시키려고 하는 경영기법이다. 이는 자재공급업체에서 소매에 이르는 모든 파트너들 사이에서 원료와 부품뿐만 아니라, 자금, 정보 등의 흐름을 통합적으로 관리 · 운영하여 궁극적으로 최소의 비용과 최고의 고객만족 달성을 목표로 한다.

5.2 | 통합적 자원관리의 등장배경

공급사슬관리는 기업을 확장된 시각에서 보는 것으로 서로 연관된 제조업자, 공급업자, 유통업자, 고객 등 모두가 고객이 원하는 제품과 서비스를 경제적 · 시간적 차원에서 효율적으로 공급하기 위하여 공유된 자원의 활용을 최적화하는 것으로, 미국의 SCC(Supply Chain Council)는 공급사슬관리를 "수주에서 대금지급에 이르기까지 설비, 부품(A/S 부품 포함), 제조, 판매, 분배, 고객과 관련 있는 모든 활동"에 대한 관점으로 삼고 있으며, 또한 오하이오 주립대학 교수인 Bermard J. Lelonde는 공급사슬관리는 "경제적인 가치를 높이는 활동"으로 보았다.

종합적으로 볼 때 이는 공급사슬상 기업 내 · 외부의 유형 · 무형자원을 총괄하여 공급사슬 전체의 효율성을 최대화할 수 있도록 통합적으로 관리하는 혁신적인 관리기법을 지속적으로 개발하는 것이라고 할 수 있다.

SCM의 등장배경을 보면 표 5-1과 같이 첫째, 기업환경의 변화, 둘째 공급사슬상의 문제, 셋째 정보기술의 발전으로 나누어 살펴볼 수 있다.

표 5-1 ABC SCM의 등장 배경

기업환경의 변화	공급사슬상의 문제	정보기술의 발전
• 경쟁우위전략의 변화 • 기업의 핵심역량을 경쟁우위 요소로 집중화(비핵심 부분은 아웃소싱 전략 활용 가능)	• 정보흐름의 문제 • 비효율적인 정보시스템의 사용 • 기능/조직 간의 커뮤니케이션 장벽	• 업무지원시스템의 발전 • ERP 등
• 산업의 글로벌화 • 고객의 제품 구입 채널: Single Multiple • 시장 형태: 단일국가→다국가	• 프로세스 설계의 문제 • 복잡한 네트워크 및 비효율적인 프로세스	• 인터넷/인트라넷의 발전 • 인터넷을 활용한 다양한 애플리케이션 개발로 업무의 신속화 및 효율화 가능(CALS/EC, EDI, EDMS, PDM 등)
• 최적화 활동으로의 전환 • 과거 : 각 단일 기능의 최적화 • 현재 : 전체 최적화를 우선 고려 단일기능의 최적화 추구	• 프로세스 운영상의 문제 • 조직 간의 장벽 • 단순한 재고 정책 • 비효율적인 유통구조	• H/W, S/W 기술의 발전 • 서버, DB, 운영체제 등의 발전 • 저비용 고효율의 하드웨어 도입 가능

자료: 김재일 외(2009), 물류 및 공급사슬관리의 전략적 이해, p. 14.

특히 최근 기업경영환경의 변화는 공급사슬의 효율적 관리의 필요성이 더욱 증대되고 있는 현실이다. 무엇보다 생산활동 자체가 전 세계적으로 이루어지는 것은 물론이고 비용절감을 통한 효율화만 가능하다면 부품이나 서비스를 전 세계 각국으로부터 조달한다. EU, NAFTA 등의 초국가적 공동체들은 이미 결성되었고, 광역시장을 통합 관리하려는 기업들의 움직임도 활발하다.

또한 최근 JIT(Just-In-Time) 시스템의 도입도 활발해졌는데, 이 JIT시스템 도입으로 인해 효율적인 수송 및 정보시스템이 필요하게 되었으며, 의사결정에 있어서 EDI나 인공위성 등을 통해 얻은 정보를 활용하게 되었다. 또한 ERP 등의 업무지원시스템과 인터넷 정보기술이 비약적으로 발전하면서 공급사슬관리의 중요성이 더욱 대두하였다.

정보통신기술은 갈수록 더 빠른 속도로 발전하고 이러한 현상은 더욱더 지속 강화될 것으로 예상되며 이러한 변화는 효율적 SCM의 중요성을 더욱 증대시키고 있다.

5.3 | 공급사슬의 효율적 설계 및 운영

물류 및 공급사슬관리는 효율적인 재고관리 뿐 아니라 수송 등의 물류비용, 구매비용의 절감과 주문 · 조달의 불확실성에 대한 변동을 최소화하여 생산계획을 더욱 합리화하고 납기단축과 정확성을 향상시켜 결국 전체적인 생산효율성과 고객만족을 달성할 수 있게 한다.

기업은 공급사슬관리의 도입으로 인해 점차 내 · 외 협업체계의 강화를 구축함으로써 획기적인 공급기간의 단축 뿐 아니라 계획기간의 단축을 통한 시장선점이 가능하며 신속하고 유동성 있는 구매(조달) · 영업 · 생산에 대한 전략수립을 통한 시장 변화의 대응력을 강화하게 된다. 한편 공급사슬관리를 통해 공급망 상에서의 자원의 효율적 활용과 더불어 불필요한 자원의 낭비 요소를 제거하고 재고감축 등 많은 효과를 가져올 수 있다.

그러나 기업이 속해 있는 공급사슬은 다양한 특성을 지니고 있기 때문에, 그 특성에 따라 서로 다른 경쟁전략을 설계할 수 있는 설계가 이루어져야 한다.

한편 SCM을 성공적으로 이뤄낸 기업들의 사례를 살펴보면 공통적으로 나타나는 다음과 같은 특징들이 존재한다.

공급사슬의 효율적 설계와 운영을 위해서는, 첫째, 시스템에 대한 목표를 명확히 정의하여 시스템의 목표를 이뤄내는 방향으로 의사결정을 내리게 유도한다. 채찍효과가 생기는 근본적 원인은 무엇보다 시스템 안에서의 각 구성원들이 자신의 이익을 극대화 하려는 방향으로 의사결정을 하기 때문이다. 때문에 통합적 의사결정을 통해 발생한 추가적 이익을 합리적으로 공평하게 분배함으로써 서로의 이익을 최대화하도록 시스템화 하여 구성원들에게 동기부여를 하는 것이 무엇보다 중요하다.

둘째, 소비자에 대한 서비스수준 향상에 기여할 수 있는 성과측정 장치를 개발한다. 특히 QR(quick response), JIT, ECR(efficient, consumer response) 등을 활용함으로써 세분화된 소비자 그룹의 개별적인 요구를 잘 만족시킬 수 있는지에 대해 측정하여야 한다. 한편 수송량이나 배달주기, 수송량의 불확실성에 대한 부분을 최대한 절감시켜야 공급업자, 생산자, 소비자의 전체적인 비용을 절감시킬 수 있다.

셋째, 'Risk-Pooling'[5]을 통해 불확실성을 최소화한다. Risk Pooling의 효과로는 Centralized Inventory를 통한 안전재고 및 평균재고가 감소하며 분산되어 있을 때의 수준의 Service level을 유지할 경우 서비스수준은 상승하는 효과를 나타낼 수 있는데, 특히 시스템 내에 분포되어 있는 불확실성을 한 그릇에 모아줌으로써 전체의 불확실성을 줄이자는 것이 그 목적이다.

예를 들어, 트럭이 각 소매점에 도달하면서 동시에 그 소매상과 앞으로 방문할 소매상들의 재고수준을 미리 고려함으로써 할당량을 정하는 등의 유동적 재고할당정책이라 할 수 있으며, 또는 배송트럭이 중앙(물류)창고나 소매점을 떠남과 동시에 앞으로 방문할 소매점들의 재고수준을 미리 고려하여 방문순서를 정하는 등의 유동적인 배달경로정책을 활용함으로써 재고상의 불확실성을 감소시킬 수 있다.

UNITED COLORS OF BENETTON.

한편 Benetton의 경우 먼저 옷을 완성시킨 후 색상 기준에 따라 주문량에 대한 염색을 하는 방식으로 최종 제품의 출하를 지연시키게 되었는데, 이로 인해 비록 원가는 증가하더라도 재고를 현격히 줄이고 유연성을 증가시킴으로써 결국 비용감소와 수익증대를 달성한바 있다.

넷째, 공급사슬에 있는 기업들 간 정보를 서로 공유하며, 공유된 정보를 서로의 의사결정에 적극적으로 활용한다. 이는 곧 물적자원의 흐름과 정보의 흐름을 효과적으로 통합관리하는 것이 필요하다. 예를 들어, Wal-Mart 나 ToysRUS는 재고에 대한 '정보 대체' 의 개념을 도입하였는데, 이는, 인공위성이나 EDI를 통해 공급사슬 상에 있는 하위단계의 수요와 재고에 대한 정보를 모든 단계의 기업들이 공

5) Risk Pooling이란 Supply Chain상 변동성을 다루는 도구로써 다수개의 수요를 단수개의 수요로 통합했을 때, 수요의 변동성이 감소하는 것을 의미함

유하여 의사결정에 반영함으로써 수요에 대응하는 반응시간을 최소화하였다.

다섯째, 정보의 공유와 통합적 의사결정을 이루기 위해서는 부서 간의 협동을 이뤄내는 것이 무엇보다 중요하다. 이는 곧 새로운 시스템의 도입에 있어 부서 간 형평성 유지가 가장 큰 어려움이라 할 수 있다.

여섯째, 기업의 하부구조(물류하부구조) 등에 대한 적극적인 투자를 수행하며 이를 통해 미래 확장 가능성에 대비할 수 있어야 한다. 예를 들어, Wal-Mart는 장기적 관점에서 지역분배센터(Regional Distribution Center)를 우선 건설하였고 그 주위에 소매점포를 위치화 시키는 방법을 사용하였는데, 초기 투자는 경쟁사에 비해 많이 들었으나 결국 Wal-Mart는 가장 효율적인 분배시스템을 소유한 기업이 될 수 있었으며, 이는 곧 미래 기업 경쟁력의 원천이 되었다.

일곱째, 아웃소싱을 적극적으로 활용함으로써 비용과 시간을 절감하며 기업의 경쟁력을 최대화하는 방향으로 기업의 자원을 서로 결합하여야 한다. 예를 들어, Laura Ashely 사와 National Semiconductor와의 경우는 Federal Express에게 수송 부분을 아웃소싱하며 Saturn사의 경우 Ryder Trucks에게 수송에 관한 전체적인 부분을 아웃소싱하고 있다. 이때 아웃소싱의 기능을 선택할 때에는 기업의 핵심역량에 있어서 그다지 중요하지 않거나, 추가적 자본투자 규모로 비교해볼 때, 그 기능을 외부의 기업이 자신보다 더 잘 할 수 있는지에 대한 여부를 그 기준을 사용하여 결정되어야 할 것이다. 이에 대해 General Motors가 대체부품에 대한 분배시스템 설계와 운영을 Schneider 사에게 아웃소싱한 것은 적절한 사례라고 할 수 있다.

5.4 | 물류 및 공급사슬관리의 전략적 포지셔닝

기업 경쟁전략은 기업이 생산한 재화나 서비스를 통해 다른 경쟁사들보다 고객들의 요구들 중 무엇을 충족시킬 것인가를 결정한다고 할 수 있을 것이다.

즉, 기업의 목표고객이 원하는 것에 대하여 보다 낮은 가격 혹은 신속한 수요에 대한 욕구충족이라고 본다면 결국, 기업은 이를 해결하기 위해 '규모의 경제'뿐만 아니라 '효율적 유통시스템의 구축'을 통해 고객의 요구를 충족시킬 수 있을 것이다. 이때 만약 고객이 원하는 것이 낮은 가격이 아니라 신속한 신제품개발과 공급이라면 이때 기업은 반응적인 공급사슬관리(SCM) 시스템의 구축을 통해 더욱 경쟁력을 확보할 수 있게 된다.

이 경우 경쟁전략은 고객이 무엇을 원하는가를 기준으로 수립되며 고객의 요구를 경쟁기업보다 더욱 철저하게 충족시킴으로써 경쟁력을 확보할 수 있게 된다.

예를 들어, Dell 컴퓨터와 HP사는 모두 PC를 생산하여 판매하고 있지만 이들 기업을 통해 고객이 충족하고자 하는 요구는 서로 다르다고 할 수 있다. 즉, Dell 컴퓨터는 고객이 본인이 원하는 사양의 PC를 생산한 후 합리적인 가격에 전달함으로써 고객경쟁력을 확보하고 있는 반면, HP의 경우 한정된 사양과 수의 PC 모델을 대량으로 생산하여 적정 가격으로 다수의 고객에게 판매함으로써 경쟁력을 확보하고 있다.

이때 일반적으로 고객은 경쟁의 네 가지 차원에 대한 차별화된 기대수준을 갖고 있는데, 즉 원가, 시간, 유연성에 대한 기대수준이라 할 수 있으며, 이때 기업은 자신이 보유하고 있는 능력을 최대한 활용하여 어떤 특성을 갖고 있는 고객군에 대한 요구를 충족시킬가에 대한 결정을 하여야 한다. 네 가지의 경쟁의 차원은 의미는 아래 표 5-2에 요약되어 있다.

표 5-2 경쟁의 네 가지 차원

경쟁의 차원	구성 요소
원가	낮은 원가
품질	최상의 품질 일관된 품질
시간	배달 속도 정시 배달 개발 속도
유연성	고객화 다양성 물량 유연성

즉, 고객이 원하는 것과 더불어 기업이 제공하는 것이 일치할 경우 고객의 만족도가 최대로 증가하며, 이때 기업의 경쟁력도 증가하여 다른 기업과의 경쟁에서 살아남을 수 있게 되는 것이다.

5.5 | 전략적 공급자관계관리

기업들은 경쟁에서 생존을 위해서 수많은 목표를 동시에 성공적으로 달성해내야만 한다. 반면에, 이들 목표달성에 위한 활용 가능한 자원은 한정되어 있기 마련이다. 이러한 상황에서 기업은 각 경영활동에 대한 영역을 기업 내부에서 수행할지, 혹은 외부의 다른 기업으로 하여금 수행하게 할 것인지에 대해 의사결정을 하게 된다. 기업의 경영활동을 수행하는 일반적인 방법들이 있다.

- 기업 내부에서의 업무수행
- 타 기업 혹은 사업 부문의 인수 · 합병
- 견제적 거래
- 기업간 전략적 제휴

하나씩 살펴보면 우선 기업 내부에서의 업무수행은 말 그대로 기업 내부의 자원과 기술을 최대한 활용하여 기업 내부에서 모든 역할을 수행하는 것을 의미한다. 이러한 기업활동은 곧 기업의 핵심역량의 강화를 위해 반드시 필요한 활동으로 이때 내부가용자원의 활용과 전문기술을 적절하게 이용하는 경우에는 가장 효과적이라 할 수 있으나, 그렇지 않을 경우에는 비효율을 야기할 수도 있다.

타 기업 혹은 사업 부문의 인수 · 합병의 경우 그 기업 내부에 적절한 자원이나 기술력이 없을 경우 이를 보유한 타 기업을 인수 · 합병함으로써 그 기업에게 필요한 목적을 달성하도록 하는 방법이다. 이 방법은 당연히 기업을 인수한 기업이 특정 사업 기능에 대한 다양한 경영 방법들에 대한 통제권을 가지고 있으나 한편으론 막대한 인수비용의 발생과 더불어 이질적인 기업문화에 대한 문제가 발생할 수 있다. 또한 성공한 기업을 인수하는 것은 매우 어려울 뿐만 아니라 비용 또한 많이 든다. 게다가 기업의 문화 간에 충돌 외에도 기업 간 동화 과정 중에 인수된 기업의 효과성을 잃을 수도 있다.

따라서 비교적 이러한 문제없이 기업의 목적달성을 위한 또 다른 안전한 방법이 바로 외부의 다른 기업으로 하여금 업무를 수행하게 하는 외주화전략(outsourcing)이다. 최근 기업이 활용 가능한 자원은 점차 희소해지는 반면 요구되는 과업은 점차 증대되는 추세이며, 이에 따라 기업의 핵심역량만을 경쟁우위 요소로 집중화시키고 비 핵심 부분은 기업 외부에게 이전시키는 외주화전략을 택하는 기업들이 점차 증가하고 있다.

이젠 경영활동에 있어 모든 활동들을 직접적으로 기업 내부에서 수행하는 것이 가장 효율적이지만은 않다는 사실을 인식하게 된 것이다. 모든 활동들, 즉 지식, 기술을 기업 내부에 갖추려고 노력하는 대신, 특정 업무에 필요한 자원이나 기술 등을 가진 다른 외부의 기업들에게 그 활동들을 수행하게 한다면 오히려 더 효율적인 방법이 될 수 있다.

외주전략을 택한 기업은 외주기업과의 관계에 있어서도 과연 어떠한 형태로 협력관계를 맺을지를 선택하여야 하며 이와 같은 '공급자와의 관계'가 공급사슬관리의 핵심 이슈라 할 수 있다.

세 번째는 외주거래관계의 형태로 들 수 있는 '견제적 거래'와 네 번째인 '기업 간 전략적 제휴'를 들 수 있다. 일반적으로 기업 간의 거래는 곧 견제적 거래(arm's length transaction)의 방식으로 이루어지는 것이 일반적이나, 최근 공급사슬의 장기적 관계에 대한 중요성이 대두되과 동시에 외주기업과 전략적 파트너십 관계를 맺는 기업들이 점차 증가하고 있다.

모든 기업의 경영목표는 곧 고객만족을 극대화 하고 고객에게 제공하는 제품이나 서비스를 지속적으로 향상시키는 데 있다. 이때 외주화전략을 선택한 기업의 경우 이러한 경영목표를 달성하는 데 있어 공급자에게 보다 많은 부분을 의존하게 된다.

구체적으로 살펴보면, 그림 5-2와 같이 공급자는 기업 구매단계에서의 원자재의 품질과 비용, 배송, 수량, 그리고 기타 요소들에 영향을 미치고 있으며, 이는 또 다시 기업이 고객에게 전달하는 제품 혹은 서비스의 품질과 비용, 배송, 수량, 그리고 기타 요소 등에 영향을 주게 된다. 따라서 이러한 다섯 가지 주 요인들에 의해 고객만족이 결정되는데, 이는 결국 기업의 경쟁력까지 좌우되는 공급자 관계관리가 매우 중요함을 나타내고 있다.

그림 5-2 **고객서비스 투입**

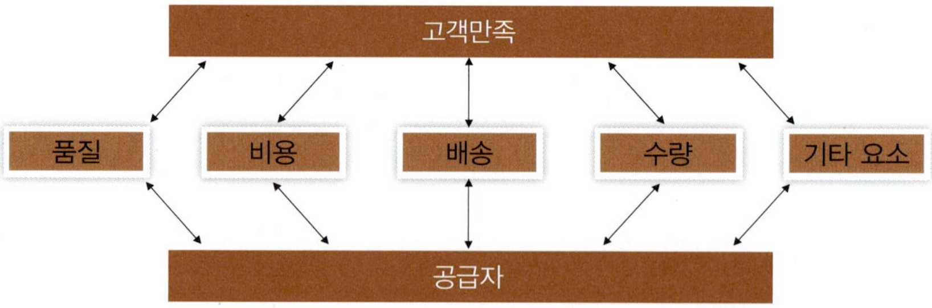

자료 : M.R. Leenders, Purchasing and Supply Management

한편 기업 내부활동의 일부 영역에 대한 의사결정을 외부에 이전하는 외주화전략이 확산됨에 따라 어느 공급자로부터 공급을 받을 것인지, 혹은 공급자와의 어떤 관계를 맺을지에 관한 것을 결정하는 것이 매우 중요한 문제로 부각되고 있다. 이로 인해 특히 현재의 공급자와 공급 협력관계를 유지할 것인지에 대한 결정 문제는 지속적인 주요 의사결정 문제로 부각되고 있다. 이는 곧 공급자와의 적절한 관계를 구축하고 유지하는 전략적인 공급망관리가 곧 고객만족, 뿐만 아니라 기업의 경쟁력과 직결되는 문제이기 때문이다.

5.6 | 외주화전략의 선택 이유

일반적으로, 큰 규모의 기업일수록 대형화된 제조설비를 보유하거나 혹은 후방통합(backward integration)하는 방식을 통해 필요한 재화나 서비스를 직접 생산하는 것을 선호해 왔다. 이때 구매되는 재료의 결정은 기업 내부에서 생산되는 제품의 원재료가 될 자재에 국한되어 구매되었다. 그러나 최근에 이르러 경영환경의 변화로 인해 원자재 구매의 유연성이 증가하고 고객에 좀 더 유연하게 대응하기 위해 외부에서 구매선택을 하는 기업들이 증가하게 되었다.

외주화란 일반적으로 외부의 기업을 통해 기업활동 영역의 일부를 대신 수행하도록 하는 것을 의미한다. 이는 앞서 말한 효율성에 관한 문제 때문에 기업들은 최종재화의 생산에 필요한 원자재 혹은 기업활동 영역의 한 축에 해당하는 제품생산 혹은 서비스 부문을 '직접 생산할 것인지 아니면 구매할 것인지(Make or Buy)'에 대한 의사결정을 할 수밖에 없는데, 이때 기업이 직접 생산하지 않고 대신 외부로부터 구매하기로 결정하는 것이 바로 '외주화전략'이라고 할 수 있다.

일반적으로 어느 기업이 제품에 대한 모든 생산품과 서비스에 대해서 경쟁력을 갖는 것은 매우 드문 일이다. 이로 인해 기업 내부에서 직접 생산해서 큰 이득이 되지 않는, 즉 경쟁력 없는 제품이나 서비스의 경우 외부의 공급자로부터 구매함으로써, 기업은 경영활동의 모든 부문에서 경쟁력 압박에서 벗어날 수 있다.

그렇다면, 어떤 경우 기업들은 직접 생산을 하고, 또 어떤 경우에 외주화전략을 택하는지 구체적으로 살펴보면 다음과 같다.

생산 · 구매 의사결정은 자재나 부품, 서비스를 기업이 직접 생산할 것인지 아니면 구매할 것인지에 관한 문제는 조직의 경쟁력과 직결되는 전략적 의사결정 사항이다.

이때 수많은 기업은 생산능력의 불충분성, 비용상의 우위, 전문성의 결여, 그리고 품질 등의 이유 때문으로 인해 원자재와 부품 혹은 서비스의 일부를 외부의 기업으로부터 구매하거나 외주를 준다.

첫째, 필요한 제품이나 부품을 기업이 직접 생산할 수 있는 생산자원이나 능력을 내부에 갖추지 못한 경우, 기업은 막대한 비용을 들여 생산설비를 구축하는 대신 외부로부터 구매하는 선택을 하게 된다. 뿐만 아니라 수요가 갑자기 증가하여 내부 능력으로는 생산량을 충족시킬 수 없을 때에도 외부로부터 필요량을 구매한다.

둘째, 생산비용에 대한 경제성 관점은 외주화를 선택하는 가장 중요한 이유이며, 특히 조직의 경쟁력에 그다지 중요하지 않은 부품에 대해서는 더욱 경제성을 고려해야 한다. 이때 공급자가 동일품목을 대량으로 생산하여 납품할 경우 다수의 구매자에게 공급하는 자재는 규모의 경제의 이점을 갖는다. 특히 이때 공급자는 여러 기업에 필요한 물량을 대량생산하며, 구매자는 납품하는 공급자로부터 필요한 수량만큼을 구매함으로써 서로 비용상의 이점을 가질 수 있는 것이다.

셋째, 경우에 따라 기업이 특정 품목을 생산 수 있는 기술이나 전문성을 갖추지 못한 경우도 있다. 뿐만 아니라 원재료의 공급자가 제품공정이나 원재료에 대한 특허를 보유하고 있어서 제조기업이 이를 직접 생산하는 것이 불가능한 경우도 있고 안전기준이나 환경을 충족시킬 수 없어서 생산하지 못하는 경우도 있다. 이러한 경우 역시 기업은 원자재를 직접적으로 생산하기보다는 외주화전략을 통해 비용절감의 이점을 누릴 수 있다.

마지막으로, 기업은 보다 높은 품질의 원재료나 부품, 혹은 서비스를 얻기 위해 외주화를 선택하기도 한다. 만일 공급자가 숙련된 기술, 우량한 공정, 그리고 규모의 경제 이점을 가지고 있어서 공급자로부터 구매하는 것이 품질 면에서 더욱 우위가 있을 경우 외주화를 하는 것이 더욱 합리적이다.

표 5-3 외주화전략 이유의 변화

외주화전략의 선택 이유	
1995	2020
• 비용절감 • 인원수 삭감 • 핵심역량 집중 • 비 주요영역의 지식, 프로세스 및 기술의 습득 • 재고와 취급 원자재의 최소화 • 개발과 생산주기 절감 • 효율성 향상	• 관리비용 및 운영기간 단축 • 가용자원 인력의 효율적 운용 • 해외 유용한 생산설비/시설 활용의 확대 • 가용 내부자원의 유연한 활용 • 기업자본의 유연성 확보 • 위험분산 • 효율성/효과성 향상

자료 : M.R. Leenders, Purching and Supply Management 자료 내용편집

한편 기업들이 외주화전략을 실행하는 일반적인 현상은 경영환경의 상황에 따라 다양하게 변화하기도 한다. 표 5-3과 같이 외주화전략이 폭넓게 확산되던 1980년대 후반과 1990년대 초반에는 대부분의 기업들이 대폭적인 다운사이징을 통한 비용절감에 초점을 두고 외주화전략을 택한 반면, 기업들의 다운사이징이 진행되어온 2000년대 초반부터는 노동시장의 변화에 따라 인재를 채용하는 것 자체가 점차 어려워짐에 따라, 결국 필요한 기능을 외부를 통해 이용하려는 기업전략에 반영되기 시작하였다.

그러나 이러한 인재의 재능활용에 관한 요구사항이 반드시 모든 기업으로 하여금 외주화를 할 유인으로 작용한 것은 아니었는데, 특히 일부 기업들은 경쟁력 있는 공급자의 부재 문제, 특허기술에 대한 보호, 생산 리드타임의 단축, 품질관리의 용이성, 수송 관련 문제, 창고비용의 통제가능성 등에 대한 매우 다양한 이유에 의해서 외주화전략의 매력적인 유인에도 불구하고 기업이 직접 자재나 부품, 서비스 등을 생산하기도 하였다.

그림 5-2 생산 · 구매 의사결정

자료 : Mary C. Lacity and Rudy Hirscheim, Information Systems Outsourcing, 1993.

또 한편으로는 자신이 개발한 제품이나 공정을 보호할 필요가 있다고 판단될 때, 기업은 기술 보호를 위해 외주화보다 직접 내부생산을 택하기도 한다.

이처럼 직접 생산 · 운영을 통해 시장에 신제품을 경쟁사들보다 먼저 출시할 수도 있으며 또한 관련 분야에서 우량 부품의 공급자가 없거나 주요 부품을 생산할 기술력을 갖춘 공급자가 없는 경우에도 기업은 부품을 직접 생산할 수밖에 없게 된다.

한편 전자의 경우 기업은 자체적인 원자재 생산을 통해 결국 생산공정에 대한 직접적인 통제를 통해 고품질의 부품을 생산하려는 의지를 갖게 되는데, 이와 더불어 배송 프로세스까지 통제함으로써 리드 타임과 물류비를 직접적으로 관리할 수 있게 된다.

이처럼 생산 · 구매에 대한 의사결정은 여러 요인들과 더불어 결합된 문제이다. 따라서 기업은 목표와 더불어 장기적인 전략에 기초하여 여러 가지 요인들을 스스로 평가한 후에 외주화를 선택할 것인지 혹은 직접적으로 생산할 것인지에 대한 의사결정을 하여야 한다. 그림 5-2는 이에 대한 의사결정 플로우 차트이다.

5.7 | 공급자관계관리를 위한 요구사항

일반적으로 기업은 외주화전략을 택함으로써 직접생산에 대한 막대한 비용절감 그리고 리스크 풀링 등과 같은 이득을 얻을 수는 있지만, 동시에 공급자와의 목표가 서로 상충되어 엇갈리거나 또는 핵심 경쟁 원천기술을 상실하는 등의 위험 요소도 떠안게 된다.

따라서, 기업이 외부의 원자재 공급자로부터 원자재 부품이나 제품, 서비스 등을 구매하는 것은 단순한 교환관계를 넘어서는 차원의 기업의 경쟁력에 영향을 미치는 매우 중대한 전략적 행위라 할 수 있다.

성공적으로 외주화전략을 실행하기 위해 무엇보다 기업은 장점들을 극대화시킴과 동시에 위험 요소에 대해서는 사전에 대비하여야 하는데, 이를 위해서는 적절한 공급자관리가 매우 중요하다.

1980년대에 성공한 일본 제조기업들을 북미 기업들과 비교 연구하면서 그들의 성공 요인들을 파악해 볼 때 일본 기업들은 공급자와 구매자의 긴밀한 파트너십을 구축한 점을 특징으로 설명할 수 있다.

한편 이에 대한 수많은 경영연구와 출판물들은 한결같이 공급사슬을 장기적으로 최적화 하기 위해서는 공급자관계에 대한 관점을 단지 구매-판매(buyingselling)와 같은 단기적인 관계의 차원에서 탈피해야 하며 곧, 공급사슬 내의 기업 상호간의 의존성을 최대한으로 높여, 장기적이고 전략적인 파트너십을 구축할 것을 권고해 왔다. 이에 대해 이후 미국 내 기업들은 점차 공급자와의 긴밀한 관계를 굳건하게 유지하는 것이 곧 높은 품질, 신속한 전달, 그리고 지속적인 개선의 핵심 요소라고 인식하면서 동시에 Xerox, Motorola, IBM 등과 같은 미국 내 선두 기업들이 앞다투어 공급자와 장기적인 파트너십에 관계를 맺기 시작하였다.

표 5-4 구매자-공급자관계의 관점 : 패러다임의 변화

전통적 관점	파트너십
• 최저 가격 • 제품명세서 중심 • 단기적 • 시장에 반응 • 문제발생 방지 • 구매부서의 책임 • 단기적 목표에 의존(tactical) • 정보공유 정도가 낮음	• 파트너십 유지의 총 비용 • 최종고객 중심 • 장기적 • 기회의 극대화 • 조직 내 모든 부서와 최고경영자가 관여 • 장기적 전략에 의존(strategic) • 구매자와 공급자는 장 · 단기의 계획을 공유 • 위험과 기회를 공유

자료 : M.R. Leenders, Purchasing and Supply Management.

그러나 모든 파트너십이 반드시 성공적인 것만 아니며, 한편 단기적인 관계가 모두 실패한 것도 아니다. 더불어 장기적인 파트너십 관계가 꼭 단기적인 관계보다 우월하다고 단정할 수도 없는 것이다. 결국 효율적인 공급자관계관리를 위해서는 무엇보다 제품에 관한 특성이나 시장의 환경을 적절히 고려하여 알맞은 공급관계를 맺는 것이 필요하다.

LEARNING CASE

'악재만 가득' 최악의 공급망 대란 이어져

수요 · 공급 불균형, 패권 다툼, 물류대란 등이 공급망에 악영향 끼쳐

이탈리아에 모인 주요 20개국 정상들은 최초로 공급망 정상화를 주제로 정상회의를 개최하고 글로벌 공급망 회복을 위해 국제사회의 연대와 협력을 촉구했다. 지난해부터 전 세계적 위험으로 다가온 공급망 대란에는 다양한 원인이 존재하며 아직도 진행 중이다.

미 · 중 패권 경쟁, 공급망 선택 강요 속 혼란

2000년대 초 중국이 경제 개방과 함께 세계 최대의 공장으로 등극하면서 전 세계는 값싼 중국산 제품에 의존한 경제체계를 구축했다. 이 때문에 많은 국가가 낮은 물가를 유지할 수 있었으며 중국은 세계에서 가장 빠른 속도로 경제성장을 이뤘다. 우리나라 역시 중동, 아프리카, 남미 등에서 자원이 풍부한 국가에서 자원을 수입함과 동시에 선진국에서 기계, 설비, 장비 등을 들여와 우수한 중간재를 만들고 이를 다시 중국으로 보내 완제품으로 만드는 경제 구조로 성장을 이어왔다.

이처럼 전 세계가 하나로 연결된 공급망 구조에서는 원자재, 중간재, 완제품 등의 흐름과 정보를 통합 · 효율적으로 관리하는 공급망 관리(Supply Chain Management, SCM)가 기업은 물론 국가 경쟁력으로 이어졌으며 공급망에 포함된 국가들의 일정 수준의 혜택을 누려왔다. 하지만 세계의 공장, 중국이 경제력을 바탕으로 미국의 지위를 위협하려 하자 양국의 갈등이 수면 위로 올라왔다. 특히 미국 트럼프 대통령 취임 이후 시작한 노골적인 중국 때리기에 미 · 중 무역 갈등은 두 국가만의 문제가 아닌 전 세계의 문제로 대두됐다. 이 같은 갈등에 우리를 포함한 많은 국가가 미국과 중국의 패권 경쟁에서 선택을 강요받는 상황으로 이어지고 있다.

한 무역업계 전문가는 "코로나 이전까지 높아지는 무역 비중을 바탕으로 함께 성장해오던 호주와 중국이 정치적으로 대립하면서 특히 중국이 석탄 수급에 어려움을 겪었다. 이는 우리의 요소수 대란으로 이어지는 등 공급망의 중요성이 느꼈다"라면서 향후 미국과 중국의 정치 · 외교적 갈등 외에도 브렉시트와 같은 정치적 불확실성이 글로벌 공급망에 큰 영향을 미칠 뿐만 아니라 생각지도 못한 문제가 발생할 수 있다고 말했다.

인력난에 항만 적체 등 물류대란, 공급망에 악영향

다수의 전문가는 이번 공급망 대란의 가장 큰 원인은 '항만 적체' 때문이며 이는 공급자와 소비자 모두에게 마이너스로 작용하고 진단했다. 또한 일부 전문가들은 결국 항만 적체는 '인력 부족'이 핵심이라며 물류산업의 고질적인 인력 부족 현상이 코로나 팬데믹으로 더욱 심각해진 것이 답했다.

현재 미국 화물 컨테이너의 약 40%를 처리하는 미주 서안 노선은 24시간 가동 등으로 인해 하역을 기다리는 선박이 줄었지만 아직도 상당수의 선박이 하역하기 위해 바다에서 대기 중이다. 또한 하역 이후에도 컨테이너를 처리하지 못해 수십만 개의 컨테이너가 쌓여 있는 '컨테이너겟돈(컨테이너+아마겟돈)'이 계속되고 있다.

지난해 12월13일 전 세계 항구 혼잡도

전문가들은 현재의 미국의 항만 적체 현상은 각종 지원금, 위드 코로나 정책 등 소비촉진으로 인해 물동량이 증가했지만 미국 서안의 장비, 인력수급 등이 원활하지 못해 물동량의 상승을 따라잡지 못하는 상황이라고 분석했다. 또한 세계 각지에서 온 컨테이너를 미국 전역으로 운송하는 육상 운송 부분에서도 어려움을 겪고 있다. 현재 미국은 컨테이너 운송기사를 구하기 쉽지 않은 상황이며 대체 수단인 철도의 경우 노선의 한계 등이 지적되고 있다. 이같은 운송기사 부족은 내륙 운임의 고공행진으로 이어져 물가 상승을 부축이고 있다.

유럽도 미국과 비슷한 상황이다. BBC 등 영국 언론에 따르면 영국 최대 항만인 펠릭스토어항에는 컨테이너 5만 개가 쌓이는 등 항만 적체 현상이 좀처럼 해결되고 있지 않다고 보도했다. 프랑스의 경우 현재 증가한 물동량을 모두 처리하기 위해서는 약 4~5만 명의 육상 운송인력이 부족한 상황이며 물류 창고에서 일하는 사람도 턱없이 부족한 상황이다. 늘어난 물동량을 보관하는 물류센터 역시 포화상태로 프랑스의 전국 물류 창고별 평균 보관율은 97%에 달하며 이는 임대료 상승으로 이어지고 있다.

기후위기 · 에너지 정책, 공급망에도 영향을 미쳐

현대사회에서 전기를 비롯한 에너지는 우리 삶에 없어서는 안 될 매우 중요한 요소로 기존에너지 공급을 책임졌던 석유, 석탄 등은 지속 가능한 미래, 탄소 중립 정책으로 인해 태양광, 풍력, 원자력 등 친환경 에너지로 대체되고 있으며 현재도 그 비중이 높아지고 있다. 탄소 중립 정책의 핵심인 에너지 전환은 기상이변, 원자재 가격 상승 등과 맞물려 글로벌 공급망에 악영향을 미치고 있다.

중국의 경우 석탄 수입에 어려움을 겪으면서 다수의 공장이 전력난으로 인해 가동이 중단됐다. 제품 생산에 차질은 글로벌 공급망 병목현상의 심화를 부채질하고 있다. 전력생산의 25%를 풍력발전에 의존하고 있는 영국은 기상이변으로 예상보다 낮은 전력생산이 이뤄지고 있으며 이를 대체하기 위해 천연가스 등의 수입을 확대하고 있다. 하지만 이마저도 러시아와 유럽의 갈등으로 인해 원활히 공급되지 못하고 있으며 가격도 상승해 영국은 물론 러시아에 천연가스를 의지하고 있는 다른 유럽국가들에도 부담으로 다가왔다.

미국의 경우 지난해 2월 북미 전역을 뒤덮은 최악의 겨울 폭풍으로 남부지역은 전력공급이 끊겨 삼성전자 파운드리 반도체 공장, 인피니언의 차량용 반도체 공장 등이 가동이 중단됐다. 이는 이웃 국가인 멕시코까지 영향을 미쳤다. 미국의 전력난에 멕시코로 수출되는 천연가스의 양이 크게 줄었고 이로 인해 멕시코에 위치한 기아자동차 공장 역시 가동 중지가 되는 등 전문가들은 탄소 중립 정책 수립 시 공급망 재편 정책까지 함께 수립해야 하며 언제, 어디서 일어날지 모르는 이상기후 등에도 대비해야 한다고 말했다.

코로나 백신 빈부격차에 한쪽은 소비, 다른 한쪽은 봉쇄

이번 공급망 대란의 원인으로 코로나 팬데믹을 빼놓고 이야기를 할 수 없을 것이다. 미국, 유럽 등 선진국에서는 높은 백신 접종률을 바탕으로 일상으로의 복귀를 시동을 걸었고 소비자들을 지갑을 열었다.미국의 지난해 크리스마스 쇼핑시즌 소매 판매는 오미크론 변이 등의 영향에도 불구하고 2020년 대비 8.5% 증가해 17년 만에 최고치를 기록했다. 오프라인 매장 판매는 8.1% 증가했고 온라인 판매는 11.0% 증가했으며 특히 일부 소비자들은 공급망 대란 등을 예상해 선제적으로 소비에 나서는 등 소비가 크게 증가했다. 이와 반대로 지구 반대편에서는 낮은 백신 보급률에 봉쇄가 반복되면서 원자재 채굴, 제품 생산 등에 차질이 발생해 원활한 공급이 이뤄지지 못했다. 한 전문가는 "지난해 연말 전 세계로 확산한 오미크론 바이러스는 백신 접종률이 낮은 아프리카 지역의 집단 감염은 새로운 변이로 이어졌다"면서 공급망의 한 축을 담당하는 개발도상국에도 원활한 백신 공급을 통한 일상생활로의 복귀가 필요하다고 말했다

물류신문 기사 편집(2022. 1. 19.)
http://www.klnews.co.kr/news/articleView.html?idxno=303624

PART 03 전략적 물류계획과 복합수송전략

전략적 계획과 물류관리

INTRODUCTION CASE

"ESG 맞춤형 경영전략 수립"..."최고경영진 주도 'ESG 거버넌스' 구축해야"

LEARNING CASE

스마트 팩토리의 패러독스

Chapter

06

INTRODUCTION CASE

“ESG 맞춤형 경영전략 수립”…“최고경영진 주도 ‘ESG 거버넌스’ 구축해야”

삼정 KPMG ‘ESG의 부상, 기업은 무엇을 준비해야 하는가’ 발간

국내 기업, ESG 경영전략 수립과 정보공시 대응 필수

MSCI ESG 상 · 하위 기업 ‘밸류에이션 프리미엄’ 5배 이상 벌어져

국내 기업들이 ESG(환경 · 사회 · 지배구조)로의 경영 패러다임 전환에 따라 맞춤형 경영 전략을 수립하고 책임투자 활성화를 위한 정보공시에도 대응해야 한다는 주장이 제기됐다.

애플 등 글로벌 기업들은 ESG경영을 하지 않는 공급사와는 거래를 하지 않는 ‘ESG 기반 SCM(공급사슬관리) 전략’에 나서고 있어 ESG는 ‘선택이 아닌 필수’라는 인식이 커지고 있다.

삼정KPMG는 25일 발간한 보고서 ‘ESG의 부상, 기업은 무엇을 준비해야 하는가’에서 “전 세계적으로 ESG 규제 강화와 투자자 · 고객의 요구가 증대됨에 따라 ESG가 기업가치에 미치는 영향이 더욱 커질 것”이라고 밝혔다.

현재 ESG 공시를 의무화한 국가는 약 20개국에 이른다. 유럽은 3월부터 연기금을 시작으로 은행 · 보험사 · 자산운용사로 공시 의무를 확대할 계획이다. 또한 영국은 모든 상장기업 대상이 2025년까지 ESG 정보공시 의무화에 들어간다.

우리나라는 지난 2019년부터 자산총액 2조 원 이상의 코스피 상장사를 중심으로 ‘기업지배구조 보고서’를 투자자에게 의무적으로 공시토록 개정했다.

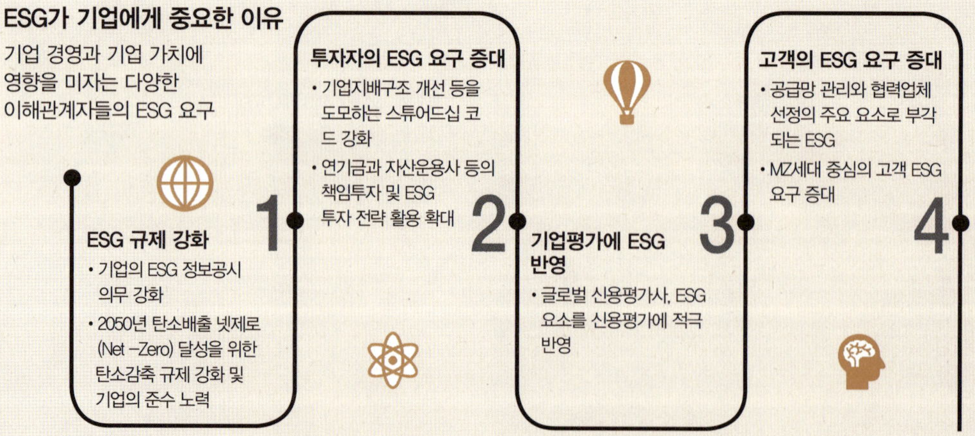

금융당국은 2021년 1월 ESG 책임투자 활성화를 위한 제도적 기반 마련 차원으로 '지속가능경영 보고서' 자율공시를 단계적으로 확대하고, 2030년까지 전체 코스피 상장사에 의무화하는 계획이 담긴 방안을 발표했다.

기관투자자의 ESG 요구는 주주관여와 투표권, 투자배제 형태로 다양화하고 있어 각국의 대응책에 나서고 있다.

노르웨이 국부펀드인 GPFG는 지난 2017년 "환경오염과 관련이 있는 매출액이나 전력생산량의 30% 이상을 석탄에서 얻는 기업에 대한 투자를 완전히 배제하겠다."라고 발표했다. 자산운용사 블랙록도 석탄발전으로 수익을 창출하는 일부 기업의 주식과 채권을 매도하고, 지속가능 펀드를 14개에서 150개 이상으로 늘리겠다고 선언했다.

무디스와 S&P 등 글로벌 신용평가 기관들도 기업 신용등급을 평가할 때 ESG 역량을 신용평가에 본격적으로 반영하기 시작했다. 애플 등 글로벌 기업들은 ESG 경영을 하지 않는 공급사와는 거래를 하지 않는 'ESG 기반 SCM(공급사슬관리) 전략'을 강화하고 있다. 삼정KPMG 보고서는 "협력사 ESG 관리 역량에 따라 기업가치부터 기업경쟁력까지 다양한 영향을 미칠 수 있기 때문에 최근 기업들이 적극적으로 ESG기반의 공급망 관리에 나섰다."라고 설명했다.

ESG 경영체계 구축 Framework

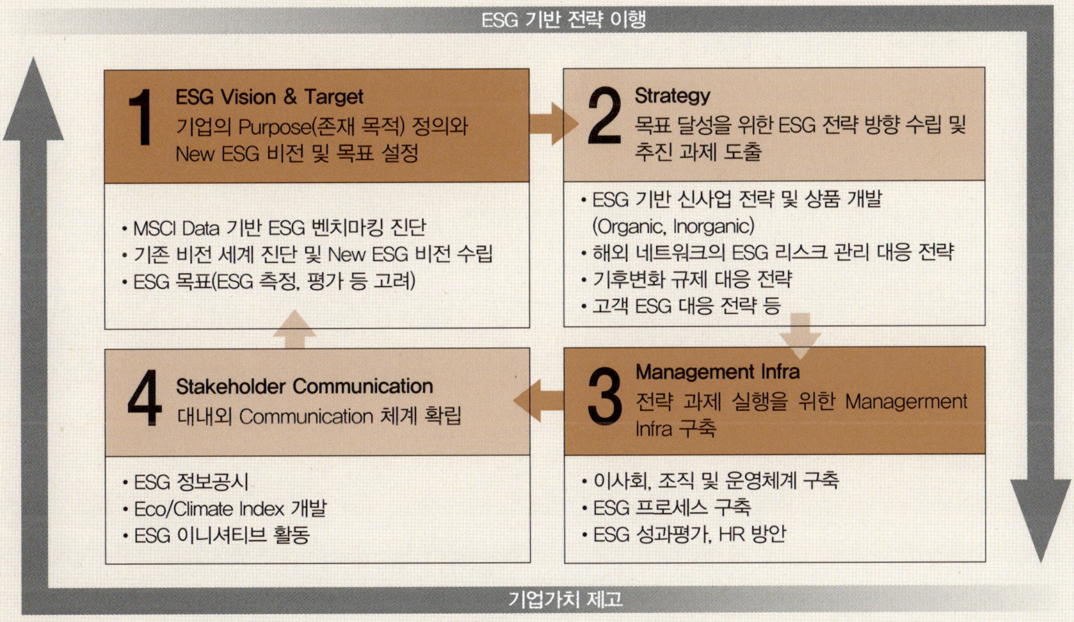

뱅크오브아메리카 연구에 따르면, MSCI ESG 점수가 높은 기업(상위 20%)과 낮은 기업(하위 20%)

의 밸류에이션 프리미엄은 2014~2017년까지 약 1~2배의 차이를 나타냈다. 다만, 2019년부턴 약 5배 이상의 차이까지 벌어지며 ESG 활동이 기업의 가치 증대에 점차 높은 영향력을 미치는 것으로 파악됐다.

이동석 삼정KPMG ESG전담팀 리더(전무)는 "ESG 성과를 통해 우수한 기업의 제품과 서비스에 대한 수요가 증대되고 기업에 대한 투자가 확대된다."라며 "기업의 자본조달 비용이 감소되고 기업 이미지 등이 개선돼 기업가치도 상승한다."라고 전했다. 이어 "글로벌 선도 기업들은 이미 ESG를 새로운 성장동력의 기회로 적극 활용하고 있다."라며 "우리 기업들도 ESG 경영을 리스크 대응 차원으로 보기보단, 기존 비즈니스를 혁신적으로 전환할 수 있는 새로운 기회로 인식하고 ESG 비즈니스 모델과 경영전략을 갖춰야 한다."라고 덧붙였다.

삼정KPMG ESG전담팀은 2008년 국내 자문사 최초로 설립되어 국내외 선도기업 대상 400여 건의 ESG 자문 경험을 통해 ESG 원스탑 자문 서비스를 제공하고 있다. 국내 자문사 중 유일하게 글로벌 3200개 기업 및 국내 400여 개 기업의 MSCI ESG 평가 데이터를 확보하여, 국내 기업의 MSCI ESG 평가 개선 자문을 수행하고 있다.

녹색경제신문 기사 편집(2021. 2. 26.)
http://www.greened.kr/news/articleView.html?idxno=287429

본 장에서는 기업들의 미래를 대비한 계획수립(planning) 방법, 특히 이러한 계획이 물류에 미치는 영향을 고려하여 계획을 수립하는 방법에 대해 살펴보고자 한다. 일단 기업이 전략적 계획을 수립하고 나면 물류계획 프로세스가 시작된다. 물류계획은 전략적 차원에서 수행되고 이 내용을 본 장에서 다루게 될 것이며, 또한 한층 낮은 기능적 혹은 운영적 차원에서 수행되는 물류계획은 다음 장에서 설명될 것이다. 먼저 기업에서 실시하는 계획수립과 계획수립에 영향을 미치는 주요 이슈를 살펴본다. 자재수급계획(Material Requirement Planning : MRP)은 제조업체의 운영 계획수립 시 표준이 된다. 예측(forecasting) 및 벤치마킹(benchmarking)에 대한 부분에서는 실질적인 계획수립 도구들이 소개된다. 마지막으로 법적 · 정치적 · 환경적 이유로 그 중요성이 더해가고 있는 역물류(reverse logistics)를 다룬다.

6.1 | 계획수립 프로세스(planning process)

전략적 계획수립은 기업이 다음과 같은 세 가지 기본적인 질문에 대한 해답을 구하는 방법이다. 즉, ① 우리는 누구이며, ② 무엇을 추구하며, ③ 어떻게 추구하는 바를 달성할 것인가에 대한 답을 찾는 과정이다.

모든 기업은 전략적 계획수립을 업무 시작의 기본으로 간주한다. 많은 기업이 이러한 점에서 아직까지도 부족하지만 성과가 우수한 조직은 거의 예외 없이 성공 요인으로 치밀한 계획을 지목한다. Council of Logistics Management 조사에 따르면 설문대상 기업의 약 75%가 전략적 계획수립을 한다고 응답했으며 2/3는 공식적인 서면계획을 작성한다고 응답했다. 전략적 계획은 다음과 같이도 정의될 수 있다.

> 주요 이해관계자의 우려와 기대를 반영하여 조직의 장기적 목적을(우리는 무엇을 추구하는가?) 파악하는 과정이며 이러한 목적을 장기적으로 달성하기 위해 필요한 단계(우리가 추구하는 바를 어떻게 달성할 것인가?)를 명시하는 과정

위와 같은 정의에서 한발 더 나아가 물류전략의 수립은 다음과 같이 정의될 수 있다.

> 가치확대 및 고객서비스를 통해 경쟁 우위를 구축하고자 하는 일관되고 종합적이며 통합적인 계획수립 프로세스. 이러한 프로세스는 물류서비스 수요를 예측하고 전체 공급사슬상의 자원을 관리함으로써(우리가 추구하는 바를 어떻게 달성할 것인가?) 우수한 고객만족 성과를(우리는 무엇을 추구하는가?) 달성할 수 있도록 한다. 물류계획수립은 전반적인 기업목표 및 계획을 토대로 수립된다.

계획수립은 다양한 수준에서 실시되는 지속적인 것이며 전략(strategy), 전술(tactics), 운영(operations)의 수준으로 나누어 볼 수 있다. 각 수준은 ① 시간, ② 계획수립 담당자, ③ 계획된 활동에 따라 정의된다.

전략계획수립(strategic planning)은 가장 높은 차원에서 실시된다(조직의 각 층으로부터의 투입이 필요하기는 하지만). 전략은 장기적인 관점에서 일반적으로 3~5년을 내다본다. 그러나 기업에 따라 장기가 의미하는 바가 다를 수 있다. 닷컴 업계에서는 일년을 장기라고 생각할 수 있는 반면에, 상대적으로 변화의 속도가 느린 업계에서는 향후 수년간의 계획을 수립할 수 있다.

계획기간은 자산 및 재원조달과도 관련이 있다. 공장 또는 기타 주요 고정자산(fixed assets)을 보유하고 있는 기업은 이들 자산을 이용하여 수익을 창출하는 데 소요되는 시간에 따라 전략적 계획을 수립할 수도 있다. 흔히 간과되는 사실 중의 하나는 계획수립을 담당하는 기업관리자가 자신이 담당하는 기간 동안 중 계획 실행의 결과를 살펴볼 수 있어야 한다는 것이다. 실행 성과를 지켜보는 것이 쉽지 않다는 것을 아는 사람들이 계획을 수립하더라도 이러한 착오가 발생하는 경우가 많다. 기업의 리더는 끝까지 실행을 지켜 볼 수 있는 계획을 수립하도록 리더십을 발휘해야 한다. 마지막으로 주식시장과 시장 관찰자는 자신의 예측능력 한도 내에 있는 계획을 좋아한다. 5년이 넘는 기간을 내다보는 예측은 거의 추측에 가깝기 때문에 기업관리자는 자사의 주가에 긍정적인 영향을 미치지 못할 일을 할만한 인센티브가 없다.

전술계획수립(tactical planning)은 전략을 조직의 각 부문에서 실행할 수 있는 계획으로 구체화하는 것을 말한다. 전술이란 전반적인 전략실행을 위해 추진해야 할 구체적인 활동이다. 전술계획수립은 조직의 중간/낮은 수준에서 이루어진다. 또한 전술은 전략에 비교해 볼 때 단기 또는 중기에 해당된다. 예를 들어, 5개년 전략계획은 연간 전술계획으로 구체화될 수 있다. 전술계획수립과 관련하여 중요한 점은 전술계획이 조직의 각 부문에서 실행 가능할 정도로 구체적인 지시로 표현되어야 한다는 점이다.

운영계획수립(operational planning)은 가장 낮은 수준에서 이루어지는 것으로서, 전략적 · 전술적 계획을 각 조직원 또는 운영단위가 일상 운영(daily operations)과 관련하여 실행할 수 있어야 할 만큼 구체적인 것으로 전환한 것이다. 국제물류에 특히 중요한 운송계획수립은 주로 전술 및 운영 차원에서 이루어진다.

Keeping Score라는 보고서는 작은 작업이 모여서 어떻게 큰 작업이 되는가를 잘 보여주고 있다. 보고서는 우리가 전반적인 결과를 보아야 할 때 작은 작업 성과에만 치우치는 오류를 범한다고 지적한다.

Keeping Score: 용어 정의[6)]

다음은 공급사슬 내부에서 물류의 비즈니스적 가치를 측정하기 위하여 미국 Council of Logistics Management의 Keeping Score라는 보고서에서 정의된 용어이다.

- 작업(task) : 개인 또는 소규모 팀에 할당될 수 있는 업무의 명세로, 짧은 시간 내에 완료될 수 있는 일련의 업무들
- 활동(activity) : 공동목표 하에 실시되는 작업의 집합으로서 공동산출물을 생산하거나 공동의 주제에 대응함
- 기능(function) : 관련 활동의 집합으로써 종합적인 결과에 기여함. 여기에서 일관된 관리 하의 작업과 활동 간의 절충이 이루어질 수 있음
- 프로세스(process) : 전체적으로 계획된 결과를 창출하는 일련의 연관된 작업 및 활동. 프로세스는 시작 시점과 완료 시점이 정해져 있으며 종종 여러 기능에 걸쳐서 실행되기도 함
- 통합(integration) : 한 기업 내부에서 두 개 이상의 기능을 결합하거나 두 개 이상의 기업 간에 복수의 프로세스를 결합하여 하나의 프로세스를 수립하는 과정

그림 6-1 공급사슬관리를 위한 측정기준 : Keeping Score에서의 예

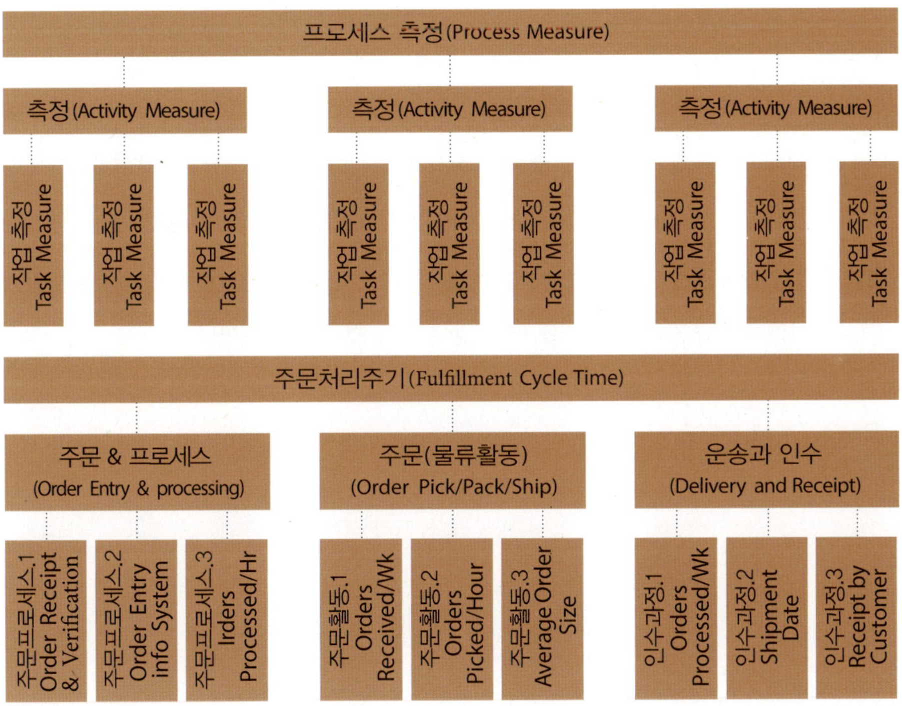

Source: Keebler, "Keeping Score," Council of Logistics Management, IL, Oak Brook, 1999, p.142.

그림의 사례에서 볼 수 있듯이 기업의 주요 관심사인 주문처리주기(fulfillment cycle time)라는 프로세스가 있을 수 있다. 그리고 이를 구성하는 활동에는 주문접수(order pick)/포장(pack)/운송

6) Keebler et al., op. cit., 1999.

(ship)활동 등이 있으며, 주문접수/포장/운송을 위한 다양한 세부작업들을 명시할 수 있다.

지금까지는 전략계획이 어떻게 작업에까지 연결되는지를 알아보았다. 이제 본 장의 주제인 전략으로 다시 돌아가자. 물류전략계획은 별도로 수립되는 것이 아니라 전반적인 사업계획의 일부분으로서 수립된다. 조직 내 다양한 부서의 활동을 조율하는 것도 물류활동의 일환인 만큼 사업계획을 토대로 물류전략을 수립하는 것이 중요하다. 어떤 조직에서는 물류를 사업계획의 일부로 포함시키는 반면 또 어떤 조직은 물류부서에서 독자적인 계획을 수립하도록 한다. 제조업에서는 물류가 무엇을, 어디서, 언제라는 이슈를 해결하는 지원활동(supporting activities)이다. 그러나 물류계획이 제조업 관리자에게 제조 방법을 지시하지는 않는다.

전략계획이 본질적인 것이기는 하지만 계획수립 프로세스 자체도 중요하다는 사실은 널리 알려져 있다. 전략계획수립 프로세스는 이미 많은 경영학 교재에서 다루어졌으므로 본서에서는 생략하고 물류의 어떤 특별한 측면이 계획수립 프로세스에 영향을 미치는가를 중점적으로 살펴볼 것이다.

물류계획수립 프로세스와 여타 계획수립 프로세스와의 가장 큰 차이점은 고려되어야 하는 요소의 숫자이다. 일반적으로 계획수립을 위해서는 시간과 기능을 고려해야 한다. 예를 들어, 어떤 기업이 주어진 시간 동안 여러 기능 부문이 실시해야 할 바에 대해 계획을 수립하는 경우가 이에 해당된다. 물류계획수립 프로세스는 이외에도 공간과 여타 이해관계조직(예컨대 공급업체)과의 조율을 필요로 한다. 그렇기 때문에 목적지까지의 운송관리라는 측면에서 볼 때, 물류는 지리에 관한 것이고 공급사슬관리는 기본적으로 다양한 이해관계의 조직들과의 조율 및 조정에 관한 것이라고 하였다.

물류계획수립 시 고려해야 할 네 가지 요소

- 시간
- 기능 부문
- 공간
- 여타 이해관계조직

전략적 계획수립이 조직에게 방향성을 제시하는데 있어서 중요하다면 왜 많은 기업이 전략적 계획을 수립하지 않는 것인가? 한 가지 이유는 계획수립 프로세스에 많은 시간이 소요되기 때문이다. 특히, 이미 일정이 여의치 않은 임원진이 많은 시간을 할애해야 되기 때문이다. 또한 계획수립을 위해서는 조직의 향후 지향목표에 대한 중요하고도 어려운 결정을 내려야 하기 때문이다. 이러한 결정은 때때로 기업 내부의 정치적인 이유로 기피되는 것일 수도 있다. 이외에도 미래가 불확실하여 전략적 계획수립을 위한 노력이 수포로 돌아갈 수 있는 상황도 생각해 볼 수 있다. 예컨대, 타기업에 의해 인수될 상황에 있는 기업은 먼저 새로운 소유주가 원하는 것이 무엇인지 파악될 때까지 전략적 계획수립을 연기할 것이다.

물류는 최고경영진에 의해 중요하게 생각되지 않는 경우가 있다. 이는 기업들이 전략적 계획수립에서 물류를 크게 고려하지 않는 것을 볼 때 더 분명해진다. 전략적 경영에 대한 가장 널리 사용되고 가장 권위 있는 한 대학 교재의 경우 두께가 약 1,000여 페이지에 이르지만 그 가운데 물류라는 용어는 색인에서조차 찾아볼 수 없다. 물류를 위한 전략적 계획수립은 해당 기업이 물류작업을 제대로 실행한다는 것을 가정으로 한다. 어떤 기업은 물류 니즈가 매우 제한적이기 때문에 물류작업은 존재해도 계획수립까지는 필요로 하지 않을 수도 있다. 예컨대, 회계법인이나 투자은행과 같은 전문 서비스기업은 물품을 이동시킬 일이 거의 없으므로 물류 니즈가 매우 적다.

전략적 계획이 반드시 변화를 수반하는 것은 아니다. 조직이 이미 추구하는 방향으로 나아가고 있는 경우에는 더욱 그러하다. 전략적 차원에서 급격한 변화가 있는 경우는 사실상 거의 드물며 만약 급격한 변화가 필요하다면 이는 무엇인가 아주 잘못되었거나 비즈니스환경에 큰 변화가 발생한 경우에 해당될 것이다. 물류분석가에 따르면 "대대적인 변화를 추진하는 기업은 매우 혁신적이거나 아니면 매우 절박한 상황에 있는 기업이다. 그렇지 않은 기업이 급격한 변화를 추구하는 경우는 매우 드물다."[7]

전략수립에는 일반적인 유형이 있는데, Richard Dawe는 물류를 위한 전략 혹은 경쟁우선순위(competitive priorities) 다섯 가지를 다음과 같이 파악했다.

- 비용최소화(cost minimization) : 비용최소화는 고객서비스의 최소한의 기준을 만족시키면서 전반적인 물류비용을 절감하고자 하는 전략이다. 이러한 전략은 고객이 서비스보다는 비용에 더 많은 신경을 쓰는 업종의 경우 적합하다. 원자재, 광물, 대형 화물이 운송비 절감의 가장 중요한 사례가 될 수 있다.
- 부가가치창출(value-added) : 이 전략은 다양한 물류활동과 채널 구성원 간의 조율을 강조한다. 이와 같은 전략은 수익폭(margin)이 크고 고객이 부가적인 서비스에 대해 비용을 지급할 의향이 있는 경우에 가장 적절하다. 지난 10년 간 고가품 시장이 발달했는데 이러한 시장이 바로 부가가치 물류를 필요로 하는 가장 중요한 부문이다.

---

7) Robert Mottley, Logistics in the New FDX, American Shipper, April 1998, p. 28.

- 채널통합(channel integration) : 이는 일반적으로 여타 채널 구성원 과의 긴밀한 조율이 상당한 이익을 창출할 수 있는 업종에 적용된다. 예를 들어, JIT 시스템을 이용하는 자동차 조립공장은 부품이 적시(on-time)에 운송되도록 해야 한다. 이는 곧 공급업체와의 조율이 중요하다는 것을 의미하는 것이다.
- 신속한 대응(quick response) : 신속한 대응은 신선한 화초와 같이 시간에 매우 민감한 제품을 운송하는 경우에 적용되는 전략이다.
- 전사적 관점(total enterprise) : 전사적 관점에서는 개별 부분 조직 단위의 최적화를 희생해서라도 기업 전반의 성과를 최적화하고자 한다. 이러한 전략은, 통제는 중앙집중화되고, 운영은 탈집중화(decentralized)된 기업에 가장 적절하다.

기업의 전략계획, 특히 물류계획은 진화적인 과정이다. 과거에는 물류가 중요한 부문으로 인식되지 않았기 때문에 많은 기업들이 물류를 큰 관심과 계획수립이 필요한 부문으로 인식하지 않았다. 그러나, 기업들이 효과적인 물류를 통해 거둘 수 있는 이익을 인식하기 시작하면서 계획수립의 필요성을 인식하기 시작했다. 기업들이 물류에 관심을 갖게 되는 진화단계를 다음과 같이 나누어 볼 수 있다.

- 1단계 : 위기(에 대한 인지)로 인하여 현재에 초점을 맞춤
- 2단계 : 예산 압박의 이유로 이번 달에 초점을 맞춤
- 3단계 : 개선 프로그램을 통하여 올해에 초점을 맞춤
- 4단계 : 전략적 우위 구축을 목표로 장기목표에 초점을 맞춤

그림 6-2에서는 Richard Dawe가 제시한 4단계의 물류계획을 볼 수 있다. 그는 서비스목표 달성에 있어서의 효과성(즉, 재고보유의 여부 및 주문 충족 가능성)과 효율성(산출물 단위당 소요비용)을 기준으로 기업이 처한 위치를 보여준다. 그림에서 위로 올라갈수록 물류기능이 고도화되며 변화의 속도가 빨라질수록 운영통제가 어려워진다. 이상적인 목표는 완벽한 효과성과 효율성의 달성이며 이를 위해서는 전략적 계획수립과 첨단의 물류운영기술이 필요하다.

그림 6-2 물류계획의 단계

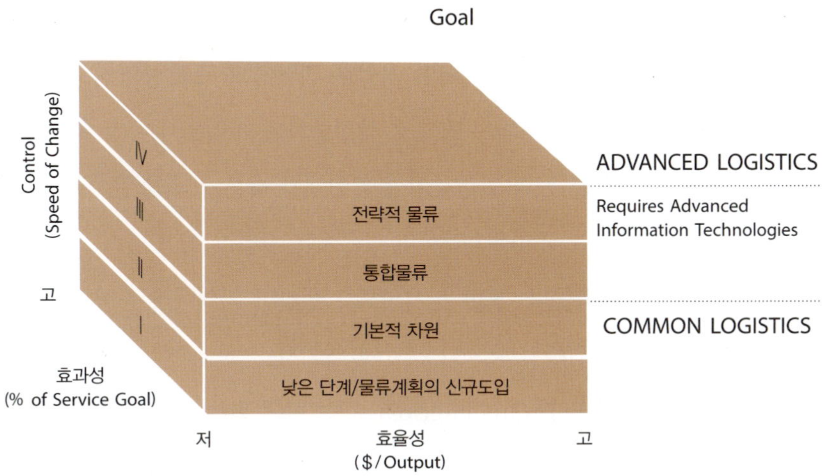

물류는 여타 채널 구성원과의 조율을 필요로 하기 때문에 독특한 계획수립 프로세스가 필요하다. 전략적 계획은 조직의 가장 높은 수준에서 수립된다. 통합물류는 관련 부서 및 외부 채널 구성원과의 운영 조율을 강조한다. 이는 매우 당연한 것처럼 들릴 수도 있으나 각각의 조직들이 나름대로의 계획을 수립하려고 하기 때문에 결코 쉽게 달성될 수는 없다. 그렇다면 한 기업이 자사의 파트너 및 채널 구성원이 나름대로의 계획을 가지고 있다는 것을 아는 상태에서 어떻게 계획을 수립하는 것이 좋은가? 이에 대한 대답은 쉽지 않지만 몇 가지 모범사례를 통하여 관찰된 내용이 있다. 첫째, 어떤 형태로든 파트너십을 구축할 때에는 파트너의 전략적 관심사, 목표, 계획을 신중하게 고려해야 한다. 어느 누구도 미래를 정확히 예측할 수는 없으나 적어도 파트너가 유사한 목표를 추구한다는 것을 확인할 수는 있다. 둘째, 계획이란 항상 불확실성에 노출되어 있으므로 언제든지 변할 수 있다는 점을 염두에 두어야 한다.

계획수립 권한(planning authority)

물류에는 복잡다기한 측면이 있으며 그 중 어떤 측면은 외부 파트너를 절실히 필요로 한다. 예컨대, 제조업을 지원하는 물류기능은 기업 내에서 이루어지지만 운송과 같은 기능은 외부업체를 이용한다(cf. 제3자 물류, the third party logistics : 3PL). 따라서 상이한 조직 간의 권한(authority) 설정 문제가 대두된다. 권한은 책임(responsibility)과는 다른데, 권한은 위임해도 책임까지 전가할 수는 없다. 이는 곧 관리자가 부하에게 의사결정 권한을 아무리 많이 위임(empowerment)하더라도 최종 결과에 대한 책임은 관리자에게 있다는 경영원칙을 의미하는 것이다.

권한이란 의사결정을 위해 필요한 권리와 파워를 의미한다. 권한분배(distribution of authority)에 있어서 기본적인 의사결정은 어떠한 권한을 누구에게 주는가에 대한 것이다. 일반적으로 이러한 의사결정은 중앙집중화와 탈집중화의 정도를 결정하게 된다. 어떤 기업은 권한이 고도로 중앙집중화되어 있어서 중요한 의사결정은 본부에서만 내려진다. 이와는 반대로 탈집중화된 기업에서는 각 운영단위가 많은 종류의 의사결정을 직접 내린다. 권한분배와 관련하여 물류업체가 다른 업계와 큰 차이를 보이는지에 대한 결정적인 연구결과는 없다. 다만 국제운송업체의 경우에는 사업 지역이 널리 퍼져있으므로 권한분배가 탈집중화되어 있을 가능성이 높다. 또한 정치적으로 민감한 지역에서는 중앙집중화된 권한이 필요할 수 있으나, 현지 시장과의 접촉이 중요한 사안에 대해서는 탈집중화된 권한배분도 필요할 것이다. 걸프전 당시 미군의 군수를 담당한 Gus Pagonis는 중앙집중화된 통제와 탈집중화된 실행이 바람직하다고 주장했다.[8] 이러한 경험은 군사작전에서 비롯된 것이지만, 민간조직에 적용해도 크게 다르지 않을 것이다. Dicken 교수는 다국적기업의 운영방식을 도해를 통해 설명한바 있다.

6.2 | 물류와 재무활동

이제 물류의 계획수립 프로세스와 관련된 재무활동을 살펴보자. 물류는 화물을 이동시키는 것에 관한 것이며, 재무는 이를 자금흐름의 관점에서 설명한다. 물류에 대한 이해와 관리는 특히 비즈니스 세계에서는 재무적 관점에서 살펴볼 때 가장 효과적으로 이해될 수 있다. 그러나 재무적 관점이 물류를 이해할 수 있는 유일한 시각은 아니다. 고객서비스나 인도주의적 구제(humanitarian relief)와 같은 물류 이슈는 재무활동에 대한 분석으로 이해될 수 없는 부분이다.

앞에서도 언급했듯이 물류는 여러 조직의 운영을 조율하는 작업이다. 한 기업의 재무부서가 자금 측면에서 운영을 관리한다면 그 외의 부서는 제품/시간단위 또는 다른 측정단위를 관리상의 주요 지표로 삼는다. 재무를 이해하기 위한 첫 번째 단계는 가격(prices)을 이해하는 것이다. 여기서 가격이란 제품이 판매되는 가격이다. 제품이 판매되기 위해서는 이익극대화를 추구하는 다수의 구매자와 판매자가 함께 가격을 결정하는 시장이 필요하다.

제품이 매매될 때는 가격이 수반되지만 공급사슬 내에서의 제품의 이동이 반드시 제품의 판매에 의한

---

8) William Pagonis and Jeffrey Cruikshank, Moving Mountains, Harvard Business School Press, 1992.

것에만 국한된 것은 아니다. 화물은 한 시설에서 다른 시설로 이동될 수도 있으며, 비상업적인 목적의 거래로 인한 화물의 이동도 있을 수 있다. 또한 대규모 기업 내 운영조직 간에도 이러한 물류활동이 발생할 수 있다. 예를 들어, Ford사의 일본 자회사가 Ford의 인도네시아 자회사로 부품을 보내는 경우를 생각해보자. 그 모기업이 자회사 운영에 있어서 자회사 간 일정한 거리(at arms length)를 유지하고자 할 경우에는 물품을 주고받는 두 조직이 아무런 관계가 없는 조직처럼 물품의 이동을 매매의 결과로 처리할 수 있다.

이전가격(transfer pricing)은 위와 같은 경우의 물품 매매를 위해 기업이 가격을 지정하는 방법이다. 대부분의 국가에서는 회계목적으로 이전가격을 설정하도록 하고 있다. 이전가격은 화물운송과 관련된 문서에 기입된다. 특히 수입 관련 문서에서는 화물의 가격을 기입하게 되어있는데 이를 토대로 관세를 부과하게 된다. 따라서 관세 당국은 관세회피를 위한 목적의 이전가격을 긴밀하게 검토하는 것이다. 여기서의 문제의 원인은 이전가격이 가설적인 것으로 기업이 자사의 이익을 위해 이를 오용할 수 있다는 점이다. 예를 들어, 세금이 높게 부과되는 국가에서 운송되어 오는 물품에 대해서 이전가격을 높게 설정한다면 기업이 이 물품에 대해 많은 세금을 납부한 것처럼 보이게 된다. 이를 통해 결국 세금부담을 경감받을 수 있기 때문이다. 이전가격은 경쟁력 있는 시장가격, 비용, 법적 규제 등을 모두 고려하여 설정된다.

이전가격은 많은 측면에서 물류에 영향을 준다. 기업은 전략적 계획수립 과정에서 해외 자회사로부터 부품을 수입하는 방안과 현지에서 조달하는 방안 중 어떤 방안이 효율적인지 평가하는 의사결정 문제에 직면하게 된다. 이경우 부품 수입가격이 의사결정에 중요한 역할을 하는데 바로 이전가격이 이에 해당된다.

즉, 기업은 현지 조달에 소요되는 실제 가격과 해외 자회사에게 지급하는 가설적인 이전가격을 비교한다.

가격설정은 물류의 다음 관심사인 비용(costs)과 관련이 있다. 물류의 실제 비용(원가)을 이해하는 것은 매우 중요하지만 어려운 일이다. 비용에 대한 명확한 이해 없이는 물류에 의한 혜택을 평가하는 것이 거의 불가능하다. 물류비용을 파악하는 것은, 그 비용의 대가로 누릴 수 있는 혜택을 파악하는 일보다는 상대적으로 쉬운 편이라는 것이 오랜 통설이다. 예컨대, 배송횟수의 확대를 통한 고객서비스 개선은 분명히 비용 증가를 유발하지만 이렇게 개선된 고객서비스를 통해 창출된 이익을 정확히 측정하기는 어렵다.

글로벌 컨설팅 업체인 A.T. Kearny가 미국의 Council of Logistics Management의 의뢰로 조사한 바에 따르면, 자재의 물류비용을 가장 정확하게 측정할 수 있는 방법은 부가가치 개념을 이용하는 것이다. 제품의 비용에서 재료비, 에너지비용과 같은 통제가 불가능한 비용(uncontrollable costs)을 제외하고 남은 비용이 부가가치비용(value-added costs)이다. 실제 상황에서는 부가가치비용을 계산하기가 더욱 어려운데, 대부분의 활동이 나름대로의 부가가치적 측면을 보유하고 있기 때문이다. 자재 물류는 대부분의 제품비용의 25% 이상을 차지한다. 석유 및 화학제품은 물류비용의 비중이 가장 높은 반면 담배, 가구, 의류제품 등은 물류비용의 비중이 가장 낮은 제품으로 알려져 있다. Martin Christopher는 원가계산에 있어서 두 가지 원칙을 아래와 같이 제안한다.

- 회계시스템은 고객 니즈를 충족하기 위한 비용을 파악하기 위해 자재 흐름을 반영해야 한다. 회계시스템은 고객군(customer cluster)별로 상이한 제품을 생산하는 조직을 중심으로 구성되는데 이들 상품의 비용 · 매출구조는 매우 상이하다. 자재 흐름을 반영하지 못하는 회계시스템은 비용에 대하여 그릇된 정보를 제공할 수 있다.
- 회계시스템은 비용과 매출을 고객 유형, 시장 세그먼트(segment), 또는 유통 채널별로 분석할 수 있어야 한다. 두 가지 종류의 제품, 즉 고등학교 수학 교과서와 교과서의 이해를 돕기 위한 수학 참고서를 생산하는 업체의 예를 생각해 보자. 교과서는 한 학기에 한 번씩 일년에 두 번 공급된다. 교과서의 고객은 특정 지역의 학교로서 고객 수는 적지만 이들은 모두 대량으로 구매한다. 참고서는 서점으로 공급되며 서점에서 재고가 부족할 때마다 공급된다. 배송은 일년에 수차례 실시되며 주문량은 매우 적다. 이 간단한 사례에서도 상품별로 물류의 양상이 다르며 고객 유형에 따라 비용이 매우 상이함을 쉽게 알 수 있다.

Christopher는 위와 같은 원칙에 비추어 볼 때 전통적인 회계방식이 물류 운영에 적용되기에는 문제가 있음을 지적했다. 일반적으로 상이한 고객 유형, 채널, 시장 세그먼트를 대상으로 할 때 발생되는 실제 비용이 간과된다. 비용이 과도하게 상위수준에서 파악되고, 전체 비용을 배분하는 방식(full cost allocation)이 여전히 지배적으로 이용되고 있다. 전통적인 회계시스템은 산출물(outputs)보다는 기능 부문(공장, 회계부서, 인사부서 등)에서 발생되는 비용에 초점을 맞춘다. 또한 기업은 이러한 제품비용을 파악하고는 있으나 고객비용을 파악하지는 못한다는 것이 문제이다. 다시 말해서, 제품 생산에 소요되는 비용을 파악하기는 쉽지만 충성도 높은 고객을 유지 · 관리하는 비용을 파악하는 것은 어렵다는 것이다.

원가계산과 물류의 문제

- 실제 비용의 간과
- 지나치게 높은 상위수준에서의 비용 파악
- 전체 비용 배분
- 산출물보다는 기능에 초점을 맞추는 회계방식
- 제품비용과 고객비용 구분의 모호함

회계시스템이 물류에 적합하게 설계되지 않은 이유 중에 하나는 물류가 경영진의 관심을 끌기 시작한 것이 오래되지 않았기 때문이다. 과거에는 기업들이 물류비용 파악에 큰 관심이 없었다. 그러나 상황이 변하여 이제 많은 기업들이 물류를 통해 경쟁력을 구축할 수 있다고 믿고 있다. 또 다른 이유는 물류가 기존의 부서와 기업의 경계를 넘어서는 복잡한 활동이기 때문에 기존의 회계원칙과 회계자료를 그대로 적용하기 어렵기 때문이다.

비용의 유형(types of costs)

- 통제가능비용(controllable costs)과 통제불가능비용(non-controllable costs) : 통제가능비용은 이미 투입된 노력과 관련된 비용이며 통제불가능비용은 기업의 활동과 상관 없이 변화하는 비용을 말한다.
- 직접비용(direct costs)과 간접비용(indirect costs) : 직접비용은 제품 생산을 위해 사용되는 원자재와 같이 특정 산출물에 직접 관련되는 비용을 의미하며 간접비용은 일반관리비(general administrative costs)와 같은 비용을 의미한다.
- 고정비용(fixed costs)과 변동비용(variable costs) : 변동비용은 산출량에 따라 변화하는 반면에 고정비용은 산출량과 상관 없이 항상 일정하게 발생하는 비용이다. 예를 들어, 제조업체의 경우 생산량에 따라 자재비는 변하지만 공장관리에 소요되는 비용은 생산량에 관계 없이 일정하다. 많은 비용이 준고정비용(semi-fixed costs) 또는 준변동비용(semi-variable costs)에 해당된다. 예를 들어, 공장 가동량에 따라 유지비(maintenance costs)가 증감할 경우 이는 부분적으로 변동비용적 특성도 보이게 되는 경우이다.
- 실제비용(actual costs)과 기회비용(opportunity costs) : 실제비용은 실제로 발생하는 활동을 토대로 한 것이며 기회비용은 선택에 따라 포기되는 다른 대안의 가치를 말한다. 예컨대, 한 업체가 운송에 사용되는 트럭의 수를 10대에서 8대로 줄일 경우 유휴 트럭 2대를 임대를 할 수 있게 되는데, 가동하는 트럭의 수를 줄임으로써 창출할 수 있는 임대수익이 10대 모두를 사용하는 경우에 대한 기회비용이다.
- 관련비용(relevant costs)과 매몰비용(sunk costs) : 관련비용은 향후 활동에 영향을 받는 비용을 말하며, 매몰비용은 이미 발생하였으며 향후 활동에도 변동이 없는 비용을 말한다. 트럭을 사용하여 특정 비즈니스를 할 것인지를 이미 결정했다면 비즈니스 개시에 소요되는 비용은 이미 매몰된 상태임에 반하여, 재판매가격, 보험, 운영비 등은 관련비용에 해당된다.

활동기준원가(Activity-Based Costing : ABC)는 특정 활동의 비용을 보다 정확히 파악하는 데 있어서 지난 십년간 회계 분야에서 거둔 성과라고 할 수 있다. 전통적인 회계는 각 기능별 원가를 파악하는 반면에, ABC는 다양한 유형의 원가의 결합인 활동별 원가를 파악한다. 예를 들어, 운송을 위한 물품 준비를 위해서는 고객서비스 부서, 창고, 트럭 작업 등이 수반된다. 이들 각 부서의 활동은 전통적 회계방식에서는 부서별 원가로 집계되지만, ABC에서는 각 활동에 따라서 관련 부서들에서는 어떠한 원가가 유발되는가를 파악한다.

6.3 | 입지와 네트워크 설계(location and network design)

입지이론(location theory)은 각 시설물 · 설비의 입지가 선정되는 배경과 이유를 설명해준다. 이는 기업과 위치 두 가지 차원에서 설명된다. 첫 번째의 경우, 기업은 본사, 사무소, 공장, 창고 등의 입지 선정에 있어서(의식적으로 또는 무의식적으로) 일정 기준에 따른다. 두 번째의 경우, 관련 산업 전반의 동향을 살펴보고 왜 특정 위치에는 공장이 많고 특정 위치에는 영업소가 몰려 있는지에 대한 이유를 설명한다.

입지이론의 고전적인 연구는 1826년 독일의 한 부동산업자인 Heinrich von Thunen의 저서 The Isolated State를 통해 발표되었다. 그는 동질의 농지로 둘러싸인 가설적인 도심을 모형으로 사용했다. 여기서의 유일한 운송 수단은 말과 수레로 가정된다. 상이한 구역의 농지 간 가장 큰 차이점은 농산물의 시장인 도심까지의 운송비(transportation cost)이다. 그는 운송비가 큰 무거운 농산물은 도심에서 가장 가까운 농지에서만 경작 · 재배될 것을 예상했다. 또한 부패하기 쉬운 품목도 근교에서 경작 · 재배되어야 한다고 설명했다. 도심에서 멀어질수록 운송비가 적게 소요되는 품목을 재배하고 가장 멀리 떨어진 외곽은 목초지로 이용되어야 한다고 했다. 이 모형의 또 다른 시사점은 시장에서 가장 가까운 토지의 가격이 가장 높고 시장으로부터의 거리가 멀수록 토지가격(land price, 따라서 지대도)이 떨어진다는 것이다.

그림 6-3 von Thunen의 입지모형

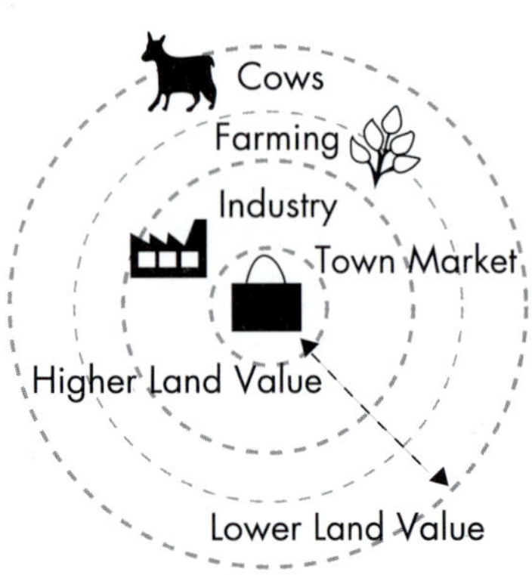

Alfred Weber는 1929년 산업입지(industrial location)를 처음으로 설명했다. 그는 제조업체는 자재중심적 입지(material-oriented location) 또는 시장중심적 입지(market-oriented location) 중 한 가지를 선택한다고 설명

했다. 자재중심적 입지란 제조업체가 원자재 공급업체 인근에 위치하는 것을 의미하며, 시장중심적 입지란 고객에게 가까운 곳에 위치하는 것을 말한다. 제조업 공장의 최적의 입지조건은 운송비를 최소화할 수 있는 곳이다. 이는 원자재와 완제품의 특성에 따라 결정된다. 가공기간 동안 원자재의 부피 또는 무게가 크게 줄어드는 업종에서는 자재 공급원 인근에 위치하는 경향이 강하다. 예를 들어, 광물 가공업(mineral processing industry)의 경우 철광석은 중량이 많이 나가지만 산출물의 중량은 상대적으로 크지 않기 때문에 원자재 공급원 근처에 공장이 들어서게 된다. 그는 운송상의 특성에 따라 원자재 유형을 다음과 같이 분류했다.

- 보편 원료(ubiquitous raw material) : 공기와 같이 도처에 존재하는 원료 및 자재로서 운송비가 유발되지 않음
- 편재 원료(localized raw material) : 석탄과 같이 특정 지역에만 존재하는 원료 및 자재로서 운송비는 운송거리에 따라 결정됨
- 순수 원료(pure raw material) : 자동차 부품과 같이 가공 과정에서 중량이 감소되지 않는 원료 및 자재
- 중량감소 원료(gross raw material) : 연료와 같이 가공 과정에서 중량이 감소되는 원료 및 자재로서 운송비는 생산 과정에서 소모되는 속도에 따라 결정됨

Weber의 연구는 시작에 불과했으며, 제1, 2차세계대전 이후 훨씬 더 복잡해진 상황을 반영하기 위하여 다양한 연구들이 시도되었다. 운송비는 전반적으로 감소되어 왔지만, 완제품의 운송비는 원자재의 운송비보다 더 많이 소요된다. Weber의 모형은 생산비(예컨대 인건비)에 대한 고려 없이 투입비용 측면만을 고려했다. 토지비용(즉 지대)도 매우 다양하다. 과거의 공장은 근로자들의 출퇴근이 용이하고 여타 공급업체로부터의 물품 조달이 용이한 도심 근처에 위치했다. 그러나 도시의 토지비용은 시외곽지역보다 높다. 따라서 교통수단의 발전으로 근로자들의 출퇴근이 용이해진 현재는 기업들이 도시외곽으로 작업 현장을 이동하여 토지비용을 절감하고 있다. 바로 이러한 이유에서 최근 수십년간 교외산업지대가 발달하게 된 것이다.

인건비(labor costs) 역시 입지에 큰 영향을 미친다. 다양한 이유에서 임금(wages)은 지역별로 큰 차이를 보인다. 생활비(cost of living)도 그 이유 중에 하나이고 조직의 타성(inertia)도 또 다른 이유가 된다. 여기서 타성이란, 근로자들이 더 높은 임금을 제공하는 곳으로 이동할 수 있지만 실제로 이를 실행하기는 쉽지 않다는 것이다. 모두들 현재 살고 있는 곳에 가족과 친구가 있으므로 단지 임금이

높은 직장을 위해 곧바로 이동하지는 않는다. 기술력을 갖춘 숙련노동자(skilled labor)나 전문직 종사자일수록 이러한 타성을 갖고 있는 경향이 있다. 또한 노동조합(labor union)의 역할도 중요하다. 미국의 오래된 산업 지역은 고도로 노동조합이 조직화되어 있으며 새롭게 개발된 단지일수록 노조원의 수가 적어 임금수준도 낮은 편이다.

단순한 인건비 외에도 인적자원의 질 또한 입지 선정에 영향을 미친다. 기업을 운영하기 위해서는 관리기술과 기술적 전문성 등이 필요하다. 그런데 이러한 기술 및 전문성을 보유하고 있는 인력이 전세계적으로 균일하게 분포되어 있지는 않다. 전문인력은 안전하고 매력적인 쾌적한 환경에서 거주하고자 하므로 기업들은 이들 인력을 다른 지역으로 배치하는 데 큰 어려움을 겪는다. 중앙아시아 지역의 원유생산 사업이 확대되고 있지만 석유회사는 엔지니어 및 여타 전문인력을 해당 지역으로 파견하는데 매우 큰 어려움이 있음을 호소한다. 이러한 이유로 보상(compensation) 차원에서 특수한 지역의 파견에 따른 보너스가 지급되기도 한다. 또 다른 사례로 컴퓨터산업을 생각해보자. 컴퓨터산업은 Silicon Valley, 한국, Ireland, 대만 등과 같은 특정 지역에 집중되어 있다. 그 지역에서는 적절한 전문가를 고용하는 것이 용이하므로 그 곳에 컴퓨터 관련 기업이 위치하는 것은 직관적으로 매우 당연해 보인다. 만약 전혀 다른 지역에 컴퓨터 관련 공장을 새롭게 개설한다면 외부에서 기술자들을 유치해와야 할 것이다.

자본조달의 용이성 역시 물류 입지 선정에서 반드시 고려되어야 하는 요소이다. 자본자산에는 두 가지 형태가 존재한다. 즉, 현금과 같은 유동자산(liquid capital) 그리고 건축물과 같은 고정자산(fixed capital)이 있다. 자산비용(cost of capital)이 기업의 입지에 영향을 미치는 양상은 자산의 유형에 따라 다르다. 유동자산은 필요한 곳이면 전세계 어디라도 이동 가능하지만 건축물, 공장 및 기타 자산투자는 금액도 크면서 오랜 기간 지속되기 때문에 쉽게 이동할 수 없다. 따라서 기업들은 이미 존재하고 있는 자산 투자시설과 새로운 위치에서의 신규 건축을 위한 지출 중 한 가지 방안을 선택해야 하는 의사결정에 직면한다.

지금까지 우리는 기업의 입장에서 입지결정을 살펴보았다. 그러나 기업의 입지는 해당 기업 단독의 의사결정으로 마무리될 수 있는 문제가 아니다. 본사, 사무소, 제조공장, 보관창고, 유통센터와 같은 다양한 기존 입지 간의 관계에서도 살펴보아야 하며 또한 공급업체, 기타 원자재 공급원, 경쟁업체, 시장과의 거리 등을 토대로 재검토되어야 한다. 예를 들어, 공장은 공급업체 그리고 시장과 가까운 거리에 위치하는 것이 좋을 것이다(여기서 공급업체와의 거리 그리고 시장과의 거리를 모두 고려한 절충안이 필요할 것이다). 그러나 상황에 따라서는 공급업체와 기타 원자재 공급원에 모두 가깝게 위치하고자 할 수도 있을 것이다. 다양한 시설과 공급자, 시장 등이 전국에 또는 전세계에 걸쳐 산재하여 있는 경우에 적절한 위치를 선정하는 의사결정은 조직 전체의 생존과도 직결되는 중요한 기업전략(corporate strategy) 중의 하나이다.

국경(international borders)은 입지 선정 시 큰 영향력을 미친다. 국가별로 앞에서 열거한 모든 요소가 크게 다르고 국경 자체의 역할도 있다. 국경을 통과하는 데에도 일정한 비용이 소요되고 정치적 이유로 인한 어려움이 발생할 가능성도 있다. 국경 통과와 관련된 직접비용이 거의 발생하지 않더라도 국경 통과에 따르는 복잡성은 결국 비가시적인(행정적인) 비용을 유발하게 되어 있다.

조직구조도 기업의 입지에 영향을 받으며 역으로 입지결정의 주요 고려 요소이기도 하다. JIT에서는 설비 간 상호작용에 따라 해당 설비의 위치가 결정되기도 한다. 공장 간 운송이 매우 안정적으로 운영되어야 한다면 그 두 공장은 매우 가까운 곳에 위치하여야 할 것이다. 아니면 매우 신뢰성이 높은 운송수단이 확보되어야 한다. 국경 통과가 JIT 운영에 미치는 영향을 고려해보자. 국경 통과는 운송 지연을 야기할 수 있으며 이는 JIT 시스템의 구조상 큰 비용을 유발할 것이다(그 이유에 대해 답할 수 있는가?). 이러한 이유를 공급업체도 잘 알고 있으므로, JIT 시스템을 기반으로 하는 공급사슬상의 공급업체는 그들의 주요 고객이 위치하는 국가에 자사의 입지를 선정하고자 할 것이다.

네트워크 설계(network design)

네트워크 설계는 유통경로(distribution routes) 또는 기업 내 수직적 명령관계(corporate chain of commands) 설정을 위한 추상적이고 수학적인 도구이다. 네트워크는 때로는 한 나라의 도로망이나 철도망의 구축과 같은 역사적인 사건의 결과가 되기도 한다. 네트워크 설계는 하나의 시설의 입지 선정보다는 여러 가지 시설 간의 상호 연관 관계에 대한 것이다. 그림 6-4 에서 보듯이 네트워크에는 다양한 유형이 있다.

네트워크의 연결성(network connectivity)은 일반적으로 허브로 연결되는 경로의 비율로 정의되는데, 이는 한 위치에서 다른 위치로의 이동이 얼마나 용이한가를 수치로 나타낸다. 연결될 수 있는 경로의 수가 많은 지역은 이동이 보다 더 수월하고 효율적일 것이다. 하나의 역사적 사례를 보면, 옛날 제국주의 시대의 식민지에서는 운송 네트워크의 모양을 마치 배수관과 같이 만들어 놓았다. 즉, 네트워크상의 모든 경로가 무역항(export port)으로 귀결되는 형태로 설계하였다. 이는 식민지 통치 권력이 내수(domestic needs)는 고려하지 않고 모든 물품을 내륙에서 항구로 운송되도록 네트워크를 설계했기 때문이다.

그림 6-4 물류네트워크의 예

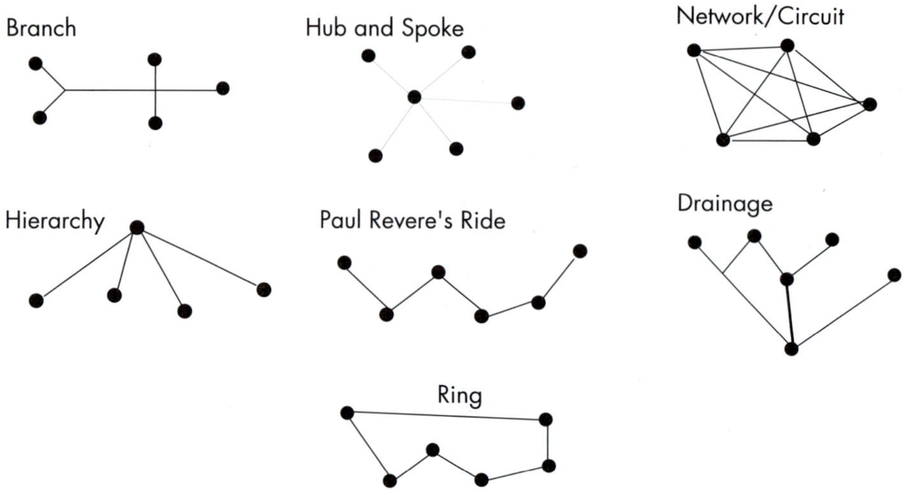

경로설계(route design)

대부분의 운송 과정은 여러 단계로 구성된다. 일반적으로 화물은 우선 허브로 보내지고 그곳에서 다른 허브로 보내지거나 최종 목적지로 배송(local distribution)된다. 주된 이동경로를 Line-haul(터미널 간 화물수송)이라고 부른다. 또한 허브와 특정 지역 간의 화물수송을 피더(feeder)라고 부른다. Line-haul은 전문적인 무역용어에 따르면 주무역항로(primary trade lane)에 해당하며, 피더는 부무역항로(secondary trade lane)로 볼 수 있다. Line-haul과 피더의 구분과, 주무역항로와 부무역항로의 구분은, 전자가 개별 운송에 초점을 맞추는 반면에 후자는 전반적인 무역 패턴을 강조한다는 정도의 차이밖에는 없다.

예를 하나 들어보자. 한 업체가 자동차를 스페인의 Seville에서 러시아의 Moscow로 운송한다고 할 때, 이들 도시 간의 직접경로(direct route)를 제공하는 운송업체는 거의 없을 것이다. 따라서 화주는 Moscow로의 직접경로를 제공하는 가장 가까운 허브로 화물을 수송할 운송업체를 찾을 것이다. 예를 들어, Barcelona가 그러한 허브항구라고 하자. 이 경우 Seville에서 Barcelona까지 그리고 St. Petersburg에서 Moscow까지는 피더경로가 되며, Barcelona에서 St. Petersburg까지가 주무역항로에 따르는 Line-haul이 된다.

그림 6-5 무역항로(Trade Lanes)의 예

Line-haul과 피더의 구분은 어느 정도 상대적이다. 위 그림 6-5에서 St. Petersburg에서 Moscow까지는 피더에 해당되었지만, St. Petersburg 근처의 농장에서 Moscow까지 농산물을 운송하는 경우에 St. Petersburg와 Moscow 사이는 Line-haul에 해당된다.

주무역항로와 부무역항로의 구분은 비용관리 측면에서 중요한 시사점을 제공한다. 일반적으로 주무역항로를 따르는 운송비용이 비싸기 때문에 운송업체는 주무역항로의 선정에 보다 많은 주의를 기울인다. 예컨대, 트럭으로 항구까지 운송하기 위해서는 평균 100달러가 소요되지만 대양을 지나는 해운비용은 평균 2,000달러라고 할 경우, 운송업체나 화주의 입장에서 트럭운송에 소요되는 비용을 줄이기 위해 큰 노력을 기울이지는 않을 것이다. 그보다는 해운비용을 합리화하기 위해 다양한 노력을 기울이고 협상력을 배가시키는 것이 전체 비용을 줄이는 효과적인 전략이 될 것이다.

6.4 | 역물류(reverse logistics)

역물류는 통상적인 공급사슬을 거슬러 올라가는 다양한 활동들을 포괄한다. Council of Logistics Management에 따르면, "역물류는 포장과 생산에서 각종 낭비를 제거, 삭감, 관리하는 자재흐름 기술과 활동을 포괄하는 광의의 용어(broad term)이다. 이러한 활동에는 통상적인 물류활동의 방향과 정반대되는 방향으로의 정보 및 상품의 이동을 의미하는 역배송(reverse distribution)도 포함된다."

오늘날의 글로벌경제는 운송된 화물에 결함 등이 발견될 경우 화물을 되돌리는 과정을 창출하였다. 이는 B2B 시장에서는 흔한 것으로, 여기에서는 공장에서 대규모로 유통업체에 전달된 물품의 일정 비율을 환수하는 것에 대한 계획을 수립하는 것이 보편화 되어 있다. 또한 자동차산업을 예로 들면, 특정한 용도로 쓰이는 부품을 포장하기 위한 별도의 자재가 존재하는데, 이러한 자재는 일반적으로 비싸서 재활용되는 경우가 많다. 이 경우 자동차 제조업체가 포장용 자재를 공급자에게 돌려 주는 과정이 잘 확립되어 있어야 한다.

위 예에서와 같이 역물류의 대부분은 재활용(recycling)이나 재사용(reuse)을 목적으로 한다. 이는 친환경적 생산 및 물류에 대한 중요성이 점차 강조됨에 따라 앞으로는 더욱 활발히 전개될 것이다. 각국 정부의 환경에 대한 규제뿐만 아니라 기업의 이기적 동기에서도 재활용을 적극 활용하는 것이 비용절감에 도움이 된다. 이러한 추세에 따라서 폐품처리 및 재활용산업이 크게 성장하고 있다. 일례로 예전에는 폐품이나 산업용 쓰레기를 땅에 파묻는 것이 일반적인 방법이었지만, 폐기장 용도의 토지가 제한됨에 따라 폐기 과정에 보다 고급의 기술이 적용되고 있다. 또한 폐수가 지하수나 하천을 오염시키지 않고 먼지를 최소화시키며 기타 소음이나 공해물질로 인한 지역 사회의 피해가 발생하지 않는 방향으로 각종 기술이 고급화되고 있기 때문에 오히려 재활용비용을 상대적으로 작게하는 요인이 된다.

재활용 이외에도 소싱 자체를 제한하는 방법(source reduction)도 좋은 대안으로 받아 들여진다. 이를 통하여 원천적으로 폐기물의 양을 줄일 수 있다. 좋은 예로 포장공정을 단순화시켜서 비용을 절감하고 재활용비용도 줄일 수 있다. 또한 이를 통하여 재사용 가능성도 높일 수 있다. 재활용과는 달리, 재사용의 경우 자재 및 부품(혹은 부품의 포장재) 등이 공급자에게 되돌려짐으로써, 재활용을 위한 물류비용을 제거할 뿐만 아니라 전체 생산비용도 절감한다. 예컨대 Kodak은 사용이 끝난 일회용 카메라(disposable cameras)를 회수하여 일부 부품을 재사용 한다. 결국 소싱 제한과 재사용을 통해 Kodak의 일회용 카메라 생산비용은 상당 부분 절감되며 기업의 이미지도 제고되는 일석이조의 효과를 보고 있다.

LEARNING CASE

스마트 팩토리의 패러독스

박정수 성균관대 스마트팩토리 융합학과 겸임교수

산업의 변환(transformation)과 전환(transition)은 늘 일어나는 자연스러운 현상이다. 새삼스럽게 여길 필요가 없다. 기업들이 신기술을 활용하는 습성은 최근에 만들어진 것은 아니다. 항상 그래 왔다. 그러나 최근 과거와 다른 기술의 확산과 통합이 많은 사람들의 삶에 많은 영향을 끼치고 있는 것은 분명하다.

산업혁명이 몰고 온 기술의 중심에는 디지털 기술처럼 보이지만 더 깊이 파고들어 가 보면 아날로그 기술을 보유한 사람 중심으로 진개되고 있다. 제조에 필요한 공정과 장비 기술의 폭발적인 발전 속도는 빅데이터와 인공지능 기술이 아날로그 기술과 접목하여 새로운 기술로 전환되기 때문에 그 규모와 복잡성을 파악하기가 더욱 힘들어지고 있으며, 디지털 기술인지 아날로그 기술인지 가늠을 못하는 형국이다. 그럼에도 불구하고, 앞으로 차세대 설비/기계/장치가 출시될 때마다 구조의 복잡성은 더 고도화되고, 공정은 더 많아지며, 더 많은 신소재를 사용함과 동시에 더 많은 설계 규칙이 적용될 것이고, 매개 변수간 상호의존성이 더 많이 요구될 것이다. 즉 아날로그와 디지털 기술을 접목하는 융합기술이 주목받고 있는 까닭이다.

100여 년 전 헨리 포드가 T 모델 자동차를 생산할 때부터 더 빠르고, 더 낮은 비용의 고품질 제품을 위해 컨베이어 벨트 등 신기술을 적극 이용하여 생산성을 높여왔다. 하지만 과거와 다르게 신기술을 도입해도 제조 생산성은 정체되는 현상이 나타나고 있다. 주요 이유는 전체적으로 통합되지 못한 생산 공정의 단위별 파편화와 부분 최적화 그리고 이로 인한 낮은 운영 효율성이 꼽힌다. 스마트 팩토리는 생산 설비, 사람, 공정, 데이터와 생산의 가치 사슬을 전체적으로 연결해 운용 효율성(operation efficiency)을 극대화하는 방법이다.

생산, 마케팅, 공급망(SCM) 등 부분 최적화를 전체 최적화로 전환하기 위해서는 시장과 고객의 개인화된 맞춤(personalized bespoke) 요구에 의한 적기 맞춤 대응(Fit in Time)을 위해서는 장비 운영 효율성과 유연성 제고에 초점을 맞춰야 한다. 즉 개념 설계 단계에서 타당성 평가를 거쳐 대량생산 및 맞춤 생산으로 이어지는 설계 - 개발 - 조달 - 조립 - 지원 체계 및 제조 공정 시점(Point of

Production) 별로 데이터 기반 모델링을 가상화하고, 아날로그 기반 알고리즘으로 인공지능을 적용하여 하나하나 문제를 해결하는 것이 제조 지능화이다.

디지털 기술을 곧바로 적용하여 단번에 제조 지능화를 실현할 수는 없다. 복잡하고 난해 할수록 한가닥씩 문제를 풀어가야 한다. 자연스럽게 이런 질문을 할 수 있다. 장비 인텔리전스(지능화) 시대의 성공이란 과연 어떤 모습일까? 비용은 덜 들이고, 더 적은 자원을 사용하며, 폐기물은 덜 발생시키면서도 빠르게 기술 전환을 가능하게 하는 것, 즉 요구되는 복잡성으로 인해 제한되지 않는 그러한 혁신 기술은 존재하지 않는다. 그러므로 아날로그 영역의 기본으로 돌아가야(back to basic) 한다. 제조업 스스로 나만의 설루션을 만들어야 한다. 그 해답은 제조 지능화 방법론에서 찾아야 한다.

변화관리 관점에서 차세대 제조 설계와 공정의 개발은 점점 어려워지고 있다. 성능과 비용, 사양의 모든 측면을 충족하는 정확한 결과를 얻는다는 것은 수 십억 개의 잠재적인 고안 책에서 최적의 레시피(알고리즘)를 찾는 것과 같다. 까다로운 스케일링(공정 미세화) 문제를 해결하려는 노력의 일환으로 더 많은 제어 매개변수와 역량을 시스템에 추가함에 따라 가능한 레시피의 수가 기하급수적으로 늘어나고 있어서 변화 관리가 점점 어려워지고 있다.

일반적으로 모든 제조의 성능은 복잡성을 수반하기 때문에 꽤 까다로운 개발환경이 조성된 결과 가장 숙련된 엔지니어라도 공정 설루션을 파악하는 데 몇 주 심지어 몇 달씩 걸린다. 예를 들어 반도체 공정에서 어떻게 엔지니어가 5 나노 소자를 식각(etching) 하기 위한 최적의 설루션을 가능한 10에 14승 개 즉, 100조 개의 공정 조합에서 찾아낼 수 있을까? 그 답은 수없이 많은 실험인 경우가 많다고 한다. 지난 10년간 레시피 개발비용 및 검증 비용과 함께 개발 실험실 도구 , 웨이퍼, 가스, 계측 관련 비용이 10배 이상 늘었다. 이로 인해 반도체 산업의 생산성 목표가 위태로워졌고 별다른 제제 없이 이러한 상황이 계속 이어져 왔기 때문에 앞으로의 발전은 빠르게 경제성을 잃을 수도 있다. 하지만 이를 극복하기 위한 도전이 계속되고 있다.

예를 들어, 반도체 산업은 이제 세계 경제에 막대한 영향을 미치는 큰 축 중에 하나가 되었다. 매년 변동이 있기는 하지만 현재 세계 반도체 시장 규모는 매출액 기준으로 약 730조 원 안팎이다. 이런 거대한 반도체 산업에서 가장 중요한 이슈는 단연 '공정 미세화(Scaling)'다. 최근 반도체 관련 뉴스를 보면 항상 삼성과 TSMC가 5nm 양산이니 3nm공정 개발이니 티격태격 다투는 것을 어렵지 않게 볼 수 있고 단 1nm를 줄이기 위해서 수십 조원을 서슴없이 쏟아붓고 있다. 이는 치열한 경쟁이 초격차 기술에 의해서 전개되고 있다는 반증이다. 삼성이 세계 최초로 3 나노 반도체 생산을 시작했다고 한다. 그 핵심은 아날로그와 디지털 기술을 접목한 융합기술이다.

다른 한편, 프로세스 생산공정으로 대표되는 화학 공정을 포함한 바이오 공정의 스케일 업(scale-up)은 실험실적 반응에서 얻어진 상업적으로 유용한 물질을 대량 생산하기 위해 실험실적 규모(lab scale) → 파일롯 규모(pilot scale) → 양산 규모(commercial scale)와 같이 순차 적으로 생산규모를 증가시키는 아날로그(analog) 기반 일련의 엔지니어링 작업이다. 이러한 스케일 업 기술은 공정 개발에 있어서 매우 중요한 요소이다. 그런데 각 공정마다 다루는 물질이 다르며, 열 물질 전달 양상이 다르기 때문에 스케일 업 기준을 표준화하기가 매우 어렵다. 또한 스케일 업은 공학적인 지식을 근거로 하지만, 때로는 경험적인 부분도 많이 차지하기 때문에 혹자는 스케일 업을 과학, 공학, 마법(witchcraft)의 결합이라고 까지 표현한다.

그러나 단지 기술적으로 어렵다는 이유로 체계적인 기준을 마련하지 않고 스케일 업을 수행하는 일은 지극히 위험한 일이다. 화학 공정과 바이오 공정 자체가 지니는 위험성도 문제지만 자칫 잘못된 설비 디자인으로 인해 최적화된 공정을 구현할 수 없는 문제도 발생할 수 있기 때문이다. 이처럼 스케일 업 기술은 특히 제품의 사이즈가 작아질수록 고도의 난이도가 요구된다. 이는 열전달, 물질 전달이 비교적 용이한 실험실적 장치에서는 구현되던 공정이 스케일 업 과정을 거치면서 동일한 양상의 열 물질 전달이 구현되지 않으며, 마이크로 입자, 나노 입자와 같이 사이즈가 작은 물질일수록 이러한 열 물질 전달 차이에 더 민감하게 반응하게 되기 때문이다.

특히 나노 입자의 경우 마이크론 입자보다 입자 사이즈가 더 작아져서 스케일 업에 성공한 사례를 찾아보기가 더 어렵다. 제약산업에서 생산되는 나노 입자 생산 공정에서 성공적인 스케일 업의 케이스가 매우 드물다고 보고되었으며, 단세포 및 단백질을 포함하는 대표적인 바이오 나노입자들의 생산 공정에 있어서도, 후단(downstream) 생산공정의 스케일 업 및 운전안전성에 대한 기준 설정이 매우 어렵고, 이들에 대한 정보가 매우 부족하다. 기존의 아날로그 기술에 빅데이터와 인공지능 기술과 같은 신기술 접목이 요구되고 있는 까닭이다.

성공적인 스케일 업을 위해서 도출해야 하는 것이 스케일업 인자 (scale-up factor)이다. 스케일업 인자는 스케일 업 시 최적의 공정 조건을 도출하는 인자로서, 스케일에 상관없이 그 고유의 특성이 변하지 않아야 할 물성치이다. 무차원 수가(dimensionless)가 이런 물성치의 대표적인 예이지만, 반드시 모든 공정에서 무차원 수가 스케일업 인자로 사용되는 것은 아니다. 예컨대, 특정 물질을 생산함에 있어서 반응기 내부의 특정부위에서의 전단응력(shear stress)이 생산물질의 특성에 결정적인 기여를 한다면, 이 전단응력이 스케일업 인자로 활용되어야 하며, 반응기 규모가 커질 때 동일한 전단 응력이 가해지도록 반응기를 디자인하고 공정 조건을 맞춰야 한다.

또한 특정 반응 시스템에서 최적의 공정 조건을 위해 반응기 내부의 가스의 유속이 제품의 품질에 결정적인 역할을 한다면, 이 공정의 경우 가스의 속도가 스케일업 인자로 정의된다. 스케일업 인자의 정의를 위해서는 때로는 서로 다른 규모의 실험실적 장치나 파일롯 장치의 운전 데이터가 필요하다.

이와 같이 아날로그 관점에서 업무의 내용과 프로세스를 잘 알아야 알고리즘을 만들 수 있을 뿐만 아니라 인공지능과 빅데이터 기술을 활용할 수 있을 것이다. 디지털 기술만으로는 필요조건은 되지만 단연코 충분조건은 성립시킬 수 없다. 아래 그림은 제조 지능화를 위한 스마트 팩토리 핵심 9대 기술과 지능을 보여주고 있다.

제조 지능화를 위한 스마트팩토리 핵심 9대 기술과 제조 지능

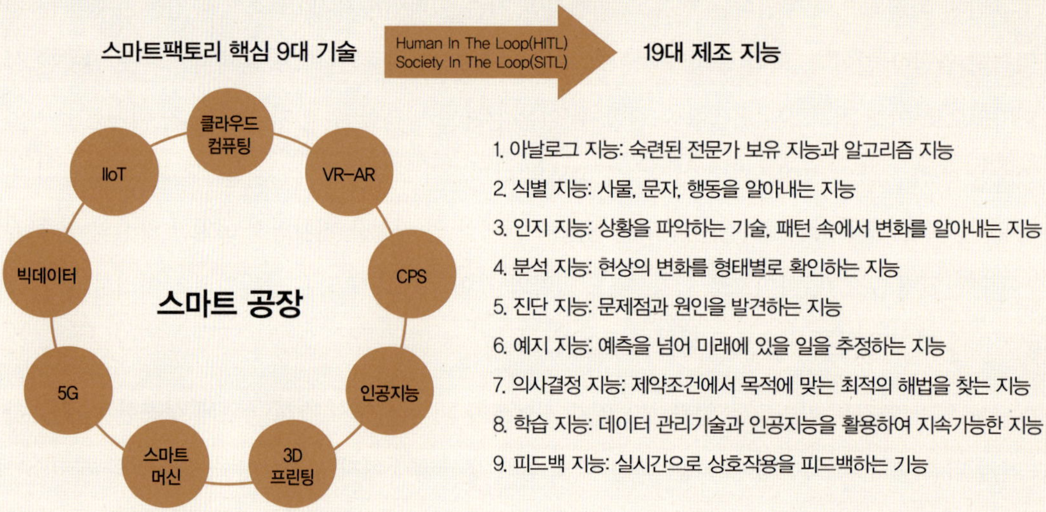

출제: 성균관 대학교 스마트팩토리 융합학과 박정수 교수

아날로그와 빅데이터 관리 기술 기반 인공지능 활용 역량이 차세대 제조 지능화를 주도할 것이다. 왜냐 하면 인공지능(AI)은 문제 해결을 위한 명령들로 구성된 아날로그(analog)의 순서화된 절차를 담아내는 알고리즘이 핵심이기 때문이며, 또한 모든 알고리즘은 사람이 만들기 때문에 중요한 기능에 대해서는 사람이 반드시 그 과정을 검토할 수 있어야 한다. 이와 같이 인간의 피드백이 인공지능(AI)의 기술 발전에 중요한 역할을 담당한다는 관점을 가진 것이 인공지능(AI) 시스템을 가이드하는 사람, HITL(Human In the Loop)이다.

HITL(Human-in-the-loop, AI 시스템의 학습을 가이드하는 사람)은 시스템이 보다 안정적인 결과를 도출할 수 있도록 훈련과 테스트 또는 조정을 수행하는 사람이다. 또한, Human-in-the-loop(HITL) 기계 학습은 전문가와의 상호 작용을 통해 학습하는 기계를 만들어 도메인 전문가가 분석력을 통해 교육을 수행하거나 최소한 교육에 참여할 수 있는 시스템을 만들려는 작업이다. HITL(Human-in-loop, AI 시스템의 학습을 가이드하는 사람)의 핵심은 데이터뿐만 아니라 데이터에 대한 인간의 관점에서도 모델을 구축한다는 아날로그적 아이디어이다. 사람이 어떠한 기술을 처음 배운다면 실수를 하거나 잘못 이해할 수도 있기 때문이다. 인공지능(AI) 또한 이와 같은 실수를 할 수 있기 때문에 인간은 AI에게 지금까지 쌓아온 지식을 공유하여 AI가 보다 나은 결과물을 만들어 낼 수 있도록 할 수 있다. 우리가 쉽게 접할 수 있는 일반적인 소프트웨어는 언제나 똑같은 과정(알고리즘)을 통해 똑같은 결과를 낸다. 즉 '2+1=3'이라는 일종의 계획된 "계산"을 한다.

하지만, 인공지능 기반 소프트웨어는 데이터와 알고리즘에 따라 다른 결과를 "추론"하는 일을 한다. 즉 이미 알고 있는 것으로부터 논리적 결론을 도출하듯이 제조 지능화를 출발시켜야 할 것이다. 그것은 반복적이고 쉬운 것부터 단순화하여 실행하는 것이 중요하다. 인간은 AI 시스템에 학습할 데이터를 제공하고 그 시행착오 과정을 검증함으로써 평생 동안 쌓아온 아날로그와 디지털 기술이 접목된 지혜를 공유하고 이를 컴퓨터 작업 속도와 결합된 현장 활동을 해야 한다. 이러한 팀워크를 통해 사람과 기계 모두의 단점을 극복하여 보다 정확한 결과를 얻을 수 있게 될 것이다. 이러한 여정이 제조 지능화의 길이다.

제조 지능화의 이점에는 이벤트를 사전에 감지하고 대응할 수 있는 기능이 포함되어 있어 품질과 수율을 개선하고 가동 중지 시간을 줄이고 전반적인 장비 효율성(OEE)을 향상한다. 제조 지능화는 공급망과 재고의 사전 변화를 허용하여 포장 및 운송을 포함한 기타 사내 공장 물류를 최적화한다. 제조 지능화는 지속적인 경쟁 우위를 위해 새로운 비즈니스 기회, 수익 흐름 및 자산의 수익화를 발견할 수 있다. 또한 다운타임(DOWNTIME)을 방지하기 위해 예방적 유지보수를 위해 제품 고장을 자동화, 조정 및 예측할 수 있다. 제조 지능화를 통해 데이터 생성 지점에서 실시간으로 데이터를 처리하고 분석하여 공정 이상에 신속하게 대응할 수 있다.

영업 및 마케팅 관점에서 제조 지능화를 통해 조직은 시장을 이해하고 고객 선호도를 예측하고 적응할 수 있다. 공급망 최적화의 경우 제조 지능화는 수요 예측, 재고 최적화, 공급업체 모니터링에 도움이 될 수 있다. 분석은 항상 예측 및 재고 관리를 위해 공급망 조직에서 사용되어 왔지만 사물 인터넷(IoT)과 행동 인터넷(IoB) 시대에 우리는 이제 거의 모든 것의 위치를 알고 있으며 더 많은 실시간 기능이 필요하다.

따라서, 제조 지능화는 지능형 통계 프로세스 제어, 수율 관리 및 신뢰성 분석을 통해 제품 및 프로세스 품질을 향상시키는 데 사용할 수 있으며, 프로세스가 제어되고 있음을 이해하고 입증할 수 있는 것은 QbD(설계기반 품질 고도화) 및 GxP(우수한 제조/문서/보안 관행)를 사용하는 이니셔티브의 핵심이다. 제조 지능화는 규정 준수를 지원하여 QbD 및 GxP 이니셔티브를 표준화, 자동화 및 모니터링할 수 있다. 프로세스를 이해하고 통제할 수 있다는 것을 규제 기관에 입증할 수 있다는 것은 가장 정교한 조직에도 부담을 줄 수 있으며, 분석은 자동화되고 검증된 규제 보고, 완전한 감사 추적, 버전 제어, 전자 서명에 사용되어 분석 프로세스, 절차 및 보고서의 변경 사항을 문서화하여 워크플로(workflow) 및 승인 절차를 모니터링하고 자동화할 수 있다.

부분적이고 단순한 자동화로는 더 이상 글로벌 시장과 4차 산업혁명의 선도 기업을 따라잡기에 충분하지 않기 때문에 제조 지능화 구현은 아날로그와 디지털을 융합한 비즈니스 실행 모델을 전개하는 것이 매우 중요하다. 이와 같은 아날로그와 디지털 기술 접목을 통한 뉴 노멀(new normal) 변화에서 살아남기 위해 제조업은 현장 및 고객 중심 분석을 통한 지속적인 학습을 멈춰서는 안 된다. 이를 위해 디지털 기술을 잘 활용하기 위해서는 아날로그 기술 습득이 우선되어야 하듯이 인공지능의 학습 기능을 강화하기 위해서는 분석 능력이 최우선 되어야 하는 스마트 팩토리의 패러독스(paradox)가 실존(實存)한다.

이데일리 기사 편집(2022. 7. 2.)
https://www.edaily.co.kr/news/read?newsId=01233286632390584

Chapter 07

운송계획과 전략

INTRODUCTION CASE

현대글로비스 "글로벌 종합물류 유통기업으로 점프업"

LEARNING CASE

디올에 루이비통까지 오른다고?…명품업체들 핑계 들어보니

INTRODUCTION CASE

현대글로비스 "글로벌 종합물류 유통기업으로 점프업"

사진=현대글로비스 제공

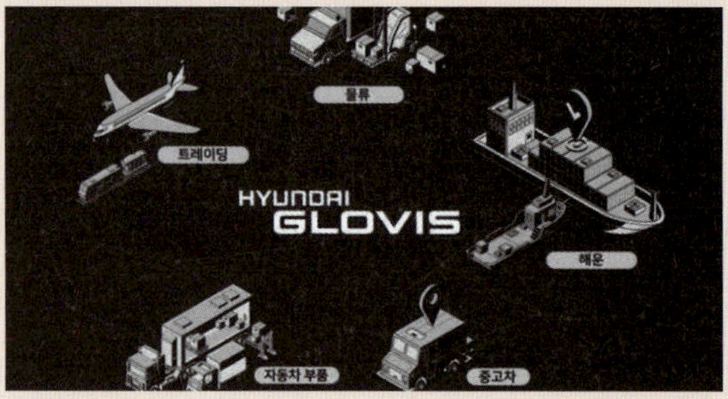

사진=현대글로비스 제공

현대차그룹의 주요 계열사 중 하나인 현대글로비스는 한국을 대표하는 글로벌 종합물류 유통기업이다. 최근 글로벌 경제위기 속에서도 분야별 최고 수준의 전문가와 최첨단 IT시스템 구축을 통해 경쟁력을 확보, 매년 꾸준한 성장세를 이어나가고 있다. 주요 사업 영역은 물류, 해운, KD(해외 완성차 공장 부품 공급), 트레이딩, 중고차, 전기차 · 수소 · 물류 플랫폼 등이다.

현재 현대글로비스에는 국내 1442명, 해외 8117명의 임직원들이 국내외 119개 거점에서 근무 중이다. 현대글로비스 관계자는 "'Global Smart SCM Provider'라는 모토 아래 독보적인 물류 경쟁력을 갖추고 고객 가치사슬 전반의 효율화를 지원하는 종합물류기업"이라며 "최근에는 물류혁신연구소를 운영, 신사업 연구 및 물류 컨설팅 사업을 통해 다가올 미래 변화와 혁신을 주도하고 있다"고 말했다.

창사 20주년, 매년 내실있는 성장... "안주보다 혁신과 도전"

사진=현대글로비스 제공

2001년 창사한 현대글로비스는 매년 내실 있는 성장을 이어오고 있다. 전 세계를 아우르는 물류 네트워크를 완성한 것은 물론, 글로벌 비계열 사업을 집중 육성해 세계적인 종합물류기업 가운데 하나로 자리매김했다는 평가다. 최근에는 수소, 플랫폼, 스마트물류 등 도전적인 신사업을 개척하고 있다.

현대글로비스는 2001년 한국로지텍으로 사업을 시작한 후 글로비스로 상호를 변경했다. 특히 창사 당시부터 글로벌 종합물류 유통기업이 되겠다는 목표를 세웠다. 실제 2003년에는 알라바마법인을 시작으로 글로벌 사업 확대에 본격 착수했다. 창립 6년 만인 2007년 종합물류기업 인증을 획득하고, 현재 해외거점만 84개(국내35개)에 달할 정도로 성장했다.

2008년부터는 본격적으로 글로벌 무대에서 활약을 시작했다. 특히 자동차전용선을 인수해 운행을 시작, 본격적인 완성차 해상운송사업에 착수했다. 그 결과 국내 물류기업 최초로 국제신용등급을 획득하고, 포브스 선정 아시아 50대 유망기업에 연속 선정되는 등 국제적으로도 인정을 받았다. 현대글로비스는 2018년 종합물류연구소를 출범, 미래지향적인 스마트물류의 시작을 공표했다.

코로나 팬데믹, 과감한 투자와 적극적인 영업으로 돌파

현대글로비스는 코로나19 팬데믹으로 인한 어려운 환경 속에서도 다양한 방안을 강구해 돌파해 나가고 있다. 특히 지난해에는 완성차 해상운송사업에서 현대차그룹 계열이 아닌 비계열 비중을 늘려 매출을 늘렸다. 현대글로비스는 지난해 자동차 운반선 사업에서 현대차 · 기아를 제외한 비계열 매출 비중이 55%로 역대 최고치를 기록했다. 실제로 지난해 폭스바겐그룹이 현대글로비스에 5년 장기 해상운송계약을 맡겼다. 이는 비계열 글로벌 완성차 메이커와 체결한 해운 계약 중 물량면에서 최대 실적이다. 이외에도 벤츠 · BMW · GM · 테슬라 등 글로벌 완성차 메이커와도 거래 관계를 맺고 있다. 동시에 덤프트럭 · 포크레인 등과 같은 중장비도 운송하며 완성차 해상운송 비계열 매출 비중을 꾸준히 높이고 있다. 현대글로비스 측은 "코로나19 여파로 완성차 물동량이 감소하면서 자동차운반선 매출 규모는 전년보다 줄었지만, 비계열 매출 비중이 지속적으로 늘어나고 있는 것은 관련 부문의 질적 성장으로 본다"고 평가했다.

현대글로비스 중국-유럽 철도 운송 브랜드 ECT 주요 노선

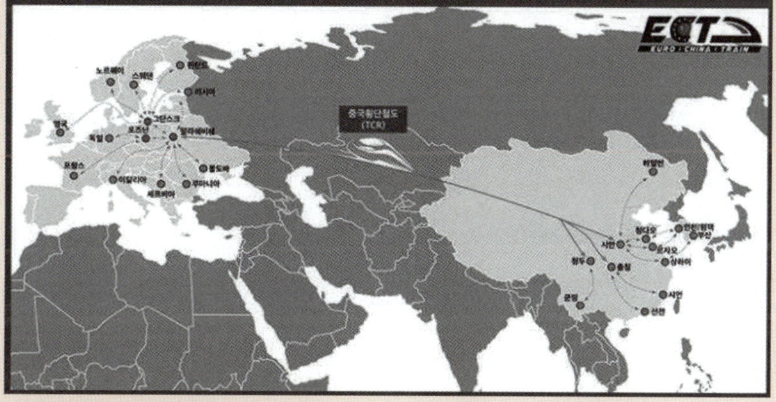

사진=현대글로비스 제공

올해 현대글로비스는 중국 최대 민영 물류 그룹 '창지우'와 손잡고 중국–유럽 간 물류사업 확대에 나섰다. 폴란드에 위치한 현대글로비스 유럽법인 자회사 '아담폴(Adampol)'의 지분 일부를 창지우에 매각하고 파트너십을 강화하겠다는 전략이다. 코로나19 여파로 글로벌 해운 운임이 가파르게 상승하면서 철도가 유럽행 물류운송의 대안으로 떠오른 만큼 두 기업의 합력이 큰 경쟁력을 갖출 것으로 전망된다. 현대글로비스가 보유한 유럽 철도 환적 인프라에 창지우의 방대한 중국발 유럽운송 물량이 더해지면서 강한 시너지를 낼 것으로 보인다. 현대글로비스는 올해 두 기업의 장점을 결합한 공동사업으로 중국–유럽 철도 운송 전문 브랜드 'ECT(Euro China Train)'를 론칭한다. 코로나19 여파로 최근 급상승한 해운운임 탓에 철도가 유럽 물류운송의 대안으로 부상한 만큼 ETC가 강한 경쟁력을 갖출 것으로 기대했다. 아울러 현대글로비스는 빠르게 확산되고 있는 전기차 시장에 대응하기 위해 전기차 맞춤형 해상운송 솔루션을 구축, 자동차 산업 패러다임 변화에 발맞추고 있다. 전기차가 기존 내연기관 차량과 다른 특성을 가진 만큼 그에 맞는 관리가 필요하다는 판단에서다. 현대글로비스는 90척에 달하는 선대, 촘촘히 구축된 80여개의 글로벌 네트워크를 기반으로 신속 · 정확한 서비스를 앞세워 전기차 해상운송 시장을 공략 중이다. 지난해 약 18만대의 전기차를 운송하면서 글로벌 전기차 해상운송 물동량의 40% 안팎을 책임지는 톱랭크 수준 점유율을 기록한 것으로 자체 추산하고 있다.

현대글로비스, 사회의 일원으로 지속가능경영 다짐

현대글로비스는 회사의 경제, 환경, 사회적 성과를 내 · 외부 이해관계자들과 공유하고자 매년 '지속가능경영보고서'를 발간하고 있다. 지난해 보고서에선 △신뢰와 나눔의 미래 가치 창출, △지속가능한 밸류 체인 구축, △사람을 우선하는 일터 조성을 3대 지속가능경영 방침으로 삼았다. 또한 이를 이행하기 위한 여섯 가지 중장기 과제를 선정해 2025년까지 실행하기로 했다. 특히 중장기 실행 과제 중 물류기업의 특성을 살린 환경경영 성과를 보고서에 중점적으로 담아 실현하고자 했다. 현대글로비스는 '글로벌 녹색물류 선도기업 도약'을 목표로 삼고 이를 사업 전반에 적용시키고 있다. 물류사업 부문에서는 수소화물차 도입과 운영, 친환경 냉장전기차 배송서비스 실시, 전기 상용차 충전 인프라 구축 등의 사업을 추진했다. 최근 중요성이 점점 커지고 있는 ESG(환경 · 사회 · 지배구조) 경영에도 집중하고 있다. 앞서 현대글로비스는 외부 전문가로부터 ESG 활동을 평가받고 개선방안을 모색했다. 앞으로도 이해관계자의 의견을 정기적으로 수렴한다는 계획이다.

이같은 활동으로 현대글로비스는 지난해 11월 '2020 다우존스 지속가능경영 지수(DJSI)' 평가에서 6년 연속 이름을 올렸다. 매년 분야별 주요 글로벌 기업들의 경제적, 환경적, 사회적 가치들을 종합 평가해 우수 기업을 발표하고 있다.

현대글로비스는 세계 최대 금융정보 제공기관인 다우존스가 발표한 '2020 다우존스 지속가능경영 지수'에서 아시아-퍼시픽(Asia-Pacific) 지수와 코리아(Korea) 지수에 동시 편입됐다. DJSI 아시아 퍼시픽 지수는 아시아-태평양 지역의 시가총액 상위 600개 기업을 평가해 약 20%만이 선정되는 지속가능 평가 지수다. DJSI 코리아 지수는 국내 200대 기업 중 상위 약 30%가 포함된다.

현대글로비스가 올해 DJSI에 이름을 올린 영역은 글로벌 운수 및 교통인프라 부문이다. 이 부문은 유수의 글로벌 기업들이 경쟁하는 분야로 가장 경쟁률이 치열한 산업군 중 하나다. 현대글로비스 측은 "올해 글로벌 운수 및 교통인프라 부문 상위에 이름을 올린 기업으로는 태국, 영국, 네덜란드의 인프라 · 우편 · 철도 관련 기업이 있다"면서 "이 부문에서 상위에 랭크된 유일한 글로벌 물류 · 해운기업으로 동종 업계에선 1위를 차지한 셈"이라고 설명했다.

데일리한국 기사 편집(2021. 11. 1.)
http://daily.hankooki.com/news/articleView.html?idxno=760243

운송은 물류에서 가장 중요한 부문이다. 국제물류의 경우에는 운송거리가 더 길고 운송에 따른 여러 가지 어려움도 존재하기 때문에 운송의 역할이 특히 중요하다. 이번 장에서는 운송계획 수립 시 고려해야 할 다양한 사항을 살펴본다. 이들 중에는 전략적(strategic)인 측면과 전술적(tactical) 측면, 그리고 운영적(operational) 측면이 있다. 앞장에서 다루어진 전략적 계획 수립이 운송계획 수립을 위한 기본적인 맥락을 제공하지만 운송기능에 대한 구체적인 계획과 전략은 한 장을 할애하여 보다 더 집중적으로 다루어야 할만큼 중요하다.

7.1 | 운송량관리(traffic management)

하이테크 제조업체이며 한때 세계 최대 규모의 회사였던 Cisco는 운송계획수립의 어려움과 중요성을 잘 보여준다. Cisco는 자사의 제품을 신속하고 안정적으로 배송해야 할 뿐만 아니라 운송 과정에서 치밀한 조율작업을 필요로 한다. 예를 들어, 라우터(router, 컴퓨터 네트워크상의 정보흐름을 통제하는 장비) 배송의 경우 고객의 주문이 미국 공장에서 처리될 수도 있고 멕시코 또는 아시아 지역의 공장에서 처리될 수도 있다. 때로는 주문이 나뉘어져서 처리되는 경우도 있는데 이때는 여러 개의 소화물로 나뉘어서 도착하게 된다. 고객은 주문한 물품이 이렇게 단속적으로 배송되는 것을 싫어한다. 여러 번에 걸쳐 분할 배송된 물품을 열어 보고 주문한 물품 일체가 도착하지 않으면 뭔가 오류가 있었다고 생각하게 된다. 만약 고객이 어떤 프로젝트를 위해 전문가들을 확보해 놓았는데 이 프로젝트를 위해 주문한 물품의 일부분만 도착하면 어떻게 되겠는가? 운송업체가 Cisco의 니즈를 충족시키기 위해서는 약 1억 달러가 소요될 것이라는 계산이 나왔다.[9] 그렇지만 이러한 니즈가 충족된다면 창고 전체가 필요 없게 될 수도 있을 것이다.

운송은 두 가지를 제공한다. 물리적 이동(physical movement)과 보관(storage)이 그것이다. 물리적 이동의 측면은 설명이 필요 없는 명백한 것이고 보관은 화물이 수일, 수주, 또는 수개월이 소요되는 운송기간 중에 보관되는 것을 말한다. 벌크(bulk) 화물선의 경우 창고보관기능이 일반적으로 수반되는데 배송을 조기에 달성한다고 해도 화물이 지상의 창고에 보관되어야 하는 경우가 많기 때문이다.

운송은 단순히 물류 측면에서 뿐만 아니라 우리 사회 전반에 깊은 영향을 미친다. 운송은 상대적 위치

9) Brian O'Reilly, "They've Got Mail!," Fortune, February 7, 2000, p.110.

(상황, situation)가 절대적 위치(장소, site)를 대체할 수 있도록 했다. 다시 말해, 물류활동은 경제적 발전이 자연적으로 형성된 관계보다는 공간을 초월한 관계에 의해 더 크게 좌우되도록 한다. 운송은 또한 우리 문화에 중대한 변화를 가져왔다. 이러한 변화는 처음에는 명백하게 드러나지 않는 것이었다. 지역별 특화(geographic specialization)가 그 대표적 예이다. 운송기능이 없었다면 각 지역은 모든 것을 생산해야만 할 것이다. 그렇지만 운송기능 덕분에 지역별로 가장 효과적으로 생산할 수 있는 품목만 생산하고 잉여생산물은 타지로 운송하여 판매할 수 있다. 반대로 외부에서 더 효과적으로 생산할 수 있는 품목은 현지에서 생산하지 않고 구매하면 된다. 이는 상대 우위에 입각한 국가 간 자유무역의 논리와 같은 것이다. 특화는 생산비가 절감되는 폭이 운송비보다 클 경우에 지속된다. 또한 운송수단이 확보될 경우 제품이 반드시 시장 인근에서 생산될 필요가 없으므로 대규모 생산도 가능하다. 운송기능이 가지는 이 모든 혜택은 전반적인 효율 개선에 기여한다. 마지막으로 토지가 가장 효율적인 방식으로 이용됨에 따라 토지가치가 증대되는 효과도 있다.

운송은 목적달성을 위한 수단이며 물류가 실행되는 기능적 측면 외에도 운송 그 자체가 주요 산업이기도 하다. 여객수송을 비롯한 운송 부문은 과거 GNP의 8~9%를 차지했으나 최근 들어 운송효율의 개선으로 인하여 그 비중이 다소 감소하고 있다.

효과적인 운송계획을 수립하기 위해서는 운송의 세 가지 원칙인 속도(speed), 일관성(consistency), 통제(control)에 대한 이해가 선행되어야 한다. 속도는 최대한 신속하게 출발지에서 목적지로 이동할 수 있는 능력을 의미하며, 일관성은 항상 지속적으로 동일한 시간에 화물을 전달할 수 있는 능력을 말한다. 운송의 일관성이 잘 유지될수록 필요한 납기(lead time)의 불확실성이 줄어들기 때문에 재고수준을 줄일 수 있다(11장 참조). 통제란 운송 전 혹은 도중에서 운송 과정을 변경할 수 있는 능력을 의미한다. 정보통신의 발전은 조종사 및 기사와의 커뮤니케이션 능력을 개선하여 운송 중 경로변경을 가능하게 함으로써 운송 발전에 큰 역할을 하고 있다.

Council of Logistics Management(CLM)에서 정의한 운송관리자의 직무 내용

많은 기업에서는 운송을 관리하는 운송관리자라는 직무가 있다. CLM이 정의한 운송관리자의 직무기술서를 요약하면 아래와 같다.

민간, 외부, 위탁운송의 효과적인 감독을 담당하며 운송의 수신 · 발신 일정과 비용효율성을 유지하기 위해 관련 직원과 운영을 관리한다. 보관, 적재, 운송을 위한 적절한 장비를 확보하기 위한 계획을 수립한다. 일정관리, 경로관리, 예산통제, 화물청구서관리, 계약협상을 주관한다. 국제물류의 경우 국제 운송업체와 공동으로 국경과 통관을 거치는 물품의 효율적 흐름을 달성할 책임이 있다.

핵심 직무

- 안전하고 적법한 방식으로 운영
- 선박 · 항공 · 차량 및 기관사 · 조종사 · 기사관리
- 계약에 관한 입찰 요청 · 평가 · 분석
- 계약의 평가 · 관리
- 예산 및 지출 통제
- 관세 유형별 대응 방안 및 운송경로의 설정

운송계획은 비용과 서비스수준 간의 상충관계(trade-offs)에서 절충안을 찾아야 한다. 운송의 총비용은 화물청구서(freight bill, 직접운송비에 해당함)상에 명시된 금액 이상이다. 또한 운송을 통한 수익을 계산해야 하는데, 어떤 경우에는 전 세계를 두루 거쳐서 화물을 운송하는 것이 비용상 효율적인 반면에, 반대의 경우에는 현지에서 직접 물품을 조달하거나 이것이 여의치 않으면 아예 그 물품의 조달을 포기하는 것이 더 효율적인 경우도 있다.

Emery Air Freight사가 Stanford Research Institute(SRI)에 의뢰하여 운송업체가 화물운송의 잠재고객을 파악할 수 있는 방법을 연구한 바 있다. 그 연구결과 제출된 유명한 보고서에 의하여 최저 총비용(lowest total cost)의 개념과 전체 기업 혜택(total company benefits)이라는 개념이 확립되었다. 이는 운송수단의 선택이 단순히 운송비용만을 기준으로 하는 것은 아니라는 점을 시사한다. 다시 말해서, 운송비용만을 기준으로 운송수단을 선택한다면 가장 저렴한 운송수단이 항상 선택되어야 할 것인데, 실제로 가장 비싼 항공운송의 이용률은 오히려 증가하는 경향이 있다. 이는 화주가 운송하는 특정 화물에 대해서 총비용과 혜택을 모두 고려하여 의사결정을 시행한다는 점을 의미한다. 항공운송은 가장 많은 비용이 소요되는 운송 방법이지만 어떤 품목의 경우에는 전반적인 혜택이 더 크다. 화물의 가치, 보험, 시간의 가치, 기타 사항을 고려해 볼 때, 비용이 많이 들어도 신속한 운송이 궁극적으로는 총비용 면에서 더 효율적인 경우가 많다.[10)]

10) 다양한 화물을 운송하는 최적의 방법을 찾기 위해서는 개별화물의 경제적 효과를 고려한 후에 전체적인 운송 네트워크를 검토하여 효율적인 운송수단을 선택하여야 한다. 3장에서 이미 설비의 입지와 네트워크 설계에 대한 개념을 소개하였다. 설비의 입지/네트워크는 쉽게 변경할 수 없는 장기적인 의사결정이므로 많은 물류 관련 의사결정의 가능한 대안들을 제한하는 주요 요인이다.

그림 7-1 운송에서의 규모의 경제와 거리의 경제

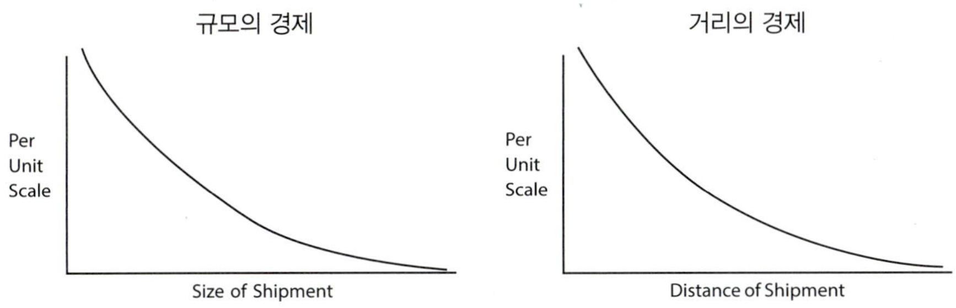

한 기업의 비용은 그 자체로는 그렇게 중요하지 않으며, 보다 중요한 것은 경쟁업체와의 비용격차이다. 경쟁업체보다 운송비가 적게 든다면 그 지역에서 그만큼의 경쟁우위를 확보할 수 있다. 경쟁우위는 더 높은 수익 마진을 창출할 수 있도록 하며, 높은 수익 마진은 가격인하, 판촉 등의 마케팅활동에서 더 큰 융통성을 발휘할 수 있도록 한다. 이론적으로 두 경쟁업체의 시장은 landed cost(최종 목적지에서의 물품가격)가 동일해지는 시점까지 확장된다. 여기에는 몇 가지 가정이 수반되는데, 그 중 가장 중요한 것은 제품 품질의 차이가 없다는 것이다. 위 이론에서는 운송비에만 초점을 맞추어 설명을 하고 있지만 실제로 한 기업의 경쟁력을 좌우하는 변수에는 여러 가지가 있다. 운송비가 많이 소요되는 중량이 큰 제품의 경우 운송비가 가장 큰 경쟁 요소가 된다. 그러나 백화점에서 찾아볼 수 있는 부피가 작은 소비재의 경우 제품의 품질, 브랜드 이미지 등과 같은 요소가 더 중요할 수도 있다.

규모의 경제(economies of scale)와 거리의 경제(economies of distance)는 운송에 있어서 핵심적인 원칙이다. 운송에서의 규모의 경제란 화물의 규모가 커질수록 단위당 비용이 감소함을 의미한다. 즉, 소규모 화물은 대규모 화물보다 일반적으로 단위당 비용이 높다. 거리의 경제란 화물이 운송되는 거리가 멀수록 단위 거리당 비용이 적어지는 것을 말한다. 즉, 운송거리가 길어질수록 킬로미터당 운송비용은 낮아진다.

운송에서 규모의 경제와 거리의 경제가 발생하는 이유는 운송에 수반되는 고정비용과 변동비용 때문이다. 기사의 임금, 연료 등은 대표적인 변동비용으로, 운송거리와 운송량에 따라 증가한다. 그러나 고정비는 일정하게 유지되기 때문에 운송거리와 운송량이 증가함에 따라 전체 비용에 대비한 고정비의 비중이 감소한다(고정비 배분, overhead cost allocation). 예를 들어, 트럭운송을 생각해 보자. 운송해야 할 물품(소화물)이 하나만 있다면 빈 트럭 한 대는 이 물품을 운송하기 위해 전용된다. 그러나 만약 트럭이 화물을 가득 적재하고 운송한다면 규모의 경제로 인해 단위당 비용은 감소한다. 이번에는 목적지까지 5km만 운행하는 트럭을 생각해 보자. 이 짧은 거리의 운송을 위해 하역비, 일정계획과 관련된 제반 행정비용 등이 유발된다. 이러한 비용은 대륙을 횡단하는 트럭운송의 경우와 비교해 볼 때 크게 다르지 않으므로, 대륙횡단 트럭운송은 거리당 고정비 배분이 상대적으로 적어질 수밖에 없는 거리의 경제를 보이게 된다.

규모의 경제와 거리의 경제는 기업물류에 중요한 시사점을 제공한다. 즉, 소규모 화주는 대규모 화주와는 다른, 보다 불리한 상황에 직면한다. 이들 소규모 화주의 운송계획 수립은 동일한 제품, 동일한 위치에서라도 대량 화주의 경우와는 근본적으로 다를 것이다. 예컨대, 대규모 화주는 통관 또는 화물운송 대행과 같은 관리기능을 사내에서 수행할 수 있으나 소규모 화주는 사내에 이러한 기능 부문을 상시로 운영할 만한 여력이 없으므로 외주하는 편이 더 효율적이다. 또 다른 예로, 기존의 차량보다 운송량이 11% 정도 큰, 286으로 알려진 새로운 궤도열차(rail car)가 있는데 이 궤도열차는 주로 대규모 화주가 이용한다. 소규모 화주의 경우 궤도차를 사용할 만큼 운송량이 충분하지 않기 때문에 기존의 용량이 작고, 단위당 비용이 높은 다른 열차를 사용할 수밖에 없다.

Lardner의 법칙

운송과 무역에서 제곱의 법칙(law of squares)으로도 알려진 Lardner 법칙에 따르면, 운송비가 반으로 절감될 때 상품이 공급될 수 있는 시장은 4배로 확대된다. 예를 들어, 반경 1km 이내 어느 곳이나 제품을 배달할 수 있는 공장이 있다고 가정해보자. 운송비가 반으로 감소된다면 반경은 두 배(즉, 2km 이내의 어느 곳이나 배달 가능) 증가하지만 동심원의 면적은 네 배로 확대된다(아래 그림 7-2 참조). 이와 같은 개념은 시간에도 적용될 수 있다. 운송속도가 두 배로 증가하면 같은 시간을 투입하여 배송할 수 있는 면적은 네 배로 확대된다. Lardner의 법칙은 이상적인 상황을 가정하고는 있으나, 운송비의 차이가 기업의 시장점유율에 상당한 영향을 미칠 수 있음을 보여주는 좋은 보기를 제공한다.

그림 7-2 Lardner의 법칙의 예

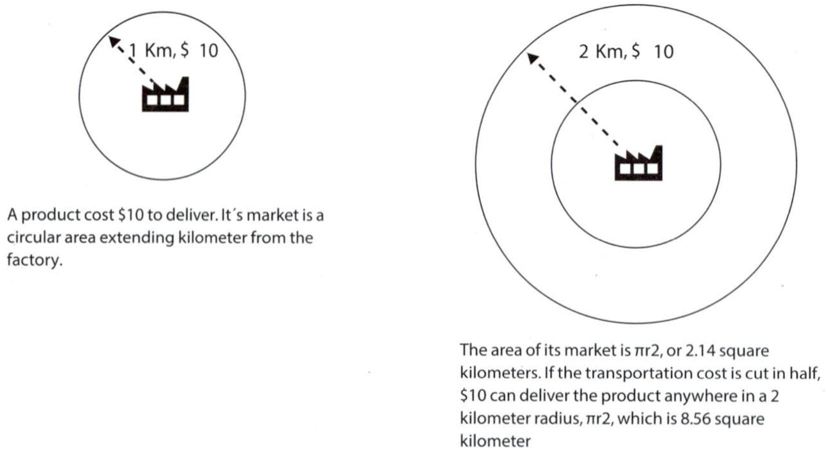

7.2 | 교역과 장비의 균형

교역과 장비의 균형(trade and equipment balance)이란 개념은 매우 단순하지만 그 개념이 효율적인 물류에 미치는 영향은 크다. 교역과 장비의 균형이란 거래 채널을 따라서 양방향의 화물·장비 흐름이 동일한 경우를 의미한다. 예를 들어, 유럽과 아시아 간의 교역의 경우, 주무역항로를 따라 아시아에서 유럽으로 이동하는 화물량과 유럽에서 아시아로 이동하는 화물량이 같은 경우 교역과 장비의 균형이 이루어졌다고 말한다. 기업 차원에서 아시아와 유럽 사이를 오가는 해운업체를 생각해 보자. 양쪽 방향으로 움직이는 화물량이 동일하다면 이 기업의 입장에서 교역과 장비의 균형이 이루어진 것이다.

그렇다면 이러한 균형을 이루는 것이 왜 그렇게 중요한가? 교역량이 균형을 이루면 운송 자산을 가장 효율적으로 이용할 수 있다. 즉, 양 방향 물동량이 같으면 선박, 항공기 등 운송장비의 가동률을 극대화할 수 있다(각 방향으로 운행에 필요한 운송장비가 최대한 적재된다는 것을 전제로할 때). 한쪽 방향으로 이동되는 물동량이 더 많은 경우에는 화물(과잉 수요분)이 적시에 운송되지 못하거나 운송장비가 최대 적재량을 채우지 못하고 운행되는 경우가 발생할 것이다. 이 두 가지 모두 비효율성으로 인한 비용이 유발된다.

그림 7-3 교역과 장비의 균형 및 불균형

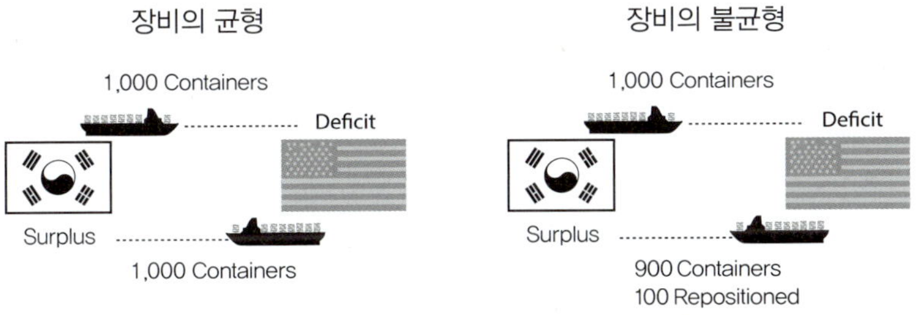

유지시스템(conservation system)으로도 알려져 있는 장비균형은 회계학 또는 물리학에서와 같이 투입과 산출이 균형을 이룰 때 발생한다. 유지시스템은 폐쇄시스템(closed system)이며 그 내부에서 교환되는 물품은 모두 내구재인 것으로 가정한다. 따라서 운송 과정에서 상당한 수준으로 소비되지는 않는다. 트럭의 경우 최대 가동능력 이하로 운행될 경우, 불균형의 문제는 해당 트럭의 가치 문제에 국한되지만 선박과 항공기의 경우 대형 자산이므로 최대한 효율적으로 활용해야 한다.

교역과 장비 운행상의 불균형이 야기하는 또 한 가지 문제는 복합수송용 컨테이너(intermodal

containers)의 운용과 관련된다. 컨테이너를 이용하는 화물의 교역량이 불균형을 이루게 되면 한쪽에서는 컨테이너가 남게 되고 다른 한쪽에서는 부족하게 된다. 따라서 부족한 편의 수요를 충족시키기 위해서는 여분이 있는 상대방으로부터 빈 컨테이너를 가지고 와야 한다. 이를 재포지셔닝(repositioning)이라고 한다. 그러나 빈 컨테이너를 이동시키기 위해서는 컨테이너 하역을 위한 항구 수수료(일반적으로 수백달러) 등의 비용을 추가로 부담해야 한다.

예를 들어, 미국과 한국 간의 컨테이너를 이용한 화물교역을 생각해보자. 일주일에 천 개의 컨테이너가 한국에서 미국으로 수송되고 똑같이 천 개의 컨테이너가 미국에서 한국으로 수송된다면 교역량이 균형을 이룰 것이다(앞에서 가정한 바와 같이 모든 컨테이너가 최대 용량으로 적재된다고 가정할 경우). 이 경우 컨테이너 천 개의 수송능력을 가진 선박이 있다면 양 방향으로 최대한 활용된다. 그런데 만약 미국 환율이 급등하여 미국 상품의 가격이 상대적으로 훨씬 낮아지게 되는 경우가 발생했다고 하자. 이 경우 매주 미국에서 한국으로 1,000개의 컨테이너가 수송되는 반면에 한국에서 미국으로 수송되는 컨테이너는 900개로 줄었다면 교역상의 불균형이 발생하는 것이다. 미국으로 향하는 선박에는 100개의 컨테이너 공간이 비게 되므로 그만큼 선박 운영에서는 손실이 발생한다.

이제 한국으로 향하는 운송량이 컨테이너 1,000개 분량만큼 많은 경우를 생각해 보자. 미국에서 한국으로의 운송 수요가 많아지면 화물을 운송하고자 하는 고객이 원하는 때에 선박을 수배할 수 없게 될 것이다. 급박하게 운송되어야 하는 화물이 항구에 남아 있게 되면 이는 고객과의 관계에서 상당히 심각한 문제가 될 수 있다. 이때 한국에 100개의 유휴 컨테이너가 남아 있다면 운송업체는 자사의 비용으로 유휴 컨테이너를 임대하여 필요한 곳으로 재배치할 수 있다.

실제 현실에서는 상황이 이보다 훨씬 더 복잡하다. 위의 예에서는 두 항구 간의 운송만을 가정했지만 실제로는 다수의 항구 간에 교역이 동시에 발생한다. 두 개의 항구 간 교역이 균형을 이루지는지를 측정하는 일은 가능하지만, 이와 같은 경우에 운송업체의 입장에서는 그 여부가 중요한 것이 아니다. 그보다 더 중요한 것은 특정 항구 또는 지역이 전반적으로 균형을 이루고 있는지의 여부이다. 따라서 운송업체는 특정 지역의 입항과 출항 물동량이 균형을 이루고 있는지 지속적으로 관찰해야 한다. 만약, 불균형적 흐름이 발견되면 이러한 흐름의 원인이 되는 항구를 파악한다. 실제 상황에서는 이러한 불균형이 수시로 발생한다. 이러한 불균형을 파악하는 목적은 각 교역경로별로 균형을 이루기 위한 것이 아니라 전체 흐름의 균형을 달성하기 위한 것이다.

교역불균형에 의해 가장 직접적인 영향을 받는 것은 바로 가격이다. 여기서 가격이란 화물 자체의 가격이 아니라 운송서비스 가격을 의미한다. 특정 항구에서 빈 컨테이너를 지나치게 많이 보유하고 있다면 출항하는 화물보다 입항하는 화물이 많다는 것을 의미한다. 이 경우 운송업체는 수출화물의 운송가격을 인하하고 수입화물의 운송가격을 인상할 유인을 가진다. 반대로 특정 항구에서 컨테이너가 부족하다면 이는 입항하는 화물에 비하여 출항하는 화물이 지나치게 많다는 것이다. 이때는 역으로 수입화물의 운송가격을 인하하고 수출화물의 운송가격을 인상해야 할 것이다.

그림 7-4 **보다 현실적인 교역과 장비의 균형 시나리오**

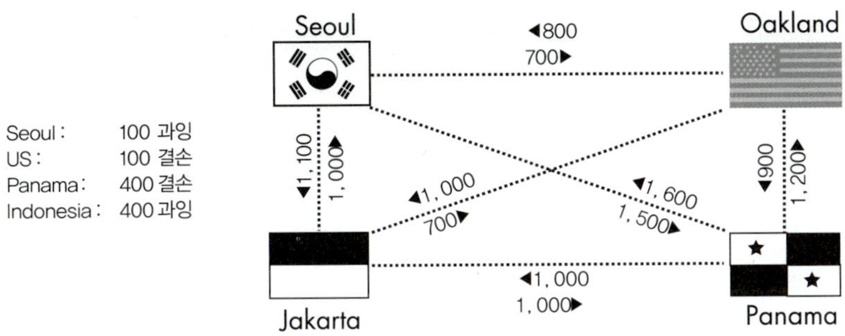

만약 운송업체가 한쪽 방향의 화물 운송가격만 조정할 수 있다면 수입화물 운송가격을 조정하는 것이 효과적인가 아니면 수출화물 운송가격을 조정하는 것이 효과적인가? 이를 결정하기 위해서 고려해야 할 몇 가지 사항이 있지만 일단 상황에 따라 다른 선택을 하는 것이 최선일 것이다. 화물선이 커서 한쪽 방향으로는 컨테이너를 적재할 수 있는 빈공간이 남은 채로 운항하고 반대 방향으로는 화물선이 최대 용량까지 적재한 상태에서 운항된다고 가정해 보자. 만약 한쪽 방향으로의 운송가격만 조정할 수 있다면, 최대 적재량을 운송하는 방향의 운송가격을 인하하는 것이 아니라 최대 적재량 이하로 운송되는 방향의 가격을 인하해서 선박을 가득 채우도록 해야 한다. 선박 또는 항공기와 같은 고가의 대형 자산을 이용할 때 염두에 두어야 할 것은 이들 자산을 최대 가용능력까지 이용하는 것이 가장 경제적이라는 점이다.

가격조정을 통한 불균형 해소방식에서 또 하나 고려해야 할 점은 고객의 가치다. 장기고객(long-term customer)에게 적용되는 가격을 인상하는 것은 단기적으로는 도움이 될 수 있어도 바람직하지 않은 방법이다. 문제는 이들 고객이 수입업체인 동시에 수출업체인 경우가 종종 있어서 우선고객(favored customers)에게 영향을 미치지 않고 가격을 인상할 수 있는 방법이 없다는 것이다.

가격조정 외에도 교역불균형을 해소하는 또 다른 방법은 운송능력(transport capacity)을 조정하는 것이다. 이러한 조치는 전략적 함의를 가진다. 예를 들어, 2~3대의 선박 또는 항공기를 운항하는 업체가 그 중 한 대를 다른 지역으로 배치할 수 있다. 그러나 이러한 조치는 1주 또는 1개월에 거친 불균형을 해소하기 위한 방안이 아니라 장기적인 불균형을 해소하기 위한 것이다. 유럽에서는 한 때 과잉 운송능력으로 인해 화물운송료가 매우 낮게 유지되었다. 그런데 사실 이러한 문제는 아시아 시장의 많은 화물 수송기가 아시아 경제위기로 인하여 대서양으로 재배치되었기 때문에 발생한 것이었다.

그림 7-5 교역과 장비의 불균형을 해소하기 위한 가격정책

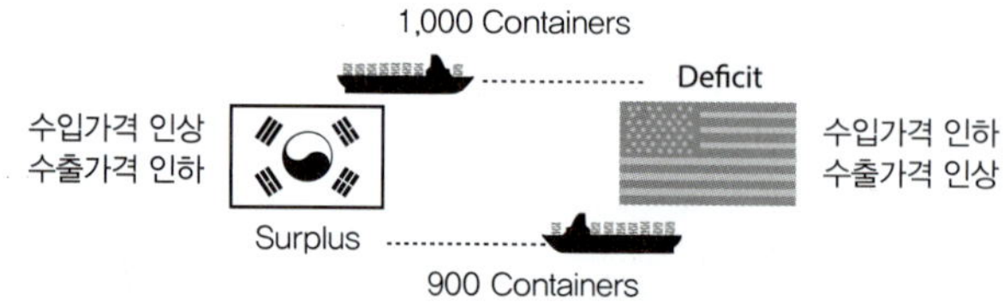

앞의 예에서는 컨테이너를 이용한 화물운송의 경우를 중심으로 설명하였다(그러나 교역과 장비불균형은 다른 운송수단, 화물, 여객수송에서도 자주 관찰된다). 컨테이너를 이용한 운송업체는 다양한 고객사를 상대하므로 교역균형을 회복하는 여러 방법을 보유하고 있다. 일반적으로 컨테이너를 이용하여 화물을 수입하는 국가는 컨테이너를 이용하여 화물을 수출한다(일반적으로 다른 종류의 화물임). 그러나 유조선은 극단적인 불균형의 전형적인 사례이다. 유조선은 단 한 가지 제품, 즉 석유만을 운송한다. 유조선은 전세계 산유지에서 출발하여 석유가 소비되는 대도시 지역으로 운항하며 이와는 반대 방향으로 돌아오는 화물은 없다. 즉, 석유 수출국은 석유를 수입하는 일이 거의 없기 때문에 유조선은 최대 적재량을 싣고 출항하여 귀항할 때는 빈 상태로 운항한다. 이는 곧 수익성을 유지하기 위해서는 석유 운송비용뿐만 아니라 빈 상태로 귀항할 때의 운송비용까지 감안해야 함을 의미한다. 결국 교역불균형에 따른 비용으로 인하여 유조선의 반쪽 운항은 수익을 창출하지 못한다. 반면에 양 방향으로 최대 적재량을 싣고 운항하는 컨테이너 화물선에서는 수익창출의 기회가 더 크다.

교역균형에는 계절적인 변동(seasonal variations)도 있다. 여름에는 일반적으로 운항 실적이 저조하다. 즉, 여름에는 최대 적재량을 채우지 못하고 운항하는 경우가 많다. 가격조정을 통해 실적 향상을 꾀할 수는 있으나 전반적으로 수요가 부족한 상황에서 보다 많은 화물을 유치하는 것은 쉬운 일이 아니다. 운송능력을 조정하는 방법도 있으나 하절기의 침체는 전세계적인 현상이라 장비를 다른 지역으로 배치하는 것도 큰 효과를 기대하기는 어렵다. 이러한 계절적 변동은 여객 항공운임에서도 관찰된다. 하절기에 San Francisco에서 Paris까지의 항공운임은 약 1,100달러인 반면에, 파리가 춥고 비가 많이 오는 동절기에는 약 800달러로 하락한다. 반면, San Francisco에서 New York까지의 노선은 계절에 따라 여객 수의 변화가 거의 없으므로 운임 또한 큰 변화가 없다. San Francisco와 New York 간의 여객 중 일부는 관광객이지만 대부분은 비즈니스 목적의 여행객이므로 날씨나 계절에 큰 영향을 받지 않는 것이다.

운송업체는 마케팅 측면에서 장비균형의 문제를 어떻게 해결하는가? 유조선을 제외하고는 개별화주가 전체 상황에 영향을 미치기는 어렵다. 그렇기 때문에 가격 변화가 모든 고객에게 적용되는 것이다. 한편, 화주는 컨테이너가 남아도는 항구에서 출발하는 경로 또는 컨테이너가 부족한 항구로 향하는 경로를 이용함으로써 비용절감의 기회를 포착할 수 있다. 무역업체는 수익이 기대되는 곳이면 전세계 어디로든 화물을 운송하므로 이러한 장비불균형을 이용할 수 있다. 한 번은 미국해운협회(shipping council)에서 화주에게 왕복 운송계약을 제의한 적이 있었다. 해운협회는 운송업체로부터 더욱 저렴한 가격을 제공받고자 하는 다수의 화주로 구성된 단체이다. 이 협회는 운송업체에게 수출화물과 동일한 물량의 수입화물을 운송할 것임을 명시한 계약조건을 제안했다. 이러한 제안은 태평양 지역에 심각한 불균형이 초래되었던 아시아 경제위기 시점에서 이루어진 것이다.

장비불균형을 해소하는 또 다른 보편적인 방법은 컨테이너 풀(container pools) 또는 샤시 풀(chassis pools)을 구축하는 것이다. 컨테이너와 샤시는 남은 곳에는 쌓여 있고 부족한 곳에서는 수배하기 어렵다. 그러나 모든 업체가 같은 상황에 직면하는 것은 아니다. 아마도 특정 항구에서 어떤 업체는 과잉을 또 다른 업체는 부족을 경험할 것이다. 이와 같이 운영상태와 지역별 차이가 상이하기 때문에 풀에 참여하는 업체는 장비를 공유하기도 한다. 또한 어떤 경우에는 균일하게 분배하기도 하고, 빌리고 빌려준 뒤, 월말 또는 분기말에 결산을 통해 차액을 정산한다. 컨테이너와 샤시는 전세계적으로 풀을 구성하는 가장 보편적인 장비이다. 그렇지만 다른 장비에 대해서도 풀을 구성할 수 있는데, 상대적으로 가격이 저렴한 팔레트(pallet)도 특정 지역 내에서 풀로 운영된다.

7.3 | 운송수단의 선택과 운송관리

운송업체와 화주가 함께 일을 하는 데 있어서 화주의 역할은 원활한 물류 운영의 중요한 요소이다. 본 절에서는 다양한 운송수단(transportation mode)과 운송수단별 주요 특징, 화주와 운송업체와의 공동작업 등을 살펴본다.

운송수단, 운송업체의 선택과 같은 운송 관련 의사결정은 화물(cargo), 화주(shippers), 운송업체(carriers), 수탁업체(consignees)의 네 가지 기능 부문을 근간으로 한다. 화주는 운송 전반을 결정하는 주체이며 운송방식에 대한 영향력도 크다. 그러나 화주의 선택의 폭은 화물, 운송업체, 수탁업체에 의해 제한된다. 화물의 특징은 운송수단을 포함하여 최적의 운송방식을 결정짓는다. 수탁업체는 구매 시 운송방식을 선정할 때 영향을 미친다.

운송형태와 지배권(transportation ownership)

- 전용운송(private) : 화주가 운송수단을 소유함
- 계약운송(contract) : 화주가 운송수단을 소유하지는 않지만 특정 기간동안 통제하고 운영함. 기본적으로 리스(lease)와 같은 성격
- 일반운송(common) : 화주는 운송을 이용하는 많은 고객 중의 하나임. 일반운송은 운송규제(regulation)와 관련하여 제도적 · 법적 제한을 받음

세 가지 운송형태인 전용(private), 계약(contract), 일반(common) 운송업체 중 하나를 선택하는 의사결정은 여러 가지 요인에 영향을 받지만 가장 중요한 요소는 역시 화주의 입장과 리스크 수용수준이다. 화물량, 출발지, 최종 목적지, 운송 시기 등이 안정적인 경우에는 전용 또는 계약운송이 가장 비용효과적일 가능성이 높다. 예를 들어, 근시일 내에 별다른 변화 없이 동일한 출발지에서 동일한 목적지로 물품을 운송하는 기업은 트럭을 선호할 것이다. 석유회사와 같이 선박을 운영하는 기업도 있을 수 있다. 유리 제조업체도 선박을 구입하여 운행할 만큼 운송이 안정적일 수 있다. 전용운송은 일반적으로 사내 운송, 즉 동일 기업 내의 시설 간 이동에 활용된다. 언제든지 공급업체를 교체할 수 있는 고객과 공급자 사이의 운송보다는 사내운송이 더 안정적이기 때문이다.

운송업체의 특징이 고려해야 할 하나의 축이라면 화물의 특징은 또 다른 축을 구성한다. 앞 장에서 운송경제에 영향을 미치는 요소에 대해 언급한 바 있다. 이들 요소는 화물운송을 결정짓는 요소와 유사하다.

- 규모(size) : 각 면의 면적(dimensions)과 전체 부피(volume)
- 중량(weight) : 화물의 절대중량
- 밀도(density) : 규모와 중량을 함께 측정하는 방법
- 적재가능성(storability) : 위의 세 가지 요소는 적재가능성에 영향을 미침. 매우 무거운 큰 물품 하나는 중간 크기의 물품 몇 가지보다 적재가 어려움. 다수의 가벼운 물품은 취급이 쉽지만 많은 수작업을 요함
- 취급(handling) : 어떤 화물에는 손잡이 또는 다른 운반도구가 부착되어 있지만 그렇지 않은 경우도 있음. 살아 있는 동물은 취급이 어려운 화물의 좋은 사례임. 컨테이너 화물은 취급이 매우 용이하여 국제교역에서 많이 활용됨. 급속한 성장을 보이는 냉장화물은 특별한 취급이 필요함

- 책임(liability) : 손상 또는 분실가능성에 대한 대비와 보상비용. 도난 또는 손상이 쉬운 화물로 가전제품과 신선한 과일을 들 수 있음. 폐휴지와 같은 물품은 이러한 문제가 없음
- 위험물품(dangerous goods) : 위험하다고 생각되지 않는 많은 물품이 실제로 운송 중에는 위험할 수 있음
- 특별서비스 요구사항(special service requirements) : 어떤 화물은 특별한 니즈를 요함. 예컨대, 젓소가죽은 용액에 담겨진 채로 운송되어야 하며 살아 있는 동물은 운송 중에 먹이를 줘야 함 등

화주는 자사의 비즈니스 니즈, 화물의 특징, 운송수단의 특징 등을 고려하여 운송업체를 선정한다. 최근에는 파트너십 구축 및 업체 간 장기적 관계 수립에 대한 관심이 높아지고 있다. 이러한 관계구축을 통해 리스크를 완화할 수 있으며 효율적인 공동작업을 모색할 수 있다. 10장에서 소개되는 중개업체(intermediaries)의 역할은 이러한 이슈와 관련된다.

운송업체에는 다양한 유형이 있는데 가장 저렴하고 부피가 큰 화물은 벌크(bulk) 화물선이나 기차를 이용하는 반면에, 고가의 가벼운 화물은 항공운송을 이용한다. 그림 7-6은 주요 운송수단을 보여주며 각 운송수단이 어떠한 범주에 속하는지도 보여준다. 그렇지만 이것은 일반적인 예일 뿐이며 실제로는 운송수단 간에 중복되는 부분도 많다. 예컨대, 벌크화물은 대양을 횡단하는 경우에는 선박을 이용하고 대륙을 횡단하는 경우에는 기차를 이용할 수 있다.

그림 7-6 운송수단의 선정

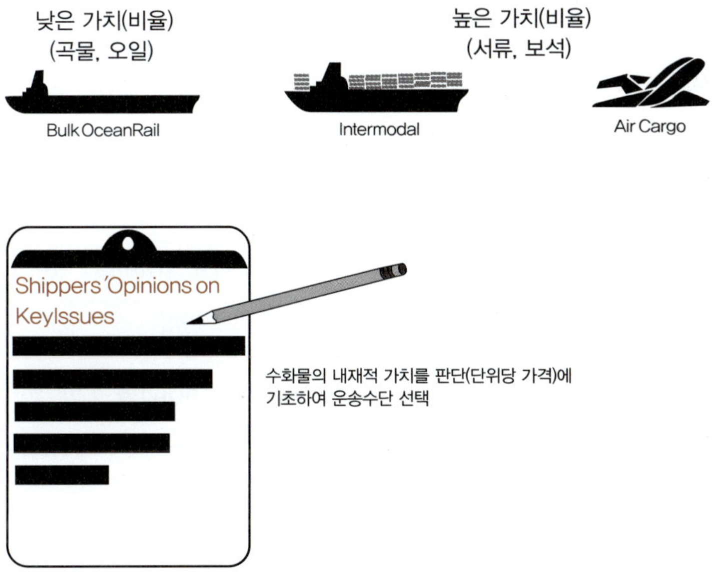

각 기업은 운송업체 선정과 관련된 나름대로의 정책을 갖고 있다. 이러한 정책은 명확하게 정의되고 문서화되어 있어야 하지만 많은 기업이 그렇지 못하다. 기업이 운송업체를 선정하는 방식과 운송업체와의 관계 구축 · 유지 방법은 많은 물류 관련 연구에서 중요하게 다루어지고 있다.

특별서비스와 운송상태에 대한 실시간 파악 등과 같이 화주가 운송업체에게 요구하는 대상과 범위가 점점 확대되고 있다(물류와 관계된 운송의 정보시스템적 측면은 12장에서 다룬다). 어떤 화주는 화물에 대해 많은 정보를 요구한다. 특정 시점에 화물이 어디에 있는지를 알고자 하는 화주도 많다. 사실 운송업체가 제공하는 정보 중에 많은 부분이 화주에게 공개할 필요가 있는 정보인지에 대해서는 논란의 여지가 있다. 하이테크 운송업체의 임원인 Robert Glaviano는 화주는 픽업 시간과 납기만 알면 충분하다고 주장한다. 그 나머지 상세한 사항은 화주가 운송업체에게 일임해야 한다는 것이 그의 생각이다.[11)]

운송수단을 결정할 때 경쟁은 운송업체 사이에서만 발생하는 것이 아니라 상이한 운송수단 간에도 발생한다. 화주는 화물운송을 위해 선박을 이용할지 또는 항공기를 이용할지의 여부를 결정한다. 대륙을 횡단해야 할 경우, 육지를 우회하는 선박을 이용할 수도 있고 트럭, 철도, 또는 항공운송을 이용할 수도 있다. 다음에 이어지는 장들에서 볼 수 있듯이, 각 운송수단은 다른 운송수단과 경쟁한다. 어떤 화물 또는 어떤 시장은 한 운송수단만 가능할 수 있다. 예컨대, 중동에서 유럽으로 향하는 석유는 해상운송을 하는 것이 가장 경제적이다. 대양을 횡단하는 고가의 컴퓨터칩은 항공운송을 이용할 것이다.

상이한 운송수단 간의 흥미로운 경쟁 사례로서 미국의 철도산업과 트럭운송산업 간의 경쟁을 들 수 있다. 대부분의 경우에 주간(interstate) 트럭운송량이 증가하면 철도운송량은 그만큼 감소한다. 이러한 이유로 철도업계는 트럭운송업계로부터 철도산업을 보호하기 위해 미국 정부를 대상으로 적극적으로 로비하고 있다. 철도업계의 강력한 주장으로 미국 정부는 트럭의 길이가 65 피트 그리고 중량이 8만 파운드 이상 되지 않도록 규정하고 있다. 철도업계는 트럭이 고속도로 사용료를 충분히 납부하지 않고 있는 반면에 열차는 전용철로를 사용하면서도 훨씬 더 많은 연료세(fuel taxes)를 납부하고 있다고 주장한다. 유럽에서는, 미국에서는 허용되지 않는 중량이 큰 트럭이 많이 운행되고 있다.

운송업체가 수요의 불균형을 해소할 수 있는 방법 중의 하나는 합리화(rationalization)를 통한 것이다. 합리화를 위해서는 경쟁관계에 있는 기업의 자산을 공유하기도 한다. 이는 고객서비스를 개선하거

11) Chris Barnett, "Shippers Say They Just Want to Know Pickup and Delivery," Journal of Commerce, Sept. 1, 1998, p. 6A.

나 비용을 절감하기 위한 것이다. 고객서비스 개선에 관한 모범적 사례는 컨테이너 운송업체가 타업체 선박의 공간을 공유하는 해양운송에서 찾아볼 수 있다. 예를 들어, 주 1회 Singapore을 떠나 Hong Kong으로 출발하는 일곱 개의 운송업체가 있다고 가정해보자. 이들 업체가 모두 선박을 공유한다면 각 업체는 실제로 주 1회가 아니라 매일매일 고객에게 서비스를 제공할 수 있을 것이다. 또한 두 개의 운송업체의 선박 두 대가 각각 화물을 최대 적재량의 반만 적재한 채 운항을 하는 경우에는 선박 공유를 통하여 한 대의 선박으로 통합하여 운송하면 자산을 보다 효율적으로 이용하고 비용을 절감할 수 있게 된다.

운송업체 선정의 기준들

운송업체에 대한 화주의 의견을 조사한 한 설문결과에 따르면, 가격이 가장 중요한 요소이기는 하지만 유일한 요소는 아니라는 사실을 알 수 있다.[12)]

항목	비율
• 가격(price)	31%
• 적시배송(on-time delivery)	22%
• 고객서비스(customer service)	13%
• 문서의 품질 및 정확성(documentation quality)	13%
• 운송 추적(shipment tracking)	11%
• 글로벌 커버리지(global coverage)	5%

또한 화주가 아래 사항에 동의하는지에 대해서도 조사해 보았다.

항목	비율
• 운송업체별로 고유한 가치가 있다.	72%
• 가격만을 기준으로 운송업체를 바꾸고 싶지는 않다.	62%
• 가격을 위해 며칠 정도는 희생할 의향이 있다.	50%
• 기밀유지비용이 매우 중요하다.	48%
• 기밀유지가 가능하다고 생각한다.	29%

7.4 | 운송의 경제학(transportation economics)

운송산업을 생각할 때면 대형 선박, 비행기, 여타 대규모 운송수단에만 관심을 기울이게 된다. 또한 이러한 대형 운송수단은 그 자체로서 존재의 이유가 있다고 생각한다. 그러나, 실제로 이러한 운송수단

12) Journal of Commerce, Oct. 8, 1999, p. 1.

의 유일한 존재 이유는 비즈니스 니즈를 충족시키기 위한 것이다. 즉, 경제적 동기가 이러한 운송수단의 존재 이유가 되는 것이다. 이 절에서는 이러한 내용에 초점을 맞추어 물류 및 운송 수요를 경제적 관점에서 살펴보고, 가격이론을 도입하여 물류업체가 이러한 수요를 어떻게 충족시킬 것인가에 대해 설명한다.

가격은 다양한 사업목적과 규제목적을 달성할 수 있는 강력한 수단이다. 이러한 수단을 사용하기 위해서는 가격설정(pricing)을 위한 프로세스도 필요하다. 여기서는 요금(rate)과 가격(price)이 모두 동일한 의미로 사용된다. 운송업계에서는 요금이라는 용어가 많이 활용되지만 요금을 책정하는 과정(rate-making process)은 실제로는 가격설정과 크게 다르지 않다. 규제 측면에서 가격의 역할은 다른 장에서 더 상세히 설명될 것이다.

운송가격을 운송료(freight rates 또는 freight charges)라고 한다. 운임청구서(freight bill)도 이와 비슷한 용어인데 운임청구서는 일반적으로 개별 운송건에 대한 가격이 아니라 운송서비스 전반에 대한 청구서를 의미한다. 여타 업계에서와 마찬가지로 운송업체도 일반적으로 마케팅부서 내에 가격설정을 담당하는 부서가 있다. 국제운송은 운송료가 비용과는 상관 없이 물품에 따라 결정된다는 점에서 독특하다. 예를 들어, 컨테이너 운송업체는 컨테이너 안에 어떤 화물이 적재되느냐에 의하여 운송료를 결정한다. 컨테이너를 이용하여 병맥주를 운송하는 경우의 운송료는 컨테이너를 이용하여 나무상자(kegs)에 들어 있는 맥주를 운송하는 경우보다 더 비싸다.

위와 같은 가격설정 관행은 과거에 선박의 선장이 운송될 물품을 살펴보고 화주의 지급능력에 따라 가격을 조정하던 관행에서 비롯된 것이다. 값이 싼 건초를 운송할 경우 운송료는 매우 저렴했을 것이고, 금괴를 운송할 경우에는 매우 높은 운송료를 지급했을 것이다. 오늘날에는 운송료가 화물 가치의 일정 비율로 책정된다. 이는 화주가 이 정도의 가격을 부담할 수 있을 것이라고 예상하고 가격을 올릴 수 있는 세련된 방식임과 동시에, 높은 비용을 부담하는 고객이 낮은 비용을 부담하는 고객에게 보조금(subsidy)을 제공하는 효과를 가져오기도 한다.

또한 이러한 관행은 수익률관리(yield management)의 기본이 되기도 한다. 수익률관리란 운송업계를 비롯한 많은 업계(특히 서비스산업)에서 시행하는 기업정책으로, 고객당 수익을 극대화하는 것을 목표로 한다. 가장 대표적인 예는 항공권 판매에서 찾아 볼 수 있다. 같은 항공기의 옆좌석에 나란히 앉은 두 사람이 지급한 항공료는 상당히 다른 경우가 많다. 운송업체는 매우 다양한 변수에 따라 운임을 결정한다. 여행 직전에 항공권을 구입하거나 짧은 기간 동안 여행을 하거나 또는 주중에 항공기를 이용하는 사람은 그렇지 않은 사람보다 훨씬 비싸게 항공권을 구입하는 것이 관행이다. 이러한 항공권 구매자들은 일반적으로 비즈니스 목적의 여행객인 경우로, 회사에서 항공료를 대신 부담하기 때문에 가격에 민감하지 않다. 화물업계에서도 상황은 마찬가지이다.

그렇다면 수익률관리는 과연 정당한 것인가? 어떤 고객이 다른 고객보다 더 많은 가격을 지급하는 것이 공평한 것인가? 이를 이해하는 한 가지 방법은 고객 각자가 지급할 의향(willingness-to-pay)과 능력에 따라 지급한다는 것이다. 이 경우 더 높은 가격을 부담하는 고객은 (본인이 의도한 것은 아니지만) 더 낮은 가격을 지급하는 고객에게 도움을 주는 형태가 된다(소비자 잉여(consumer surplus)가 발생하는 원리를 생각하라).

가격설정 프로세스는 제휴 및 파트너십 동향으로 인하여 더욱 복잡해지고 있다. 운송료는 단순히 서비스의 질에 의해 결정되지 않고 전반적인 파트너십에 의해 영향을 받기도 한다. 이러한 파트너십에는 운송료를 상쇄할 수 있는 서비스 또는 상품교환 등이 포함된다. 특히, 파트너십을 통해 서비스계약이 많이 이루어지는데, 이는 서비스계약이 화주와 운송업체 간 협력관계 증진에 기여하기 때문이다. 제휴와 파트너십은 본서의 뒷부분에서 더 자세히 다루어 질 것이다. 여기서는 기초적인 가격설정 프로세스를 살펴보자.

다음은 가격설정에 있어서 몇 가지 주요 변수를 나열한 것이다. 여기에는 서비스 제공 비용, 서비스의 가치, 위탁업체의 운송비 지원능력, 전반적인 경제상황, 수요 · 공급동향 등이 포함된다.

1 서비스 제공 비용(cost of providing)

사업자별로 매우 다양한 형태의 비용구조(cost structure)를 보인다. 가격 변동 폭은 여러 가지 요소에 의해 제한되는데 그 중 하나는 규제이다. 또한 경쟁규칙(competition rules)이 가격상승 및 하락의 폭에 영향을 줄 수도 있다. 이는 가격을 설정하는 구체적인 규칙이 있다는 것을 의미하는 것이 아니라 어떠한 한도를 넘어서는 가격 변화에 대해서는 해당 업체가 합리적인 근거를 제시해야 한다는 것이다. 예를 들어, 어떤 업체 X의 가격이 경쟁업체의 가격보다 훨씬 더 비싸다면, 정부는 X에게 문제의 가격에 대한 정당한 근거를 제시할 것을 요청할 것이다. 만약 그 가격이 정당화되지 못하면 조정 대상이 된다.

2 서비스가치(value of services to customer)

기본적인 경제법칙 중의 하나는 거래를 함으로써 손실이 발생한다면 거래를 하지 않는다는 것이다.

즉, 어떠한 물품을 구매함으로써 최소한 그만한 가치를 얻을 수 있을 경우에만 그 물품을 구매한다.

3 위탁업체의 운송비 제공 능력(ability of the merchandise to support transport expense)

어떤 물품이 운송비를 감당하지 못하고 또한 운송서비스 없이도 수익성을 유지할 수 있다면 그 물품은 운송되지 않거나 일정 거리 내에서만 판매된다. 결국 운송비는 상이한 두 지역에서의 물품가격 차이보다 적어야 된다. 만약 운송비가 그 가격 차이보다 훨씬 더 적다면 많은 운송거래가 형성될 수 있다.

4 전반적인 경제상황(economic conditions in general)

전반적인 경제동향은 교역량에 영향을 미친다. 수요는 공급보다 훨씬 더 빠른 속도로 변화하는 경향이 있다. 경기침체기에 교역량은 급격하게 감소하나 선박이나 항공기는 이에 맞추어 줄일 수 없으므로 초과공급이 쉽게 발생한다.

그림 7-7 운송에서의 가격탄력성(price elasticity)

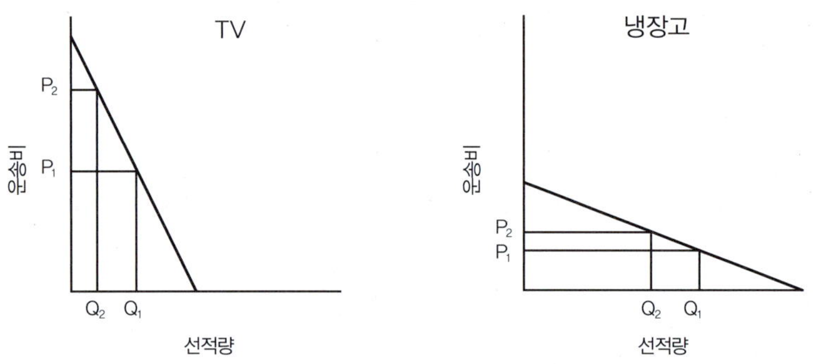

5 수요 · 공급 동향(supply and demand)

공급에는 특정 시장에서의 운송업체의 수, 운송수단의 종류 등이 포함된다. 예를 들어, 화물항공 시장에서의 공급이란 특정 경로의 화물 항공기의 대수와 총운송능력(total capacity)을 의미한다. 공급은 동일한 수의 운송수단의 가동횟수를 증가시킴으로써 일시적으로 확대될 수는 있다. 그러나 일반적으로 운송수단은 최대 운송능력까지 가동되는 것이 보통이다. 운송능력은 새로운 운송수단을 도입하거나 다른 경로에서 운송수단을 이전시켜옴으로써 확대시킬 수도 있다.

수요란 운송해야 할 화물의 총량을 의미한다. 수요량은 경기가 호전되어 전반적인 교역량이 증가할 때 확대된다. 또한 운송서비스의 경쟁구도 변화에 의해서도 영향받을 수 있다. 예컨대, 대형 화물 항공기를 도입할 경우 화물용 선박으로 운송될 수 있었던 화물을 유치할 수 있다. 공급과 수요의 관계는 지속적으로 변화하며 다양한 측면에서 상호작용한다. 가격의 변화가 수요를 증가/감소시킬 수 있으며(그림 7-7 참조) 수요의 변화가 가격인상 또는 인하 압력으로 작용하기도 한다.

운송료의 유형(rate types)

운송료의 두 가지 기본적인 유형에는 Class Rate와 Commodity Rate가 있다. 앞부분에서 상품 유형에 따라 운송료가 결정된다고 설명한 바 있으나 항상 그런 것만은 아니다. Class Rate는 모든 출발지에서 모든 목적지로 운송되는 건별로 운송료를 결정하기 어려운 경우에 적용된다. 즉, 가능한 운송료의 건수를 줄이기 위해 Class Rate 가 고안되었다. 예를 들어, 특정 지역에서 특정 지역으로 운송되는 모든 화물에 대해 1,000kg 증가할 때마다 운송료를 조정하면 운송료관리의 복잡성을 줄여서 적정한 건수의 운송료체계를 마련할 수 있다.

Commodity Rate는 앞에서 설명되었듯이 상품에 따라 차별적으로 결정되는 운송료이다. 특정 상품은 고유한 비용을 유발하기 때문에, 또는 단순히 시장환경으로 의해(예컨대, 고가 화물의 화주는 더 많은 비용을 부담할 의향이 있음)

Commodity Rate가 필요하다. 상품분류에서 FAK(Freight All Kinds, 품목 무차별운임)은 '상기한 항목 중 해당 사항 없음'을 의미하는 용어로 상품분류의 한 범주였는데, 9.11테러 이후 보안을 위하여 운임 유형에서 삭제되었다. 보안 및 사고 발생 시 손해배상 청구 등의 목적으로 화주는 컨테이너에 적재될 모든 품목에 대해 그 내용을 문서화하여야 한다.

특별운송료(special charges)

특별운송료는 다음과 같은 특별서비스가 필요한 경우 적용된다.

- 트랜짓 서비스(transit service) : 운송 중 화물 정박서비스. 예컨대, 반만 채워진 컨테이너가 운송 도중에 추가 적재를 위해 항구에 정박하는 경우
- 우회(diversion) : 운송 도중 다른 목적지로 방향 전환이 필요한 경우
- 재위탁(reconsignment) : 운송 중인 화물을 다른 위탁업체로 이관
- 분할운송(split delivery) : 화물을 분할하여 일부는 어떤 목적지에 그리고 나머지 일부는 다른 목적지로 운송할 경우
- 체선(demurrage/detention) : 컨테이너를 이용한 화물은 적재 및 하역을 위해 일정 시간이 필요함. 그러나 이보다 더 긴 시간 동안 정박해야 할 경우 이를 초과정박 또는 체선이라고 함
- 부대 비용(accessorial charges) : 환전수수료, 연료비 등을 포함. 이러한 비용은 특별 비용의 변동폭이 매우 큰 경우, 화주가 운임변동의 원인을 자세히 알고자 하는 경우에 적용됨

7.5 | 포장

포장(packaging)은 많은 관심을 받지 못하는 부분 중의 하나이다. 그러나, 포장은 마케팅적 측면, 안전하고 편리한 운송 등을 위하여 중요하다. 포장에는 세 가지 수준이 있는데, 소매(retail), 그룹(group), 운송(transport)이 바로 그것이다. 이 세 가지 수준 모두 판매촉진(promotion)과 보호(protection)라는 목적에 기여하는데, 특히 판매촉진은 거의 소매수준에서의 포장과 밀접히 관련된다. 그룹 및 운송수준에서의 포장도 판매촉진의 역할을 하지만 보통 내용물을 보호하는 것에 더 큰 우선순위를 둔다.

패키지(package)란 포장과 내용물을 의미하며 패키징(packaging)이란 저장기능을 위해 필요한 용기와 부속물(포장재 자체)을 의미한다. 또한 패킹(packing)은 포장 프로세스를 의미한다. 크기가 큰 산업재의 경우 포장을 위해서 특별한 기술이 필요하고 이러한 서비스만을 제공하는 업체도 있다. 이 분야의 한 전문가는 유수의 건설업체가 사전계획 없이 수출용 포장업체에게 자사의 물품 포장을 위탁하는 과정에서 공사일정이 지연되는 경우가 많다고 지적한 바 있다. 포장업체는 화물의 무게, 크기 등 화물에 대한 정확한 내용을 숙지하고 있어야 한다. 이는 여러 가지 제도적 · 법적 이유에서 필요하다. 운송업체가 이러한 정보를 제공하지 않으면 패킹은 지연되기 마련이며 결과적으로 전체 운송시간과 납기를 불필요하게 늘리는 원인이 된다.

포장재 위에 '통관(customs),' '보안(security)' 등의 표시가 법적으로 요구되는 경우가 많다. 이때 사용되는 언어는 상황에 따라 상이한데 출발지와 목적지의 국가 언어와 영어를 혼용하여 표기하는 것이 바람직하다. 상식적인 차원에서 볼 때, 포장에 관계된 마케팅 역할이란 최대한 매력적인 방법으로 모두에게 패키지 안에 무엇이 있는지에 대한 궁금증을 유발해야 한다. 그러나, 여기서 보안 및 안전상의 문제가 대두된다. 모든 사람이 특정 박스안에 고가의 제품이 있다는 것을 알게 된다면 그 박스는 절도 표적이 될 것이다. 이러한 이유에서 포장은 어느 정도 익명성(anonymous)을 유지해야 한다. 또한 위험한 물품은 포장과 물품표시에서 특별한 취급을 필요로 한다.

공급사슬도 포장과 관련 있다. 각 채널 구성원은 포장에 최소한의 비용만을 부담하고자 한다. 여기서 포장의 일차적인 목적은 제품 손상을 유발하지 않고 다음 채널 구성원에게 제품을 넘겨주기 위한 것이다. 이는 곧 각 채널 구성원이 자기에게 돌아오는 혜택이 없다면 포장과 관계된 추가비용의 부담을 피하려고 한다는 것을 의미한다. 이는 4장에서 살펴 본 바 있는 채널 리더십으로 해결해야 할 부분이다.

일반적으로 운송업체는 부적절한 포장으로 인한 손상에 대해 책임을 갖지 않는다. 미국의 경우 해상물품 운송법(Sea Act 1936)에서 '화주도 선박도 불충분한 포장으로 인한 손실 또는 손상에 대해 책임이 없다' 고 명시하고 있다. 그러나 운송업체는 종종 부적절하게 포장된 화물을 운송하는 도중에 포장으로 인한 손상이 발생할 경우, 포장이 부적절하다는 것을 증명하지 못하여 대신 책임을 지는 경우가 있다. 이러한 이유에서 운송업체는 포장에 관한 일정 기준을 마련하고 이러한 기준에 미치지 못하는 화물은 취급하지 않는다. 이는 우체국도 마찬가지이다. 포장이 일정 기준에 맞지 않으면 우편서비스 제공을 거부할 수 있다.

물류에 있어서 새로운 동향으로 환경친화적인 포장(environmentally friendly packaging) 그리고 저렴한 포장을 들 수 있다. 이 두 가지 모두 재활용 가능한 용기 또는 포장재 사용을 촉진하고 있다. 대부분의 자동차부품 공장은 재활용이 가능한 포장재로 포장된 자동차부품을 공급 받는다. 이 포장재는 자동차 부품제조업체로 다시 환수된다. 이러한 역물류(reverse logistics)에 대해서는 6장에서 이미 설명하였다. 생분해성(biodegradable) 포장재는 긍정적인 결과와 부정적인 결과를 모두 초래하기도 했다. 예를 들어, 밀짚 또는 목재와 같은 포장재는 자연적으로 분해되지만 해충 또는 설치류의 침입에 속수무책이다. 이러한 이슈의 사례는 아래 반입금지 팔레트(forbidden pallets)에서 소개된다.

팔레트는 주로 소규모 화물을 취급하기 위해 사용되는 금속, 목재, 또는 플라스틱 소재의 받침대이다 (8장 참조). 팔레트는 화물 취급(handling)과 관련된 많은 이슈들을 해결하는 좋은 수단이지만 비용이 저렴하지 않다는 단점이 있다. 팔레트를 이용하는 경우에 직면하는 가장 큰 문제는 팔레트를 회수하려는 노력에도 불구하고 통상적으로 회수가 용이하지 않다는 점이다. 이 문제에 대한 한 가지 해결책은 앞에서도 설명한 팔레트 풀을 이용하여 일단의 업체가 팔레트를 공유하는 것이다. 이용 비용과 회수의 어려움으로 인하여 팔레트는 국제운송에서는 제한적으로 활용된다.

반입금지 팔레트(forbidden pallets)

미국은 나무를 갉아먹는 딱정벌레가 유입될 수 있다는 이유로, 중국이 수출하는 상품에 대해 화학처리되지 않은 나무 팔레트를 사용하지 못하도록 규제하였다. 중국은 이러한 조치를 부당한 것이라고 강력히 항의한 바 있다. 이러한 종류의 팔레트에 대한 대안으로 플라스틱으로 만들어진 slip sheets라는 것이 제안되었는데 기존의 팔레트를 대체할 만한 성능을 보이지 못하고 있다. 일견 우습게도 보이는 이러한 규제는 사실 미국만의 문제는 아니다. 브라질도 자국의 울창한 삼림에 피해를 줄 수 있다는 이유로 원칙적으로는 팔레트의 반입을 금지하고 있으며, 반입될 경우에는 통관 과정에서 반드시 훈증소독(fumigation)할 것을 요구한다.

LEARNING CASE

디올에 루이비통까지 오른다고?…명품업체들 핑계 들어보니

하반기 명품 가격 인상기 온다. 디올 · 프라다 가격 최대 10% 올려
원자재 · 물류 비용 늘고 유로화 약세도 인상요인
다만 소비자 반응은 부정적. 리셀가 떨어지고 오픈런 사라져

코로나19 팬데믹(대유행)에도 견고하던 명품시장 열기가 차츰 식어가고 있다. 경기 침체와 인플레이션으로 수요가 둔화해서다. 해외 명품의 국내 가격이 올 하반기에도 크게 오를 것으로 보입니다. 이달에 들어서면서 몇몇 명품업체들은 이미 값을 올리거나 인상할 채비를 하고 있습니다. 명품업체들은 원자재 가격이 대폭 오른 데다 유로화 약세 현상이 지속되고 있어서 불가피하다고 설명합니다. 하지만 소비자들 사이에선 해외 명품 브랜드들의 가격 인상 주기가 신종 코로나바이러스 감염증(코로나19) 이후부터 지나치게 당겨지고 있다는 비판이 나옵니다.

31일 업계에 따르면 해외 명품 브랜드들의 가격 인상이 이어지고 있습니다. 이달엔 프랑스 명품 브랜드 크리스찬 디올이 가격 인상에 나섰습니다. 대표 제품인 레이디백, 카로백, 바비백이 10%나 올랐습니다. 디올은 올해 1월 가격 인상에 이어 반년 만에 추가 인상을 단행했습니다. 같은 달 이탈리아 명품 브랜드인 프라다도 일부 제품 가격을 5~10% 인상했습니다. 올해 들어 벌써 네 번째입니다.

샤넬이 입점한 서울의 한 백화점. /연합뉴스

명품 주얼리도 마찬가지입니다. 올 초에 인상을 단행했던 예거 르쿨트르는 6월부터 주요 제품 판매가격을 3~4% 인상했습니다. 랑데부 클래식의 경우 900만원 후반에서 1020만원으로 올랐습니다. 명품 시계 3대장으로 불리는 '롤오까(롤렉스 · 오메가 · 까르띠에)'도 마찬가지입니다.. 오메가는 지난 3월 대표 제품 중 하나인 문워치를 20만원가량 올린 데 이어 지난달 금시계 전 기종 가격을 3%가량 인상했습니다.

하반기 중 인상을 예고한 명품 브랜드들이 많습니다. 에르메스 · 샤넬 · 구찌 등 대다수 유럽 기반 명품 브랜드들은 유로화 가치가 하락하며 악화된 수익성을 가격 인상으로 대응한다는 전략을 검토 중입니다. 코로나19에 따른 수요 폭발로 촉발된 명품 가격 인플레이션이 하반기에는 더욱 커질 것이란 전망입니다.

코로나19 이후 명품 업체들의 가격 인상은 유례없이 잦아졌습니다. 과거 1년에 1~2차례 인상을 했던 것과 달리 가격인상 횟수가 4~5차례로 많아지고 있다는 분석입니다. '오픈런'의 원조인 샤넬은 코로나19가 유행한 지난 2년간 9차례나 가격을 올렸으며 루이비통도 코로나19 이후 총 8차례 가격을 인상했습니다. 프라다 · 디올 등도 비슷한 수준입니다.

명품업체들이 가격을 올리는 이유는 '비쌀수록 잘 팔린다'는 역설에 있습니다. '갖기 어려울수록 더 갖고 싶은' 심리를 이용합니다. 특히 한국과 중국 등 아시아 시장에서 명품 수요가 크게 늘자 가격 인상이 쉬워졌습니다. 게다가 최근에는 유로화 약세와 원자재 상승 등 원인도 더해졌습니다. 러시아의 우크라이나 침공 여파로 유로존 경기 침체 우려가 커진 결과입니다. 앞서 필리프 블론디오 샤넬 최고재무책임자(CFO)는 로이터통신 인터뷰에서 "유로화 약세에 따른 인플레이션에 대응하기 위해 다음달 제품 가격을 인상할 수 있다"고 말한 바 있습니다. 유럽 정세 불확실성이 계속되는 만큼 유로화 약세도 지속될 수밖에 없어 올 하반기부터 내년 상반기까지 명품 가격 인상이 계속될 것이란 분석이 나옵니다.

올들어 급락한 명품주
(단위: %)

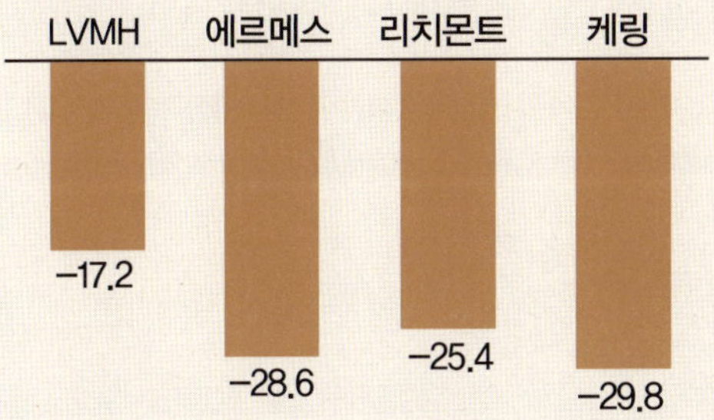

※ 14일 종가 기준 자료: 야후파이낸스

거품 꺼진 파텍 필립 노틸러스 중고가
(단위: 만 달러)

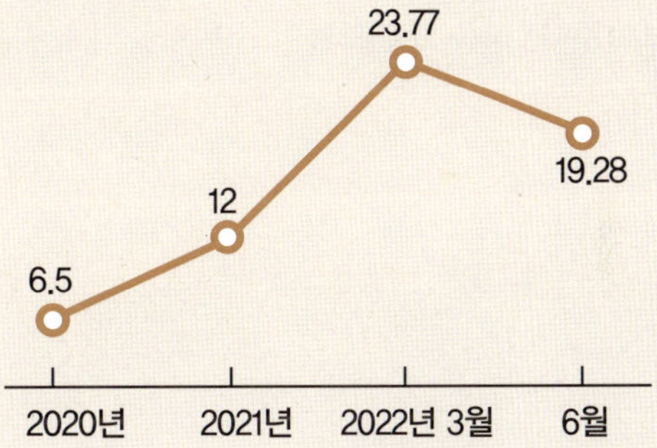

자료: 블룸버그, 크로노24

다만 국내 명품 수요 성장은 예전같지 않다는 게 업계 평가입니다. 코로나19 엔데믹(감염병 풍토병화)으로 해외여행이 본격 가시화하면서 소비가 분산되는 모양새입니다. 2년여간 반복된 인상과 그에 따른 오픈런 현상이 소비자들의 피로감을 키웠습니다. 큰 돈을 쓰면서도 오픈런에 불친절한 서비스까지 감내해야 하는 상황이 되레 명품 가치를 추락시켰다는 것입니다.

한 명품업계 관계자는 "올해 들어 주요 명품들의 리셀가가 하락하고 매장을 찾는 고객이 예년보다 눈에 띄게 주는 등 시장이 지난 2년만큼의 성장률을 유지하긴 힘들 것으로 판단하는 시각이 많다"고 전했습니다. 실제 주요 백화점의 명품 매장들은 인상 소식에도 불구하고 대기 행렬이 길지 않습니다. 가장 오픈런 현상이 강했던 샤넬 마저 방문 1시간 내로 어렵지 않게 입장하는 분위기입니다.

상황이 이렇게 되자 인상을 했다가도 고객 반발에 부딪혀 다시 가격을 내리는 브랜드도 나왔습니다.

서울 시내 샤넬 매장 진열창 모습. /연합뉴스

이달 초 프라다는 가격을 크게 올린 후 몇몇 제품 가격을 다시 인하했습니다. '바이커백'이라 불리는 '리나일론 및 사피아노 가죽 숄더백은 미디움 사이즈는 237만원으로 인상됐다가 직전 가격인 221만원으로 다시 인하됐습니다. '테수토 호보백'으로 불리는 '프라다 리에디션 사피아노 가죽 트리밍 리나일론 숄더백'도 224만원으로 올랐지만 216만원으로 조정됐습니다.

업계 한 관계자는 "자칫 인상을 했다가 판매량이 떨어지거나 소비자들 사이에서 부정적 기류가 감지되니 가격 조정에 앞서 반응을 살피는 브랜드들이 많다"며 "운송비 · 물류비 증가와 환율 하락에 따른 가격 인상 압박 등에도 샤넬 등 주요 브랜드들이 예년과 달리 인상 시점을 고민하는 모양새가 이 같은 분위기를 보여준다. 명품 브랜드들이 소비자들의 눈치를 살피기 시작한 셈"이라고 분석했습니다.

한국경제신문 기사 편집(2022. 7. 31.)
https://www.hankyung.com/life/article/202207293355g

복합수송과 항만 및 공항

INTRODUCTION CASE

한국철도, 한국 머스크와 철도물류 활성화 MOU 체결

LEARNING CASE

유럽 돌아가는 대신 러 · 이란 · 인도 직통운송로 INSTC 시동

Chapter

08

INTRODUCTION CASE

한국철도, 한국 머스크와 철도물류 활성화 MOU 체결

철도물류 확대 및 탄소저감 협력... 국제 복합물류운송체계 공동구축

한국철도공사(코레일)가 28일 서울 용산구 한국 머스크 본사에서 철도물류 활성화를 위해 한국 머스크사와 업무협약을 체결했다고 밝혔다.

머스크(A.P. Moller MAERSK)는 세계최대 글로벌 컨테이너 통합 물류 회사다. 130여 개 국가에서 10만 명의 직원들이 고객의 공급망을 연결하고 있으며 전 세계 42개국 67개 항만 터미널을 운용하고 있다. 이번 업무협약은 철도를 통한 화물 수송 확대를 위해 상호 협력하고 중장기적으로 국제 철도 시대를 대비한 해륙 복합운송체계를 만드는데 힘을 모으기 위해 마련됐다. 코레일은 △철도인프라 활용 협조 △안정적 수송체계 구축 △철도수송량 증대를 통한 탄소저감에 협력하기로 했다. 한국 머스크는 △화물수송에서 철도화물 확대 △국제적 해륙 운송망 활용 △탄소저감을 통한 지속가능한 운송체계 등을 갖추는데 뜻을 모으기로 했다. 이번 협약을 바탕으로 향후 철도와 선박 간에 화물수송이 바로 연결되는 '인터모달(Inter-modal) 원스톱 운송체계'를 구축해 철도화물 수송분담률을 높이고 저탄소 물류 교통체계에 이바지할 것으로 기대된다.

애담 파머 한국 머스크 대표는 "이번 협약으로 고객에게 안정적이고 효율적인 물류서비스를 제공할 것으로 기대한다"며 "2040년 탄소제로 달성을 위해 코레일과 지속적으로 협력하겠다"고 말했다. 김종선 코레일 물류사업본부장은 "두 기관의 물류네트워크를 최대한 활용해 철도화물 수송량 확대에 힘쓰겠다"며 "장대화물열차 도입 등 물류혁신을 통해 경영개선에 더욱 박차를 가하겠다"고 밝혔다.

Korea IT Times 기사 편집(2022. 7. 28.)
http://www.koreaittimes.com/news/articleView.html?idxno=114836

복합수송은 영어로는 'inter'와 'mode'의 합성어인 intermodalism으로 불리우기 때문에 수송수단(mode of transportation)이라는 개념과 혼동될 수도 있으나, 수송수단을 지칭하기보다는 가장 효율적인 방법으로 종합적으로 구성된 수송체계를 지칭하는 것으로 보는 것이 정확하다. 복합수송은 수송체계에 있어서 가장 진보된 형태로, 국제물류에 있어서 핵심적인 사안 중의 하나로 자리잡았다. 이 장은 국제물류에서 그 중요성이 증가하는 복합수송에 대한 소개와 그것이 전체 물류체계의 성능에 미치는 영향으로 구성된다.

8.1 | 복합수송이란 무엇인가?

복합수송은 효율적이고 효과적인 상품배달을 위하여 서로 다른 수송수단을 동시에 이용할 때 이들을 통합적으로 조정 · 관리하는 방식 및 시스템으로 정의된다. 이는 지난 20세기에 들어 국제물류의 역사상 가장 혁신적인 진보 중의 하나로 평가된다. 이 개념에서 중요한 것은 단순히 여러 수송수단을 사용한다는 점이 아니라, 다양한 수송수단이 서로 조화롭게 통제되어 마치 하나의 수송수단을 이용하는 것처럼 일사불란하게 운용되어야 한다는 점이다. 즉, 전체는 부분의 합보다 크다는 전형적인 시스템적 관점(system thinking)이 여기서도 핵심적인 역할을 한다. 그러나 아직까지도 복합수송은 다수송수단 하에서 통제된 배달을 위한 복합컨테이너(intermodal container) 활용법 정도로만 인식되고 있는 것이 사실이다.

복합수송의 역사는 1956년으로 거슬러 올라간다. McLean Trucking 회사는 제2차세계대전 당시의 화물선박을 개조하여 Ideal X라고 불리는 특별한 선박을 설계하였는데, 58개의 트레일러 트럭을 싣고 New Jersey주 Newark로부터 Texas 주 Houston으로 시험운항에 성공하였다. 이 실험의 성공으로 복합수송에 대한 이득은 명확히 밝혀지게 되었다. 1958년에 Matson이라는 운송회사는 미국 서부와 하와이를 연결하는 복합운송을 시작하였다. 이듬해에는 California Alameda 항구에서 복합수송을 위한 크레인이 설치되어 가동되기 시작했으며, 이후 전세계적으로 복합수송이 활발히 도입되기 시작하였다.

복합수송과는 달리 다양한 수송수단이 서로 간에 조정을 거치지 않고 활용될 수 있다. 예를 들어, 화주가 트럭회사와 개별적으로 계약을 맺음과 동시에 화물선박회사와도 독립적으로 계약할 수 있다. 이와 같은 경우에는 트럭회사와 선박회사는 화물운송을 위해 별다른 조정 과정을 거칠 의무가 없게 된다.

이러한 상황을, 위에서 설명한 의미로서의 복합수송과 구분하기 위하여 다수송수단(multimodalism 또는 multimodal transportation) 방식이라고 부를 수도 있겠다. 그러나 아직까지도 많은 문헌과 자료에서 multimodal transportation을 복합수송과 크게 구별하지 않는 경우가 많다. 이러한 이유로 본서에서는 복합수송이라할 때 multimodal transportation까지 포함하는 경우에는 광의의 복합수송이라 부른다.

컨테이너리제이션(containerization)은 광의의 복합수송과 (협의의) 진정한 의미에서의 복합수송을 구별함에 있어서 중요한 개념이다. 주변에서 볼 수 있는, 트럭에 실려 운반되는 큰 강철상자가 복합수송컨테이너이다. 일반적으로는 화물컨테이너(cargo container)라고 불리우나, ISO 복합수송컨테이너가 보다 정확한 명칭이다. ISO 9000 시리즈에서 살펴 본 바와 같이, 컨테이너의 규격 역시 국제적으로 통일되어 있어야 운송의 효율성을 제고할 수 있기 때문에 ISO가 개입된다. 서로 상이한 화물을 자기 나름대로 제각각 다른 크기의 상자로 운송하는 것 보다는(이를 break-bulk라고 부른다), 국제적으로 통일된 규격으로 운송하는 것이 훨씬 편리하고 효율적이기 때문이다. 이와 비슷한 용어로 단위화(unitization)라는 개념이 있는데, 이는 동일한 크기와 규격의 화물들을 의미한다. 화물들은 단위화 될 수 있지만 반드시 컨테이너리제이션 될 필요는 없다. 예를 들어, 사료로 쓰이는 건초더미를 운송할 경우에, 건초를 동일한 크기의 다발로 묶기는 하지만 컨테이너에 적재하지는 않는다. 컨테이너리제이션에서 특히 중요한 것은 전세계적으로 통일된 동일한 규격과 기준의 장비들이 적용된다는 점이다. 매시간마다 지구상에는 수백만 대의 화물 컨테이너가 운송되고 있으며 모두 동일한 규격과 기준으로 운영된다.

비록 복합수송이 모든 종류의 운송수단을 활용할 수 있지만, 특정 운송수단은 다른 운송수단에 비해 상대적으로 더 중요하다. 가장 전형적인 복합수송방식은 트럭과 철도, 해상운송을 연계하는 것이다. 순수히 기술적 특성만 놓고 볼 때, 복합수송은 주로 7장에서 살펴 본 중간 규모의 화물운송에 적합하다. 또한 운송되는 화물의 가치 측면에서 볼 때, 복합수송을 이용하는 화물은 산적화물(bulk cargo)의 경우에 비해서는 비싸고 항공화물보다는 싼 제품일 경우가 많다.

항공운송이 복합수송에 잘 활용되지는 않는 이유 중의 하나로 컨테이너의 차이를 들 수 있다. 항공운송용 컨테이너는 화물 컨테이너에 비하여 가벼우며 사고가 발생할 경우 손상될 가능성이 더 크다. 복합수송에 항공운송이 개입될 경우에는 트럭을 통해 공항까지 전달되고 공항에서 화물 컨테이너를 다시 포장하게 된다. 해상운송과 항공운송을 결합시키는 복합수송을 발견하기는 어려운데, 그 이유는 양 운송방식의 장점을 살릴 수 없기 때문이며 결국 비용적인 측면에서 그다지 효율적이지 못하기 때문이다. 다음의 해상운송과 항공운송을 논하는 절에서 그 이유를 보다 자세히 알 수 있다.

제2차세계대전 이후 복합수송이 번성하게 된 첫 번째 이유는 보안성(security)에 있었다. 그런데 복합수송의 활성화에 따라 다른 장점들도 발굴되기 시작하였다. 예를 들어, 화물의 안전성과 운송에 관계하는 근로자의 안전성, 효율성, 속도 등이 그것이다.

1 보안성(security)

컨테이너 내부에 적재된 화물은 다음과 같은 이유에서 훨씬 안전할 뿐만 아니라 보안도 잘 유지된다. 첫째, 컨테이너 내부의 화물에 접근하는 것 자체가 쉽지 않다. 둘째, 컨테이너 자체의 식별번호에 의해 파악될 뿐 내용물에 대해서는 컨테이너를 개봉하기 전까지는 파악할 수 없다. 결과적으로 수천대의 컨테이너가 놓여있는 컨테이너 야적장(container yard)에서 자신이 원하는 컨테이너를 찾아내는 것은 보통 어려운 일이 아니다. 마지막으로 컨테이너의 걸쇠(latches)는 밀봉되므로, 만약의 경우에 발생할 수 있는 컨테이너 침입을 쉽게 인지할 수 있다. 관리자는 컨테이너 걸쇠의 밀봉부분만을 조사함으로써 보안절차를 간소화할 수 있다. 운송업자는 밀봉이 파손된 컨테이너의 취급을 거부함으로써 발생 가능한 분쟁을 미연에 방지한다. 만약 운송 중에 밀봉이 파손되는 사태가 발생하면 운송책임자는 이를 즉시 선적서류 등 화물관리대장(cargo documents)에 기록하여야 한다.

2 안전성(safety)

보안성과도 밀접히 관련하여, 컨테이너리제이션된 화물은 다른 어떤 화물에 비하여 훨씬 안전하다. 강철상자는 잘 파손되지 않을 뿐만 아니라 기후 변화에도 잘 견디기 때문에 내용물을 안전하게 지킬 수 있다. 또한 복합수송에서는 대부분의 조작이 기계장치에 의존하기 때문에 담당 근로자는 기계의 정상적인 작동 여부만을 감시하면 된다. 결국 근로자의 안전성 역시 일반 화물처리에 비하여 높다. 과거의 산적화물처리에서는 근로자들이 컨테이너 등 화물 근처에서 작업해야 했으며, 이로 인해 산업재해가 발생할 가능성도 높았다. 오늘날 복합수송을 채택하고 있는 컨테이너 터미널에서는 근로자들이 크레인 위에 올라가 있거나 트럭 위에서 작업하고 있는 모습을 찾아보기 어렵다.

3 효율성(efficiency)

흔히 복합수송으로 인하여 화물운송의 효율성이 크게 신장되었다고 한다. 한 조사에 의하면 항만근로자가 취급할 수 있는 화물량이 복합수송에서는 시간당 2.45톤으로, 산적화물처리방식에서의 시간당 0.5톤을 크게 상회한다. 이는 항만 운영에 복합수송을 도입할 경우 하역인부 혹은 부두노동자

(stevedores or longshoremen)와 같은 항만근로자의 10명 중 9명은 직장을 잃게 될지도 모른다는 우려를 낳았다. 실제로 뉴욕항구에 복합수송이 처음 도입된 직후에 항만근로자들은 이러한 변화에 심하게 저항하였다. 일례로 한 근로자는 다음과 같이 말하기도 했다. "화물 컨테이너의 모양을 보니까 마치 노동조합의 관과도 같았다."[13)]

효율성은 다양한 방식으로 달성된다. 첫째, 모든 컨테이너가 동일한 규격에 따르므로 보다 효율적인 전문장치를 활용하여 처리속도를 증가시키고, 추가적인 조정단계를 제거한다. 둘째, 실제로 컨테이너 크기 및 규격의 표준화는 정밀한 공학적 계산에 의한 것이어서 최적의 작업환경을 창출하였다. 이러한 환경에서는 불필요한 동작이나 동선의 길이가 최소화되어 짧은 시간에 보다 많은 화물 처리가 가능하다.

4 속도(speed)

화물처리속도는 효율성과 밀접히 관련되나, 엄밀히 말하면 양자는 다음과 같은 이유로 상이한 개념이다. 속도는 특정 시간 동안 처리할 수 있는 작업의 양인 반면에 효율성은 동일한 작업을 얼마나 적은 양의 자원을 투입하여 처리할 수 있는가에 관련된 능력이다.[14)]

예를 들어, 항만에서 화물처리속도가 높아지면 보다 많은 화물이 같은 시간 동안 처리되므로 다음과 같은 이점을 준다. 해운화물을 하역하기 위해서는 선박이 항구에 정박해 있어야 하는데, 처리시간의 감소로 부두회전율이 높아진다. 이는 예전에는 불가능했던 보다 큰 선박도 정박할 수 있음을 의미하므로, 실제 항만의 수용능력을 향상시키는 효과를 가져온다. 또한 지구상의 대부분의 항구에서 화물처리속도가 배가된다면 복합수송을 지원하는 보다 큰 선박을 건조하는 것이 경제성을 가지게 되므로 조선산업에도 파급효과를 미칠 것이다.

복합수송을 지원하는 컨테이너 항구(또는 intermodal port라고도 함)는 일반 벌크선박 중심적인 항구에 비해 규모의 경제성을 쉽게 실현할 수 있음이 증명되고 있다. 컨테이너 항구가 보다 많은 화물을 신속하게 처리할 수 있게 됨에 따라 보다 많은 항구가 복합수송을 지원하는 시설과 장비에 경쟁적으로 투자하고 있다. 이러한 결과 그 이전보다 훨씬 적은 수의 컨테이너 항구만이 비용경쟁에서 승리하여 대형 항구로 성장하고 있다. 경쟁에 실패한 항구들은 심지어 항구로서의 기능을 상실한 경우도 있다.

---

13) Thomas W. Gleason, Containerization and the Labor Equation, VIA Port of NY-NJ, April 1986, p.27.

14) 따라서 막대한 양의 자원을 투입하여 속도를 높일 수는 있으나, 이 경우 효율성은 감소된다. 이는 가속페달을 밟아서 차를 빨리 운전할 때 연비(에너지 효율)가 점차 나빠지는 것과 같다.

그러나 대형 컨테이너 항구에서는 화물산출률(throughput) 측면에서 대규모 처리가 가능하기 때문에 전세계적으로 무역항로(trade lane)도 단순해지는 경향이 강화된다. 즉, 지구상의 무역항로의 숫자가 점차 감소하고 있는 것이다. 결국 복합수송의 활성화는 보다 적은 수의 무역항로를 통해 보다 많은 양의 화물이 운송되도록 하고 있다. 국제물류에 있어서도 빈익빈 부익부(winner takes all) 현상이 심화되고 있는 것이다.

항구가 대형화되면서 그 수가 줄어드는 현상은 국제물류와 관련된 산업 전반에 걸친 변화와도 무관하지 않다. 몇몇 대형 물류기업들은 특정 지역에서는 단 하나의 항만시설을 물류거점(load center)으로 활용한다. 이러한 물류거점을 허브항만(hub port)이라고 부르기도 하는데, 해운 · 항만운송을 다루는 장에서 자세히 살펴 본다.

그림 8–1 **복합수송의 예**

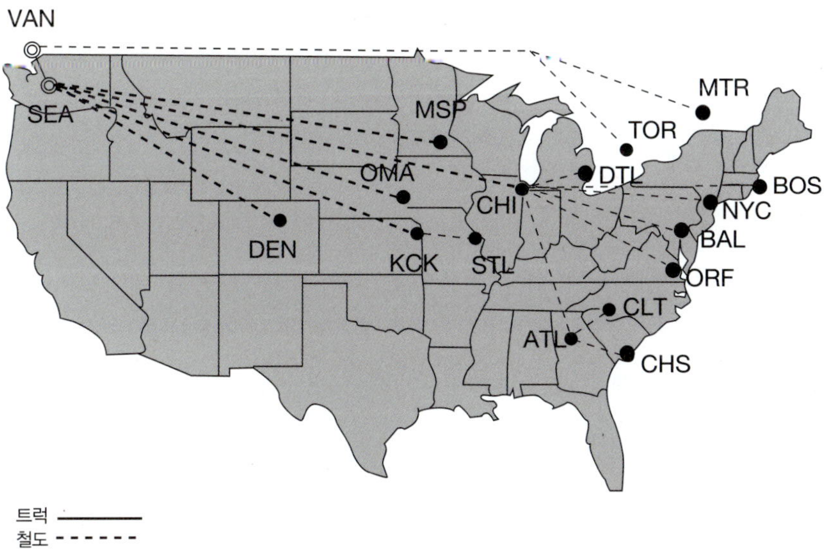

8.2 | 복합수송용 장비(intermodal equipments)

비록 복합수송이 단순한 수송방식이 아닌 시스템을 지칭하는 것이지만, 복합수송의 활성화에 각종 설비와 장비의 혁신적 개량이 큰 영향을 미쳤다는 사실을 부정할 수는 없다. 복합수송에 활용되는 장비의 특징은 고도의 전문화를 통하여 대용량 화물처리의 효율성을 극대화시켰다는 점이다. 또한 복합수송 장비는 공학적 관점에서 볼 때에 오히려 매우 단순하다. 설계상의 단순함에 더하여 모든 장비의 규격 등이 국제적 기준에 의해 표준화되어 있다는 사실도 효율성 극대화 관점에서 볼 때 매우 중요한 측면이다.

가장 중요한 장비는 8피트(feet)의 넓이와 8피트 6인치의 높이를 가지는 화물 컨테이너이다. 앞 절의 간단한 역사에서 살펴 본 바와 같이, 복합수송이 미국에서 처음 시작되었기 때문에 크기의 단위로 미터법(metric) 대신 피트를 따른다. 화물 컨테이너의 길이는 거의 유일한 표준화의 예외로 매우 다양한데, 일반적으로 많이 쓰이는 것에는 20피트 길이와 40피트 길이의 두 종류가 있다. 이외에도 45피트와 48피트 길이의 화물 컨테이너도 때때로 발견할 수 있다. 화물 컨테이너의 각 코너에는 끼움쇠(hitches)가 있어서, 컨테이너를 겹겹이 쌓거나 선박, 트럭, 기차 등의 운송수단에 쉽게 적재될 수 있다. 화물 컨테이너의 무게에는 제한이 있는데, 예를 들어 20피트 길이의 컨테이너는 2만kg을 초과할 수 없으며, 40피트 길이의 컨테이너는 2만5천kg을 넘어서는 안 된다. 화물 컨테이너의 길이를 표준화시키지 않는 주된 이유는 서로 다른 화주들의 요구조건을 수용하기 위함이다. 적은 양의 화물을 보내는 화주는 당연히 적은 컨테이너를 선호하고, 대용량 화물의 화주는 큰 컨테이너를 선호할 것이기 때문이다. 또한 운송되는 화물의 경제적 · 물리적 · 기술적 특성으로 인하여 다양한 크기의 컨테이너가 필요하다. 예를 들어, 값이 싼 화물은 운송비용을 줄이기 위하여 되도록 한 번에 많이 운송되기를 원하기 때문에 40피트 길이의 컨테이너가 적절하다. 반면에 고가의 화물은 보안 및 관리 등의 이유로 작은 롯트(lot)로 운송되기 때문에 20피트 길이의 컨테이너가 주로 활용된다. 무거운 화물은 컨테이너 공간이 채워지기 이전에 무게제한을 초과할 수 있기 때문에 일반적으로 20피트 길이의 컨테이너가 사용된다. 통계적으로 보면, 점차 40피트 길이의 컨테이너 물동량이 증가하는 추세에 있다. 반면에 20피트 컨테이너가 전체 컨테이너 물동량에서 차지하는 비율은 1990년대를 통하여 44%에서 35%로 줄었다. 이러한 추세에 대해 뚜렷한 이유를 제시하기는 어렵지만, 국제무역 규모가 증가함에 따라 비용 면에서 보다 우위에 있는 40피트 컨테이너에 대한 수요와 공급이 증가하고 있다는 점은 분명하다.

컨테이너의 종류

컨테이너는 화물 운송을 위해 필요할 뿐만 아니라, 운송과는 별개의 목적으로 활용되기도 한다. 예컨대 화물 컨테이너를 화물 보관소로 사용하는 경우도 많으며, 심지어 건축물의 일부로 사용되기도 한다. 건축물로 활용될 경우에는 컨테이너 내부를 사무실 혹은 주거공간으로 꾸민 뒤 몇 대의 컨테이너를 겹쳐 놓아서 마치 조립식 건축물과도 같이 구성하기도 한다. 실제로 UN에서조차 전범 재판을 위해 컨테이너를 임시 교도소로 활용한 경우도 있는데, 전시여서 정규 교도소가 만원이었기 때문에 어쩔 수 없는 선택이었던 것으로 보인다.

대표적인 컨테이너의 종류는 아래와 같다.

- Dry Cargo Container : 가장 기본적인 표준 컨테이너로, 일반 건화물 운송용으로 많이 쓰인다. 상부, 후부, 측면의 세 방향 중 하나로 문을 여닫을 수 있도록 되어 있는 것이 보통이다.
- Open Top Container : 지붕이 없어서 화물을 직접 컨테이너 윗부분으로 넣거나 하역할 수 있도록 한 컨테이너이다. 파이프와 같이 길이가 긴 화물, 중량품, 특수기계와 같이 주로 사람이 직접 다루기 곤란한 화물을 기계조작으로 적재해야 할 경우에 쓰인다.
- Flat Rack Container : Dry Container의 상부와 측면을 제거하고 기둥과 버팀대만을 두어 기계류나 목재, 승용차 등을 수송에 적합한 컨테이너이다.
- Platform Container : 대형 중량 화물에 적합한 컨테이너로, 바닥만 있는 가장 간단한 구조로 되어 있어서 Flat Rack Container와 모양은 비슷하다. 바닥은 적재 화물에 맞추어 자연스럽게 연결될 수 있도록 설계되어 있다. 예컨대, 박스 형태로 포장된 화물을 기중기 등으로 적재한 뒤 컨테이너 바닥에 고정시키면 그 자체가 Dry Container와 비슷한 모양이 된다.
- Refrigerated Container(보통 Reefer Container라고 함) : 과일, 야채, 생선, 육류 따위와 같이 보냉이나 보열이 필요한 물품의 운반에 이용되는 컨테이너이다. 규격은 Dry Container와 같지만 온도조절장치가 붙어 있어서 −28℃에서 +26℃까지 실내온도조절이 가능하다. Reefer Container는 가장 수익성이 높은 컨테이너로 그 사용량이 빠르게 증가하고 있다. 온도조절을 위해 디젤엔진을 부착하거나 선박용 전원을 이용한다.
- Live Stock Container(또는 Ventilated Container) : 살아 있는 동물의 수송에 편리하도록 설계된 컨테이너이다. 예를 들어, 말을 운송하는 Ventilated Container는 창을 달아서 말머리가 컨테이너 밖으로 나올 수 있도록 한다(말은 밀폐된 공간을 견디지 못하는 특성을 가지기 때문). 보다 작은 동물을 위해서 컨테이너 내부가 서랍장과 같이 배치되기도 한다.
- Solid Bulk Container : 소맥분이나 가축사료와 같이 벌크 형태로 운송되는 제품을 위한 컨테이너로, 앞뒤에 문이 없는 대신에 상부에 뚜껑(보통 서너 개)이 설치되어 있다.
- Tank Container : 유류, 주류, 화학물 등의 액체 화물을 수송하기 위한 컨테이너로, 경우에 따라서는 내부와 외장을 특수한 보호막(shield)으로 처리하기도 한다.

그림 8–2 컨테이너의 종류

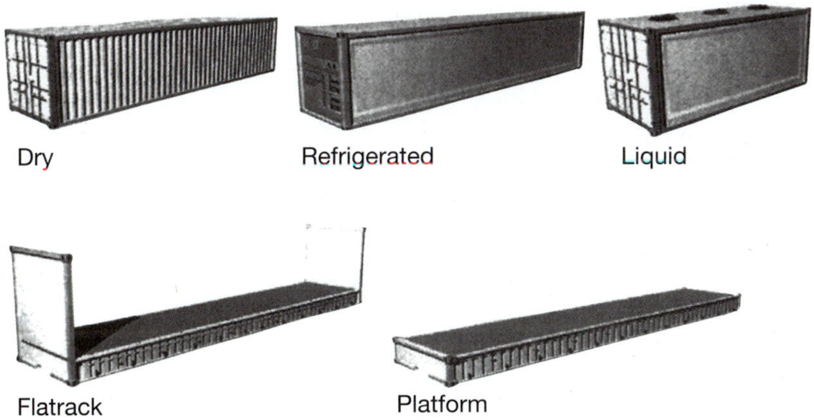

크레인(crane)은 주로 항구에서 컨테이너를 들어 올리거나 내려놓는 장비이다. 선박이 자체 크레인을 가지고 화물을 적재하거나 하역하기도 한다. 복합수송을 위해 특별히 고안된 크레인을 고가크레인(gantry crane)이라고 하는데, 항구에서 흔히 보는 이동이 가능한 대형 크레인을 말한다. 고가크레인은 트랙을 따라 짧은 거리를 앞뒤로 이동할 수 있도록 설계되어 있다. 고가크레인은 기차나 트럭에 화물을 적재하기 위해 기차역이나 물류센터의 야적장에 설치되기도 한다. 그러나 이들 야적장에서 주로 사용되는 크레인은 지게차(fork lift)에서 보는 것과 유사한 모양을 가지므로 이를 fork lift crane이라고 부른다. fork lift crane은 상하로 작동하는 top-pick loader와 수평이동 위주의 side-pick lift 등으로 구분된다.

TEU와 FEU

컨테이너를 통한 운송에서 화물량은 보통 두 가지 단위로 측정된다. 첫째, 20피트를 기본 단위로 하는 TEU(Twenty-foot Equivalent Unit)가 있다. 즉, 1 TEU는 20피트 길이의 컨테이너에 적재하기에 적절한 화물의 부피(volume)를 말한다. 둘째, 40피트를 기본 단위로 하는 FEU(Forty-foot Equivalent Unit)가 있다.

통관을 관할하는 기구나 화주, 항만 등에서는 보통 TEU 단위를 자주 사용한다. 40피트 길이의 컨테이너에 수용될 수 있는 화물의 부피는 20피트 컨테이너의 두 배이기 때문에 화물량을 어림잡아 기록하기에 보다 편하기 때문이다. 그러나 TEU와 FEU 모두 각각 20피트와 40피트 컨테이너에 적재될 수 있는 화물량의 상한이므로 정확한 화물량을 제공할 수는 없다. 실제로 컨테이너가 완전히 채워진 상태에서 운송되는 경우는 드물기 때문이다. 또한 이들 단위는 컨테이너 화물에만 적용된다.

단위변환표(Unit Conversion Table)

TONS = A Short Ton = 2,000 파운드(pounds)

A Long Ton = 2,240 파운드

A Metric Ton = 2,205 파운드

따라서 아래와 같은 공식을 적용하면 된다.

Long tons를	Short tons로	변환하려면	1.120을 곱함
Long tons를	Metric tons로	변환하려면	1.016을 곱함
Metric tons를	Long tons로	변환하려면	0.984를 곱함
Metric tons를	Short tons로	변환하려면	1.102를 곱함
Short tons를	Metric tons로	변환하려면	0.908을 곱함
Short tons를	Long tons로	변환하려면	0.893을 곱함

8.3 | 복합수송의 관리적 측면

복합수송의 효율성 차원에서 가장 중요한 문제는 설비와 장비에 대한 관리가 아니다. 실제로 복합수송의 운용에 관련된 시스템관리에 관한 문제가 더 강조되어야 한다. 전통적으로 복합수송에 관계하는 개별운송업자는 독립된 기업으로, 해운회사는 자신의 선박에만 관심을 가질 뿐, 항만에 하역한 이후 트럭이나 기차를 통한 운송에는 관여하지 않는다. 해운업자와 트럭회사의 모기업이 동일하다고 하더라도 각 자회사는 자신의 이해관계에 집착하기 쉽다. 따라서 복합수송은 여러 운송업자 간의 원활한 인계를 잘 조정할 수 있어야 한다.

위와 같은 관계는 복합수송에 관련된 산업의 고유한 특징이다. 대규모의 다양한 종류의 화물을 지구상의 한 곳에서 다른 곳으로 정확히 운송하는 것은 결코 쉬운 일이 아니다. 또한 운송업자별로 서로 상이한 기술적 · 제도적 특징도 전체 시스템 운용을 더욱 복잡하게 한다. 복합수송에서 운송업자는 자산 중심적인 기업으로, 특히 대규모 해운업자의 경우 대다수가 컨테이너 화물을 운송하는 복합수송방식을 채택하고 있다. 철도회사나 트럭회사의 경우에는 복합수송이 차지하는 비중이 해운업자에 비하여 낮다. 또한 각종 운송업자를 서로 연결시켜 주는 중간거래상도 큰 역할을 한다. 이들은 선박이나 철도와 같은 자산을 소유하지는 않지만, 한 운송업자의 여유공간을 도매가격으로 구입한 뒤 다른 운송업자 및 화주에게 보다 높은 가격으로 분할하여 판매함으로써 수익을 창출한다.

복합수송 과정상의 트래픽(traffic)은 비교적 상세히 관측되고 기록되므로 쉽게 추적할 수 있다. 이는 복합수송에 개입되는 각종 자동화된 장비와 체계적인 인프라 때문에 가능하다. 또한 복합수송을 이용하는 화물은 대용량인 경우가 대부분이며, 앞에서 본 바와 같이 무역항로도 단순하고 명확하기 때문에 트래픽 파악이 용이하다. 예를 들어, 미국 전역에 걸쳐서 복합수송을 처리하는 주무역항로(primary trade lanes)는 두 종류에 불과하다. 하나는 Seatlle로부터 미국 북부를 통과하는 경로이며 다른 하나는 Los Angeles로부터 남부지역을 통과한다. 유럽의 경우에도 북중미 대륙에 비하여 국가의 수나 지형이 훨씬 다양하고 복잡함에 비하여 복합수송을 위한 기간무역항로는 단순한 편이다.

7장에서 살펴 본 장비의 균형(equipment balance) 문제는 복합수송에서 특히 중요하다. 항구에서 만선이 아닌 상태로 운항하는 선박 및 각종 운송수단도 문제가 되지만, 빈 컨테이너를 관리해야 하는 것도 중요한 관리적 문제이다. 컨테이너의 공회전율을 효율적으로 관리하기 위해서는 마케팅부서와 트래픽관리부서 간의 긴밀한 협조가 필요하다. 컨테이너에 관한 한 장비균형문제의 가장 일반적인 해결책은 컨테이너를 임대 · 임차하여 활용하는 것이다. 초과수요에 따른 부족한 컨테이너를 외부에 나가 있는 컨테이너를 불러 들여서 보충하는 것보다는 임차하는 것이 훨씬 효과적이다.

복합수송의 또 다른 특징은 특화된 고급의 정보시스템에 의존한다는 점이다. 원활한 복합수송을 위해서는 대량의 정보를 빠르게 유통시키고 처리할 수 있어야 한다. 또한 사업자 간 상이한 정보시스템을 통합적으로 연동시킬 수 있어야 화물운송상의 실수를 제거할 수 있다. 물류정보시스템(logistics information systems)에 관한 내용은 12장에서 자세히 다룬다.

복합수송을 통한 전형적 운송방식의 예

복합수송을 이용하는 운송은 일반적으로 아래와 같은 과정을 따른다. 화주는 어떤 종류와 크기의 컨테이너를 사용할 것인지를 우선적으로 결정하고 이를 운송업자에게 요청한다. 컨테이너가 화주에게 도착하면 사전에 합의된 특정 시간 동안(예컨대 24시간 이내 등) 화물을 적재한다.

적재된 컨테이너는 일반적으로 트럭을 이용하여 항만 및 공항까지 이동된다. 대형 화주는 자신이 직접 운영하는 철도를 이용하여 컨테이너를 기차로 운송한다. 지정된 시간에 항만이나 공항의 특정 장소에 도착한 컨테이너는 하역을 기다린다. 항만 · 공항에서는 진행일정에 맞추어 컨테이너를 트럭(혹은 기차)에서 하역한 뒤 선박이나 비행기에 적재한다. 컨테이너는 기간무역항로를 따라 목적지에 가까운 항만 · 공항으로 운송되며 그곳에서 지금까지의 과정을 역으로 거쳐서 최종 목적지에 도착하게 된다. 최종 목적지에서 컨테이너 내부의 화물을 내리면 빈 컨테이너는 미리 정해진 일정에 따라 다른 화물을 운송하기 위해 이동한다.

8.4 | 항만과 공항 및 제반 시설(ports and facilities)

서울, 인천이나 부산 혹은 시드니, 뉴욕, 로테르담 등에서 보듯이 항만과 공항은 글로벌 비즈니스의 중심에 있다. 항만과 공항을 통해 여행객과 화물이 한 국가로 흘러 들어가고 흘러 나온다. 결국 항만과 공항은 전세계 비즈니스와 물류를 엮는 허브이다.

이 절에서는 항만과 공항을 묶어서 포트(port)라고 부르기로 한다. 포트는 서로 다른 운송수단이 교차하는 지점(the intersection of different modes of transport)으로 정의된다. 따라서 다양한 형태의 포트가 존재할 수 있으나, 이 책에서는 주로 항만(좁은 의미에서의 포트)과 공항(airport)만을 다룬다. 특히 항만을 중심으로 살펴 본 뒤 항만과는 다른 공항의 특징을 간략히 언급한다.

한편 물류시설(facility)이라 함은 고정 위치를 갖는 물류활동(생산 및 유통을 포함하여) 지점을 포괄적으로 지칭한다. 따라서 포트와 설비가 명확히 구분되는 것은 아니지만, 특별한 구별이 필요할 경우 '비항만시설(non-port facility)'이라고 부르기로 한다. 특히 포트는 다음과 같은 점에서 비항만시설과 구별된다. 첫째, 포트라고 할 때에는 단순히 화물을 이동시키는 활동뿐만 아니라 화주와는 다른 다양한 주체들이 개입되어 훨씬 복잡한 물류활동이 벌어지고 있음을 강조한다.

둘째, 포트에서는 서로 다른 운송수단이 복합적으로 개입되며, 이들 간의 원활한 연동이 중요하다. 셋째, 포트에서는 나가고 들어 오는 방향이 다양하게 존재하므로 경로설정(routing)의 효율적 관리가 필요하다. 따라서 포트는 기간무역항로 및 이에 준하는 경로에 위치하는 경우가 대부분이다. 또한 포트에서는 주로 제3자물류업체(Third Party Logistics: 3PL: 10장 참조)가 지역적으로 산재한 화주들 간의 거래를 매개하게 된다.

그림 8-3 미국의 10대 포트(2020년 기준)

1. Port of Los Angeles	California	above 9.2 million TEU
2. Port of Long Beach	California	above 8.1 million TEU
3. Port of New York and New Jersey	New York	above 7.5 million TEU
4. Port of Savannah	Georgia	above 4.6 million TEU
5. The Northwest Seaport Alliance (Seattle and Tacoma)	Washington	above 3.3 million TEU
6. Port Houston	Texas	above 2.9 million TEU
7. Port of Virginia	Virginia	above 2.8 million TEU
8. Port of Oakland	California	above 2.4 million TEU
9. South Carolina Ports	South Carolina	above 2.3 million TEU
10. Port Miami	Florida	above 1 million TEU

자료: Container-news.com, 2020.

포트의 운영과 관리

포트는 그 스스로 독립적인 운영주체(Port Authority : PA)에 의해 관리된다. 운송업체들(carriers)은 운영주체의 직접적인 고객이며, 화주는 운송업체의 직접적인 고객이 된다. 각각은 자기 나름대로의 목적과 우선순위에 의하여 의사결정을 내리는데, 경우에 따라서는 이들 사이의 이해관계가 상충하기도 한다. 예를 들어, PA는 포트를 거치는 화물량이 증가되는 것을 희망하는 반면에 화주는 포트에서 최선의 서비스를 받기 원하기 때문에 포트가 혼잡해지는 것을 바라지 않는다. 화주들을 대상으로 한 조사에 따르면 포트로부터 원하는 가장 중요한 서비스 차원은 장비의 가용성(equipment availability)과 낮은 파손/손실률(low loss/damage rate)로 밝혀졌다.[15)]

그림 8-4 아시아와 유럽의 항만들

Port in Asia

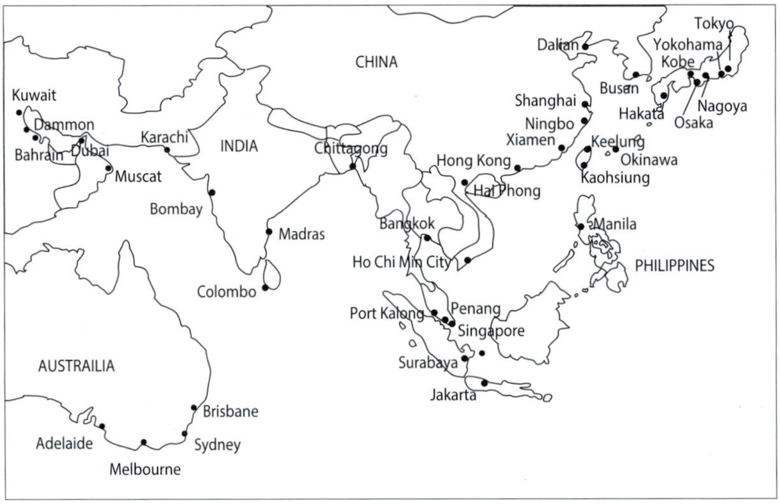

Port in Western Europe

포트 운영능력은 입지적 조건과 인프라와 더불어 포트의 경제적 성공가능성을 좌우할 수 있다. 많은 경우 PA는 해당 국가의 정부와 관련되는데, 이는 포트의 성과가 그 지역에만 국한되는 것이 아니라 심지어 한 나라 전체의 경제적 기반에 직결되기 때문이다. 이러한 이유에서 포트 운영의 일차적

15) Paul R. Murphy, James M. Daley, Douglas R. Dalenberg, "Port Selection Criteria: an Application of a Transportation Research Framework," The Logistics and Transportation Review, Vol. 28,

인 목적은 이익을 창출하는 것이라기보다는 무역을 촉진할 수 있는 전반적인 서비스의 효율성에 관련된다. 그러나 정부의 직접 혹은 간접적인 영향으로 인하여 PA의 관료적 비효율성(bureaucratic inefficiency)이 문제가 되기도 한다. 예를 들어, 해양 선진국인 일본에서도 항만의 PA는 노동조합 및 관료적 경영진의 독특한 형태의 결합체인데, 의사결정과정이 폐쇄적이고 대외 개방에 대해 거부감이 심한 것으로 알려져 있다.

때로는 공항과 항만의 운영이 하나의 PA에 의해 전담되기도 한다. 공항과 항만 사이의 물동량이 거의 없는 경우에도 위와 같은 운영방식이 관찰된다. 단일의 PA를 통하여 설비(보관창고 등)의 공유와 정책적 일관성 등을 유지할 수 있다는 것이 주된 이유이다. 실제로 포트의 대표적인 두 형태인 공항과 항만은 모두 공공재(public goods)적 성격이 강하기 때문에 이익극대화보다는 무역촉진이라는 목적을 공유한다.

포트 인프라(port infrastructure)

포트의 인프라는 중 · 장기적 투자를 요하지만 개선이 불가능한 대상은 아니다. 특히 포트의 인프라는 포트의 유형을 구분하는 중요한 기준 중의 하나이다. 컨테이너 포트(container port)는 고가크레인을 반드시 갖추고 있어야 하며, 공항은 트래픽을 통제할 수 있는 설비와 장비를 갖추고 있어야만 한다. 다른 주요 인프라에는 창고(warehouses)와 기타 프로세스 설비들이 있다.

내륙연결(inland connections)은 포트가 서로 다른 운송수단을 연결하는 방식을 의미한다. 몇몇 포트는 화물이 최소한의 취급절차만을 거치면서 곧바로 최종 목적지로 향할 수 있도록 설계되어 있다. 예를 들어, 대양에 인접한 항만의 부두가 기차역사의 기능도 겸하면서 선박에서 하역되는 화물이 곧바로 기차에 실릴 수 있도록 한다면 이상적일 것이다. 만약에 이러한 인프라가 구축되어 있지 않다면 항만에서 하역된 화물은 일단 트럭으로 창고까지 이동될 것이고 장거리운송을 위해서는 다시 철도야적장까지 운송되는 이중의 노력을 거쳐야 한다. 또한 내륙 연결이 가능한 인프라가 구축되어 있어도, 철도운송능력(capacity)이 부족하여 하역장이 혼잡(congestion)해진다면, 선택의 여지 없이 보관창고를 이용해야 할 것이다.

무역항로로의 접근성(access to the trade lane) 역시 포트의 중요한 자산으로, 내륙연결과 정반대의 프로세스를 위해 필요하다. 한 포트에서 다른 포트로의 이동은 최단경로(shortest path)를 따르는 것이 바람직하다. 그러나 어떤 경우에는 최초 출발지에서 최종 목적지까지의 최단경로상에 위치하지 않는 포트를 방문해야 하며, 또 다른 경우에는 주무역항로가 최단경로와는 전혀 다를 수도 있다. 예컨대, 아시아의 한 포트와 유럽의 한 포트를 해상경로만으로 연결한다면 지도상의 물리적 공간의 관점에서는 최단경로와는 매우 다르다(이 경우 최단경로는 Euclidean 거리를 기준으로 할 것이다). 이 예에서 해상에서 가장 가까운 경로는 인도의 남쪽 끝을 거쳐서 수에즈운하(Suez Canal)를 지나서 지중해로 나가는 길이다. 그러나 현실적으로 중동 지역을 거치는 대부분의 선박은 중동 지역의 허브항인 Dubai를 경유하게 된다. 즉, 위 예에서의 주무역항로와 (육로는 말할 것도 없고) 해상에서의 최단경로는 큰 차이를 보인다.[16] 때로는 주무역항로가 대양에 인접하지 않은 항구를 포함할 수도 있다(Rotterdam항이 그 대표적인 예이다).

Rotterdam항

Rotterdam항은 가장 우수한 포트 중의 하나이다. Rotterdam항은 대양에 인접해 있지 않고 강을 30마일이나 거슬러 올라간 내륙에 위치함에도 불구하고 규모 면에서 최상급의 항만에 속한다. 이 항만은 110개의 다른 유럽 포트에 피더(feeder) 서비스[17]를 제공하며 대륙의 거의 모든 도시로 직접 연결되는 철도와도 맞닿아 있다. 이러한 인프라적 우위와 더불어 항만을 개선하고자 하는 노력이 오늘날의 Rotterdam항을 있게 하였다. 항만의 운영자들은 항상 화주의 요구사항을 파악하고자 노력하고 있으며, 장기적이고 전략적인 비전을 구축하고 지속적으로 개선하는 것을 열정적으로 추진하고 있다. Rotterdam항의 비전은 단순한 화물의 경유지가 아니라 생산과 유통을 적극적으로 지원하는 허브가 된다는 것이다. 이는 분명히 화주들에게 큰 매력이 될 것이며, Rotterdam항이 고부가가치를 창출하는 원동력이 된다.

그림 8-5 Rotterdam항의 고가크레인(gantry crane)

16) 만약 주무역항로가 Yemen의 어떤 항구를 포함한다면 해상에서의 최단경로에 비교적 근접하게 된다. 그러나 Yemen의 정치적 · 경제적 불안정성과 낙후된 인프라 및 열악한 포트운영능력은 이러한 지리적 이점을 살리지 못하게 하는 주된 원인이다.

17) 원칙적으로 해상운송에 적용되는 개념으로, 간선항로(line-haul)의 컨테이너 수송에 대비되는 서비스를 말한다. 즉, 간선항로의 기항지에서 떨어진 국내 혹은 인근의 외국항과 간선 기항지 사이를 (컨테이너 선박으로) 연결하는 서비스를 지칭한다.(4장 참조)

포트의 수익구조

포트의 공공재적 성격을 앞에서 잠시 언급하였다. 포트의 존재 이유가 이익극대화보다는 무역촉진에 있다고 하더라도, 어느 정도의 수익은 보장되어야 무역촉진이라는 궁극적인 목적도 효과적으로 달성할 수 있다. 예를 들어, 효율적인 운영으로 인한 초과수입은 포트의 시설과 설비 및 인프라를 개선하는 용도로 재투자될 수도 있으며 포트 사용료를 낮출 수 있도록 한다. 하나의 사례로, 미국 Oakland항은 효율적인 운영을 달성하여 Oakland시의 예산을 상당 부분 절약하였다.

포트의 수입원은 다양하지만, 주된 수입원은 포트 사용료(user fees)이다. 공항의 경우 비행기 착륙에 대한 수수료를 받으며(landing fees), 항만의 경우 모든 입항 선박은 부두이용료 등의 수수료를 내야 한다. 또한 포트는 특정 공간을 운송업체에게 임대하기도 한다.

국제물류의 경우 포트가 사용자에게 수수료를 요구하는 과정에서 민감한 상황에 처할 때가 많다. 특히, 포트의 사용료 결정과 그 처분에 관한 최종 승인권한을 가지고 있는 해당 국가의 정부가, 포트의 이용자인 외국 기업에 수수료를 청구하는 상황이 많이 발생한다. 이는 해당 국가가 외국 기업에 대하여 과세하는 것과 그 효과 면에서 크게 다르지 않기 때문에 국제법과 조약, 협정 등과도 일관성을 유지해야 되기 때문이다. 이러한 이유로 포트 사용료나 항만세(port taxes) 등은 여전히 논쟁의 대상이 되고 있다.

포트 사용료와 항만세는 구별될 필요가 있는데, 후자는 오직 한 국가의 정부만이 자국의 개인이나 법인에 대하여 부과할 수 있는 것이다. 따라서 자국의 항만시설을 이용하는 외국 기업(외국계 국제운송업체나 화주 등)에게는 포트 사용료만을 부과하게 된다. 유럽의 경우 상황은 더 복잡하다. 왜냐하면 각국의 정부뿐만 아니라 EU 정부 역시 이에 관여하기 때문이다. 수입에 대해서는 과세하고 수출에 대해서는 과세하지 않는다면 이는 외국기업을 차별(discrimination)하는 것이다. 그러나 사용료에도 이러한 차별가능성이 완전히 배제되지는 않는다. 예를 들어, 항구유지세(harbor maintenance tax)는 실제로 외국계 선박에게 불리한 조건인데, 왜냐하면 항구유지세에는 일반적으로 채널(channel) 관리비용이 포함되지만 채널은 국내 운송업체만 이용할 수 있기 때문이다.

수에즈운하(Suez Canal)

오늘날 전세계적으로 많은 운하(canal)가 존재한다. 특히 유럽 지역에는 지역적인 특성상 예전부터 운하가 발달하였다. 그러나 수에즈운하와 파나마운하(Panama Canal)에 비견될 수 있을 만큼 대규모 운하는 없다. 오늘날에도 이들 운하에 필적할 만한 새로운 운하 건설이 논의되고 있는데, 대표적으로 Nicaragua를 관통하는 운하와 태국을 관통하는 Kra 운하가 검토 중에 있다. 그러나 막대한 예산 때문에 착공까지에는 많은 시간이 소요될 것으로 전망된다. 먼저 수에즈운하에 대해 간단히 알아보자.

Egypt의 수에즈운하는 프랑스의 한 기업에 의해 1858년에 착공되었다. 1888년 Turkey에서 체결된 Constantinople 협정(Convention of Constantinople)에 의하여 이 운하는 (심지어 전쟁 중에도) 모든 국가에게 개방되었다. 이 운하는 착공 후 10년의 공사기간이 소요되었고 150만 명의 근로자가 참여하였으며 이중에서 12만5천 명이 공사 중 사망하였다. 수에즈운하는 1869년에 개통되어 국제물류에 일대의 혁명을 가져왔다.

London에서 Mumbai까지 종전에는 12,400마일(19,950km)을 운항해야 했으나 수에즈운하를 통과하면 7,250마일(11,670km)밖에 걸리지 않는다. Tokyo에서 Rotterdam까지는 23% 단축된다. 아시아에서 미국 동부해안까지 수에즈운하를 지나는 것이 태평양을 건너 미대륙을 철도로 가로지르는 것보다 빠르다. 예컨대, Singapore에서 New York까지 태평양을 지나면 보통 36일이 걸리지만 수에즈운하를 통과하면 22일 소요된다.

해마다 25,000여 선박이 수에즈운하를 이용하기 때문에 이는 Egypt의 세 번째로 큰 수입원이 된다(약 20억 달러). 또한 수에즈운하는 갑거(lock)[18]가 없는, 101마일(163km)에 이르는 가장 긴 운하이다(파나마 운하의 약 두 배). 갑거가 없기 때문에 언제든지 확장이 가능하다. 이는 매우 큰 장점인데, 오늘날의 대규모 선박들이 늘어나면서 운하의 깊이가 더 깊어져야 할 필요성이 대두되고 있기 때문이다. 운하 내의 선박은 호송선박(convoys)에 의해 인도되어 일정한 속도로 운항되는데, 남에서 북쪽으로 하루에 두 대의 호송선박이 운영되며(주로 석유 수송을 위함) 반대 방향으로는 하루에 한 대의 호송선박이 운영된다(주로 소비재 수송을 위함).

파나마운하(Panama Canal)

파나마운하는 여전히 상선(merchant ship)의 80%가 통과하는 국제물류의 핵심 채널이다. 이 운하는 51마일(80km)에 이르며 갑거도 300m의 길이와 30m의 폭을 가진다. 운하의 Gaillard Cut은 굴착의 역사상 가장 힘들었던 공사로 유명하다. 애초에 프랑스에 의해 기획되었고 착공되었지만 미국에 의해 마무리됨으로써 Panama가 Columbia로부터 독립하는 결정적인 계기를 제공하기도 했다.

Panama 정부는 이 운하를 반독립적인(semi-independent) 비즈니스로 운영한다. 여기서 반독립적이라 함은 운영주체가 Panama 정부의 간섭으로부터 어느 정도 독립되어 있음을 의미한다. 실제로 운하의 운영을 위한 국제자문위원회(international advisory board)가 구성되어 이용료 책정 등에 관여한다. 이를 통해 Panama 정부가 글로벌 자산인 파나마운하를 오용할 가능성을 차단한다.

파나마운하의 이용료는 선박의 크기에 따라 결정된다. 가장 큰 선박 클래스는 일회 통과에 약 11만 달러를 지급해야 한다. 연간 이용료 수입은 1999년 기준으로 약 6억5백만 달러에 이른다. 운하 운영에 소요되는 원가에 비추어 볼 때, 최적의 이용료는 옥수수를 나르는 선박의 경우 톤당 2달러, 대두를 나르는 선박의 경우 톤당 1달러로 알려져 있다. 실제로는 선박이 운송하는 상품의 유형에 관계 없이 톤당 1.5달러를 기준으로 한다.

파나마운하가 당면한 가장 큰 도전과제는 설비와 장비의 개선에 있다. 앞으로 늦어도 20년 이내에 전세계 선박의 반 이상이 파나마운하를 통과하기에는 너무 클 것이다. 이는 갑거 등과 같은 시설 때문인데, 갑거의 성능을 향상시키기 위해서는 약 60억 달러가 필요할 것으로 예상된다.

그림 8-6 파나마운하

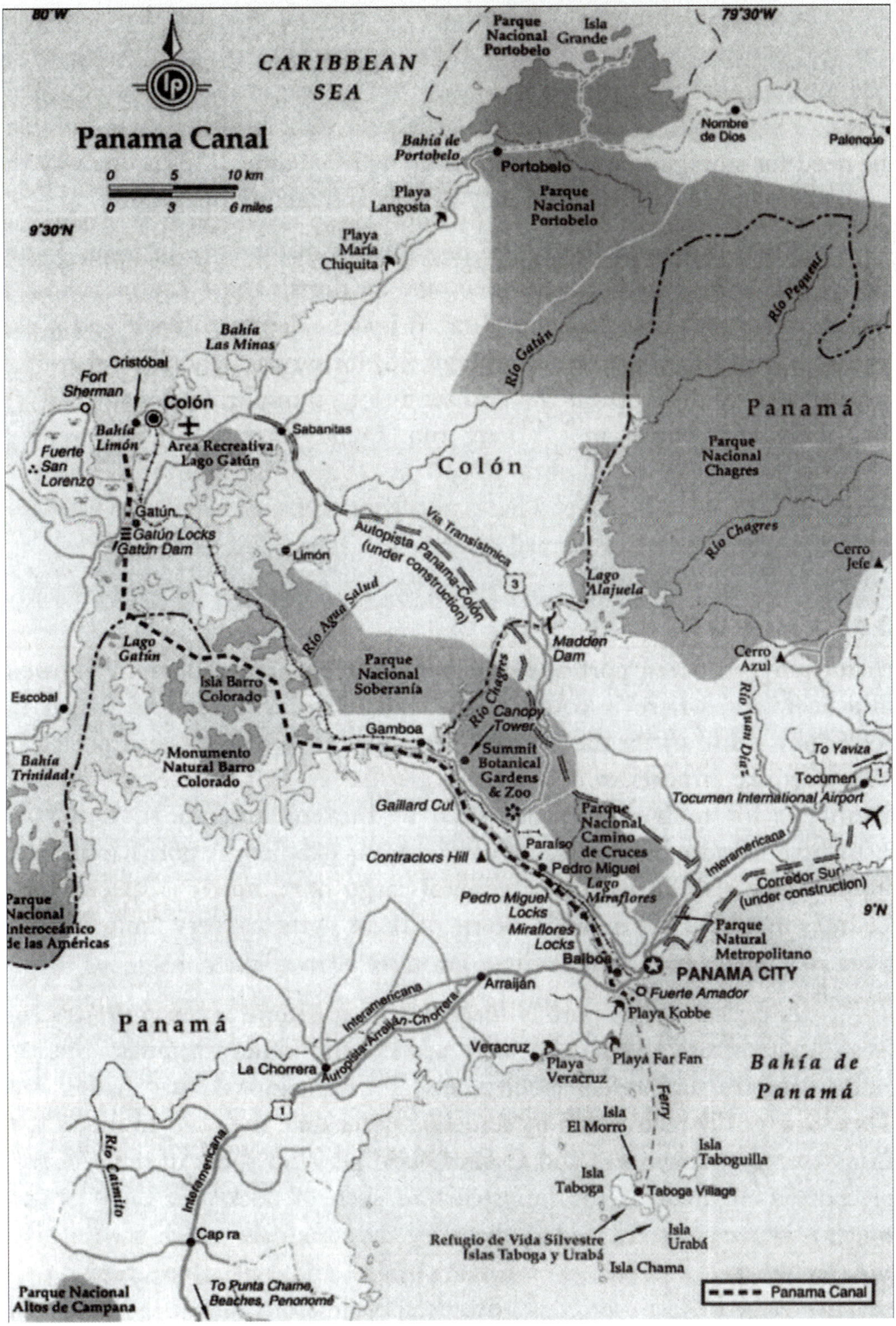
Panama Canal
CARIBBEAN SEA
Colón
Panamá
PANAMA CITY
Bahía de Panamá
Portobelo
Parque Nacional Portobelo
Nombre de Dios
Cristóbal
Fort Sherman
Gatún Locks
Gatún Dam
Lago Gatún
Isla Barro Colorado
Monumento Natural Barro Colorado
Gamboa
Parque Nacional Soberanía
Parque Nacional Chagres
Lago Alajuela
Madden Dam
Gaillard Cut
Contractors Hill
Pedro Miguel
Pedro Miguel Locks
Miraflores Locks
Lago Miraflores
Parque Nacional Camino de Cruces
Balboa
Fuerte Amador
Tocumen International Airport
Arraiján
La Chorrera
Veracruz
Isla Taboga
Taboga Village
Panama Canal

그림 8-7 세계 30대 항만의 물동량 실적(2020년 기준)(단위 : 만TEU, %)

순위	항만명	국가	2019년	증감율	2020년 1분기	증감율
1(1)	상하이	중국	4,303	3.1	933	-10.3
2(2)	싱가포르	싱가포르	3,716	1.6	927	4.2
3(3)	닝보 · 저우산	중국	2,753	4.5	614	-8.2
4(4)	선전	중국	2,577	0.1	534	-11.9
5(5)	광저우	중국	2,323	6.0	474	-10.3
6(6)	부산	한국	2,199	1.5	548	2.6
7(8)	칭다오	중국	2,101	8.8	504	2.2
8(7)	홍콩	중국	1,830	-6.6	416	-5.8
9(10)	텐진	중국	1,730	8.1	370	-1.9
10(9)	LA · 롱비치	미국	1,696	-3.3	348	-13.3
11(12)	로테르담	네덜란드	1,481	2.1	354	-4.7
12(11)	두바이	아랍에미리트	1,411	-5.6	-	-
13(13)	포트클랑	말레이시아	1,358	10.3	-	-
14(14)	앤트워프	벨기에	1,186	6.8	302	9.5
15(15)	샤먼	중국	1,112	3.9	252	-6.5
16(16)	가오슝	대만	1,042	-0.2	-	-
17(19)	함부르크	독일	928	6.2	-	-
18(18)	탄중펠레파스	말레이시아	907	1.3	-	-
19(17)	다롄	중국	876	-10.3	153	-27.7
20(20)	램차방	태국	798	-1.2	-	-
21(21)	뉴욕 · 뉴저지	미국	747	4.1	-	-
22(22)	콜롬보	스리랑카	722	2.6	180	0.7
23(25)	호찌민	베트남	718	13.3	-	-
24(23)	자카르타	인도네시아	680	0.9	-	-
25(31)	피레에프스	그리스	565	15.1	-	-
26(24)	잉커우	중국	548	-15.6	118	-15.4
27(27)	발렌시아	스페인	543	5.0	130	-4.1
28(29)	마닐라	필리핀	531	4.5	-	-
29(35)	알헤시라스	스페인	511	7.3	-	-
30(30)	나바셰바	인도	510	1.0	125	-5.3

자료: Koreashipping Gazette news Source Alphaliner TOP 30, 2020, 07

그림 8-8 세계 30대 공항 순위 (2021 국제선 화물 처리량 기준)

순위	도시/국가	CODE	처리 실적	
			물동량(천톤)	전년대비(%)
1	HONG KONG SAR, HK	HKG	4,991.5	12.9
2	INCHEON, KR	ICN	3,273.0	18.6
3	SHANGHI, CN	PVG	3,248.6	9.9
4	TAIPEI, TW	TPE	2,777.9	19.6
5	TOKYO, JP	NRT	2,591.3	32.3
6	DOHA, QA	DOH	2,589.3	20.7
7	ANCHORAGE AK, US	ANC	2,438.8	9.8
8	DUBAI, AE	DXB	2,319.2	22.8
9	FRANKFURT, DE	FRA	2,194.7	20.7
10	MIAMI FL, US	MIA	2,040.5	17.9
11	SINGAPORE, SG	SIN	1,946.7	26.1
12	PARIS, FR	CDG	1,915.9	19.4
13	CHICAGO IL, US	ORD	1,866.2	31.0
14	LOS ANGELES CA, US	LAX	1,677.5	22.6
15	AMSTERDAM, NL	AMS	1,667.3	15.7
16	LEIPZIG, DE	LEJ	1,502.5	15.6
17	LIEGE, BE	LGG	1,409.7	26.6
18	LONDON, GB	LHR	1,399.2	22.4
19	GUANGZHOU, CN	CAN	1,298.5	18.4
20	BANGKOK, TH	BKK	1,112.7	24.1
21	LUXEMBOURG, LU	LUX	1,088.4	20.2
22	COLOGNE, DE	CGN	922.7	13.9
23	NEW YORK NY, US	JFK	860.4	19.7
24	OSAKA, JP	KIX	808.6	15.3
25	ISTANBUL, TR	ISL	797.3	(0.4)
26	BEIJING, CN	PEK	741.8	28.5
27	ABU DHABI, AE	AUH	723.9	35.9
28	MEMPHIS TH, US	MEM	719.0	(0.2)
29	ISTANBUL, TR	IST	715.7	51.0
30	MILAN, IT	MXP	715.7	42.6

자료: 세계공항 2021년 국제선 화물 처리량 자료조사표, 2022. 03
www.todaygg.co.kr

8.5 | 창고관리(Warehousing)

창고의 기본 기능에는 두 가지가 있다. 화물의 이동(movement)과 보관(storage)이 그것이며 여기에는 다음과 같은 세부기능들이 포함된다.

- 이동 : 수납(receiving), 보관 화물 취급(in-storage handling), 운송(shipping)
- 보관 : 계획된 보관(planned storage), 확장된 보관(extended storage)

위의 기능을 수행하는 일이 수월한 작업처럼 보일 수도 있으나 실제로는 그렇지 않다. 창고관리는 첨단기술을 요하며 매우 경쟁적인 부문이다. 창고업이 물품을 이동시키거나 저장하는 작업에 지나지 않는다고 말하는 것은 이동 또는 보관의 이유와 중요성에 대한 이해가 부족한 것이다. 현대 창고업은 물류, 제조, 마케팅 부문으로 그 기능이 점차 확대되고 있다.

창고는 몇 가지 운영원칙을 토대로 설계된다. 창고 내 물품흐름을 원활하게 하기 위해서 창고는 한 개의 층으로 구성되어야 한다. 복층창고는 건물 공간을 절약할 수 있는 방법이기는 하지만 이동 속도를 느리게 한다. 복층을 피하기 위해서 천장은 최대한 높아야 한다. 또한 물품흐름은 한 방향으로만 진행되어야 한다. 즉, 입고와 출고가 한 방향으로만 지정되어야 한다. 식료품점에서 고객이 볼 수 있는 것과는 반대로 대량 품목은 전면에 배치하도록 한다.

창고보관계획(storage planning)은 전반적인 물류계획의 일환이며, 물류계획은 총체적인 운영전략을 토대로 수립된다. 따라서 물품보관이 비계획적으로 실행되어서는 안 된다. 비계획적 보관이 지나치게 자주 발생한다면 이것은 물류에 문제가 있다는 신호이다. 운송업체와 마찬가지로 창고업에도 민간(private), 공공(public) 또는 용역계약(contract)에 의한 창고업 유형이 있다. 운송업과의 차이점은 공공창고는 일반 운송업체(common carrier)와는 달리 공간을 제공할 의무가 없다는 것이다.

자재취급(materials handling)은 원자재, 부품, 반제품 등의 물리적인 취급방식을 의미한다. 물류는 세밀한 관점을 필요로 한다. 즉, 하나의 장비를 운반하는 것도 매우 중요하다는 인식을 확고히 해야 한다. 국제물류에서는 자재취급의 중요성이 덜 강조되지만, 그렇다고 이 과정이 쉽게 해결되는 것은 아니다. 최고의 자재취급 방법은 아예 자재를 취급하지 않은 것이다. 다시 말해, 처음부터 자재취급을 최소화하는 것이다. 어떻게 취급하든지 간에 비용과 파손의 위험이 수반되기 때문이다. 자재취급 시에는 다음과 같은 기본적인 사항을 고려해야 한다.

- 장비표준화(standardized equipment) : 예컨대, 동일한 시설 내에서는 단일브랜드의 지게차를 이용한다.
- 지속적인 흐름(continuous flow) : 최대한 지속적으로 물품흐름이 유지될 수 있도록 시스템을 설계해야 한다. 단속적으로 이어지는 물품흐름은 혼란을 야기할 수 있다. 이는 창고 내 지속적인 물품흐름이 조립라인(assembly line)을 구축하는 것과 마찬가지로 생각될 수 있음을 의미한다.
- 장비를 취급하는데 있어서 사하중(deadweight)에 대한 유료하중(payload)의 비율을 최소화 해야 한다. 사하중이란 취급장비와 포장재의 무게를 의미한다. 취급장비의 무게가 무거울수록 장비 자체를 이동하는데 더 많은 노력이 요구되기 때문이다.
- 중력흐름도 가능한 한 이용하여야 효율적인 물품흐름을 달성할 수 있다.

추가공간비용과 공간 제한에 따른 인건비 증가 사이의 상충관계(trade-off)를 반영하여 적절한 절충이 이루어져야 한다. California 남부의 항만 부동산은 에이커(acre)당 임대료가 12만 달러에 이른다. 그러나 공간을 제한할 경우 컨테이너를 쌓아 올리거나 물품을 한 번 이상 추가로 이동시키는 데 소요되는 인건비가 증가하게 된다. 항구 운영자는 컨테이너를 네 개까지 쌓아 올려 트럭이 컨테이너를 적재하러 왔을 때 해당 컨테이너를 선별하여 적재하기보다는 컨테이너를 샤시에 그대로 놓아두는 것을 선호한다. 한 항구 전문가는 터미널 비용의 65%가 컨테이너 운반비용이라고 말한 바 있다. 대형 터미널은 효율성과 융통성이 높은 편이다. 그 이유 중의 하나는 대형 항구에서는 사무소 공간과 같은 지원활동이 소규모 터미널에 비해 상대적으로 덜 필요하기 때문이다.

창고의 부가가치 서비스

- 약속된 시간 내 주문이행(Orders shipped within guaranteed time)
- 급송 및 일정계획(dispatch)
- 문서 취급
- 시장 영업 지원
- 전산화된 재고통제
- 하역(unloading)
- 재고 모니터링 및 정기보고
- 지게차 서비스
- 재고순환(inventory rotation)
- 입고관리(in-handling)
- 출고관리(out-handling)
- 커뮤니케이션 서비스
- 저장(storage)
- 고객 창고 픽업(pick-up)
- 지역 배송(local delivery)

LEARNING CASE

유럽 돌아가는 대신 러 · 이란 · 인도 직통운송로 INSTC 시동

서방 제재 맞서 새로운 경제 활로 모색…비용 · 시간 절감

원유 등 3국 간 교역 급증…새 운송로 이용 증가할 듯

러시아와 이란, 인도를 연결하는 운송로인 국제남북운송로(International North-South Transport Corridor: INSTC)가 본격 가동될 것으로 보인다. 이 운송로는 서방의 제재로 러시아가 새로운 경제 활로를 모색하는 가운데 중요한 교역 파트너로 부상한 인도, 이란과 물류비용을 획기적으로 줄일 수 있는 대안으로 주목받고 있다. 블라디미르 푸틴 러시아 대통령은 지난달 말 투르크메니스탄 수도 아시가바트에서 열린 카스피해 연안국 정상회의에서 이 지역의 교통과 물류를 개선하는 야심 찬 프로젝트에 대해 언급했다.

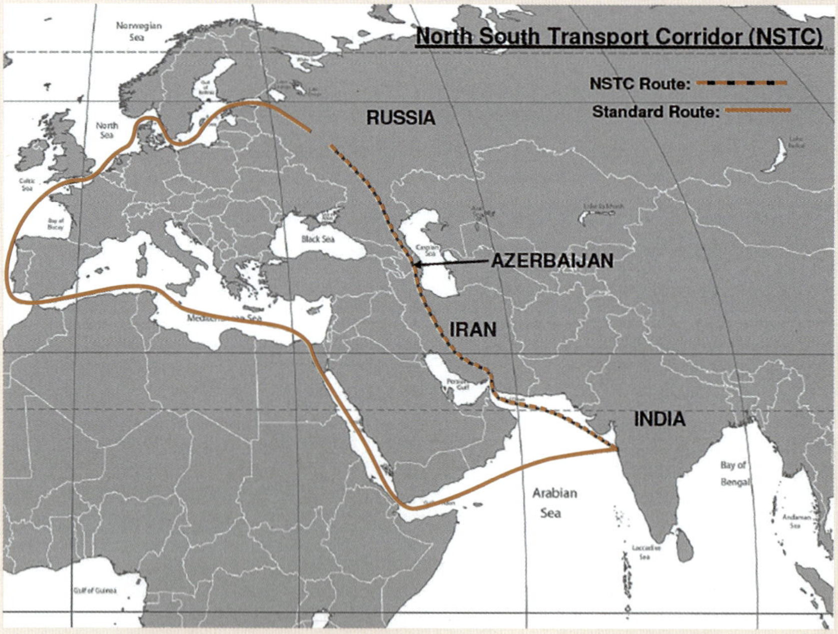

INSTC 운송로 구상(점선). 선은 기존 수에즈 운하 이용 노선

INSTC는 러시아를 기점으로 할 때 이란을 거쳐 인도까지 닿는 7천200㎞ 길이의 육로와 해로가 북에서 남으로 이어진 복합 운송로다.

이 구상이 실현되면 인도가 자국 화물을 배로 페르시아만 연안 이란 항구도시 반다르압바스에서 내려 육로로 카스피해 남단 이란 북부 항구도시 반다르안잘리로 옮긴 뒤 카스피해를 통해 러시아 남부 항구도시 아스트라한까지 운송할 수 있다. 아스트라한에서는 러시아 수도 모스크바나 제2 도시 상트페테르부르크 등으로 철도를 이용해 운송하고 여기서 다시 철도나 선박으로 상품을 유럽 도시들로 보낼 수도 있다.

INSTC 구상에는 러시아, 이란, 인도 외에도 터키, 아제르바이잔, 카자흐스탄, 아르메니아, 벨라루스, 타지키스탄, 키르기즈스탄, 오만, 우크라이나, 시리아 등이 참여한다. 연간 2천만~3천만t 규모의 상품 수송 능력을 갖추게 될 이 운송로를 이용하면 비용과 시간을 대폭 절감할 수 있을 것으로 보인다.

인도화물운송업자협회의 연구에 따르면 INSTC는 유럽 대륙을 돌아 수에즈 운하를 통과하는 기존 경로보다 거리가 40% 짧아 비용면에서 30%나 더 저렴하다. 시간상으로도 기존항로가 40~60일 걸렸다면 INSTC는 25~30일로 단축된다.

우크라이나 전쟁 발발 이후 러시아와 인도 간 교역은 3배 가까이 급증했다. 서방의 제재로 러시아의 원유 수출길이 막히자 인도는 싼 가격으로 러시아산 원유 수입량을 대폭 늘렸다. 인도는 러시아산 비료도 지난해 같은 기간에 비해 8배나 많이 수입했다. 인도는 또 이란을 거침으로써 최대의 적 파키스탄을 우회하면서 중앙아시아와 아프가니스탄 등으로 접근할 수 있게 됐다. 이처럼 물류 수요가 급증하자 INSTC를 이용한 수출입 물자 운송이 시작됐다.

이란 당국은 6월 반다르압바스 항구와 INSTC 운송 노선을 이용해 러시아에서 인도로 상품을 처음으로 시범 운송한다고 발표했다. 이어 7월에는 러시아에서 인도의 아라비아해 항구인 나바셰바로 향하는 39개의 컨테이너가 선적됐다. 이달 15일 이란과 인도 매체들은 인도를 목적지로 하는 러시아 화물이 INSTC를 통해 이란에 성공적으로 도착했다고 보도했다.

이달 초 발트해 연안에서 가장 큰 복합 운송회사인 RZD는 INSTC를 따라 새로운 컨테이너 열차 서비스를 시작했다. INSTC를 이용한 수출입 물자 운송이 활성화하면 2030년에는 유라시아, 남아시아, 걸프 지역 간 총 컨테이너 교역량의 75%를 감당할 것으로 전문가들은 예상한다.

연합뉴스 기사 편집(2022. 7. 28.)
https://www.yna.co.kr/view/AKR20220728114500009

국제운송수단

INTRODUCTION CASE

"자동차 부품사, 원가 상승에 수익성 악화... 지원 시급"

LEARNING CASE

가스 · 인플레 악재에 흩어지는 유럽... '제2 브렉시트' 발생하나

Chapter

09

INTRODUCTION CASE

"자동차 부품사, 원가 상승에 수익성 악화... 지원 시급"

한국자동차연구원, '자동차 부품기업 2021년 경영성과 분석'

[서울 = 뉴시스]현대자동차 울산공장의 아이오닉 5 생산라인(사진 = 현대자동차그룹 제공)

친환경차와 자율주행차로 전환이 가속화되고 있는 가운데 자동차 부품기업들은 원자재 가격 상승과 반도체 수급 악화 등으로 인해 수익성이 악화되고 있는 것으로 분석됐다. 이에 따라 미래차 산업으로 전환할 수 있도록 지원이 시급하다는 지적이다.

28일 한국자동차연구원이 내놓은 '자동차 부품기업 2021년 경영성과 분석' 보고서에 따르면 자동차 부품기업 중 외부감사대상 1296곳의 지난해 재무제표를 분석한 결과 총 매출이 증가했음에도 불구하고 2%대의 낮은 수익률을 기록했다. 이들 기업의 지난해 매출은 151조원으로 2020년의 134조원보다 12.6% 증가했다. 이는 코로나19 이전인 2019년(138조원)보다도 큰 규모다. 하지만 지난해 매출액 대비 영업이익률은 2.4%로 전년 동기(2.2%)와 비슷한 수준이다. 기업규모별 영업이익률은 대기업 3.6%, 중견기업 2.1%, 중소기업 1.6%로 기업 규모가 클수록 높았다. 이 같은 영업이익률은 올해 2분기 완성차업체인 현대차 · 기아가 각각 8.3%, 10.2%를 기록한 점과 비교하면 상당히 낮은 수준이다. 또 그중에서도 기업 규모별로 수익성 격차가 큰 상황이다. 이처럼 매출 규모는 증가했는데도 수익성이 낮은 것은 반도체 수급 불안정과 원자재 가격 상승 등으로 인한 것이라는 게 보고서의 분석이다.

우선 완성차의 해외시장 판매 증가 및 고급모델 우선 생산으로 인해 부품 수출이 증가하고 차량당 생산 원가가 상승하면서 부품기업의 총 매출액은 증가했다는 것이다. 하지만 자동차의 전장화로 인해 반도체 사용량이 증가한데다 수급 불안정과 반도체 가격 상승으로 원가 부담이 가중됐다. 차량용 반도체의 경우 98% 이상 수입에 의존하고 있으며 핵심 제품은 대부분 외국산 제품을 사용하고 있어 가격을 그대로 수용할 수밖에 없는 상황이다.

이 때문에 부품기업은 납품차질 · 원가상승의 이중고에 직면해있다. 더욱이 물량 부족으로 인해 주문

수량이 상대적으로 많은 대기업 위주로 먼저 공급돼 중소기업의 수급난은 더욱 악화될 수밖에 없다는 판단이다.

원자재와 운송비 등 원가 상승에 따른 수익성 악화도 한 부분이다. 철과 알루미늄 등의 가격 상승으로 내연기관 자동차 1대당 원자재 비용은 2020년 3월 1779달러에서 지난해 5월 3662달러로 106% 상승했고 코발트 · 니켈 · 리튬 등 배터리 주요 원자재 상승으로 같은 기간 전기자동차 1대당 원자재 비용은 3381달러에서 8255달러로 144% 올랐다. 또 자동차 부품의 운송수단별 비중을 살펴보면 수출은 해상 96%, 항공 4%, 수입은 해상 86%, 항공 14%로 대부분 해상운송으로 이뤄지고 있는 가운데 지난해 해상운임은 전년 대비 약 3배 이상 증가했다. 유류비 증가로 인한 화물 운송비용 상승과 인력 부족으로 인한 인건비 상승으로 내륙 운송비도 상승하면서 부품기업 전반의 운송비 부담이 가중되고 있다. 이에 따라 매출액 증가율보다 원가상승률이 더 높은 기업이 전체의 약 35%인데다 완성차 제조사 및 1차 부품사에 대한 사업의존도가 높은 중소 부품기업들의 경우 원가상승분을 납품단가에 반영하는 것도 쉽지 않다는 분석이다.

보고서는 미래차 전환으로 인해 기존 내연기관 부품기업들의 역할이 축소될 것으로 보이는 만큼 인력구조 개편 및 신규 투자를 통한 미래차 산업 전환에 대한 지원이 시급하다고 강조했다. 그리고 "부품기업들의 낮은 영업이익으로 인해 자금 여력이 부족하며 자체 연구개발로 사업을 다각화할 수 있는 역량도 부족하다"며 "부품사들의 성공적 전환을 위해서는 자금 지원, 세제 혜택, 교육 훈련 및 미래차 전략품목 정보제공 등 기업 지원방안을 마련하는 것이 시급하다"고 밝혔다.

뉴시스 기사 편집(2022. 5. 18.)
https://newsis.com/view/?id=NISX20220727_0001958732&cID=13001&pID=13000

운송(transportation)은 물류의 핵심기능 중의 하나로 화물의 공간적 이동을 시행한다. 운송 없이는 생산력의 발전도 큰 의미를 가지지 못한다. 따라서 운송수단의 발달은 산업발전의 기반이며, 역으로 산업 및 경제발전은 운송수단의 획기적인 개선을 가능하게 한다. 특히 국제물류 관점에서 대표적인 운송수단으로는 선박, 항공, 철도, 트럭 등이 있다. 이들은 각각 나름대로의 특성에 의하여 운송을 분담한다. 물류관리를 책임지는 경영자는 이들 운송수단의 특성을 정확히 파악하여 필요에 따라 최적의 운송수단을 선택할 수 있는 능력을 갖추고 있어야 한다. 아래 표는 운송수단의 종류와 특성을 비교하여 보여준다. 이 장에서는 아래 표에 등장하는 각종 운송수단에 대해 자세히 살펴본다.

표 9-1 운송수단의 특징과 장 · 단점

	장점	단점
트럭운송	• 근거리, 저가 운송에 적합하다. • 긴급운송을 포함하여 원하는 시간에(on demand) 운송하는 것이 가능하다	• 속도가 비교적 느리다. • 운송의 정확성과 안전성 측면에서 상대적으로 열악하다.
철도운송	• 대량의 화물을 한 번에 운송한다. • 중 · 장거리운송의 경우 에너지 소비량이 상대적으로 적고 경제성이 있다. • 기후에 큰 영향을 받지 않는다. • 비교적 사고가 적고 안전하다.	• 선로가 확보되어야 하므로 (일정계획변경이 쉽지 않기 때문에) 긴급운송이 곤란하다. • 기차의 용량과 선로구조로 인해 운송할 수 있는 화물의 특성(특히 부피)이 제한된다.
해상운송	• 다량의 화물을 장거리 운송하는 데 적절하다. • 원자재 등 벌크화물의 대량운송이 비교적 쉽다. • 취급되는 화물에 별다른 제약이 없다.	• 항만을 필요로 하는데, 항만시설 구축에 대규모 비용이 소요된다. • 운송절차가 복잡하고 각종 규제를 많이 받는다. • 기후의 영향을 많이 받는다.
항공운송	• 속도가 빠르다. • 운임을 상회하는 고가의 소량 및 경량 화물에 유리하다. • 화물이 손상될 가능성이 비교적 낮고 포장이 간단하다. • 비교적 사고가 적고 안전하다.	• 운임이 높다. • 중량, 부피 등 운송될 수 있는 화물의 특성에 제한이 많다. • 공항을 필요로 하는데, 공항 및 항로 구축에 많은 비용이 소요된다.

운송수단 비교의 예

미국의 국제무역량을 달러로 환산한 가치의 측면에서 볼 때, 항공운송이 30~50%를 차지한다. 반면에 동일한 무역량을 톤량(tonnage)으로 본다면, 90% 이상이 선박운송에 해당된다. 참고로 톤량 기준으로 미국이 수입하는 물량의 약 68%가 석유 및 석유화학제품이다.

9.1 | 육상운송(overland transportation)

트럭운송(roadway transport)

트럭을 이용한 운송은 국내 및 국제물류를 막론하고 거의 모든 수송에서 필수불가결하다. 복합수송에 있어서도 트럭운송은 중요한 역할을 하는데, 주로 항만이나 기차역의 야적장에서 해당 지역의 목적지까지의 운송을 담당한다. 경우에 따라서는 트럭운송이 항만 등을 거치지 않고 직접 국제운송을 전담할 수도 있다.

트럭운송의 형태는 지역에 따라 큰 차이를 보인다. 적은 인구가 대규모 지역에 듬성듬성 배치된 러시아와 같은 환경에서는 철도가 주된 운송수단이며 트럭은 국지적 연결을 위해 활용된다. 반면에 서유럽과 같이 많은 인구가 집중적으로 분포된 좁은 지역에서는 트럭이 주된 운송수단인 경우가 많다. 또한 아시아 지역은 대단위 산맥과 하천이 산재하고 있어서 철도와 도로 모두 잘 개발되기 어려운 환경이다. 이러한 이유에서 역사적으로 볼 때, 아시아 지역의 주된 무역 경로는 실크로드(Silk Road)를 제외하고서는 주로 해상에 형성되었다.

주요 용어

- Motor Carrier : 트럭운송회사를 지칭함
- Drayage : 트럭운송서비스. 일종의 컨테이너 육상운송으로, 특정 장소에 있는 컨테이너 또는 화물을 멀리 떨어진 컨테이너 본선이나 터미널로 운반하는 것을 말함. haulage라고도 함
- Cab(캡) : 트럭에서 운전자가 앉는 부분
- Chassis(샤시) : 캡과 연결된 받침 부분. 샤시 위에 컨테이너가 적재됨
- Trailer(트레일러) : 샤시가 복합수송을 위해 사용될 경우, 샤시와 컨테이너를 합쳐서 트레일러라고 부름. 복합수송용이 아닌 일반형 트럭의 경우에는 트레일러 자체가 컨테이너 기능도 하기 때문에 샤시와 컨테이너가 구분되지 않음

그림 9-1 **트럭의 종류**

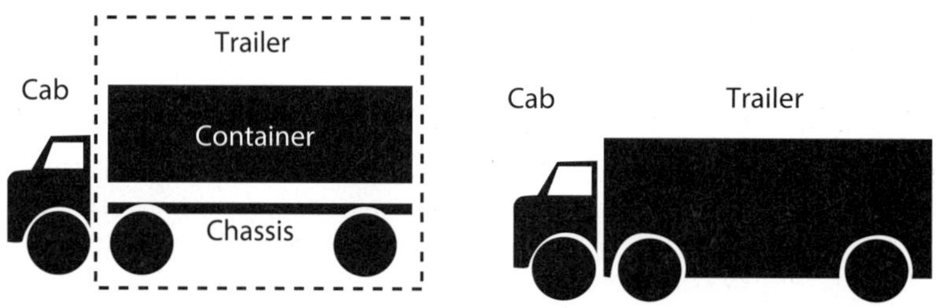

트럭운송의 경우, 7장에서 살펴 본 사설(private), 계약(contract), 일반형 운송(common carriage) 이외에도 면제운송(exempt carriage)이라는 또 다른 형태가 존재한다. 트럭운송은 일반적으로 면허를 받은 사업자에 한하여 수행되며 도로와 관련된 각종 법규와 규제를 따라야 한다. 그러나 개인사업 형태로 트럭을 소유하고 운영하는 소규모 사업자를 위하여 면허와 일부 규제에서 면제될 수 있는데, 이런 사업자를 면제운송인(exempt carrier)이라고 한다. 항만 주변에서만 작업하는 트럭들 중에서 많은 수가 면제운송인에 의해 운영된다. 이러한 경우에서 보는 바와 같이, 트럭운송의 진입장벽(entry barrier)은 다른 운송 형태에 비할 때 매우 낮기 때문에 완전경쟁에 가까운 산업 특성을 보인다.

트럭 차대(trucking fleet)는 화주가 소유하고 있을 수도 있고, 화주와는 별개의 독립적인 조직에 의해 운영될 수도 있다. 예컨대, 항공화물을 다루는 기업은 공항 주변에서만 운행되는 차대를 보유하고 있을 수 있다. 또 다른 예로, 화주가 자신이 보유한 차대를 다른 화주에게 제공하는 경우도 생각해 볼 수 있다. 이때에는 차대를 빌려주는 화주와 이를 이용하는 화주는 서로 다른 제품군을 가진 경우가 대부분이다. 즉, 수송능력에서 여유 있는 시기(off-peak time)의 화주가, 수요가 한창인 다른 제품군의 운송을 위해 저렴한 가격에 차대를 대여하는 경우이다.

1 트럭운송의 규제적 측면

모든 운송 형태는 규제기관의 간섭을 받는데, 트럭운송의 경우에는 속도제한과 같은 보다 지역적인 규칙과 규제기관의 영향을 많이 받는다. 이는 트럭운송이 장거리운송을 기피하는 주요한 이유가 된다. 운송거리가 길어질수록 겪게 되는 규제의 종류가 다양해지기 때문이다. 예를 들어, 도로법이 국가마다 상이하고 기타 정치적 이유 때문에, 중국과 러시아를 관통하는 장거리 트럭운송은 거의 불가능하다.

때로는 트럭과 기타 운송업자 간 경쟁이 규제정책에도 영향을 미친다. 트럭은 주로 철도운송과 경쟁관계에 있는데, 미국의 경우 철도운송업자의 강력한 요청에 의하여 트럭에 적재되는 화물량이 제한 받기도 했다. 또한 한 트럭에 연결할 수 있는 트레일러의 수에 제한을 두기도 한다. 예를 들어, 운송의 효율성 측면에서 볼 때, 차축(axle)이 6개인 6-axles 트레일러의 효율성과 7-axles 트레일러의 효율성은 표준형(5-axles)에 비해 각각 21%와 48% 높지만, 미국의 경우 Michigan주를 제외하고서는 표준형 트레일러만 허용된다.

안전성 문제도, 다른 운송수단에 비하여 트럭운송에서 특히 강조되는 부분이다. 이는 다른 운송수단의 사고에 의해 발생하는 사상자에 비하여 트럭운송 등 도로교통에서 발생하는 사상자가 훨씬 많기 때문이다. 전세계적으로, 해마다 천만 건 이상의 사고와 70만 명 이상의 사망자가 발생하여 약 5천억 달러 이상의 경제손실을 기록한다. 이 중 70% 이상이 개발도상국가에서 발생하는데, 이들 국가에서는 산업화 등의 영향으로 선진국에 비하여 20배에서 30배 많은 교통사고율을 보이기도 한다.[19)]

2 교통용량(traffic capacity)

교통용량은 일반적으로 PCE(passenger car equivalent, 승용차환산계수) 단위로 측정된다. 평평한 보통의 도로에서 트럭은 1.2 PCE에 해당되는데, 이는 일반 승용차에 비해 20% 정도 더 많은 도로용량을 사용한다는 의미이다. 그러나 굴곡이 많은 도로나 산악도로에서는 트럭은 4 PCE를 보인다. 결국 교통용량은 도로의 구성 형태(차선의 수, 차선폭, 굴곡의 정도 등)에 따라 크게 달라진다.

차중제한(weight law)도 원칙적으로는 안전성 측면에서 입안되지만 교통 용량을 통제하기 위한 수

---

19) Antonio Estache, Manuel Romero, and John Strong, "Toll Roads," Estache and de Rus, p.240.

단으로 활용되기도 한다. 도로파손의 가장 큰 요인이 ESAL(Equivalent Standard Axle Load)로 알려진 차축당 차중이기 때문이다. ESAL은 차중이 작아짐에 따라 지수적으로 감소한다. 예를 들어, 승용차가 야기하는 도로파손의 정도는 트럭의 만분의 일에 가깝다. 물론 도로 자체의 강건한 정도도 중요하다. 특히 도로포장 시 두께는 도로의 강건성에 결정적인 영향을 미치는데, 11인치 두께의 도로는 9인치 두께의 도로에 비하여 두 배 정도의 내구성을 보인다(반면, 11인치 도로 포장에 소요되는 비용은 9인치 도로포장의 비용보다 약간만 높다).

철도운송

철도운송(railroad transport)은 대단위 화물을 육로를 통해 장거리 수송할 때 적합한 방식이다. 일반적으로 철도는 3만 파운드 이상의 화물을, 300 마일 이상 떨어진 목적지로 수송할 때 적합하다. 철도는 이미 20세기 초반부터 광범위하게 구축되었기 때문에 지역 간 경계를 초월하여 보편적인 운송수단으로 자리잡았으나, 도로교통이 발전하면서 트럭운송에 상당한 시장을 빼앗기고 있다. 이에 따라 철도운송업에서도 상당한 변화가 일어나고 있는데, 주로 기차 및 철도운영 방식과 지배구조(ownership)에 관한 것이다. 미국의 경우, 철도가 초기부터 사기업에 의해 구축되고 운영되어 온 반면, 대부분의 국가에서 철도는 정부 및 공공기관에 의해 운영되어 왔다. 최근 정부 및 공공기관이 운영하는 철도의 사기업화가 진행되고 있는 나라가 많은데, 일례로 남미의 브라질과 멕시코, 독일을 포함한 유럽 일부 국가를 들 수 있다.

철도운송은 초기 구축비용과 고정비용이 매우 높은데 반하여 변동비용(variable costs)은 상대적으로 적다는 특징을 가진다. 또한 운반되는 화물의 부피나 무게에 대한 제한이 거의 없다는 점도 장점이다. 그러나 철도는 중간중간에 터널 등을 통과하여야 하므로 크기에 대한 제한은 존재한다. 철도 서비스는 철로가 놓여진 곳에서만 가능하기 때문에 유연하지 못하다는 점도 철도운송의 하향화를 부추기는 요인이다. 이러한 이유로 철도운송을 초기 주어진 일정대로 적시에 시행하는 것은 쉽지 않다. 실제 자료도, 트럭이 95% 이상의 일정준수율을 달성하고 있음에 비하여 철도운송은 70% 정도에 그치고 있음을 보여준다.

프랑스의 TGV나 일본의 신간센, 한국의 KTX 등의 고속철도를 제외하고, 화물수송에 투입되는 기차의 속도도 중요한 문제로 지적되고 있다. 예컨대, 캐나다의 Canadian Pacific Railway의 평균 운행속도는, 기차를 이용한 화물수송 분야에서 가장 빠른 편에 속함에도 불구하고, 26마일을 넘지 못하고 있다. 유럽의 경우 일반 승객을 위한 철도시스템은 최고로 평가되지만, 화물운송을 위한 철도시스템은 취약하여 약 40~50km/h 정도의 속도로 운행되며 잦은 야간 운행으로 안전사고의 위험이 높은 편이다.

또한 철도운송의 역사적 특징으로 인하여 국제표준이 미흡하다는 사실도 철도운송의 국제화에 장애 요인이 되고 있다. 즉, 서로 다른 국가나 사업자가 운영하는 철도는 rail gauge(철로폭을 제는 단위) 등의 차이로 인하여 서로 연동되기가 쉽지 않다. UN의 지원을 받는 Trans-Asian이라는 국가 간 철도건설계획을 예로 들면, Singapore에서 터키 이스탄불까지의 경로에서 무려 5개의 서로 다른 rail gauge가 사용되고 있어서 통일된 표준을 마련하는 것이 쉽지 않다. 적시성(on-time performance) 측면에서 미흡함과 느린 운행속도, 국제적으로 통일된 표준의 부재 등은 철도가 복합수송의 대표 수단으로 자리매김하는 것을 어렵게 한다.

위와 같은 상황에도 불구하고, 복합수송은 철도운송에 있어서도 중요한 흐름이 되고 있다. 특히 철도는 복합수송상의 전과정 중에 장거리 육상운송을 전담한다. 컨테이너는 COFC(Container-On-Flat Car) 형태로 지붕과 측면이 없는 무개화차(flatcar)에 적재되기도 하고, TOFC(Trailer-On-Flat Car) 형태로 트레일러 자체가 무개화차에 직접 적재될 수도 있다. 컨테이너 처리에 별도의 조치를 요하지 않는 TOFC가 당연히 COFC에 비하여 빠르다. COFC와 TOFC 모두 피기백(piggyback) 운송방식이라고도 불리는데, 석탄과 같은 광물을 광산으로부터 소비지까지 운송하는 경우에 자주 이용된다.

철도운송을 이용하는 화주는 한 번에 많은 양의 화물을 거래하는 대규모 상인이나 기업인 경우가 대부분이다. 예를 들어, 미국에서 가장 대표적인 철도운송의 고객은 UPS이다. 그러나 그 이유가 UPS의 특급화물서비스가 철도 운송에 적합하기 때문은 아니며, UPS가 하루에 취급해야 하는 화물의 양이 매우 크기 때문이다. 이러한 기업은 때때로 기차의 화물칸 전체를 이용하기도 하는데, 이를 Unit train이라고 한다.

기차의 구성 요소와 유형

- Car(화차) : 기차는 화차들의 연속적인 연결로 볼 수 있다. 즉, 화차는 철도운송의 기본단위가 된다. 예전에는 그 모양을 따라 boxcar라고도 불렀다.
- 엔진 : 동력의 근간이 되는 엔진을 탑재한 화차
- Hopper : 석탄 등의 광물이나 기계류의 부품을 담을 수 있는 큰 깔대기 모양의 용기. 부품이나 재료가 무더기로 한 번에 투여되기 때문에 정확한 오리엔테이션을 위하여 부품공급장치와 더불어 사용되는 경우가 많다.
- Flatcar(무개화차, 저상화차) : 지붕과 측면이 없이 바닥과 바퀴만으로 구성된 화차로, 복합수송 컨테이너를 적재하거나 자동차 및 대형 기계류를 적재한다.
- Tank Car : 복합수송의 탱크형 컨테이너를 화차에 직접 구현한 형태

철도운송과 정부 규제

미국의 경우 주간상업위원회(Interstate Commerce Commission)가 설립된 것은 1887년의 일이다. 이 위원회는 철도운송상의 정규요금을 결정하고 철도 라인의 신설과 폐쇄를 결정하였다. 특정 철도 라인이 이익을 내지 못한다는 이유로 폐쇄되는 것은 공공의 이익에 적합하지 않다고 판단되었기 때문이다. 그러나 철도운송사업자의 입장에서 이러한 조치는 큰 부담이 되었다. 철도 라인의 신설과 폐쇄를 사업자에게 맡기는 규제완화가 실시되었을 때, 많은 철도 라인들이 폐쇄되었고 실제로 운행되는 철도 라인의 길이도 1980년 179,000마일에서 1989년 148,000마일로 줄어 들었다. 또한 주요 기간 라인도 1979년 45개에서 1991년에는 13개로 대폭 축소 되었다. 철도산업에서의 대규모 규제완화 이후 규제로 인한 비용이 약 25억 달러에 이르렀던 것으로 추정되고 있다.

내륙수상운송(inland water transportation)

내륙운송(inland shipping)은 하천, 호수, 운하, 연안 바다를 통한 내륙수상운송도 포함한다. 이들은 수상운송의 형태를 가지나 선박을 이용한 대양운송(ocean shipping)과는 큰 차이를 보인다. 가장 큰 차이는 내륙수상운송의 범위로서, 주로 국가 및 지역 내 운송으로 한정된다. 따라서 내륙수상운송이 활성화된 지역과 그렇지 않은 지역은 지리적으로도 큰 차이를 보인다. 대표적인 내륙수상운송은 미국의 오대호와 미시시피강, 러시아의 바이칼 호수 및 주변의 강, 유럽의 다뉴브강, 중국의 황하강 등에서 찾을 수 있다. 그러나 대규모 강이 존재한다고 해서 반드시 내륙수상운송이 가능한 것은 아니다. 하천의 경우 적절한 수심을 가지고 있어야 하며 계절적으로도 안정된 수량을 유지하여야 한다. 우기 때나 폭우로 인하여 수심이 높아지면 선박이 다리를 통과하지 못할 수도 있기 때문이다.

지리 및 기후적 영향이 내륙수상운송에 미친 영향을 미국 오대호 주변에서 찾아 볼 수 있다. 이 지역에서는 운송비용이 저렴한 내륙수상운송을 통하여 철광석, 석탄 등을 대단위로 주변의 공업지대로 운송한다. 수심이 (어떤 이유로) 낮아지면 선박에 적재할 수 있는 내용물의 양을 줄여야 운송이 가능하다. 이에 따라 내륙수상운송을 담당하는 산업에서는 수심이 1피트 낮아질 때마다 약 5% 정도의 화물량 감소가 발생하며 이는 2,500톤에서 3,000톤에 이르는 물량이다. 이들 운송업체는 낮은 가격을 유지하여야 하므로 톤당 수익률이 매우 낮은 편인데, 물량마저 감소하면 총이익이 줄게 되는 것은 당연하며 경우에 따라서는 채산이 맞지 않는 경우도 발생한다.

내륙수상운송은 운송로에 대한 별다른 투자 없이 주어진 지리적 여건을 최대한 활용하므로 고정비용이 낮은 편이다. 특히 정부나 공공단체가 하천이나 운하의 준설을 담당하며 항해안내시설(부표, 등대 등)도 제공하기 때문에 운송업체의 시설투자는 거의 없는 편이다. 선박 및 운송장치만이 운송업체의 고정자산이나 이를 위한 투자 및 운영비용도 트럭보다는 비싸지만 기차에 비하면 적은 수준이다.

파이프라인(pipelines)

파이프라인도 특정 품목에 대해서는 매우 중요한 운송수단이다. 실제로 파이프라인을 통해 운송되는 물동량은 철도운송이나 트럭운송에 결코 뒤지지 않는다. 단 , 파이프라인은 벌크 화물만을 다룬다는 제한을 가진다. 특히 석유(petroleum) 수송이 파이프라인의 주된 목적이다. 약 15 등급의 원유(crude petroleum or crude oil) 및 석유화합물이 파이프라인을 통해 운송되는데, 서로 다른 등급의 원유들이 서로 섞여서 운송되기도 한다. 석유의 화학적 특성상 서로 다른 등급의 원유들은 잘 섞이지 않으며 원하는 등급의 원유를 추출하는 것도(투입 시 특정한 규칙을 따른다면) 어렵지 않기 때문이다. 때로는 물로 희석된 석탄가루도 현탁액 형태로 파이프라인을 통해 운송된다. 목적지에서 물과 석탄을 분리하는 것이 어렵지는 않으나, 다량의 물이 필요하기 때문에 흔히 활용되는 방법은 아니다.

파이프라인 구축을 위해서는 대규모 자본투자가 필요하다. 반면에 일단 구축되면 이를 운영하기 위한 변동비용은 그다지 크지 않다. 특히 대단위 파이프라인은 비용 면에서 큰 규모의 경제성을 보이는데, 이는 원형이라는 구조적 특성으로부터 연유한다. 즉, 단면의 반지름(r)이 커짐에 따라서 파이프라인이 운송하는 화물량(파이프라인 단면의 면적: πr2)은 그 둘레(2πr2)보다 훨씬 빠른 속도로 증가한다. 결과적으로 파이프라인의 구축비용이 파이프라인의 둘레에 비례한다고 가정할 때, 화물 한 단위당 구축비용(즉, 평균비용)이 감소함을 알 수 있다. 또한 벌크화물과 파이프라인 내벽의 마찰 등으로 인하여 액체 형태의 운송화물이 변질될 수도 있는데, 파이프라인의 직경이 커짐에 따라서 내벽에 접촉되는 비율이 적어진다. 이는 손실률이 감소하고 화물운송상의 수율(yield rate)은 증가함을 의미하기 때문에 대단위 파이프라인은 보다 나은 비용우위를 보인다.

파이프라인을 통한 운송은 느리다는 것이 단점이다. 파이프라인은 한 방향으로만 흐르기 때문에 운송방식이 제한적이며 운송도중 특정 위치에서만 벌크화물을 조사하거나 부릴 수 있기 때문에 접근성(accessibility)이 좋지 못하다는 점도 단점으로 지적된다. 그러나 화물 보호적 측면에서 파이프라인은 매우 우수하다. 특히 기후 등 자연조건으로부터 화물을 보호할 수 있으며 운송 사고의 위험도 적다.

미국의 경우 대부분의 파이프라인 사업자는 화주와는 독립적인 일반 운송업체(common carrier)이다. 그러나 미국에서 파이프라인산업은 점(oligopoly)적 구조를 보이는데 이는 앞서 말한 비용 면에서의 규모의 경제와 무관하지 않다. 동일 지역을 가로지르는 중복된 파이프라인은 비효율적이기 때문에 자연독점(natural monopoly)적 성향도 보인다. 또한 파이프라인 운송은 특정 국가 및 지역 내부로 제한되는 경우가 많은데, 이는 파이프라인 사업에서는 대규모 고정비용 등의 이유로 장기적으로 안정적 운영이 보장되어야만 하기 때문이다. 예를 들어, 정치적 이유로 미국은 과거에 소련이 유럽 지역에 파이프라인을 설치하는 것을 반대하였다.

9.2 | 해운과 선박(maritime shipping and ships)

국제운송에서 해운(maritime shipping)만큼 대표적인 것도 없다. 해운은 오랜 기간 동안 대양을 건너서 전세계에 지리적으로 산재한 여러 시장을 연결하는 거의 유일한 수단이었다. 이러한 이유로 영어에서는 'ship'이라는 단어가 의미하는 바가 이중적이다. 즉, 선박을 의미하기도 하지만 많은 경우에 운송(shipping something) 자체를 의미하는 광의의 개념으로 사용된다. 따라서 해운산업은 국제운송에서 중추적인 역할을 한다. 실제로 국제운송에서 해운을 통해 이동하는 화물의 양은 천문학적이다. 이 절에서는 국제물류, 특히 국제운송과 관련하여 선박의 종류와 장비, 해운산업의 운영방식 등에 대해 살펴 본다.

선박과 해운장비(Ships and Shipping Equipment)

해운산업은 주로 수상(water), 특히 광대한 대양을 통한 화물의 수송을 담당한다. 대양해운업체(ocean carriers)는 shipping line으로도 불린다. 그 오랜 역사와 더불어, 해운산업은 다른 운송수단(항공운송, 트럭운송 등)에 비하여 다소 보수적으로 운영되는 경향이 있다. 또한 그 성격상 해운업체는 비즈니스 규모가 크며, 선단(fleet)으로 운영된다. 주로 10척에서 40척에 이르는 선단을 운영하는 경우가 대부분이다. 비교해 본다면, 해운에서의 전형적인 건조 벌크화물은 보통 6만5천톤에 달하지만, 철도운송에서는 50~80톤을 넘지 못한다.

대양해운은 오랜 역사를 가진, 잘 구조화된 산업구조를 가진다. 기술 변화도 다른 운송수단에 비하여 심하지 않으나, 막대한 투자비용 때문에 진입장벽(entry barrier)은 높은 편이다. 실제로 보통의 선박은 트럭이나 기차에 비할 수 없이 비싸다(그러나 항공기와는 큰 차이가 없다). 또한 화물용 선박은 많은 경우에 특수한 용도를 목적으로 건조되므로 다른 화물을 운송하기 위하여 사용될 수 없으며 구조변경도 거의 불가능하다. 국제운송에서 해운이 차지하는 막대한 비중으로 인하여 해운산업은 많은 규제와 국제법의 적용을 받는다.

선박의 종류는 공학적이며 특별한 비즈니스를 목적으로 한 기능적인 측면에서 아래와 같이 분류해 볼 수 있다.

- 컨테이너선(containerized) : Container liner로도 알려진 이런 종류의 선박은 보통 7천여 개에 이르는 컨테이너를 적재할 수 있다. 이는 매우 많은 수의, 다양한 규모의 고객을 대상으로 한 비즈니스에서 가장 적합한 운송방식이라고도 할 수 있다. 즉, 한 컨테이너선은 대형 고객의 수백 개에 달하는 컨테이너와 단지 한 명의 고객의 이사를 위한 하나의 컨테이너를 동시에 운송할 수 있는 유연성(flexibility)을 가진다.
- 벌크선(dry bulk) : 벌크선의 형태는 매우 다양하지만 한 가지 공통점은 벌크 형태의 화물을 담을 수 있는 거대한 사발(bowl) 모양의 화물칸을 가진다는 것이다. 화물의 형태는 석유와 같이 액체인 것으로부터 밀가루와 같이 분말 형태로 된 것 등 다양하다.
- 탱크선(bulk tankers) : 주로 석유수송을 위해 필요한 선박으로, 석유 외에도 다양한 화학물질이나 음료 등을 수송한다. 탱크선은 말 그대로 사발 모양의 화물칸 대신 탱크가 장착된 것으로, 탱크는 여러 구역(compartments)으로 물리적으로 구분된다.
- 로로선(roll-on/roll-off 또는 줄여서 ro-ro 혹은 car carriers) : 기능적으로는 벌크선이 변형된 형태로, 화물을 적재하는 방식이 일반 벌크선이나 탱크선과 다르다. 즉, 배에 장치된 램프(ramp)를 이용 바퀴가 달린 운반차(trolley)로 화물을 적재한다. 이는 자동차를 나르는 페리선(car ferry)이 발달한 형태라고 할 수 있다. 즉, 선수와 선미를 통하여 트랙터(tractor)나 지게차(forklift)에 의해 컨테이너의 적재(적하) 및 하역(양하)도 가능하다. 이러한 시스템을 수평하역방식(horizontal type)이라고도 부른다.
- 혼재선(breakbulk) : 전형적인 일반 화물선(general cargo ship)으로 여러 구역으로 구분된 화물칸을 가진 선박이 다양한 화물을 운반한다. 화물은 보통 컨테이너 내부에 놓인 채로 컨테이너 자체가 선박에 적재되지만, 컨테이너선이나 벌크선의 모양을 취하지는 않는다.
- 냉동선(refrigerated) : 혼재선이나 벌크선과 비슷하지만 냉동고가 부착된 점이 다르다. 주로 신선한 음식료품을 운반하기 위해 필요한데, 이러한 종류의 화물은 그 수요가 빠르게 증가하고 있다. 물론 냉장보관이라는 부가서비스가 제공되므로 운송비용은 더 비싸다.
- 바지선(barges) : 커다란 상자나 사발 모양으로 생긴 유동 플랫폼(floating platform)으로, 자체 엔진이 없어서 스스로 이동하지 못하기 때문에 예인선(tugboat)에 의해 이동된다.

위에서 본 바와 같은 다양한 형태의 선박들 중 어떤 종류(컨테이너선이나 냉동선)는 그 수요가 끊임 없이 증가하고 있는 반면에, 다른 종류(혼재선과 같은 일반화물선)는 점차 그 수가 감소하고 있다. 일반 화물선의 경우 1990년대 말까지 전세계적으로 약 1,300척이 운영되어 약 1,700만 톤의 재화중량(deadweight tonnage)2의 수송능력이 존재했지만, 이제는 해마다 수백 척씩 운영이 중지되고 있다.

선박과 관련된 색다른 용어

해운산업은 오랜 역사와 전통을 가지고 있기 때문에, 일부 용어는 단어 그 자체의 의미보다도 업계에서 예전부터 독특한 의미로 사용되었기 때문에 오늘날에도 관행적으로(원래 단어가 의미하는 바와는 다소 거리가 있는) 그러한 뜻으로 사용된다. 아래는 그러한 몇 가지 예이다.

- Port and Starboard : 각각 왼쪽(좌현)과 오른쪽(우현)을 뜻한다.
- Bow and Stern : 각각 뱃머리(선수)와 꼬리(선미)를 뜻한다.
- Draft : 선박의 몸체에서 물에 잠긴 채로 운항할 수 있는 길이를 재는 단위이다. 선박이 항구에 정박할 때 이 값을 참조해야 한다.
- Beam : 선박의 폭(width)을 말한다.
- Freeboard : 선박의 몸체 중에서 물 위로 나온 부분의 높이를 의미한다.
- Bridge : 선박의 지휘통제부(command post)를 뜻하는데, 일반적으로 선박에서 가장 높은 곳에 위치한다.

그림 9-2 **선박과 관련된 별칭**

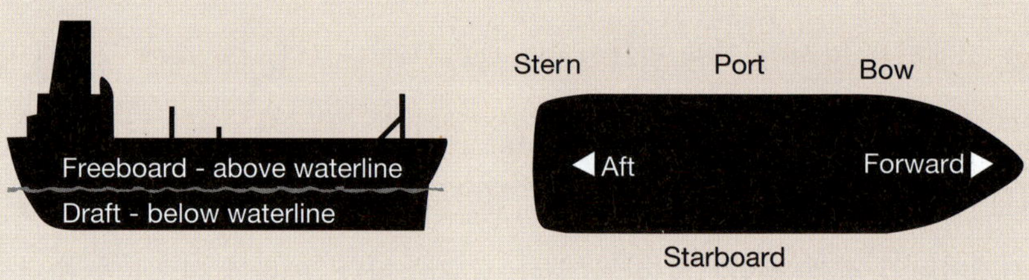

선박의 크기를 나타내는 단위

- 재화중량(deadweight tonnage : DWT) : 선박이 현실적으로 선적할 수 있는 최대 중량을 말함. 선체 및 설비와 연료, 식음료 등 소정의 장비와 자원을 제외하고 순전히 화물만 적재할 수 있는 용량(capacity)
- 총톤수(Gross Registered Tonnage : GRT 또는 간단히 Gross Tonnage : GT) : 선박 내부의 폐쇄된 공간의 총 용적을 말함. GT는 관행적으로 100큐빅피트(ft3)를 1톤으로 표시함. 선박의 각종 수수료 산정과 통계에 사용됨
- 배수량(Displacement Tonnage 또는 Displacement) : 선박이 대체하는 물의 무게를 뜻한다. 즉, 배의 중량은 선체가 물에 잠긴 부분과 동일한 부피의 물의 중량과 같은데, 배수량은 이 물의 중량을 일컫는다.[20]

20) 더 쉽게 설명하면, 선박이 있는 바다를 얼린 뒤에 선박을 빼낸 빈 자리에 물을 채울 때 필요한 물의 양에 해당하는 중량을 말한다.

가장 큰 로로선은 약 6천 대의 자동차를 운송한다. 로로선의 갑판(deck)은 상하로 움직일 수 있어서 소형차는 갑판을 아래로 내려 보다 많은 벌크화물을 그 위에 적재할 수 있도록 한다. 가장 큰 컨테이너선은 이론적으로는 7,000TEU를 운송할 수 있지만, 일반적으로 약 25% 정도의 여유 용량을 남긴다. 공학적으로 하나의 엔진을 장착한 컨테이너선은 9,000TEU까지 운송할 수 있다고 하며, 엔진을 두 개 장착하면 12,000TEU까지도 가능한 것으로 알려져 있다.

그러나 선박의 크기는 조선공학적인 요소에만 의존하지는 않는다. Panama운하는 110피트의 폭을 가지므로 이보다 폭이 넓은(더 큰 beam의) 선박은 Panama운하를 통과하는 항로로 운항할 수 없다. 이러한 사실에서 파생된 신조어가 Panamax로, 이는 너무 커서 항로가 제한되는 선박을 지칭한다. 또한 항만 주변의 시설물도 선박의 크기에 제한을 가하는 요인이다. 예컨대 다리의 높이도 주된 장애 요인인데(이를 앞 Box에서 소개한 선박에 대한 별칭으로 하면 무엇이라고 할까?), 9,000TEU의 선박은 166피트에 달할 것이므로 대부분의 다리를 통과하지 못할 것이다.

컨테이너선과는 달리 탱크선은 점차 작아지는 추세에 있다. Jahre Viking이라고 하는 탱크선이 가장 큰 것이었는데 draft가 24.6m에 길이가 458m였으며 무게는 564,000톤(metric tons)에 이르렀다. 오늘날에는 가장 큰 탱크선도 약 450,000톤의 무게를 넘지 않으며, 대부분 310,000톤의 규모에 333m의 길이로 건조된다.

그림 9-3 탱크선의 종류와 구조

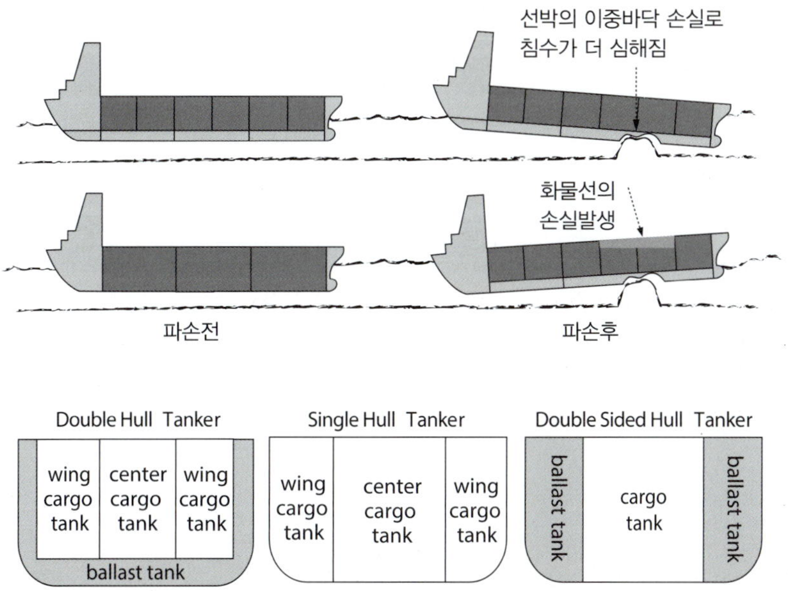

몇몇 선박은 자체적재(self-loading)시스템을 가지고 있다. 즉, 선박에 특수한 장비(주로 크레인이나 펌프(탱크선의 경우))가 부착되어 화물의 적재 및 하역을 항구장비의 도움 없이 실행할 수 있다. 언뜻 보기에는 자체적재시스템을 가진 선박이 첨단선박이라고 생각되나 사실은 그렇지 않다. 오늘날 복합수송의 활성화로 인하여 국제운송에 참여하는 대부분의 항구는 어떤 종류의 선박에 대해서도 적재 및 하역서비스를 제공할 수 있는 장비를 가지고 있다. 따라서 현재의 최첨단선박은 자체적재시스템보다는 다른 기능(속도, 연료사용의 효율성, 항법장치 등)을 강화한 경우가 많다.

선박은 주로 금속자재가 물에 의해 부식됨으로 인하여 낡게 된다(이를 ship breaking이라고 한다). 이는 심각한 환경문제를 야기하는데, 운항 중인 선박에서 부식된 금속이 바다로 떨어져 나가면 대양을 오염시키기 때문이다. 또한 항구에 정박 중인 선박을 수리하거나 재건조할 때에도 많은 양의 독성물질이 바다로 흘러 나간다.[21] 심한 경우 선주(ship owner)가 소용이 없게 된 선박을 고의로 가라앉히는 경우도 잦다(선박을 해체하여 폐기하는 비용이 크기 때문이다). 선박의 크기 때문에 이러한 행위는 심각한 해양오염을 야기하지만 적절한 국제법이 없기 때문에 효과적인 제재가 거의 불가능하다.

해운산업과 해운업체의 운영

조선산업(shipbuilding industry)은 현재 전환기에 있다. 서유럽 선진국가들이 제국주의 시대 이래로 조선산업에서 두각을 나타내었으나, 오늘날 대부분의 선박은 한국과 일본에 의해 건조된다. 이 두 나라는 각각 새로 건조되는 선박의 35%를 공급하며, 그 뒤를 중국이 빠른 속도로 쫓아오고 있다(현재 중국은 5%의 시장점유율을 보임). 그러나 조선산업은 방위산업과도 관련이 높고 기타 산업에의 파급효과도 크기 때문에 대부분의 국가에서 보조금을 지원하면서 지속적으로 육성하고 있다. 예컨대, 미국의 건조비용은 한국의 두 배 이상이지만 미국 정부는 국방을 이유로 보조금을 지급함으로써 비용 차이를 보전한다.

선박의 종류와 크기 등이 해운업체의 비즈니스 운영에 큰 영향을 미치는 것은 사실이다. 그러나 역으로 해운업체의 비즈니스 목적이 선박의 종류와 크기를 결정하기도 한다. 또한 화주(해운의 경우 선적인이라고도 함)가 선박의 종류와 해운업체를 선정하는 의사결정은 주로 화물의 특성에 좌우된다. 일반적으로 낮은 가치의 화물은 벌크선을 이용하며 고가의 화물은 컨테이너선을 선호한다. 또한 특별한 화물은 특수한 장비를 갖춘 화물선(예컨대 냉동선 등)을 이용해야 할 것이다.

글로벌 해운업체(Top Shipping Companies in the World)[22]

1. Maersk Sealand–Denmark
2. Evergreen–Taiwan
3. APL(NOL 소유)–Singapore
4. Hanjin–Korea
5. Cosco–PRC
6. P&O Nedlloyd–U.K.
7. Hyundai–Korea
8. OOCL–Hong Kong
9. K Line–Japan
10. Yangming–Taiwan

---

21) 인도의 Alang 조선소는 이러한 오염행위로 악명 높다. Jennifer Clapp, Toxic Exports: the Transfer of Hazardous Wastes from Rich to Poor Countries, Cornell University Press, Ithaca, NY, 2001.

앞에서 설명한 이유로, 서로 다른 종류의 선박 간에는 별로 경쟁할 여지가 없다. 혼재해운업체(breakbulk carriers)는 복합수송의 도입으로 크게 위축되었으며, 로로해운업체(ro–ro carriers)도 자동차 수입에 대한 각국 정부의 규제로 운송량이 크게 줄어 어려움을 겪고 있다.[23] 이러한 해운산업의 역동성을 이해하기 위해서는 선박의 운영방식에 대한 이해가 필요하다.

- 정기선(liners) : 해운업자가 선하증권을 발행하여 화주와 개별로 운송계약을 맺고 일정한 항로에 정기적으로 배선되는 선박을 정기선이라고 한다. 선박은 정해진 경로와 확고한 일정계획에 따라 운항되며, 이러한 정보는 상당 부분 공개되어 있다. 정기선의 특징은 다음과 같다. ① 많은 항구에 기항하나 각 항구의 항만사정에 의해 제약되며 대형화에는 한계가 있다. ② 운송되는 화물도 다양하기 때문에 화물의 질, 형태, 수량, 적재 지점 등을 종합적으로 검토하여야 한다. ③ 현재 전세계 정기선 항로에는 약 400개의 해운동맹(shipping conference)이 결성되어 있고 그 운임은 품목별 운임요율표에 의해 정해진다.
- 부정기선(tramps) : 부정기선이라 함은 화주가 필요로 하는 시기와 항로에 제공되는 선박을 말한다. 따라서 부정기선의 운항은 항해기반(voyage – byvoyage basis)이다. 부정기선은 정기선과는 달리 특정 화주의 화물만을 운송한다. 부정기선이 운반하는 주요 화물은 곡물, 철광석, 설탕 등의 원자재이며 용기에 넣지 않고 벌크로 적재하는 경우가 많다. 부정기선은 빠르거나 운항 일정이 정확한 것보다도 운임이 싼 것을 우선순위로 한다. 일례로, 불황이 심하였을 때 해운업체는 철강산업의 요청으로 부정기선을 감속 운항하였다. 감속 운항은 연료 소비량도 줄이는 일석이조의 효과가 있다.[14]
- 사적 운송(private) : 자사의 제품을 수송하기 위해 자가용차를 이용하는 경우에 해당한다. 즉, 회사가 소유한 선박으로 자사의 화물을 운송한다.

정기선에는 특별한 법적 특혜와 의무가 주어진다. 정기선은 대부분의 경우에 컨테이너선이나 로로선이다. 이들 유형의 선박은 다양한 화주로부터 화물을 받아서 복수의 목적지로 전달하기에 편리한 구조로 되어있기 때문이다(컨테이너선의 특징을 참조). 반면에 벌크선의 경우, 하나 혹은 소수의 화주로부터 화물을 적재하여 지정된 장소로만 이동하므로, 선단을 관리하기 위해서는 일정계획 등에 보다 세심

---

22) 미국에 수입되는 화물량을 기준으로 한 것임(Journal of Commerce Week 에서 집계된 자료를 재정리함).

23) 자동차 수출은 예전처럼 직접 차를 운송하는 방식에서, 현지나 인근 국가의 공장에서 생산하여 우회 수출하는 형태로 많이 전환되고 있다. 따라서 자동차의 국제운송 물량은 감소추세에 있다.

24) 따라서 정기선과 부정기선의 차이는 버스와 택시의 차이로 비유할 수 있다.

한 방식이 필요하다.

정기선은 고정된 항로를 따르는데 이를 항구순회(port rotations)라고 한다. 이러한 일정을 계획하는 것은 정기선 운항업체에 있어서는 중요한 비즈니스 기술이다. 일정계획을 위해서는 지역 및 글로벌 무역의 흐름(regional and global trade flows)과 제공되는 서비스수준과 비용 등을 종합적으로 고려하여야 하기 때문에 결코 쉬운 작업이 아니다. 가능한 대안 중의 하나는 대륙을 다리(Mini-Land Bridge : MLB)로 간주하여 멀리 떨어진 항구를 연결하는 것이다. 예컨대, 아시아에서 유럽으로 향하는 항로로, 먼저 태평양을 지나고, 북중미대륙을 하나의 MLB로 간주하여 서부해안에서 동부해안까지 철도운송으로 연결한 뒤, 다시 동부해안에서 대서양을 건너는 경로를 생각해 볼 수 있다.

그림 9-4 항구순회의 예

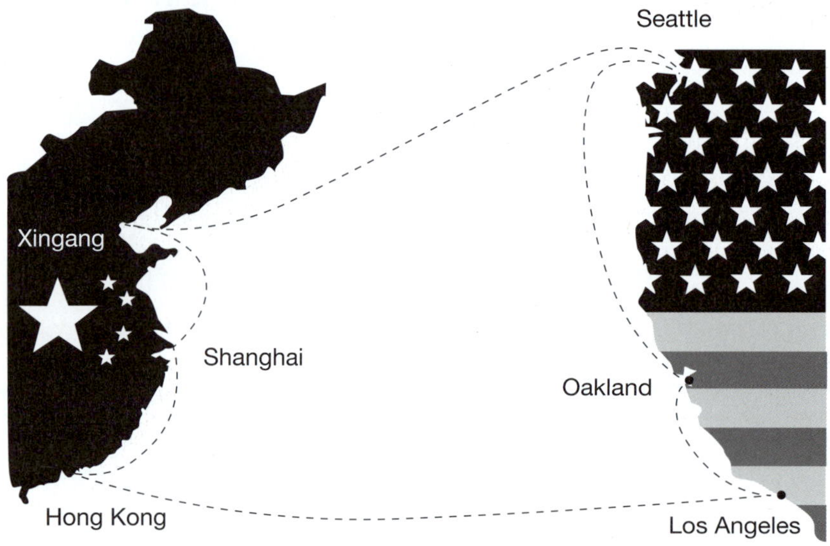

다른 해운업체와 경쟁과 더불어, 화주(해운업체의 고객)는 빠르고 싼 운송을 원하기 때문에 해운업체의 항로결정은 비즈니스의 성패와도 직결되는 중요한 문제이다. 위 그림에서 화물은 LA에서 적재되어 중국 Xingang으로 향할 것이다. 그러나 Hong Kong까지 가지는 않을 것이다. 그 이유는 무엇인가? 정기선은 모든 항로를 공개해야 한다는 점을 상기하자. 만약 LA를 떠난 선박이 Hong Kong까지 간다면 이렇게 멀리 우회하는 항로에 화물을 맡길 화주는 거의 없을 것이다. 즉, 위 그림에서와 같은 LA ↔ Hong Kong 항로에 대한 수요는 거의 없을 것이므로 처음부터 Hong Kong을 항구순회에서 배제하는 것이 바람직하다.

그림 9-5 항만 야적장의 컨테이너들(Rotterdam항)

선박의 운항과 관련해서는 독특한 노동조건과 관련된 문제가 있다. 왜냐하면 선박의 운항일정상 상당 부분의 시간을 육지에서 떨어진 상태로 있기 때문이다. 이로 인하여 근무조건이 일반적으로 열악하며 노동의 분화(division of labor)가 엄격하여 마치 인도의 카스트제도(The Caste)와 같다. 많은 선장 및 지휘관이 Norway, U.K., Hong Kong, 일본과 같은 해양 선진국에서 배출되어 세계 각지로 흩어져서 일한다. 반면에 Philippine은 가장 많은 해운 근로자를 배출하는 국가이다.

LEARNING CASE

가스 · 인플레 악재에 흩어지는 유럽... '제2 브렉시트' 발생하나

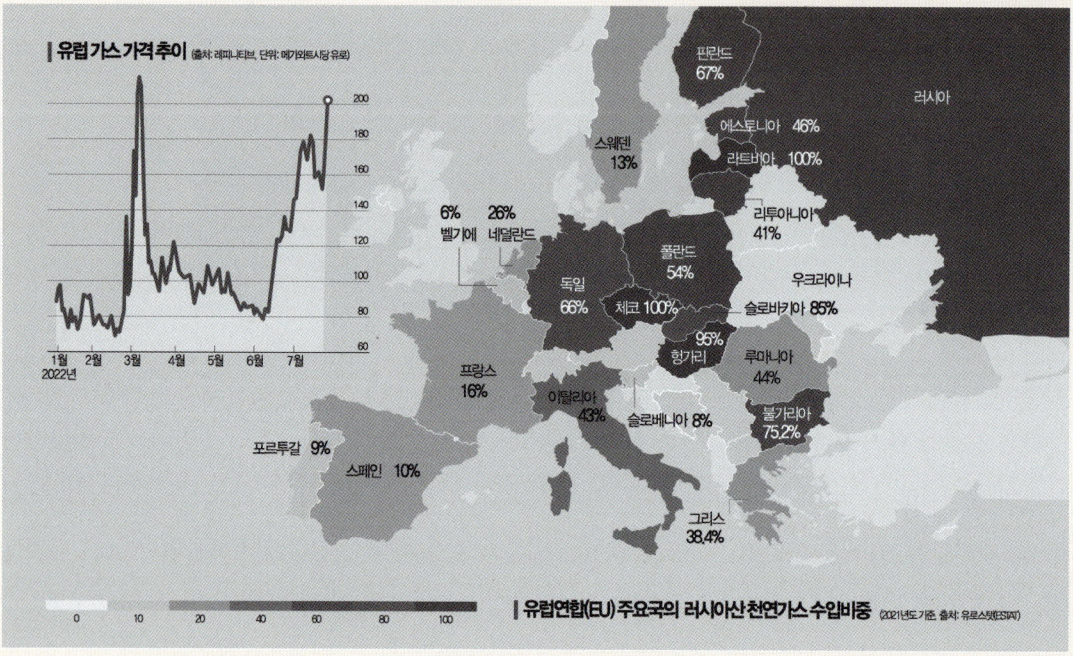

"유럽의 가짜 연대를, 푸틴은 알고 있다"

독일의 경제지 한델스블라트의 편집장을 지냈던 안드레아스 클루스는 최근 블룸버그 통신에 이 같은 제목의 칼럼을 실었다. 그는 "유럽 연합(EU)의 27개국 지도자들은 각국을 하나로 묶는 결속을 찬양하고 있지만, 실제로는 그렇지 않다는 것을 '유럽의 적(블라디미르 푸틴 러시아 대통령)'도 알고 있다."면서 "EU의 가장 큰 문제는 위협, 책임과 희생은 공유하지 않는다는 것"이라고 지적했다.

코로나19 재확산과 러시아의 천연가스 공급 축소, 초유의 인플레이션등 쏟아지는 악재로 유럽연합(EU) 내 균열이 확산되고 있다. 특히 독일, 이탈리아, 프랑스 등 주요국에서 대러 제재와 우크라이나 지원에 대한 정치적 목소리가 대중의 지지를 얻지 못하면서 혼란은 가중되는 분위기다.

러, 가스관 잠근다... 위기 앞에 선 연대

EU의 결속력을 가장 강하게 시험하고 있는 것은 러시아의 가스 공급 축소라는 거대 악재다. 러시아의 국영 가스회사 가스프롬은 최근 장비 점검을 이유로 내세우며 독일까지 연결되는 파이프라인인 노드스트림1을 통한 가스 공급을 용량의 60%로 제한한 데 이어, 이를 20%까지 낮춘다고 발표했다. 난방 수요가 급증하는 겨울까지 공급 축소가 이어질 경우 블라디미르 푸틴 러시아 대통령은 에너지 무기화를 통해 '유럽인들을 떨게 만들 것'이라고 주요 언론들은 우려하고 있다. 파티 비롤 국제에너지기구(IEA) 사무총장은 "이번 겨울은 유럽의 연대에 역사적인 시험대가 될 것"이라고 경고한 바 있다.

EU 집행위원회는 유로존 전체가 자발적으로 가스 소비를 15% 줄이고 필요한 경우 의무 감축에까지 나설 것을 제안했지만, 의견을 모으긴 쉽지 않다. CNN 등 주요 외신에 따르면 회원국들이 러시아산 천연가스 소비의 15%를 줄이는 감축안에 헝가리는 반대표를 던졌다. 상대적으로 러시아와 우호적 관계였던 헝가리와 빅토르 오르반 총리는 최근 러시아와 7억㎥의 가스 구매 계약 체결을 앞두고 있다고 밝히기도 했다.

명시적으로 반대표를 던지지는 않고 있지만, 폴란드 · 포르투갈 · 스페인 · 그리스 등 러시아산 에너지 의존도가 비교적 낮은 국가들도 불편한 기색을 내비치고 있다. 동시에 10년여 전 이들 일부 남유럽 국가들이 재정위기에 내몰렸을 때 북유럽 국가들이 연대 요청을 거부했던 기억을 불러오는 분위기다. 합의는 조만간 서면 절차 과정을 거쳐 유럽의회에서 정식 법제화될 전망이나, 안팎의 불만이 예상된다.

클루스 전 편집장은 "앞서 EU는 터키에서 그리스로 100만여명의 난민이 넘어갔을 때도 연대를 보여주지 않았고, 코로나19가 확산된 2020년에는 마스크 등 의료 장비의 공급에 있어서도 국경을 폐쇄하며 연합을 망쳤다."라고 지적했다. 이어 "그 후 유럽인들은 백신을 놓고 경쟁을 벌이기도 했다."라며 당시 우르줄라 폰데어라이엔 EU 위원장이 "우리는 EU의 해체를 언뜻 봤다."라고 했던 발언을 언급했다. 그러면서 "모스크바(러시아)와 베이징(중국) 등 강대국들은 이 같은 EU의 약점을 알고 있으며, 이를 이용하려고 한다."라고 덧붙였다.

[이미지출처=로이터연합뉴스]

EU 의회는 러시아산 원유 선적 선박에 해상보험을 제공하지 않겠다는 지난 5월의 제재안도 예외를 적용하기로 하는 등 한발 물러섰다. EU는 지난 6월4일부터 러시아산 원유 선적 선박이 해상보험을 이용하지 못하도록 제재를 가했으나, 제3국으로 향하는 경우 로즈네프트 등 러시아 국영 에너지 기업의 원유를 선적할 수 있도록 했다. 영국도 미루던 관련 제재안을 지난달 발표했지만, 자국 출입 선박에만 적용할 뿐 아니라 적용시점도 내년으로 미루는 등 소극적 태도가 담겼다.

고꾸라지는 유럽 경제…실종된 리더십

급격한 인플레이션과 경기 침체 우려는 이 같은 분열의 조짐에 기름을 붓고 있다. 유럽중앙은행(ECB)은 지난달 기준금리를 0%에서 0.5%로 깜짝 인상했다. ECB의 기준금리 인상은 2011년 7월 이후 11년 만에 처음이다. 유로화는 2000년 이후 사상 최저치인 달러당 1유로 밑으로 떨어졌다. 유럽의 '큰 형님' 격인 독일의 2분기(4~6월) 국내총생산(GDP) 증가율은 전분기 대비 0%로 추정됐다.

지난 6월 경제협력개발기구(OECD)는 올해 유로존 전체의 성장률을 2.6%로 전망했지만, 최근엔 상황이 악화되며 연말 마이너스 성장까지 예측되는 상황이다. EU 통계기구 유로스타트에 따르면 통계가 집계된 11개국 중 7개국의 2분기 경제성장률 예상치(전분기 대비)는 모두 1분기 대비 뒷걸음쳤다. 라트비아(−1.4%), 리투아니아(−0.4%) 등 발트 국가는 마이너스 성장을 기록했다.

유로존 인플레이션은 5월 8.1%에서 6월 8.6%로 통계 집계 이래 최고치를 찍었다. 특히 유럽 경제 강국인 독일과 이탈리아가 각각 에너지 문제와 정치적 위기라는 초유의 난제에 맞닥뜨리면서, 상황은 급속도로 악화될 가능성이 높다. 이탈리아의 마리오 드라기 내각 붕괴는 재정 안정화 및 개혁의 실패라는 평가를 받으며 유럽 전체 금융시장의 악재로 여겨지는 분위기다. 드라기 총리는 우크라이나 지원과 인플레로 고통받는 가구에 재정지원을 주장해오다 거국 내각의 중심인 오성운동(M5S)을 이끄는 주세페 콘테 전 총리와 줄곧 충돌해 왔다.

새 정부가 구성되기까지 상당기간 소요될 것으로 예상되는 가운데, 금융시장의 변동성을 통제할 리더십은 현재까지 보이지 않는다. 골드만삭스는 지난해 초 1%포인트 수준이던 이탈리아와 독일 국채 수익률 간 괴리가 연말 2.5%까지 확대될 것으로 내다봤다.

이탈리아의 차기 정부는 더욱 '민족주의' 성향을 띨 것이라는 전망도 나온다. 이코노미스트는 지난달 23일과 24일 지중해에서 구조된 이민자 2000여명이 이탈리아에 도착했다는 소식을 전하면서 "증가하는 이민자 수는 극우파에 이익이 된다."라면서 극우성향의 정당 '이탈리아의 형제들'이 여론조사에서 선두를 달리고 있다고 보도했다. 홍콩 사우스차이나모닝포스트(SCMP)는 "차분하고 긍정적인 리더십과 재정적인 안정 없이 유럽은 새로운 실존적 실험으로 끌려갈 것"이라고 진단했다.

이 같은 상황에서 가스프롬은 러시아 천연가스 의존도가 높은 라트비아에 가스 공급을 끊겠다고 밝히며 도발에 나섰다. 이는 라트비아 측이 러시아산 가스를 루블화 대신 유로화로 구입하고 있다고 밝힌 지 하루 만이다.

아시아경제 기사 편집(2022. 8. 2.)
https://view.asiae.co.kr/article/2022080111392530686

PART 04 국제물류시스템

국제물류와 중개업 및 제휴

INTRODUCTION CASE

종합상사의 '화려한 부활'... 원자재값 뛰자 빅3 날았다

LEARNING CASE

해상운임 '일시적 하락', 항공운임 '소폭상승'... 하반기 여전히 '안개속'

Chapter

10

INTRODUCTION CASE

종합상사의 '화려한 부활'... 원자재값 뛰자 빅3 날았다

포스코인터내셔널 2분기 실적

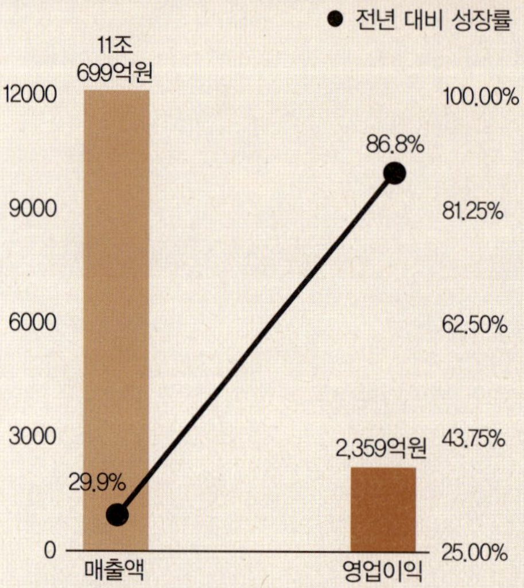

자료: 금융감독원

종합상사 빅3가 1분기에 이어 2분기에도 호실적을 냈다. 원자재 값이 급격하게 오르고 달러 가치가 사상 최고 수준을 찍자 무역 중개와 자원 개발 사업의 수익성이 극대화된 결과다.

2000년대 후반까지 맥을 못 추던 종합상사는 일찌감치 '탈상사'를 선언하고 사업 다각화에 나섰다.

기존 무역 사업의 성장 정체를 타개하기 위해 자원 개발에 직접 뛰어들고 투자 회사로 전환하는 등 일본 상사 기업들의 변신을 벤치마킹하며 '탈상사'에 속도를 내고 있다. 돈이 흐르는 곳을 찾아 세계 어느 곳이라도 달려가 '라면에서 미사일까지', '이쑤시개에서 인공위성까지' 다양한 상품을 취급하며 성장을 거듭해 온 종합상사들은 액화천연가스(LNG) · 광산 등 에너지 사업을 확대하고 신사업 투자에 적극적으로 나서면서 진화하고 있다.

그 결과 지난해부터 기지개를 켜기 시작한 종합상사 '빅3'의 실적은 올해 크게 좋아졌다. 가장 먼저 2분기 실적을 발표한 포스코인터내셔널은 분기 매출 11조699억원원을 기록했다. 분기 매출이 10조원을 넘어선 건 이번이 처음이다. 영업이익도 전년 대비 30% 가까이 급등했다. 에너지 사업이 실적을 견인했다. 에너지 탐사 · 개발 투자 계획이 계획대로 진행되는 가운데 미얀마 가스전의 판매 가격이 오르며 전년 동기 대비 약 219% 상승한 1040억원의 영업이익을 기록했다.

포스코인터내셔널은 올해 새로운 목표를 내걸었다. '종합 사업 회사'에서 '사업형 투자 회사'로의 전환이다. 포스코인터내셔널은 과거 사업 모델 전환을 선언했음에도 변화 속도가 더딘 만큼 회사의 정체성을 투자 회사로 바꾸고 강도 높은 변화를 예고하고 나섰다.

포스코인터내셔널이 트레이딩의 한계를 인식한 것은 처음이 아니다. '탈상사'를 선언한 시기도 2015년으로 거슬러 올라간다. 사명이 아직 대우인터내셔널이던 시절 종합 사업 회사로 대우인터내셔널을 재정의하면서 상사업에서 벗어나겠다고 밝혔다. 그간 사업 다각화를 추진한 결과 지난해 트레이딩으로 거둬들이는 이익은 전체 이익의 3분의 1 수준까지 줄었다.

포스코인터내셔널, 합병으로 에너지 경쟁력 높아진다

포스코인터내셔널은 여기에서 만족하지 않고 투자 법인 실적을 더욱 끌어올린다는 계획이다. 무역 중개 수수료가 주요 수익원인 트레이딩 부문이 여전히 효자 역할을 하고 있지만 그 성장성에 명확한 한계가 있기 때문이다.

에너지 부문의 사업 경쟁력도 더 확대될 것으로 보인다. 포스코그룹은 LNG 사업 경쟁력을 강화하기 위해 포스코인터내셔널과 포스코에너지의 합병을 검토하고 있다. 현재 포스코그룹의 LNG 사업은 포스코인터내셔널이 해외에서 LNG를 구매하면 포스코에너지가 이를 저장하고 발전에 사용하는 구조로 진행되고 있다.

포스코인터내셔널은 미얀마 가스전을 개발한 경험이 있고 LNG 트레이딩 사업을 진행하고 있다. LNG 저장 · 발전 사업을 영위하는 포스코에너지는 인천 LNG복합발전소와 광양 LNG터미널을 운영하고 있다. 합병은 포스코인터내셔널이 포스코에너지를 흡수 · 합병하는 방식이 유력하다. 합병이 이뤄지면 포스코인터내셔널은 LNG 구매와 저장 · 발전을 한 번에 다루는 종합 에너지 기업으로 거듭난다.

LX인터내셔널은 "석탄, 팜 등 자원 시황 상승 및 해운 운임 상승 등 대외 여건이 개선됐다."라며 "더불어 생산량을 확대하고 수요처 향 공급을 확대하는 등 고시황기 수익 극대화 노력이 자원, 트레이딩, 물류 전 사업부문의 외형 성장 및 이익 증가로 이어졌다."라고 설명했다.

LX인터내셔널은 석탄 중심의 수익구조에서 벗어나기 '미래 유망 에너지 분야 핵심 사업자'로회사의 중장기 전략 방향을 설정했다. 이를 위해 니켈과 신재생 발전을 전략사업으로 육성하고 친환경 소재 및 물류센터 운영 사업 등을 미래 수익 기반으로 추가 확보해 나간다는 계획이다.

니켈은 광산 등 자산 확보를 위해 인도네시아 내 복수의 자산을 대상으로 검토를 진행 중이다. 인도네시아 배터리 그랜드 패키지 프로젝트에도 참여하고 있다. 또 미래 수익 기반 추가 확보를 위해 친환경 플라스틱, 첨단소재, 물류센터 개발 · 운영 등 신규사업을 추진하고 적극적인 인수합병(M&A)를 검토할 계획이다.

차세대 먹거리로 떠오른 전기차 배터리 관련 광물 투자도 집중적으로 이뤄지고 있다. LX인터내셔널은 니켈 매장량 · 채굴량 모두 세계 1위인 인도네시아를 집중 공략하고 있다.

한편 1990년대까지 종합상사의 위상은 내로라하는 제조 기업을 능가했다. 상사 자체가 세계 무대에서 활약하는 '글로벌 대한민국'의 상징이나 다름없었다. 상사는 대한민국의 수출 첨병 역할을 하며 수출 성장을 이끌어 왔다고 해도 과언이 아니다. 1999년 한국 수출에서 종합상사의 비율은 50%를 넘어섰다. 단적인 예로, 1995년 한국 수출 기업의 10위 중 7개가 종합상사였다.

한국 상사 기업은 일본에서 유래됐다. 일본 상사 기업은 곧 현대 상사 기업의 역사다. 영어 사전에도 '종합상사'가 일본어 그대로인 '소고쇼샤(sogo shosha)'로 등재됐을 정도다. 1800년대 일본 개항 이후 초기 무역을 독차지한 서구 상인에 대항하기 위해 미쓰이물산 · 미쓰비시상사를 탄생시켰다. 태평양 전쟁으로 잿더미가 된 일본의 절박함이 '뭐든 사고파는' 독특한 사업 모델의 탄생 배경이 됐다는 해석이다.

한국에서 종합상사는 1970년대 초 정부의 수출 정책의 일환으로 도입됐다. 계기가 된 것은 1973년 1차 오일쇼크였다. 당시 한국은 오일쇼크 이후 세계 시장의 보호주의 장벽에 막혔다. 위기의식을 느낀 정부는 일본식 수출 종합상사를 도입해 '한국형 종합무역상사' 제도를 만들었다. 당시 종합상사의 기준은 해외 지사 10개, 수출 국가 10개, 자본금 10억원, 연간 수출 실적 5000만 달러 이상이었다. 정부는 원자재 · 시설재에 대한 세제 감면, 외자 도입 허용, 수출 금융 등 막대한 지원금을 쏟아부으며 적극적으로 대기업들의 참여를 유도했다.

종합상사의 역할은 당시 가파른 경제 성장 속에서 수출이 날로 늘어나는 대기업들의 수요와도 맞아떨어졌다. 그러니 당시 '상사맨'들은 대학생들에게 선망의 직업 1위로 꼽혔다. 당시 이들의 정보력은 종합상사뿐만 아니라 국가 경제에도 강력한 무기였다. 해외 거점 약 300개와 해외 인력 3000여 명 등 막강한 해외 네트워크를 바탕으로 고급 시장 정보를 상시적으로 확보하고 현지 유력 바이어와의 인적 네트워크를 구축하고 있었다.

잘나가던 종합상사는 1990년대부터 주춤대기 시작했다. 이 같은 상황에서 1997년 외환 위기는 종합상사들의 실적에 직격탄이 됐다. 설상가상으로 삼성전자를 비롯해 대기업의 주요 계열사들이 독자적인 해외 영업망을 갖추기 시작했다.

각각의 대기업 계열사가 직접 수출입을 관장하기 시작하면서 '계열사 수출 창구' 역할을 하던 종합상사의 입지도 급격히 좁아졌다. 한때 50%를 넘겼던 종합상사의 수출 비율은 현재 2%대에 불과하다.

종합상사들이 '상사' 이름표를 떼고 변신을 꾀한 이유다. 특히 1990년대부터 자원 개발에 나선 일본 상사 기업들의 변화를 벤치마킹해 자원 개발, 인프라 사업에 뛰어들었고 투자 회사의 모양을 갖춰 나갔다. 그 결과 일본과 한국 상사 기업들은 지난해부터 나란히 원자재 급등의 반사 이익을 얻고 있다. 투자의 귀재 워런 버핏 벅셔해서웨이 최고경영자(CEO)는 2020년 벅셔해서웨이가 일본 최대 무역 회사 5곳의 지분을 매입했다고 발표했다. 버핏 CEO가 일본 상장회사에 투자한 것은 처음이다. 당시 글로벌 금융업계가 놀라며 '버핏의 감이 떨어졌다'는 비난까지 나왔지만 결과적으로 버핏 CEO의 선택은 틀리지 않았다. 2020년 8월 말 5대 종합상사의 주가는 640~2,724엔이었지만 현재 주가는 1,226~3,984엔이다.

한경비즈니스 기사 편집(2022. 7. 31.)
https://magazine.hankyung.com/business/article/202207216350b

본서의 첫 부분에서 운송의 3대 주요 당사자인 화주, 운송업체, 수탁인에 대해 설명했다. 이제 국제거래와 관련된 기타 주체 및 이해당사자들에 대해 살펴보자. 중개업체(intermediaries)는 무역을 촉진하는 기업 혹은 개인사업자를 의미한다. 이들 중에는 화주를 대상으로 하는 업체도 있으며 운송업체나 수탁인을 대상으로 하는 업체도 있다. 이들 간의 사업관계는 제휴(alliances)와 같이 보다 긴밀해지는 경우도 있다. 중개업체와 함께 사업을 하거나 제휴할 경우에는 이점도 있으나 주의해야 할 사항도 있는데, 이 장에서는 그러한 이슈에 대해 살펴 본다.

10.1 | 중개업체의 역할

경쟁이 심화되면서 많은 기업이 자사의 핵심 역량에 주력하고 나머지 기능은 외주하게 되었다. 이러한 배경에서 화주에게 통합서비스(integrated services)를 제공하는 물류업체가 많이 등장하게 되었고 유통 채널 대행 등 다양한 서비스가 제공되고 있다. 외주의 기본적인 경제원리는 외주업체를 이용했을 때의 혜택이 외주업체의 성능을 감독하는 비용보다 큰 경우에 외주방식을 이용하는 것이다. 사내 담당 부서를 감독하는 비용은 외주업체의 성과를 감독하는 비용에 비해 상대적으로 작을 것이다. 따라서 외부 서비스업체는 감독비용을 상회할 만큼의 우수한 성과를 창출해야 한다.

중개업체는 물류 프로세스를 지원하는 서비스를 제공하는 업체를 말한다. 이들 업체는 화주와 수탁인의 중간에서 다양한 서비스를 제공하는 외주업체로 볼 수 있다. 물류 프로세스의 일부에 대해 외주하는 경향이 확대되면서 중개업체 이용은 보편화되고 있다.

제3자물류(Third Party Logistics : 3PL)

제3자물류(3PL)는 물류관리서비스를 제공하는 외주업체를 일반적으로 일컫는 용어로, 모든 중개업체가 3PL이 되는 것은 아니다. 이에 대한 내용은 본 장의 뒷부분에 나오는 중개업체의 유형을 살펴보면 이해가 될 것이다. 3PL은 그 자체로도 큰 규모의 산업이 되었다. Cass/Prologis에 따르면 2000년 현재 3PL업체들은 500억 달러 상당의 비용을 관리했다고 추산된다.[25] 정확히 말하면, 이는 기업들이 3PL에 그 정도의 비용을 지출했다는 의미가 아니라 기업들이 그 정도에 해당하는 작업을 외주했다는

25) Robert V. Delaney and Rosalyn Wilson, Managing Logistics in a Perfect Storm, 1 2th Annual State of Logistics Report, Cass Information Systems and Prologis, Washington D.C., June 4

것을 의미하는 것이다. 3PL산업은 년간 24%의 성장률을 보이고 있다.[26] Excel Logistics 와 Earnest & Young LLP의 설문조사에 따르면 미국 제조업체의 75%가 3PL 서비스를 이용하고 있거나 이용을 고려 중에 있다. 미국 기업의 10%가 물류서비스 전체를 외주하고 있으며 40%는 유럽지역의 물류서비스를 외주하고 있는 것으로 추정되고 있다.

1990년대 초반부터 3PL 업체가 현저하게 증가했으며 이러한 추세는 앞으로도 지속될 것이다. 신규 3PL 업체는 업무의 일부를 2차로 외주하기도 한다. 일반적으로 신규업체는 자본 및 인력이 충분하지 않다는 점을 고려해 볼 때 이러한 관행은 위험스러운 측면에 있다. 3PL 산업은 성장을 거듭하여 현재 4PL 물류업체가 탄생하기에 이르렀다. 4PL은 다른 물류업체에게 물류서비스를 제공하는 업체이다. 4PL의 가장 적절한 예는 제휴와 파트너십 구축으로 운송업체가 자사의 선박 또는 항공기 대신 파트너의 운송수단을 이용하는 것이다.

3PL 업체와 거래를 하기 위해서는 기본적으로 세 가지 이슈가 있다. 통제(control), 보상(compensation), 전문성(expertise)이 바로 그것이다. 통제란 계약자(본 장에서는 3PL 업체를 계약자로 명명하기로 한다)가 사내 조직처럼 움직이도록 만드는 역량을 의미한다. 계약자가 계약의뢰인이 원하는 대로 일을 처리할 것이라고 믿어서는 안 된다. 보상은 계약자에 대한 서비스 대가의 지급방식과 그 액수를 의미한다. 위탁수수료(commission) 형태로 서비스 대금을 지급하는 경우도 있고, 성과와 관계 없이 일정 금액을 지급하는 경우도 있다. 이상적인 방법은 모든 계약자에 대해 성과에 따라 차등적으로 서비스 대금을 지급하는 것이나, 성과측정이 어렵거나 측정에 비용이 많이 소요되는 경우 다른 형태의 지급방식이 필요하다. 마지막으로 전문성이란 계약의뢰인이 갖고 있지 않으나 계약자가 갖고 있는 지식과 정보 등을 의미한다. 바로 이 전문성 때문에 계약자를 이용하는 것이 의뢰인의 관점에서 볼 때 유리한 것이다. 그러나 계약 당사자 간에 정보이전(information transfer)에 대한 합의가 필요하다. 계약자가 모든 정보를 공개할 것인가 또는 기밀을 유지할 것인가의 여부도 결정해야 할 것이다. 예를 들어, 영업대행사(sales agents)는 계약내용이 공개될 경우 프로세스에서 제외될 가능성이 있으므로 계약내용을 기밀로 유지하기를 원한다.

대부분의 3PL 업체는 자산을 기반으로 한다(asset-based). 가장 효율적인 해상운송 사업에 대해서 컨설팅 서비스를 제공하는 또 다른 해운업체를 상상해 보자. 이 경우 해운업체의 독립성이 저해될 수 있으며, 이는 3PL 업계에서 실제로 문제시 되어왔다.

26) Ibid.

3PL 업체와 공동으로 사업을 한다고 해서 모든 물류 관련 작업을 외주하는 것은 아니다. 일반적으로 물류 프로세스의 일부만을 외주하며 기능별로 다른 3PL을 이용할 수도 있다. 3PL 업체는 통합물류서비스의 다섯 가지 부문에 따라 나누어볼 수 있다.

- 운송업 기반(carrier-based) : 해운업체 또는 항공업체와 같은 운송업체가 우수한 영업성과를 창출하기 위해서는 고객의 기본적인 니즈를 이해해야 한다. 이들 업체는 3PL 서비스를 통해 고객의 물류활동을 지원하기에 유리한 위치에 있다.
- 창고업 기반(warehouse-based) : 운송업 기반의 경우와 유사하나 핵심적으로 제공하는 서비스가 다르다. 창고업은 단순한 보관업보다는 훨씬 더 고도화된 것이다.
- 화물운송 중개/브로커 기반(forwarder/broker-based) : 운송중개업체는 본 장의 뒷부분에서 다루어질 가장 보편적인 중개업체에 속한다.
- 정보 기반(information-based) : 정보제공업체 또는 IT(정보기술)업체
- 고객 기반(customer-based) : 매우 고도화된 물류 역량을 개발하여 다른 업체에 제공하는 업체. 이러한 3PL업체는 물류와 관련된 업무에서 파생한 3PL 업체들과 경쟁하지 않는다.

3PL 업체 선정기준[27)]

- 안정된 재무구조(financial stability)
- 경영진의 역량(management depth and strength)
- 전략적 방향(strategic direction)
- 운영(operations)
- 품질 개선 의지(quality initiatives)
- 친화력 및 공존가능성(chemistry and compatibility)
- 비즈니스 경험(business experience)
- 고객으로부터의 평판(reputation with other clients)
- 물리적 시설 및 장비(physical facilities and equipment)
- 정보기술(information technology)
- 성장잠재력(growth potential)
- 비용(cost)

27) Clifford F. Lynch, "Logistics Outsourcing: a Management Guide," Council of Logistics Management, Oak Book, 2000, pp. 58~60.

물류중개업과 관련된 제반 이슈들

중개업체와 관련되어 제기되는 다양한 이슈를 검토하는 방법에는 두 가지가 있다.

① 중개업체는 기본적으로 물류업체이며 제조업체와 같은 여타 업체와 달리 물류서비스만 제공한다. 다시 말해, 물류중개업체는 물류에 있어서 핵심적인 역할을 수행한다는 점에서 물류업체와 같다.

② 중개업체도 물류서비스를 수행하는 과정에서 여타 업체와의 상호작용하는 방법의 하나로 고려되어야 한다. 즉, 중개업체가 물류 프로세스에서 반드시 개입되어야 하는 것은 아니다.

중개업체도 기업이므로 자신의 비즈니스 지역을 결정해야 한다. 가장 중요한 고려사항 중의 하나는 어느 국가에서 사업을 수행할 것인가에 대한 것이다. 고객사가 어디에 위치하든지 사업을 수행할 수 있는 강력한 인센티브가 존재할 것이다. 그러나, 예를 들어, 제조업체가 고위험 국가에 진출하여 사업을 수행할 수 있다고 해서 중개업체도 이와 똑같이 할 수 있는 것은 아니다. 중개업체의 일반적인 전략은 대기업의 진출방향을 따르는 것이다. 일례로, Siemens가 동독에 본격적으로 진출했을 때 많은 지원업체가 그 뒤를 따랐다. 또한 Johnson & Johnson이 남미시장에 진출했을 때 다수의 업체가 그 뒤를 이었다.

물류중개업체의 정의가 불명확하기 때문에 전세계적으로 얼마나 많은 중개업체가 사업을 수행하고 있는가를 정확하게 파악하기는 어렵다. 중개업체 중에는 물류산업을 대상으로 비즈니스 서비스를 제공하는 경우도 있고 한 일반 기업의 자회사인 경우도 있다. Richard Armstrong에 따르면 미국에서 3PL 서비스를 제공하는 업체는 약 1,000여 개에 달하며 이중 56개의 업체가 총매출의 2/3를 차지한다. 미국에서 3PL 산업은 년간 340억 달러의 매출과 년성장률 20%를 기록하고 있다.

전세계 최고 규모의 중개업체가 어느 업체인지는 불명확하지만 언급되기에 충분히 큰 중개업체가 있다. 1997년까지 중국의 공식 운송업체였던 Sinotrans가 바로 주인공이다. 중국에서는 1997년 이후 약 1,500여 개의 인가된 업체가 생겨났고 500개의 업체가 인가 없이 운영되고 있다. 그러나 여전히 6만4천 명의 직원, 57개의 지점, 508개의 하위 지점을 운영하고 있는 Sinotrans가 운송시장의 60%를 차지하고 있다.

물류 수요가 있는 거의 모든 업체는 중개업체의 서비스를 이용할 수 있고 또 대부분이 이용하고 있다. 소규모업체는 사내 자원이 부족하므로 중개업체를 이용하는 반면에, 대기업은 사내에서 해결하는 것보다 효율적인 물류작업을 위해 중개업체를 이용한다. 한 지역에 기반을 두고 전세계 여러 지역과 교역을 하는 업체의 경우 물류기능을 외주하는 경향이 강하다. 이러한 업체에게는 물류기능을 외주하는 것이 글로벌기업처럼 물류 프로세스를 리엔지니어링 하는 것보다 효율적이다.

10.2 | 중개업체의 유형

물류중개업체는 다음과 같은 유형으로 분류된다(그러나 고객의 니즈가 변화함에 따라 이를 충족시키려는 새로운 형태의 비즈니스가 생겨나고 새로운 서비스가 제공되므로 이러한 유형구분이 최종적인 것이 아니다).

운송중개업체(Freight Forwarder : FF)

운송중개업체는 전세계 어느 곳이나 화물을 중개 운송하는 서비스를 제공하는 업체이다. 운송수요가 발생하면 운송중개업체는 출발지와 목적지 그리고 특별한 취급 방법을 고려하여 세부운송계획을 수립한다. 즉, 가장 효율적이고 비용효과적인 운송방식과 경로를 결정하고 일정계획을 수립한다.

운송중개업체를 이해하는 한 가지 방법으로 도매업(wholesalers)과 소매업(retailers)의 차이를 살펴볼 수 있겠다. 일반 운송업체(carriers)는 도매로 공간을 판매하는 반면에, 운송중개업체는 소매업체와 같은 역할을 한다. 여기서 운송중개업체는 재판매업체(resellers)가 아닌 일종의 대행업체(agents)라는 점에 유의해야 한다. 다음에 다루어질 NVOCC(Non-Vessel Operating Common Carriers, 무선박운송업체)가 재판매업체의 예로 중개업체와는 역할과 기능이 다르다.

항공운송중개업체(airfreight forwarder)는 항공화물에 대한 특별한 수요로 인해 그룹으로 운영된다. 이들 업체는 대부분 국제운송을 담당하는데 국제운송이 보다 복잡하기 때문이다. 그러나 복잡한 국내운송의 경우만을 취급하는 업체도 있다. 미국의 경우 국내화물운송은 복합운송업체(integrated carriers) 및 트럭운송업체와의 경쟁 때문에 시간(속도)에 매우 민감한 편이다. 또한 국내운송의 경우 통관업무가 필요 없으나 많은 고객이 국내운송과 국제운송을 연동하기 위해 동일한 업체를 이용한다.

운송중개업체는 별도의 인 · 허가가 필요 없으나, 미국의 경우 US National Customs Brokers and Forwarders Association에서는 Certified Ocean Forwarder라는 전문 프로그램을 제공하고 있다. 이 프로그램을 이수하기 위해서는 문서화, Incoterms, 관련 규제, 위험화물 등 물류와 관련된 거의 모든 사항을 포괄하는 긴 시험을 통과해야 한다. 그리고 최소 3년의 동일 산업에서의 현장 경험이 있어야 한다. 화주도 이 시험에 응시하여 Certified Ocean Shipper 타이틀을 받을 수 있다. 연방항공국(Federal Aviation Administration : FAA)은 항공화물의 운송중개업체를 공인해준다. 이것이 법적 의무사항은 아니나 일반적으로 항공사는 공인된 운송중개업체를 선호한다.

운송산업이 침체된다고 해서 반드시 중개업체도 침체를 겪는 것은 아니다. 특히 운송중개업체의 경우에는 더욱 그러하다. 침체기에는 운송중개업체가 운송업체를 대상으로 더 유리한 조건의 거래를 성사할 수 있다. 역설적으로 들리겠지만, 운송업체에게 사업 여건이 불리할수록 중개업체에게는 더욱 유리하게 된다. 물론 모든 중개업체가 다 그렇게 유리한 것은 아니다. 교역량이 적을 경우에는 물류와 관련된 모든 업체가 수요 부족으로 타격을 받을 것이다. 그러나 초과 운송능력으로 인해 운임이 인하되는 경우에는 고정된 이익을 어떻게 분배하는가에 따라 손실의 정도가 달라진다.

무선박운송업체(Non-Vessel Operating Common Carriers : NVOCC)

NVOCC는 운송업체(carrier)로부터 선적공간을 매입하여 이를 재판매한다. NVOCC는 운송업체와 같은 역할을 하지만 실제로 선박, 항공기 등의 운송수단을 소유하거나 관리하지 않으며 자체 선하증권(BOL)을 발행한다. 법적으로 미국 및 여타 많은 국가에서는 일반 운송업체와 마찬가지로 해당 정부에 운임 신고를 비롯한 차별 없는 의무를 수행해야 한다.

NVOCC와 유사한 유형의 업체로서 NVO(Non-Vessel Operators)가 있다. NVO는 운송업체이지만 일반 운송업체는 아니며 운송중개업체와도 구분된다. 운송중개업체는 운송업체를 수배하고 운송 일정을 수립하는 반면 NVO는 소규모 화주를 통합하고 이에 수반되는 물리적 작업을 시행하며 선적공간을 재판매하는 역할도 한다. 많은 경우에 NOVCC와 NVO의 역할이 서로 비슷한 경우가 많아서 NVO는 때때로 NVOCC 의 약자로 사용되기도 한다. NVOCC와 NVO는 운송업체와는 다른 규제를 적용 받기도 한다. 예를 들어, OSRA(Ocean Shipping Reform Act, 1998년의 미국 해운법 개정안)에 따르면 NVOCC와 NVO는 운송업체와는 달리 화주와 서비스계약을 체결할 수 없다. 일부 NVO는 중개업체와 제휴관계에 있으나 중립적인 업체도 있다. 중립적인 NVO는 중개업체와 제휴관계에 있는 업체보다 5~10% 낮은 가격을 제시할 수 있으나 door-todoor 서비스를 제공하지는 않는다.

미국에서는 1970년대에 NVO가 출현하기 시작하여 고비용의 하역노조를 대신하여 해운업체를 위한 통합선적 작업을 담당해왔다. 이에 대응하여 ILA(International Longshoreman's Association)는 항구 반경 50마일 이내의 모든 컨테이너의 하역작업의 독점권을 요구하면서 파업을 단행한 바 있다. 이 사건은 미국 대법원까지 올라가는 치열한 법정 공방 끝에 결국 노조 측이 패소하였다.

혼재업자(consolidator)

혼재업자는 소량 선적물을 통합하여 대량화한다. 이러한 선적물 통합은 일반적으로 복합수송 컨테이너를 채우기 위한 목적으로 실시된다. 컨테이너를 이용하지 않는 화물의 경우에는 굳이 이러한 서비스를 필요로 하지 않는다. NVO 또는 NVOCC와 제휴관계를 구축하지 않은 혼재업자는 화주처럼 중개업체 또는 운송업체를 이용하여 운송을 수행한다.

운송중개업체를 혼재업자로 혼동하는 경우가 매우 흔하다. 일부 미국 대학의 유명 마케팅 교재들이 운송중개업체를 소형 선적물을 대형 선적물로 통합하는 업체로 설명하고 있는데 이는 잘못된 것이다. 운송중개업체가 통합서비스를 제공할 수도 있고 일부 작업이 유사할 수도 있으나, 운송중개업체와 혼재업자는 차이가 있다.

화주협회(shippers association)

화주협회는 비영리조직으로서 화주가 운송업체에 대한 협상력 강화를 목적으로 서로 공조를 위해 구성된다. 소규모 화주의 경우 높은 운송비로 인해 해외시장 진출 시 대형 화주와의 경쟁이 어렵다. 따라서 협회를 구성함으로써 대형 화주와 같은 수준의 낮은 운임을 적용 받고자 하는 것이다. 이러한 협회의 회원은 통상 소규모 화주이나 가끔씩 대형 화주가 협회에 가입하는 경우도 있다.

미국에서는 해운업에 대한 규제가 완화됨에 따라 이러한 협회의 수가 늘어나고 있다. 전통적으로 해운업체는 운임을 의무적으로 신고해야 했으며, 따라서 운임은 계속 공개되어 왔었다. 대형 화주가 낮은 운임을 적용 받으면 소규모 화주도 동일한 또는 유사한 수준의 운임을 요구할 수 있었다. 그러나 규제가 완화됨에 따라 화주와 운송업체는 비공개 서비스계약을 체결하였고 소규모 화주는 대형 경쟁업체가 어느 정도의 운임을 적용 받는지 모르게 되었다. 이러한 이유에서 소형 화주들은 협회를 구성하여 최저운임을 적용 받을 수 있도록 공동의 노력을 기울이는 것이다.

수출관리업체 및 수출무역업체(Export Management Companies : EMC and Export Trading Companies : ETC)

수출관리업체와 수출무역업체는 자국의 기업들이 해외시장에서 벌이는 마케팅활동을 지원한다. 이러한 서비스는 제품 생산과 국내 마케팅에서는 우수한 성과를 보이지만 해외 마케팅에 대한 전문지식이 부족한 기업에게 매우 유용하다.

EMC와 ETC의 가장 큰 차이점은 EMC는 수출업체에 대한 자문역을 수행하면서 화물운송에 대한 책임은 지지 않는 반면에, ETC는 구매, 판매, 마케팅, 운송업무 등을 적극적으로 지원한다. EMC와 ETC는 일반적으로 자사의 공급업체 및 고객과 장기적인 관계를 유지한다. EMC에게 고객인 업체가 ETC에게는 공급업체가 될 것이다. 운송중개업체는 운송건에 따라 고객사와 거래하지만 EMC/ETC는 그렇지 않다. EMC와 EMC의 고객사 간의 작업방식을 생각해 보면 이해가 될 것이다. 고가의 제품 또는 귀중품의 경우를 제외하고는 EMC/ETC 그리고 제조업체는 상호 협력관계를 바탕으로 장기간 공동작업을 수행한다.

기타 전문 서비스(professional services)

변호사와 회계사는 물류 및 국제교역에 다양한 서비스를 제공한다. 이 분야도 점차 특화되어 국제교역만 취급하는 변호사, 회계사, 법률회사, 회계법인이 증가하고 있다. 이러한 서비스는 물론 저렴한 것은 아니나 기업에게는 그만큼의 중요한 가치를 제공한다. 변호사는 문제가 발생했을 때만 동원되는 것이 아니라 문제예방 및 계약 방법 등에 관한 자문을 제공한다. 회계법인은 공급사슬의 관리와 절세에 대한 경영진의 전략을 지원하는 전담부서를 운영하고 있다. 이전가격(transfer pricing) 및 해외교역에 따른 과세는 특히 변호사와 회계사의 자문이 필요한 부문이다.

통합물류(integrated logistics)는 사업계획 수립 및 이에 따른 물류계획 수립을 위한 전략적 접근방식을 의미한다. 회계법인과 법률회사는 수익에 영향을 미치는 다양한 분야에 대한 계획수립을 지원하는 국제교역서비스를 제공한다. 여기에는 국제과세정책 및 관련 규제를 유리하게 이용할 수 있도록 하는 네트워크설계 및 공급사슬관리도 포함되어 있다.

통관감사(customs audits) 역시 전문서비스를 필요로 한다. 변호사와 회계사는 이러한 서비스 제공에 누가 더 적절한가에 대해 논쟁을 벌여 왔다. 회계사는 지속적인 통관문서관리 프로세스에 있어서 회계사가 더 유용한 서비스를 제공할 수 있고, 따라서 감사도 회계사의 업무영역에 포함된다고 주장한다. 반면 변호사는 감사 자체가 법적 프로세스이며, 따라서 법률 전문가가 필요하다고 주장한다. 회계사와 변호사의 서비스를 구분 짓는 가장 큰 차이점은 변호사와 고객 간에는 고객의 정보를 정부에게도 기밀로 할 수 있는 특권이 주어진다는 것이다. 이러한 특권은 회계사에게는 허용되지 않는 부분이다.

10.3 | 제휴업체 및 하청업체의 관리(alliances and subcontractors)

다른 업계에서와 마찬가지로 물류업계에서도 효율성 증진을 위한 제휴(alliances)의 바람이 강하게 불고 있다. 제휴 과정에는 중개업체가 개입되기도 하고 그렇지 않은 경우도 있다.

물류제휴 또는 파트너십 구축에는 극복해야 할 몇 가지 장애물이 있다. 물류는 사내 다양한 부서의 활동을 조율하는 활동을 포함하므로 많은 비즈니스 기능에 영향을 미친다. 공급사슬에서의 리더십도 마찬가지로 영향을 받는다. 어떤 업체가 공급사슬의 리더십을 중심으로 업무를 진행할 때 다른 업체로 물류기능이 이전된다면 어떠한 변화가 일어날 것인지는 쉽게 예상하기 어렵다. 또한 제휴관계에 구속될(lock-in) 가능성에 대한 우려도 있다. 제휴관계에서는 본질적으로 의무적 기여(commitment)가 요구되기 때문에 미래 계획수립에 있어서 걸림돌이 되기도 한다. 마지막으로 벤치마킹(benchmarking)의 문제가 있다. 기업별로 성공을 가늠하는 기준이 상이하다. 따라서 제휴업체 간에 파트너십의 성과를 평가하는 방법에 대해 합의하여야 한다.

정보관리(information management)도 제휴와 관련된 핵심적인 고려사항 중의 하나이다. Kanter는 그녀의 저서 Art of Alliance에서 파트너 간 정보흐름은 자유로워야 한다고 말한다. 이러한 주장은 논란의 여지가 있다. 자사의 정보를 보호하는 것은 기업에 있어서 가장 중요한 일 중의 하나이다. 이와 관련된 내용은 12장에서 자세히 다루겠지만 일단 정보제공은 계산된 리스크(calculated risk)라는 점에 유의해야 한다.

그림 10-1 **운송업체와 파트너십을 맺는 기준들(BDP International사의 설문조사에 근거)**

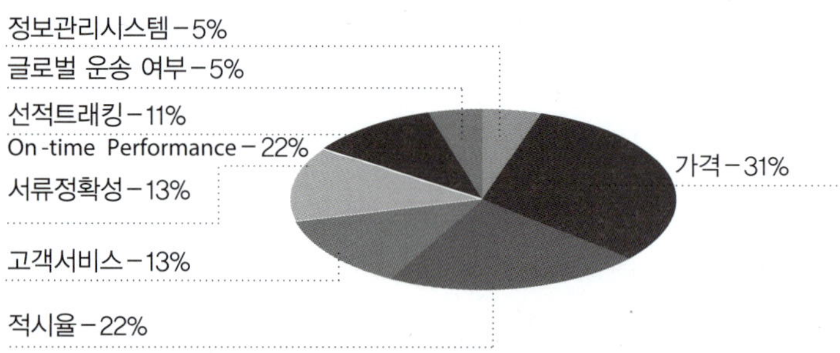

제휴의 기술(Art of Alliances)

Rosabeth Moss Kanter의 연구결과, 기업 간 효과적인 제휴는 항상 합리성만을 강조하는 비즈니스와 같은 것은 아니라고 한다. 가족관계와 마찬가지로 기업 간의 관계도 융통성 있으면서도 동시에 복잡하며, 개인적인 관계로 유지될 필요가 있다. Kanter는 우수한 파트너십의 기준을 다음과 같이 정의했다.

- 개별기업의 우수성(individual excellence) : 각 파트너는 상대방 파트너에게 제공해줄 수 있는 무언가가 있어야 하며, 제휴를 맺는 동기가 문제의 회피가 아닌 기회 추구이어야 한다.
- 중요성(importance) : 제휴는 각 파트너에게 모두 중요한 것이어야 한다.
- 상호의존성(interdependence) : 파트너는 서로를 필요로 해야 함. 즉, 각자 상대방이 필요로 하고 있지만 부족한 것을 제공할 수 있어야 한다.
- 투자(investment) : 파트너는 제휴관계에 투자할 의사가 있어야 한다.
- 정보(information) : 커뮤니케이션은 공개적으로 실시되어야 하며 양측이 모두 정보제공에 있어서 정직하고 관대해야 한다.
- 통합(integration) : 파트너는 많은 관련성을 보유하고 있어야 하며 다양한 차원에서 프로세스를 공유한다.
- 제도화(institutionalization) : 제휴는 명확한 목적과 절차가 정의되고 확립된 공식적인 관계이다.
- 성실성(integrity) : 성실성은 제휴에 있어서 무형의 중요한 자산이므로 파트너는 이러한 신뢰감을 파기하는 어떠한 행위도 저질러서는 안 된다.

성공적인 제휴를 위해서는 무엇이 필요한가를 살펴보는 것도 중요하지만 제휴 실패의 원인을 파악하는 것도 도움이 될 것이다. 한 자료에 따르면 3PL 서비스를 이용하는 기업 셋 중의 하나는 최소한 한 번 계약을 취소한다. 심지어는 외주 계약 관련 중재서비스를 제공하는 업체가 필요하다는 논의가 있을 정도이다. 한 전문가는 3PL 업체가 고객을 대상으로 사업을 할 수는 있어도 파트너십은 결국 실패하기 쉽다고 설명한 바 있다. 그는 고객사로부터 충분한 정보를 제공받지 못하는 물류서비스업체는 처음부터 계약을 거절하는 것이 바람직하다고까지 말한다. 또한 3PL 업체는 고객사와 협상 시 관련 질문을 할 담당자가 협상에 참여하도록 하고 새로운 거래관계에서 발생할 수 있는 문제들을 사전에 파악하도록 해야 한다고 한다. 3PL 업체의 영업 부문은 신규고객 유치뿐만 아니라 기존고객의 유지에 대해서도 보상을 받아야 한다. 이는 영업 부문이 계약체결 이후에도 계약의 실행 과정에 참여해야 한다는 것을 의미한다.

IACA(International Air Cargo Association)에서 출간한 한 보고서에서는 전반적인 효율성 개선을 위해서는 전문분야 간 커뮤니케이션 문제가 우선적으로 해결되어야 한다고 주장한다. 각 업계 그리고 업계 내 전문분야별로 교육, 지식 및 운영기술, 전략적 우선순위 등이 매우 다르기 때문이다. 동일한 문제 해결을 위해 노력하는 전문가들이 서로 상반되는 작업을 하는 경우도 가끔 있다. 전통적인 화물서비스와 관련하여 전문 분야 간 관계가 명확히 정의되어야 누가 어떠한 작업을 어느 정도의 가격으로 수행할 수 있는지에 대한 기준이 수립된다.[28] 실제로 IACA의 역할 중의 하나가 항공화물 전문 분야 간 커뮤니케이션이 원활히 진행되도록 돕는 것이다.

이와 관련하여 유명한 예로서 OfficeMax의 사례를 들 수 있다. OfficeMax는 Ryder Integrated

---

28) Global Voice of Air Logistics: Manifesto, the International Air Cargo Association, p. 23.

Logistics와의 거래계약을 파기하고 Ryder에 대해 2,140만 달러에 달하는 보상액을 요구하는 소송을 제기했다. 이에 대해 Ryder는 7,500만 달러의 보상액을 요구하며 맞고소 했다. 컨설팅업체인 Mercer에서 실시한 설문조사에서 Ryder는 지난 4년 동안 3년간 업계 1위를 차지한 바 있다. 이러한 결과는 Ryder의 견실한 입지를 보여주는 것이다. 재판 과정에서 Ryder는 OfficeMax가 중요한 정보제공을 거절했다고 주장했으며 OfficeMax는 Ryder가 필요한 정보를 확보하지 못했다고 비난했다. 이것이 사실이면 OfficeMax는 처음부터 Ryder와 거래를 시작하지 말았어야 했다. 한편, Ryder 이전에 OfficeMax를 대상으로 서비스를 제공했던 업체가 독점 데이터 사취 혐의로 Ryder를 고소하면서 상황은 더 복잡해졌다.

기업 내 여느 기능을 외주하는 경우와 마찬가지로 물류기능을 외주할 때도 위험이 수반된다. 3PL 업체는 사내 물류부서에 위협적인 요소로 인식되므로 조직 저항이 있기 마련이다. 그러나 3PL 업체를 이용한다고 해서 사내 물류부서 전체가 없어지는 것은 아니다. 모든 물류작업을 외주한다고 해도 사내에 관련 기능을 조율하는 담당부서는 필요하기 때문이다. 물류기능 중 일부분만 외주되는 경우가 많은데, 이 경우에도 사내 관련 직원들은 고용불안을 경험하게 된다. 물류담당 임원의 일자리도 안전하지는 않다. 한 컨설턴트는 외부인(3PL 후보업체)이 외주의 가능성을 제시하기 전에 물류관리 담당자(임원급이면 더 좋다)가 먼저 경영진에게 외주 가능성을 제시해야 조직의 안정성이 유지된다고 조언한다.[29]

가장 일반적인 외주 서비스

- 아웃바운드 운송(outbound transportation)
- 창고서비스(warehousing)
- 화물통합 및 배분(freight consolidation and distribution)
- 제조활동의 일부(selected manufacturing activities)
- 제품반환 및 수리(product returns and repair)
- 정보기술(information technology)
- 재고관리(inventory management)
- 고객서비스(customer service)
- 운송청구서 감사 및 지급(freight bill auditing and payment)
- 인바운드 운송(inbound transportation)
- 제품 마킹, 라벨링, 포장(product marking, labeling, packaging)
- 운송 트래픽 관리/운송수단 운영(traffic management/fleet operations)
- 제품조립/설치(product assembly/installation)
- 수주이행(order fulfillment)
- 주문입력/처리(order entry/order processing)

29) David Anderson (Frank J. Quinn, op. cit., p. 7).

LEARNING CASE

해상운임 '일시적 하락', 항공운임 '소폭상승'...하반기 여전히 '안개속'

"해상 · 항공 스페이스 확보 등 관리방안 철저히 해야"

삼성SDS가 개최한 '2022년 상반기 물류 상황 회고 및 하반기 전망'세미나에서 해상 · 항공의 고운임이 유지되면서 하반기 전망도 어두울 것이라는 예측이 나왔다. 계속되는 국제 정세 불안으로 전 세계가 글로벌 물류대란과 공급망 위기에 처해 있는 상황에 따른 것으로 보인다.

미국 월별 수입 물동량 현황

☑ 미국 소매협회, '22년 하반기 수입량 증가폭 둔화

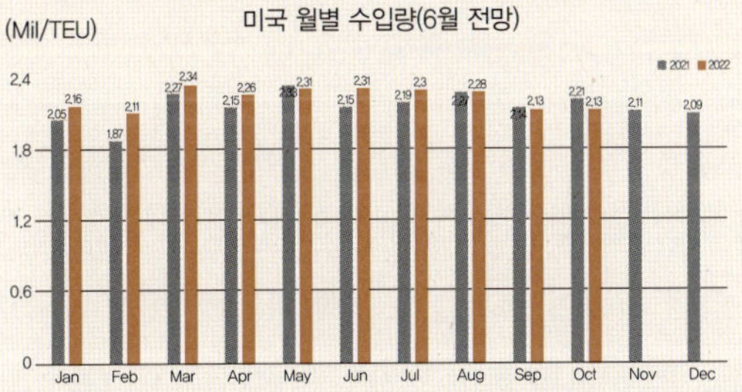

출처 : US National Retail Federation

운임에 미치는 영향

☑ [해상] 글로벌 경제 둔화 및 수요 전망 하향으로 운임 약세 예상

- 컨테이너 물동량 전망 둔화 예상
- IMF, '22년 GDP성장률 전망치 하향 조정(4.9% → 3.6%)
- Clarksons, '22년 물동량 증가율 전망치 하향 조정

☑ [항공] 글로벌 무역 성장의 둔화에도 항공 화물 계절적 성수기 운임 소폭 상승 예상

- 중국 공장 생산 재개에 따른 수요 증가 예상
- 고유가에 따른 유류할증료 지속 상승
- 더딘 여객수요 회복으로 belly 공급 증가 제한

서돈석 삼성SDS Cello Square 그룹장은 "올해 하반기에 해상운임은 전반적으로 하락할 예정이나 항공운임은 소폭 상승할 것"이라고 하반기를 전망했다. 하지만 해상 · 항공 모두 여전히 고운임을 유지할 것이라고 덧붙였다.

지난 2월 발생한 러시아 · 우크라이나 전쟁과 전 세계적인 금리 인상에 따른 글로벌 경기둔화 우려에도 불구하고 국제유가는 100달러 안팎을 오르내리는 등 여전히 높은 수준을 유지하고 있다. 서돈석 그룹장은 "현재 운임에 큰 변화는 없지만, 국제 유가 상승에 따른 유류할증료가 변수가 될 것"이라며 운임이 쉽게 떨어지지 않을 것으로 전망했다.

각국 경제 전망을 단적으로 보여주는 PMI 종합지수에 따르면 미국, 유럽, 중국 등의 PMI 지수가 50을 기준점으로 하락하고 있는 것으로 나타났다. 서돈석 그룹장은 "이는 글로벌 경제 활동이 위축되고 있음을 의미하는 것"이라고 말했다. 한편 서 그룹장은 "하반기 금리인상 등을 주목해야 할 것"이라며 "운임에 영향을 미칠 수 있는 요소들을 미리 파악할 필요가 있다"라고 말했다.

인플레이션으로 인한 해운 수요 감소에 운임도 하락세

지난 1월에 최고점을 찍은 SCFI(상하이컨테이너 운임 지수)가 최근 하락세로 전환하면서 올해 상반기 해운 운임이 전반적으로 하락세를 유지하고 있다.

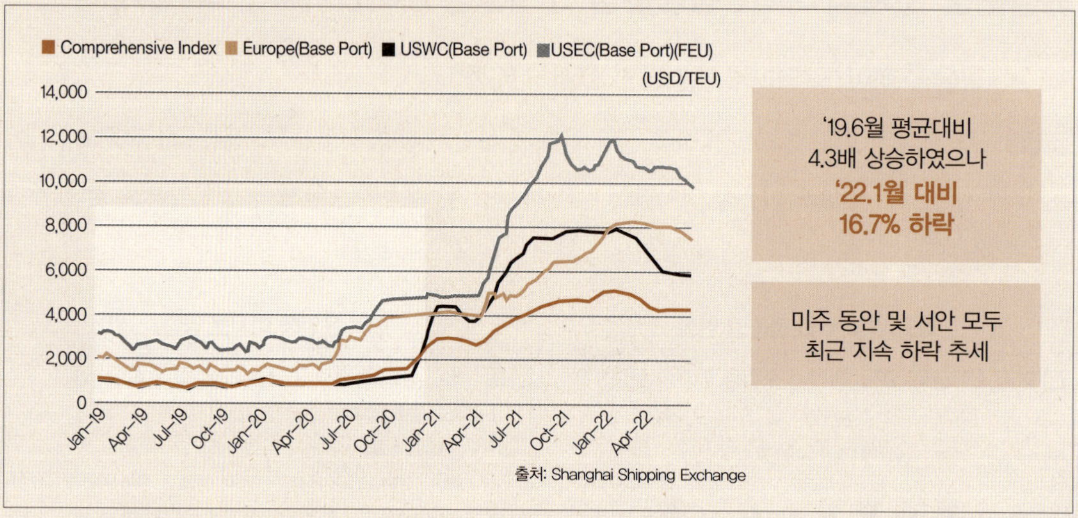

배성훈프로(Pricing전략그룹)는 "코로나19 이후 해운사들이 운항 감축(Blank Sailing)과 같은 선박 통제로 운임을 방어하고 변이코로나 확산으로 항만 운영에 차질이 생기는 등 복합적인 원인으로 운임이 급등했었다. 하지만 상반기부터 운임이 하락하고 있는 중"이라며 항만 혼잡도가 완화되고 인플레이션 등 글로벌 경기 둔화가 주요 원인이라고 말했다. 다만 해운사들의 운임 방어에 대한 학습효과로 코로나19 이전의 운임으로 돌아가기에는 쉽지 않을 것이라고 덧붙였다.

또한 컨테이너선의 수요와 공급 상황이 하반기 운임하락에 또 다른 원인으로 지목됐다. 배성훈 프로는 "컨테이너선의 수요증가율이 공급증가율보다 낮은 수치를 기록하며 2022년 수요 전망치가 계속 하향 조정되고 있다. 하지만 2023년도에는 컨테이너선 2446.70TEU가 인도될 예정으로 역사상 한해 가장 많은 선박이 인도되어 이에 따른 공급압박으로 운임 상승은 제한될 것"이라고 설명했다.

한편 지난 5월 평균 운항 정시성이 36.4%로 올해 가장 높은 수준을 기록했으며 월별 평균 지연 일수도 지난해 5월 수준으로 개선됐다. 배성훈 프로는 "운항 정시성의 개선은 안정적인 선복 공급을 통해 운임이 안정화됨을 뜻하며 이후에는 해운사들의 서비스 개편이나 조정 등으로 차츰 개선될 것"으로 전망했다. 하지만 운항 정시성도 펜데믹 이전으로 회복되기에는 오래 걸릴 것이라고 강조했다.

하늘길 열린 항공, Belly 공급 증가

올해 1월부터 코로나19 규제가 차츰 풀리며 여행수요가 늘어남에 따라 밸리(Belly)카고 공급도 증가하고 있다. 밸리카고란 대형 여객기에서 승객의 짐을 제외하고 남은 공간에 싣는 화물을 의미하며 승객이 많아 여객기 공급이 늘어나면 밸리카고도 증가한다. 고성규 프로(Pricing전략그룹)는 올해 상반기부터 항공 운임도 차츰 안정화되고 있지만, 여전히 고운임을 유지하고 있다고 분석했다.

고성규 프로는 "전체 화물 공급은 2019년 대비 –5% 수준으로 작년까지는 화물기 공급 위주로 유지됐지만, 올해 상반기부터는 화물기가 주춤한 사이 여객기 밸리가 늘어나 밸리카고를 중심으로 지속 회복 중"이라며 올해 여행객이 늘어남에 따라 밸리 공급 역시 증가할 것으로 전망했다. 이어 "여객기 개조 화물기의 여객기 복귀, 여객기 화물운송 면제기한 종료 등으로 화물 전용 여객기 수요는 감소하고 있지만, 밸리카고 수요 비중은 증가하고 있다"라고 덧붙였다.

한편 2022년 4월 기준, 항공 화물 수요를 나타내는 지표인 CTK(Cargo Tonne–Km)가 2019년 대비 3% 증가했으나, 러시아 · 우크라이나 전쟁과 국경 봉쇄 조치 등 다양한 요인으로 인해 지난해보다는 3% 감소했다.

하반기도 먹구름 예상돼…'틈새시장 공략해야'

올해 상반기 현황과 글로벌 정세 등 다양한 요소를 고려했을 때 이번 하반기에도 해상 · 항공 운임이 전반적으로 고운임이 예상되며 이에 대한 탄력적인 대응도 철저히 준비할 필요가 있어 보인다.

Summary & Recommendation

Square Insight '22년 상반기 회고 및 하반기 전망
03. '22년 하반기 항공/해상 물류 시황 전망

01 물류 환경 변화

- 전세계적인 상품 재고량 증가로 물류 수요 감소, 물동량 둔화에 따른 경제성장률 저하
- 팬데믹 재확산에 따른 물류 인프라 봉쇄, 북미/유럽 항만 파업 및 정부 개입 규제 강화

02 해상/항공 전망

- 해상 : '22년 하반기 해상운임 약세 예상, 중국 재봉쇄 우려로 스케쥴 불안정, Blank Sailing 우려
  '23년 신조선 인도 예정 컨테이너 선복량 약 245만 TEU, IMO 환경규제 및 ESG 강화 영향
- 항공 : 각국 해외여행 수요 회복에 따른 여객 Belly 지속 공급 증가 추세, 여름 성수기 공급 확대

03 변화관리 방안

- 해상 : 운송 경로 다변화, 대체 운송수단 확보, 복합운송 활용, Extra Loader 활용
- 항공 : BSA 확보, 특송(Express) 스페이스 활용, Ship-mode 변경 (Ferry LCL 등)
- Digital Forwarder : 간편 가입, 즉시 견적, 선복 확보, 가시성 및 각종 포로모션 제공

배성훈 프로(Pricing전략그룹)는 하반기에는 해상운임이 미미하지만, 약세를 유지할 것으로 예상돼 해운 업계가 조금은 안정화되며 차츰 개선될 것으로 기대했다.

배 프로는 "국제 정세 불안의 문제로 물류난 가중이 우려되지만, 인플레이션 등 글로벌 경제 둔화와 수요 전망의 하향 조정으로 컨테이너 물동량이 둔화할 것으로 예상한다"라며 컨테이너 물동량 둔화가 하반기 해상운임 약세의 주요 원인일 것이라고 강조했다. 또한 배 프로는 중국 재봉쇄 우려로 스케줄이 불안정하고 해운사들의 운항 감축도 고려해야 한다며 대응 방안을 미리 준비해야 한다고 말했다.

SCFI 종합지수에 대해 배성훈 프로는 "러시아 · 우크라이나 전쟁 종식이 불투명하고 높은 인플레이션 등으로 SCFI가 2022년 12월은 3,700포인트, 2023년 하반기는 2,000~2,300포인트까지 하락할 것"으로 전망했다. 한편 SCFI는 1,000포인트를 기준으로 산정하고 있으며 현재 2022년 상반기는 4,200포인트로 높은 운임을 유지하고 있다. 이에 반해 항공운임은 하반기에도 소폭 상승할 것으로 예측된다.

고성규 프로(Pricing전략그룹)는 "항공운임이 2021년 최고점보다는 낮지만, 전반적으로 고운임일 것으로 예상한다. 다만 3분기에는 인플레이션 등 주요 문제로 하반기 수입량 증가 폭은 둔화할 것으로 보고 있으나, 계절적 성수기인 4분기에는 물동량이 늘어나 운임이 소폭 상승할 것"으로 하반기를 전망했다.

한편 여행객 증가로 밸리카고 공급이 늘어나 운임이 완화되지 않을까 하는 기대도 있었지만, IATA 등 주요 기관은 국제선 여객 수요 회복은 2024년 이후에나 가능해 올해 밸리 공급 증가에는 한계가 있을 것으로 예측했다. 특히 아시아지역의 경우 미주, 유럽 대비 출입국 제한 완화 속도가 더디지만, 화물 공급은 서서히 회복할 것으로 전망했다.

삼성SDS는 해상 · 항공 운임이 여전히 고운임을 유지하며 하반기 경제 성장률 전망이 낮아지고 있는 것에 대해 탄력적인 대응이 필요하다고 강조했다.

서돈석 그룹장은 "해상운송의 경우 SEA에서 AIR, 미주 서안에서 동안 등 운송경로를 변경하거나 복합운송을 적극 활용해 관리방안을 지속해서 보완하고 적용할 필요가 있다"라며 해운사에서 적용하는 Extra Loader를 사용하는 등 여러 변수에 대응방안을 미리 준비해야 한다고 말했다. 또한 "스페이스 이슈 문제로 어려움을 겪고 있는 항공업계는 하반기도 마찬가지로 스페이스 확보에 집중해야 할 것"이라며 "Block Space를 제공하는 콘솔사나 포워더를 이용해 물량을 최대한 분산시키고 주로 이커머스에 활용하는 특송서비스도 활용하는 등 스페이스 확보를 위해 틈새시장을 공략해야 한다"라고 덧붙였다.

물류신문 기사 편집(2022. 7. 29.)

http://www.klnews.co.kr/news/articleView.html?idxno=305220

재고관리와 통제

INTRODUCTION CASE

물류업계도 '반사이익'

LEARNING CASE

미국 7월 제조업 PMI 52.8, 공급망 병목 완화 징후 보여

Chapter

11

INTRODUCTION CASE

물류업계도 '반사이익'

새벽배송 확장 위해선 배송역량 동반돼야… "당분간은 물류사업자와 협력할 것"

대형마트 규제 완화에 대한 가능성이 열리면서 물류업계에도 기대감이 감돌고 있다. 대형마트 업체들이 오프라인 점포 · 식품 경쟁력을 앞세워 새벽배송 진출에 나설 경우 배송 역량을 갖추기 위해 물류 사업자들과의 전략적 협력에 나설 가능성이 높아서다.

시장에서는 대형마트 규제 완화가 현실화 될 경우CJ대한통운, 롯데글로벌로지스 등의 물류 사업자들이 수혜를 볼 것으로 점치고 있다. 할인점 사업자들이 영업시간 규제만 풀리면 새벽배송 사업에 본격 진출할 것으로 내다봐서다.

실제 대형마트 3사(이마트, 롯데마트, 홈플러스)는 새벽배송 사업에 있어 필수 요소로 꼽히는 물류 거점과 식품 경쟁력을 갖추고 있다. 이들이 전국에 보유 중인 오프라인 점포만 해도 390여개(이마트□ 홈플러스 140여개, 롯데마트 110여개)에 달하는 데다 3사 모두 신선식품 매출 비중이 70%가 넘는다.

문제는 이들이 새벽배송을 영위하기 위한 자체 운송 인프라는 갖추고 있지 않단 점이다. 우선 배송에 필요한 차량부터 없다. 운수사업법에 따르면 유상으로 화물을 운송할 시에는 영업용으로 미리 신고된 노란 번호판을 사용해야 하는 데다 식품 신선도 유지를 위한 콜드체인 시스템도 갖춰야 한다. 또한 운송 관련 업무 만을 담당하는 전문 인력과 전국에 구축된 차량 거점도 필요하다.

상황이 이렇다 보니 시장 일각에서는 대형마트의 이 같은 인프라 부족 문제를 물류 사업자들이 해결해 줄 것으로 보고 있다. 나아가대형마트가 새벽배송 사업에 본격적으로 돌입할 경우 시장 규모가 단숨에 60~70% 가량 커질 것으로 점치고 있다. 지난해 기준 4조원 규모였던 새벽배송 시장이 최대 7조원 수준으로 불어나는 셈이다.

박종렬 흥국증권 연구원은 "대형마트 영업시간 규제가 폐지된다면 할인점 사업자들이 오프라인 점포를 활용해 새벽배송 시장에 진출할 것"이라며 "이들이 단기간에 새벽배송을 위한 운송 인프라를 갖추기는 쉽지 않은 만큼 당분간은 물류 사업자들과의 전략적 제휴를 통해 사업 확장에 나설 것으로 예상한다."라고 말했다. 이어 "물류업체들이 이 같은 협력으로 얻는 수혜도 적잖을 것"이라고 덧붙였다.

유통업계 한 관계자도 "그간 새벽배송 업체들이 배송 권역을 전국으로 확장하지 못했던 만큼 대형마트 사업자들이 지방 수요를 사실상 대부분 차지할 수 있다."라며 "물류 사업자들의 경우에는 단숨에 불어나는 배송 수요에 대한 수혜를 톡톡히 누리지 않겠나"라고 말했다.

이에 대해 물류업계 한 관계자는 "새벽배송의 경우 물류 역량 및 인프라가 갖춰져야 원활히 사업 확장에 나설 수 있다."라며 "최근 들어 이 같은 배송을 전문적으로 담당하는 업체들도 많이 생긴 만큼 대형마트가 이들과의 사업 협력에 나선다면 물류 업계 역시 규제 완화에 따른 수혜 업종 중 하나가 될 수 있을 것"이라고 설명했다.

팍스넷뉴스 기사 편집(2022. 8. 2.)
https://paxnetnews.com/articles/90064

물류는 운송 중의 또는 저장된 상태의 재고를 관리하는 활동이라고 말할 수 있을 정도로 재고의 역할과 기능은 중요하다. 본 장에서는 재고관리와 통제에 대해서 설명하고자 한다. 본서가 국제물류에 초점을 맞추고 있는 만큼 재고관리(inventory management)의 가이드라인에 대한 설명은 간략하게 하고 재고통제(inventory control)를 위해 이용되는 몇 가지 이론적인 내용 등 재고의 경제적 측면을 다루고자 한다.

11.1 | 재고의 유형 및 특징

Tajikistan의 수도 Dushambe에서는 재고관리의 중요성이 크게 인식되는 계기를 마련한 사건이 있었다. Tajikistan이 소련연방의 일부분이었을 때 저자 중의 한 명은 이 지역을 여행했는데 당시 Dushambe에 위치한 큰 백화점을 방문한 적이 있다. 이 백화점의 신발 매장은 조도가 낮아서 어두운 상태였는데 진열대에는 약 천여 켤레의 신발이 진열되어 있었다. 처음 보기에는 재고가 충분한 것 같았다. 그런데 한 가지 결정적인 문제는 이 신발들이 모두 XXXX-Large 의 검정색 작업용 가죽부츠였다는 것이다. 즉, 거의 아무도 신을 수 없는 사이즈의 한 가지 모델만의 재고를 가지고 있었던 것이다. 이는 재고관리와 통제가 단순히 숫자의 문제만은 아니라는 것을 보여주는 사례이다.

재고관리는 물류의 중요한 일부분으로 인식되어 있음에도 불구하고, 이 분야의 활동이 그 중요성에 상응하는 주목을 받기란 쉽지 않다. 비행기나 선박이 가져오는 매력이나 화려함이 없기 때문이다. 많은 사람들이 재고관리는 창고에 보관되어 있는 상자에 관한 것이라고 생각한다. 이는 우리가 상점에 가서 원하는 물건을 찾을 수 있는 것을 당연히 여기는 것과 마찬가지이다. 그러나 상품의 가용성(availability)이 늘 지금과 같은 것은 아니었다. 이삼십 년 전까지만 해도 재고관리에 있어서 가장 중요한 문제는 제품을 확보하여 점포에 공급하는 것이었다. 지금은 고객의 기대수준이 높아져서 단순히 점포의 진열대가 가득 차는 것뿐만 아니라 보다 다양한 제품 구성을 원한다. 1970년대에는 평균 규모의 점포가 15,000 SKU의 재고를 보유하고 있었던 반면에, 오늘날의 슈퍼마켓은 40,000 SKU, 백화점은 100,000 SKU 정도의 재고를 확보하고 있다. 2000년도 미국에서 총재고가치(value of all inventory)는 14,850억 달러를 초과한 것으로 추산되고 있다. 이러한 막대한 금액 때문에 재고관리의 중요성을 간과할 수 없다.[30)]

30) Delaney and Wilson, op. cit.

소매업체의 목적은 보다 다양한 구성의 제품을 제공하는 것이지만 재고관리의 전반적인 목적은 재고를 최소화하여 재고유지비용(inventory carrying or holding costs)을 절감하는 것이다. 그렇다면 이러한 재고 최소화의 노력은 어떠한 결과를 가져오는가? 1990년대에 거쳐(최소한 미국에서는) 전반적인 재고량이 감소했다. 재고량 감소는 물류성과를 평가하는 기본적인 측정 기준으로 인식되었다. 그러나 Ginter와 La Londe는 일부 업계에서 재고량이 증가한 것을 보다 다양한 제품에 대한 수요의 결과라고 해석했다.[31] 국제물류의 경우에는 매우 색다른 이슈가 발생한다.

Bowersox와 Closs에 따르면 재고관리의 목적은 최소한의 총비용을 투입하여 최저수준의 재고를 유지하면서 고객이 원하는 서비스를 제공하는 것이다.[32] 다시말해, 고객이 원하는 시점에 원하는 제품을 찾을 수 있도록 재고를 유지하는 것이다. 반면 개별점포는 재고량이 과도하게 많으면 높은 유지비용이 유발되므로 지나치게 많은 양의 재고를 유지하지 않으려고 한다. 이러한 모순된 니즈는 재고관리의 본질이다.

재고의 유형(inventory types)

- 원자재(raw material)
- 부품(components or parts)
- 재공품(work-in-process:WIP)
- 완제품(finished goods)

그림 11-1 **재고통제를 위한 정책(재주문점)**

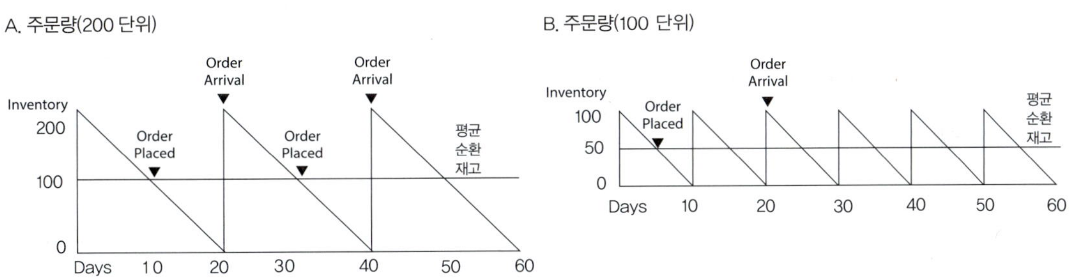

평균재고량(average inventory)이란 장기간 동안 유지되는 재고의 평균적인 수준을 의미한다. 여기에는 주기재고(cycle inventory)와 안전재고(safety stock)라는 두 가지 서로 다른 목적의 재고 형태가 있다. 주기재고는 주기적으로 사용되고 보충(replenishment)되는 재고이다. 안전재고는 재

31) James L. Ginter and Bernard La Londe, An Historical Analysis of Inventory Levels: an Exploratory Study, The Supply Chain Management Research Group, November 2001.

32) Bowersox and Closs, op. cit., p. 30.

고부족(stockout)을 예방하기 위한 안전책이다. 재고부족이란 재고가 부족하여 주문이 실행되지 못하고 있거나 또는 공급자에게 부족한 부분을 주문해 놓은 상태를 의미한다. 재고회전율(inventory turns)은 전체 재고가 소진된 후 보충되는 횟수를 의미한다. 이는 재고의 성과주기(performance cycle)로 볼 수도 있다. 재고회전율이 높은 경우는 재고가 소진되는데 오랜 시간이 소요되지 않으며 따라서 수시로 재고 보충이 이루어져야 한다.

그렇다면 왜 비용을 지급하면서까지 재고를 유지해야 하는가? 재고는 비용을 유발하지만 지역별 특화, 분리, 수급 균형 유지, 불확실성에 대한 완충작용 등을 가능하게 함으로써 공급사슬에서 중요한 역할을 하기 때문이다.

- 지역별 특화(geographical specialization) : 기업 내 하위조직들은 각각 상이한 투입을 필요로 한다. 재고는 각 조직이 필요한 투입물을 확보하는 기능도 한다. 지역별 특화는 지역별로 다른 제품 생산에 특화하는 것을 의미한다. 재고는 가장 효율적으로 생산할 수 있는 곳에서 생산이 이루어질 수 있도록 한다.
- 분리(decoupling) : 분리란 작업장 위치를 분리함으로써 공정흐름이나 자재공급으로부터 오는 작업장(work station/site) 간의 종속성을 줄이는 것을 말한다. 이를 통해 작업장 간 상호조율 없이 각각 가장 효율적인 방식으로 운영될 수 있도록 하고 필요할 경우 작업장 사이에 재고를 보유하여 완충(buffer) 작용을 하도록 한다.
- 수급 균형 유지(balancing supply and demand) : 소비와 생산은 항상 균형을 이루는 것이 아니다. 재고는 이러한 소비와 생산 간의 불균형을 해소하는 역할을 한다. 예를 들어, 오렌지와 같이 특정 계절에만 생산되는 상품의 경우 일부를 재고로 저장해놓음으로써 일년 내내 소비할 수 있다.
- 불확실성에 대한 완충 작용(buffering uncertainties) : 안전재고는 단기수요 변화로 인한 재고부족을 예방한다.

재고에 대한 니즈는 업종에 따라 상이하다. 기업은 경쟁환경에서 비즈니스를 하므로 경쟁사에 필적할 수 있는 재고량을 확보하여 고객을 빼앗기지 않아야 한다. 재고 니즈를 토대로 운영되는 세 가지 주요 업종에는 제조업, 도매업, 소매업이 있다. 제조업은 원재료에서 완제품에 이르기까지 재고 형태가 가장 다양한 부문이다. 도매업체는 주로 완제품을 취급하나 부품 또는 원재료를 도매하기도 한다. 도매업체는 일부 제품의 계절적 변동(seasonality)과 시장 내 갑작스런 상품 증가로 어려움을 겪기도 한다. 소매업체는 동네의 소규모 점포에서 약 100,000 SKU를 보유할 수 있는 대형 할인매장까지 그 규모가 다양하므로 여러 형태의 재고 니즈를 보인다.

국제물류는 재고관리에 큰 영향을 미친다. 해외 공급업체로부터 물품을 공급받는다면 성능주기가 길어진다. 이 경우 운송시간 및 거리확대에 따라 이동중인 재고(이를 수송재고(pipeline inventory)라고 한다)가 많아진다. 또한 국경을 통과하므로 종종 운송이 지연 되기도 하고, 문서처리와 관련된 문제도 유발된다. 입지문제도 더 복잡해지는데, 어느 국가에 재고를 보관할 것인지에 대한 의사결정도 내려야 한다. 운송시간 및 거리가 길어지면 재고자산의 감모(shrinkage) 문제도 더 심각해진다. 따라서 국제물류에 수반되는 불확실성에 대응하기 위해서는 안전재고를 더 많이 확보해야 한다.

마지막으로 국제물류환경에서의 재고관리와 관련된 운송적 측면을 고려하자. 이는 운송수단의 특징과 관계된 것으로서, 운송수단에 따라 상이한 운송 속도가 이동 중인 재고의 수준에 영향을 미친다는 것이다. 재고자산감모는 이동 중에 발생한 피해 및 손실에 의한 것이다. 운송시간의 정확도도 운송수단에 따라 상이하다. 또한 국제운송의 경우 화물 취급 요령도 국내 운송의 경우와 다른 방식으로 영향을 미친다. 어떤 물품은 국제운송이 용이한 반면 어떤 운송은 국제운송이 어렵거나 비용이 많이 소요된다. 예를 들어, 살아 있는 동물들은 위생 · 보건 문제로 인해 자주 운송되지 않는다. 또한 운송화물이 통관절차를 거쳐야 하는 경우에는 검사 과정도 거쳐야 한다.

판매 및 계약조건도 재고에 영향을 미치며 글로벌 재고관리에 있어서 중요한 역할을 한다. 어느 시점에서라도 전세계에는 막대한 양의 재고가 이동 중에 있으므로 화주는 자사의 재고가 어디에 있는지 알고자 할 것이다. 계약조건이 EXW(Ex Works, 공장인도조건)이라면 모든 이동 중인 화물은 구매업체의 재고에 해당한다. 만약 계약조건이 CIF(Cost Insurance and Freight, 운임 · 보험료 포함 가격) 또는 FOB(Free on Board, 본선인도조건)의 경우와 같이 이동 중에 소유권 이전을 전제로 하는 것이라면 이동 중인 재고를 관리하는 것이 매우 복잡해 질 것이다.

앞 장들에서 소개된 자유무역지대(free trade zones)도 글로벌 재고관리에 있어서 중요한 역할을 한다. 자유무역지대의 핵심기능은 별도의 비용 또는 통관 절차 없이 재고를 보관할 수 있는 장소를 제공하는 것이다. 이를 통하여 글로벌 운영관리의 일환인 재고관리에 수반되는 많은 관세문제들을 해결한다.

국제물류에서의 재고관리 이슈

- 성능주기의 장기화
- 수송재고의 증가
- 국경 통과와 관세
- 입지 선정 의사결정이 복잡해짐
- 재고자산 감모 심화
- 안전재고 증가
- 운송수단의 선정에 따른 재고관리
- 계약조건에 따른 재고관리

11.2 | 재고관리와 통제의 원칙

기업의 재고관리는 재고정책(inventory policy)을 토대로 실행되어야 한다. 수요 또는 공급의 변화에 따라 그때그때 대응하는 방식의 재고관리는 바람직하지 않다. 이러한 재고정책은 전술적(tactical) 차원의 정책일 수도 있고 전략적(strategic) 차원의 정책일 수도 있다. 이러한 정책을 토대로 어디에 재고를 보관할 것인지, 언제 재고를 보충할 것인지 그리고 작업장에 얼마만큼의 재고를 할당할 것인지를 결정한다.

능력제약(capacity constraints)은 재고계획에서 매우 중요한 고려사항이다. 능력제약이란 창고공간, 재고 변화를 관리하는 정보시스템의 역량 등을 의미한다. 예를 들어, 재고정책은 수용 가능한 최대 재고량이 어느 정도인지를 고려해야 한다. 때때로 재고정책이 정보시스템이 수용 불가능한 기대수준을 요구하기 때문에 정보시스템이 제약사항으로 인식되기도 한다. 예컨대, 정보시스템이 현재 재고에 대한 실시간보고서(on-time report)를 작성할 수 있다는 판단 하에 재고정책을 수립하는 경향이 있다. 올바른 질문은 '보고서의 실시간 작성이 가능한가?'가 아니라 '어느 정도 정확도를 보장할 수 있는가?'일 것이다.

고객의 기대수준은 날로 높아지고 있다. 특히, 점포 방문 시 그들이 찾고 있는 것이 무엇이든지 쉽게 찾기를 원한다. 기업이 공급업체에게 주문을 내릴 때 그 기업은 주문이 정확한 시간에 완벽하게 처리되기를 원한다. 궁극적인 목적은 하나의 품목이라도 빠뜨리지 않고 모든 주문을 완벽하게 처리하는 것이다. 완벽한 주문처리에 실패했을 경우에는 이로 인한 영향이 고객에게 미치기 전에 문제를 해결하는 완벽한 복구조치(immaculate recovery)를 취할 필요가 있다.

재고관리의 기본적인 목표는 최저비용으로 목표로 하는 고객서비스수준을 제공하는 것이다. 목표서비스수준은 일반적으로 가용성을 기준으로 측정되며, 구체적인 서비스수준은 주문량을 보고 관리자가 설정한다. 여기서 서비스수준은 여러 방법으로 정의될 수 있는데, 가용재고(available stock)로 충족될 수 있는 주문량, 가용재고로 충족되는 주문의 비율, 재고보충 소요시간 등이 그 예이다. 중요한 것은 목표서비스수준을 합리적인 비용에 달성하는 것이다. 서비스수준을 측정하는 방법을 살펴보면 다음과 같다.

- 품절빈도(stockout frequency) : 품절사태가 발생할 가능성
- 주문충족률(fill rate) : 품절의 정도 및 영향. 예컨대, 어떤 고객이 100개를 주문했는데 재고가 70개만 있을 경우 주문충족률은 70%임
- 처리가 완료된 주문(orders shipped complete) : 정시에 완벽히 처리된 주문 건수

품절은 두 가지 측면에서 손실을 가져온다. 첫째, 품절은 판매기회의 상실을 의미한다. 둘째, 기업의 평판에 부정적인 영향을 미친다. 또한 경쟁사와 비교하여 물품의 가용성이 떨어지는 경우에는 경쟁우위가 저해될 수 있다. 품절가능성을 재고위험이라고도 한다. 이 위험은 범위(width)와 정도(depth)로 평가된다. 예를 들어, 소매업체는 다수의 SKU를 보유하므로 위험의 범위가 넓으며 도매업체의 경우 SKU당 물량이 많으므로 위험의 정도가 심할 수 있다. 또한 품절의 영향은 제품에 따라 상이하다. 제품의 재고가 없는 경우 대체품이 그 제품을 대신할 수 있다. 주방세제와 같은 제품은 대체품을 찾기가 쉬우나 항공기용 특수 부품과 같은 제품은 대체품이 거의 없다고 할 수 있다. 대체품은 품절가능성을 상당 부분 줄인다. 수용 가능한 대체품이 하나라도 있으면 주문충족률은 70%에서 90%로 올라가며, 두 개인 경우에는 그 수치가 평균 97%로 상승한다는 보고도 있다.[33]

Bowersox와 Closs는 재고전략의 3단계를 다음과 같이 기술한다.[34]

---

33) Douglas M. Lambert, "Customer Service Strategy and Management," (Robeson and Copacino, op. cit., pp. 82~83).

34) Bowersox and Closs, op. cit., pp. 298~302.

제품/시장분류(classify products/markets)

제품별로 그 특색과 재고 니즈가 상이하다. 제품을 분류하는 방법은 제품에 따라 다르지만 가장 보편적으로 이용되는 방법은 다음과 같다.

- Fine Line 또는 ABC 분류 : 제품의 특징(예컨대, 소요되는 정도)에 따라 제품군을 분류
- 시장성과(Market Performance) 분류 : 매출량, 수익성, 재고가치, 사용률, 제품 특징 등에 따라 제품군을 분류

80/20 법칙으로도 잘 알려진 Pareto의 법칙에 따르면 매출의 80%는 전체 제품 중 20%의 제품에서 창출된다. 시장성과 기준과 ABC 분류를 통합하여 적용하면 다음과 같다. A군(A class)에는 급격한 매출성장 및 대량 판매 제품을, C군에는 낮은 매출성장 및 소량 판매 제품을 포함시키고, B군은 중간 수준의 제품을 포함한다.

각 군별 전략수립(make strategy for each class)

제품을 제품군으로 분류하는 이유는 일부 제품이 다른 제품들보다 더 중요하기 때문이다. 각 분류별로 우선순위가 설정되어야 가장 중요한 제품에 가장 큰 관심을 기울일 수 있다. 재고정책은 어떤 그룹의 제품에 우선순위가 부여되는지를 결정한다. 따라서 각 그룹별로 서비스 및 관리절차가 달라진다. 예컨대, 가장 중요한 A군에 대해서는 적절한 재고 보유 여부를 확인하기 위하여 거의 매일 재고조사를 시행할 것이며 중요성이 떨어지는 B군 및 C군에 대해서는 월 1~2회 정도 조사를 실시할 것이다.

각 군별 정책수립(develop policies for each class)

마지막 단계는 각 군별로 재고관리 및 통제절차를 수립하는 것이다. JIT(Just in Time) 재고정책은 20~30년 전에 도입되었으나, 아직까지도 JIT가 모든 업체에 적절하다는 그릇된 생각이 팽배하다. 기업은 배송 빈도를 높이고 1회 배송량을 줄임으로써 재고를 축소하고자 노력한다[그림 11 – 1 참조]. 이를 논리적으로 확장해보면 필요한 시점에 배송이 정확히 수행되면 재고가 전혀 필요 없게 될 수도 있다는 결론을 얻는다. 이러한 논리(무재고(zero inventory)라고도 함)는 '지속적 개선 혹은 혁신(continuous improvement)'이라는 사고와 더불어 현대적 경영철학으로 발전되어 왔다. 그러나 이것이 성공적이기 위해서는 전반적인 운영방식에 변화가 필요하다. 또한 배송이 지연되거나 오류가 발생할 경우 완충역할을 하는 재고가 없음으로 인하여 더 큰 타격을 미칠 것이므로 이에 대한 철저한 대

비도 필요하다. 그리고 제품의 품질에 더하여 운영관리상의 품질도 더욱 강조해야 한다.

JIT는 글로벌환경에서도 실행이 가능하다. 그렇지만 이때는 그 과정이 보다 복잡하고 운영위험도 높을 것이다. 일부 다국적기업은 효율적인 조직과 운영을 통해 JIT가 가능할 정도로 운송능력을 개선하였으며 국경통과에 수반되는 위험도 낮추도록 했다. 글로벌환경에서 JIT을 실행하기 위해서는 이와 같이 운송 및 통관절차를 철저히 관리해야 한다. 운송업체 및 일부 관세기관은 이러한 인식 하에 관련 절차를 변경하고 있다. 그러나, 9 · 11 테러 이후 국경 통과와 관련된 새로운 지침이 마련됨으로써 글로벌 JIT 프로그램의 실행이 더욱 더 어려워지고 있다.

전자상거래(e-commerce)도 재고의 필요성을 제거하지는 못했다. 오히려 일부 업계에서는 정반대의 현상이 발생하고 있는 듯하다. Wall Street Journal은 닷컴붐의 절정기에 전자상거래를 이용하는 소매업체들이 더 많은 창고를 짓고 있다고 보도한 바 있다. 이 기사를 통해 Wall Street Journal은 일부 유수 인터넷 소매업체가 재고 보유를 위해 창고를 확장하고 있다고 설명했다. 소매점포에 진열되었을 제품들이 이들 인터넷업체의 창고에 재고로 쌓여있다는 것이다. 일반 가정을 대상으로 한 식품 배달업체인 Webvan이 바로 이러한 사례이다. Webvan은 10억 달러 규모의 창고 공간을 주문한 후 결국 파산하고 말았다. 이러한 결말이 단지 닷컴 붕괴의 결과인지 인터넷 경제가 재고 니즈에 변화를 가져올 것인지는 아직 명확하지 않다. Ginter와 La Londe는 재고수준이 증가하고 있는 부문에서는 이러한 증가추세는 보다 다양한 상품에 대한 수요 때문이라고 주장한다.

재고추세는 조직설계(organizational design)와 기업정책(corporate policy)에 의해서도 영향을 받는다. 창고가 중앙집중화된(centralized warehouse) 경우에는 재고 니즈가 줄어든다(보다 자세한 내용은 뒷부분에서 설명될 것이다). 대기업은 보다 중앙집중화된 방식으로 재고를 관리하고자 한다. 예를 들어, 샤시 풀(chassis pooling)은 운송업체가 샤시를 공유하는 보편화된 방법으로, 자산을 보다 효율적으로 운용하도록 한다. 그러나 이러한 방법은 샤시를 운송업체가 관리하는 미국에서만 적용된다. 여타 국가에서는 샤시 여유분이 많아 샤시 풀이 필요 없다.

재고정책은 조직 내 재고할당계획도 포함한다. 다시 말해, 각 자회사는 재고를 필요로 하고 본부는 이들 자회사를 대상으로 재고를 어떻게 할당할 것인지를 결정해야 한다. 가장 널리 이용되는 재고할당 방법에는 공평한 분배(fair share allocation)와 DRP(Distribution Resource Planning)가 있다. 공평한 분배방식은 각 자회사의 니즈에 따라 적정한 물량을 배분하는 방법을 말한다. 예컨대, 인기가 높은 신상품과 같이 자원이 희소한 경우에 지역 사업부는 가능한 한 많은 물량을 확보하고자 할 것이다. DRP 방법은 컴퓨터를 이용한 보다 고도화된 방법으로, 고객 수요와 제품 공급을 토대로 최적의 조합을 찾아낸다.

재고관리 중 일부 방법은 매우 적극적이다. 즉, 수요예측에 따라 재고보충을 실시하는 것이다(proactive inventory control). 반면에 재고관리가 소극적으로 행해지는 곳도 있는데 이는 재고가 일정수준으로 떨어질 때까지는 아무런 조치도 취해지지 않는 것을 의미한다(reactive inventory control). 기업은 항상 적극적인 재고관리를 원하지만 이것이 항상 최적의 결과를 제공하는 것은 아니며 경우에 따라서는 불가능할 때도 많다.

적극적인 재고관리가 적절한 경우

- 수익성이 높은 시장
- 종속 수요
- 규모의 경제
- 불확실한 공급
- 자원 생산능력 제약
- 계절성 공급

소극적인 재고관리가 적절한 경우

- 불확실한 주기시간(cycle time)
- 불확실한 수요
- 최종 목적지의 수용량 제약

11.3 | 재고의 경제적 측면

재고는 경제적 측면에서 볼 때에도 중요하다. 일반적으로 재고는 비용이 수반되는 것으로 인식되지만 회계사들은 재고의 진정한 가치를 파악하는데 문제가 있다는 것을 알고 있다. 예를 들어, 품절에 대비할 수 있는 안전재고가 가져오는 혜택은 수치화하기 힘들기 때문이다. 또한 재고의 경제적 측면과 관련하여 주요 이슈가 되는 사항으로는 재고유지비용(carrying or holding cost)이 있다.

재고유지비용은 창고의 상태 및 제품의 성격에 따라 매우 다르다. 또한 국가별로도 큰 차이를 보인다. 창고보관료가 저렴한 지역도 있으며 그렇지 않은 지역도 있다. 도난위험도 지역별로 큰 차이를 보인다. 또한 온난한 지역에서는 부패 및 변질의 위험이 더 크다. 예컨대, 온난한 기후에서 컨테이너에 오랜기간 식료품을 보관한 경우와 추운 Alaska에서 동일 기간 동안 식료품을 보관한 경우를 비교하면 이 차이를 쉽게 알 수 있다. 열대지방에서는 기온이 높이 올라가면 컨테이너에 보관된 내구성 제품도 변질될 수 있다. 미국에서는 일반적으로 재고유지비용을 제품 시장가치의 25% 정도로 추산하는 것이 일반적인 관행이다.

재고유지비용(inventory carrying or holding costs)

- 자본비용(capital costs)
- 재고서비스비용(inventory service costs)
- 보험(insurance) 세금(taxes)
- 창고보관비용(storage costs)– 공장창고(plant warehouses)– 공공창고(public warehouses)– 대여창고(rented warehouses)– 기업창고(company–owned warehouses)
- 재고위험비용(inventory risk costs)– 노후화(obsolescence)– 파손(damage)– 도난(pilferage)– 이전으로 인한 누락(relocation)

운송비와 재고유지비는 기본적으로 상충관계(trade – off)에 있다. 예를 들어, 재고를 최저수준으로 유지할 경우, 롯트크기(lot size)가 작아짐으로 인하여 보다 자주 운송을 해야 하며 결국 운송비가 상승한다. 또한 대량구매를 통한 할인(volume discount) 기회가 상실된다.

$$X_2 = X_1 \sqrt{\frac{n_1}{n_2}}$$

여기서 n_1 : 현재 존재하는 설비의 수

n_2 : 미래의 설비의 수

X_1 : 현설비에 남아 있는 재고량

X_2 : 미래설비에서의 재고량

창고의 중앙집중화는 재고 니즈에 영향을 미친다. 한 창고가 모든 점포에 물품을 공급하는 경우 SKU당 수요량이 상대적으로 적다. 그러나 창고가 여러 개 있을 경우, 각 창고는 품목당 최소한 한 개 이상의 재고를 확보하고 있어야 한다. 창고의 중앙집중화가 불가능한 경우도 있다. 예컨대, 각 국가별로 창고를 갖고 있는 경우에는 창고별로 개별시장의 고유한 니즈에 부합하는 재고를 확보해야 한다.

그림 11–2 **창고의 중앙집중화에 따른 효과**

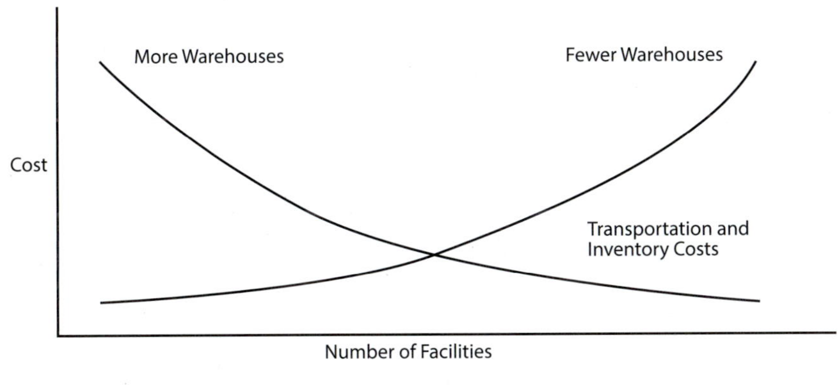

창고의 중앙집중화가 재고에 미치는 영향의 예

다섯 개의 창고가 백만 개의 품목을 보유하고 있다고 가정하자. 만약 다섯 개의 창고를 하나로 통합하면 447,000개의 품목만 필요하게 될 것이다.

재고가치(inventory value)를 계산하는 방법에는 두 가지가 있다. 즉, 실제비용(actual cost)과 시장가치(market value)가 그것이다. 실제비용이란 해당 제품에 투입된 금액을 의미한다. 만약 그 금액이 제품의 실제가치를 반영하지 못한다면 이 계산 결과는 왜곡된 정보를 제공하게 된다. 또한 제품이 사내에서 이전 과정을 거쳐 완성되었다면 이전가격을 고려해야 한다. 시장가치는 특정 시점에 시장에서 판매되었을 경우 그 가치를 추산한 것으로서 주관이 개입될 여지(특정 시점 및 시장의 정의 등)가 있다.

제품의 실제비용을 파악하고 있다면 판매원가(cost of goods sold)를 추정할 수 있는데, 다음 세 가지 방법을 이용할 수 있다. 첫째, 후입선출(Last In First Out : LIFO)방식으로, 가장 최근에 입고된 재고의 비용을 계산할 때 사용된다. 인플레이션 상황에서는 대부분 최근 재고가격이 가장 높으므로 LIFO를 적용할 경우 재고가치가 상승된다. 선입선출(First In First Out : FIFO)방식은 후입선출의 반대로, 가장 오래된 재고품목부터 가치를 평가한다. 인플레이션을 고려할 때 선입선출법은 전반적인 재고가치를 절감시킬 수도 있다. 마지막으로 평균은 전체 재고의 평균가치를 말한다.

후입선출(LIFO), 선입선출(FIFO), 평균(Average)의 예

어떤 기계류 판매업체가 발전기 세대 A, B, C를 재고로 보유하고 있다. 가장 먼저 제조된 순서대로, A는 500달러, B는 700달러, 그리고 최신의 C는 1,000달러가 소요되었다. 이제 이 제품 중 하나를 구매하려는 고객이 등장했을 때, 제품의 판매원가를 계산하면 다음과 같다.

- 후입선출(LIFO) 방식에 따를 때: 1,000달러
- 선입선출(FIFO) 방식에 따를 때: 500달러
- 평균 방식에 따를 때: 733달러

11.4 I 재고통제

이 절에서는 가장 기본적인 재고통제(inventory control) 방법들을 간단히 소개한다. 재고수준은 재

고보충 필요성 점검을 위해 정기적으로 확인되어야 한다. 이러한 확인 방법에는 다음과 같은 것들이 있다. 영속적 통제방식(perpetual review system)은 재고수준을 지속적으로 검토할 때 이용된다. 주기적 통제방식(periodic review system 또는 P - system)은 주 1회 또는 월 1회와 같이 정기적으로만 재고수준을 확인하는 방법이다. 수동적인 방법(reactive method)에서는 재고수준을 확인하지 않고 품절되었을 경우에 재주문을 한다.

성능주기 중 어느 시점에서 재고보충을 위한 주문을 내려야 할 것인가? 재주문(reorder) 시점을 결정하는 원칙은, 신규 물량(신규 롯트크기)의 입고까지의 소요시간 동안(이를 리드타임(lead time)이라고 함) 사전에 지정된 서비스수준을 안전재고로 만족시킬 수 있는 수준까지 재고가 감소하였을 때 재주문을 시행하는 것이다. 따라서 주문처리 과정 중에는 안전재고를 이용하여 수요를 충족시킬 수 있다.

그림 11-3 EOQ 모형

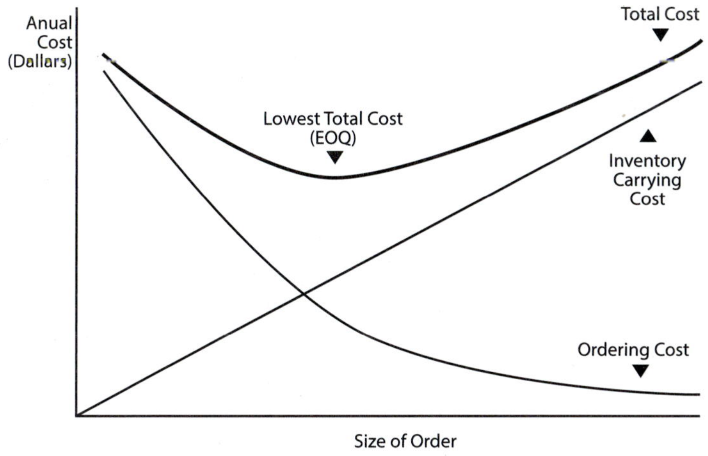

그렇다면 주문량(롯트크기)은 어떻게 결정할 것인가? 롯트크기란 신규 발주물량(물류 관점에서는 운송건당 화물량)을 의미한다. 앞에서 운송비와 재고비용 간의 상충관계가 언급된 바 있다. 이 상충관계를 고려하여 운송비와 재고유지비용의 합을 최소화시키는 이상적인 롯트크기를 경제적 주문량(Economic Order Quantity : EOQ)이라고 한다. 아래 공식은 EOQ를 계산하는 과정을 나타낸다(EOQ 모형의 가정에 대한 아래 box도 참조).

$$EOQ = \sqrt{\frac{2C_O D}{C_1 U}}$$

여기서 EOQ : Economic Order Quantity(경제적 주문량)

C_O : 주문시 소요되는 비용(cost per order)

C_I : 연간 재고유지비용(annual inventory carrying cost)

D : 연간 수요량(annual sales volume in units)

U : 단위비용(cost per unit)

EOQ 계산 방법은 실제 자료와 변수에 맞춰서 확장 · 변경될 수도 있다. 현실적인 변수로는 대량운송비, 대량운송을 통한 할인, 특수한 롯트크기 등이 있다. 대량운송비는 대량운송 시 운송업체가 제시하는 할인된 운임을 의미하며, 대량운송 시 할인도 이와 유사하지만 롯트크기가 보다 더 큰 경우에 해당한다. 또한 특수한 롯트크기에 대해서 EOQ가 조절될 수도 있다. 예를 들어, 생산일정상 매우 크거나 적은 양의 제품이 필요한 경우에는 상기한 EOQ 모형만으로는 최적의 롯트크기를 산출하기 어렵다.

EOQ 모형의 기본 가정

- 모든 주문을 충족시킴
- 수요는 지속적으로 발생하며 실시간으로 파악 가능함
- 재고보충 성능주기(리드타임)가 지속적으로 유지되며 파악 가능함
- 제품가격이 주문량 또는 주문시점에 영향받지 않음(예컨대, 수량할인(volume discount) 등이 없음)
- 재고품목 간 어떠한 상관관계도 없음
- 운송 중인 재고(inventory in transit)가 없음
- 가용자본에 제한이 없음

EOQ 외에도 정기발주시스템(fixed-order-interval-system)이 있는데, 이 시스템에서는 주문이 정기적으로 발주되며 매 발주마다 주문량은 상이하다(P-system 참조). (확장된) EOQ의 경우에는 발주시점은 일정하지 않으나 롯트크기는 항상 동일하게 유지되었다. 정기발주시스템은 다음과 같은 경우에 적합하다. 첫째, 일부 기업은 실시간으로 재고수준을 파악하지 않는데 이 경우 EOQ는 적용될 수 없다(위 EOQ 모형의 가정 중 어떤 항목에 위배되어 그런가?). 둘째, 어떤 공급업체는 특정 시점(예컨대 자사의 재고가 너무 많을 때 등) 가격인하를 제시하는 데 이러한 비용절감의 효과를 누리기 위해서는 EOQ보다 정기발주시스템이 유리하다. 셋째, 어떤 기업은 자사의 트럭을 이용하여 물품을 운송한다. 이 경우 롯트크기가 변경 가능하기 때문에 EOQ 모형은 적합하지 않다.

미국 7월 제조업 PMI 52.8, 공급망 병목 완화 징후 보여

배송속도 지표, 전달 57.3에서 55.2로 하락

원자재 가격 상승세 둔화

높은 물가 여전히 부담

미국 오하이오 페리스버그 태양전지판 제조업체 (사진 로이터)

미국 제조업 활동이 다소 둔화하며 2년 만에 최저치로 낮아졌으나 공급망 병목 현상이 완화되는 등 물가상승세가 최고조에 달했음을 보여준다고 로이터가 8월 1일(현지시각) 보도했다.

미국 공급관리협회(ISM)는 7월 미국 제조업 구매관리자지수(PMI)가 52.8로 떨어져 2020년 6월 이후 가장 낮은 수치를 기록했다고 밝혔다. 지난달 PMI는 53.0이었다. PMI가 50을 넘기면 경기확장, 50을 밑돌면 경기위축을 뜻한다. 제조업은 미국 경제의 11.9%를 차지한다.

티모씨 피오레 ISM 제조업 조사위원회 의장은 3개월 연속 고용 계약 상황을 소개하며 "기업들이 계속 고용하고 있다."라며 "고용 동결, 인력 감축 등의 징후가 거의 보이지 않았다."라고 말했다.

로이터는 예상치(52.0)보다 높은 PMI를 보건대 상반기 국내총생산(GDP)이 감소했음에도 경제가 침체를 겪지 않았음을 알 수 있다면서도 기업들이 신규 주문에 대한 우려 때문에 너무 많은 상품을 생산해 재고 부담이 커졌다고 밝혔다.

푸자 쓰리람 뉴욕 바클리즈 경제분석가는 "소비재 수요가 가라앉는 가운데 대유행 이후 회복세가 둔화하고 있다."라고 말했다. 이어 "이런 경향은 올해 말 제조업 분야의 경착륙 위험성을 키운다."라면서도 "전반적인 PMI가 경기침체를 뜻하려면 더 하락해야 한다."라고 분석했다.

6대 제조업 가운데 4개 업종인 석유 · 석탄, 컴퓨터 · 전자제품, 운송장비, 기계장비 등은 지난달 다소 강한 성장세를 보였다. 원자재 가격 상승세가 다소 둔화했으나 여전히 높은 물가가 제조업에 부담으로 작용하고 있다. 화학제품 제조사들은 "물가상승이 사업을 둔화시키고 있다."라고 밝혔다. 식품 제조사들은 "많은 고객이 재고를 줄이기 위해 주문을 철회하고 있다."라고 전했다. 섬유 제조사들은 "계속된 납품과 인력 문제가 수익률을 잠식하고 있다."라고 했다.

ISM이 집계한 7월 신규 주문 지수는 지난달 49.2에서 48.0으로 2개월 연속 하락했다. 이 영향으로 앞으로 몇 달 동안 제조업 경기가 더욱 둔화할 것으로 보인다. 월마트 같은 유통업체들은 높은 물가상승으로 인해 소비자가 이윤이 낮은 식품 쪽에 돈을 쓰고 있어 다른 제품 쪽의 재고가 넘치고 있다고 우려를 표했다.

한편, 공급망 병목 현상이 완화되고 있어 도매 물가상승세가 줄어드는 데 도움이 되고 있다. ISM 배송속도 지표는 지난달 57.3에서 55.2로 떨어졌다. 이 수치가 50을 넘으면 배송속도가 지연되고 있음을 뜻한다. 제조사 가격지수는 전달 78.4에서 60.0으로 하락했다. 이는 2020년 8월 이후 최저 수준이다. 제임스 나이 틀리 뉴욕 ING 경제분석가는 "이런 상황은 미국 연방준비제도이사회에 좋은 소식으로 금리인상을 2023년 말까지 계속할 필요가 없다는 증거를 제공한다."라고 말했다. 로이터는 저물가로 상황이 바뀌기까지 오랜 시간이 걸릴 것으로 내다봤다. 이번에 조사된 고용지표가 49.9로 상승하긴 했으나 제조업 고용난이 계속되고 있어 3개월 연속 위축세이다. 5월 말 기준, 일자리 1130만 개가 채워지고 있지 않으며 실업자 1명당 일자리 2개가 있는 상황이다.

콘래드 드퀴드로스 뉴욕 브레인캐피털 경제분석가는 "이번 보고서는 공급자 측에 수요를 따라잡을 기회를 주고자 하는 연준의 희망과 일치하지만, 제조업은 여전히 여러 부족 문제에 곤란을 겪고 있다."라고 밝혔다.

조세일보 기사 편집(2022. 8. 2.)
http://www.joseilbo.com/news/htmls/2022/08/20220802462308.htm

국제물류와 정보시스템

INTRODUCTION CASE

인천시, 생활물류 문제 해결 나선다

LEARNING CASE

자동화기계를 넣으면 '스마트물류센터'가 된다?

Chapter

12

INTRODUCTION CASE

인천시, 생활물류 문제 해결 나선다

연수구서 '공유물류망 기반 당일 배송서비스' 실증

무료 e러닝 '인천광역시 보건의료e배움터' 오픈

재정지원사업 공모 참여 자격 부여, 홍보 판로지원 등 혜택

[사진=인천시]

인천시가 전자 상거래 급증에 따른 각종 도시 생활물류 문제를 공유물류망 구축을 통해 해결에 나선다. 인천광역시는 공유물류망을 통한 당일배송 서비스를 연수구에서 시범 운영한다고 1일 밝혔다.

공유 거점을 활용한 V2V(Vehicle to Vehicle) 방식의 공유물류망을 도입해 기존 택배 방식 대비 배송시간을 획기적으로 단축하고 당일배송 생활권을 구축하겠다는 전략이다.

국내 유통시장 규모는 약 400조, 그 중 온라인 시장이 절반을 차지하고 있지만 이를 뒷받침할 수 있는 체계적 물류망은 마련되지 않는 상태이다.

도시 집중화 심화로 택배 등 생활물류도 도심에 집중돼 있지만 높은 땅값과 부지확보의 어려움, 도심

내 물류시설에 대한 님비현상으로 물류시설은 도심과 멀어질 수밖에 없는 실정이다. 기존 택배의 경우 출발지, 도착지와 상관없이 일괄적으로 배송 물품을 외곽의 대형 허브터미널로 집화한 후, 지역 서브터미널 별로 재분류한 뒤 최종 목적지로 이동 · 배송하는 것으로 배송 및 집화 과정에서 소요되는 시간과 비용(운송비)이 늘어나는 단점이 있다. 원거리 수송량 증가에 따른 교통 혼잡 문제 이외에도 배송에 투입되는 대부분 화물차는 경유 차량으로 도시 환경 오염의 원인이 되기도 한다. 인천시의 공유물류망은 도심 내 유휴 부지를 '물품 정류소'로 활용해, 물류 창고 없이 차량에서 차량으로(V2V) 물품을 옮기는 체계로 물품을 유기적이고 효과적으로 환적 · 배송하는 것이 장점이다. 창고가 수행하던 적재 및 분류 기능은 모든 차량이 나누어 수행한다. 또한 사람이 대중교통망을 이용해 환승하며 목적지로 이동하듯 정해진 노선을 순환하는 차량을 이용해 환적 · 배송하는 것으로 이를 통해 빠르면 3시간, 늦어도 당일에 지역 내 모든 물품배송을 완료할 수 있다. 공유물류망에는 전기차를 투입해 탄소 배출 감량 효과도 기대할 수 있다.

한편 공유물류망은 명확한 분업화와 표준화된 노선 순환 운행 등으로 남녀노소 누구나 수행할 수 있는 일자리로 택배 노동구조를 변화시킨다. 시는 차량 기사 15명과 정류소 관리자 및 조업사 5명 등 30명의 지역주민 고용을 완료하고 관련 교육을 마친 상태이다.

이로 인해 "이번 당일배송 시범 사업이 성공적으로 마무리되면 생활 물류 급증으로 인한 각종 문제 개선, 소상공인 유통경쟁력 확보, 당일배송 생활권 구축, 신규 일자리 창출을 통한 지역경제 활성화를 기대할 수 있다"라고 말했다.

이번 실증 사업은 스마트 물류 구축을 위한 국토부 국책 사업인 '디지털 물류서비스 실증 지원 사업'의 일환으로 연수구에서 추진한다. 연수구 지역 내 물동량을 기반으로 도로 · 지역적 특성 · 가용 정류소 위치 등을 고려한 시뮬레이션을 통해 총 4개의 구역으로 구분해 노선을 설계했다. 2대의 지역 순환차량은 중구 항동(구. 롯데아울렛팩토리 인천점 운영센터)에 위치한 광역정류소에서 화주로부터 물품을 인수한 광역 순환 차량을 만나 배송물건을 분류하고 옮겨 실은 뒤 지역 정류소로 이동해 최종 배송 차량(라스트 마일)에 물류를 전달한다. 지역 정류소에서 물건을 인계받은 최종 배송 차량은 4개로 구분된 송도 각 구역을 3시간 마다 순환하며 1일 3회 상품을 배송한다. 대중교통망과 같이 정해진 노선을 순환 이동하면, 지역 내 배송의 경우 3시간 내에 시 · 도간 이동 물품의 경우 늦어도 당일 물품 배송을 완료할 수 있다.

또한 시는 수요 대응형 당일배송 서비스 고도화를 위해 리빙랩을 발족 · 운영할 계획이다. 시민과 소상

공인 · 화주기업 · 종사자 · 전문가 등 실증사업에 관계된 모든 공공, 민간, 지역 주민이 참여하는 리빙랩을 발족해 공유물류망 당일배송 서비스 개선에 필요한 현안을 조사한다. 시는 향후 디지털 물류서비스를 '인천직구'서비스와 연계해 인천직구에 가입돼있는 소상공인들이 당일배송 서비스를 사용할 수 있도록 할 방침이다. 또 리빙랩 서비스 분석을 통해 서비스의 사회적 경제적 효과가 기대되는 경우 단계적으로 서비스 지역을 늘리고 지역 업체를 우선 선발해 배송물품 공급 기회를 확대하는 방안을 추진할 계획이다.

아주경제 기사 편집(2022. 8. 1.)
https://www.ajunews.com/view/20220801100507866

다른 분야에서와 마찬가지로 물류에 있어서도 정보시스템은 중요한 역할을 한다. 21세기에 접어들면서 정보, 닷컴 그리고 전자상거래가 비즈니스 세계를 압도하고 있다. 기술과 비즈니스모형은 급변하고 있지만 정보관리 측면 중에는 변하지 않고 있는 분야도 있다. 문제는 무엇이 변화하고 무엇이 변화하지 않는지를 파악하고 정보시스템이 제공하는 혜택을 인정하되 기술에 대한 과대 포장은 제거하는 것이다. 본 장에서는 물류정보시스템(Logistics Information Systems : LIS)을 중심으로 일반적인 거래를 지원하는 정보시스템의 역할과 기능 및 발전 추세 등에 대하여 살펴볼 것이다. 여기서 이해되어야 할 대부분의 내용은 다른 분야에도 적용될 것이며, 물류와 운송업계에만 적용되는 고유한 측면은 본 장의 뒷부분에서 검토될 것이다.

인터넷과 WWW(World Wide Web)은 기술적인 차이는 있지만 본 장에서 다루어지는 이슈에서 그 차이는 큰 영향을 미치지 않는다. 따라서 여기에서는 인터넷의 약어인 네트(net)라는 용어를 사용할 것이다.

12.1 | 정보와 정보시스템

정보시스템(information system)을 이해하는 첫 걸음은 정보시스템이 컴퓨터기술과 다른 것이라는 점을 이해하는 것이다. 정보시스템은 데이터수집, 조작, 분배를 '관리'하는 시스템을 의미한다. 일반 회사에서 흔히 볼 수 있는 서류파일 시스템도 일종의 정보시스템이다. 서류관리가 목적이라면 값비싼 첨단 컴퓨터보다 서류파일 시스템이 더 효율적인 대안이 될 것이다. 다시 말해, 정보관리를 도구(tool)로만 이해해서는 안 된다. 컴퓨터, 네트, 통신(telecommunications)은 도구에 지나지 않는다. 따라서 사람이 원하고 이용하는 대로 작동된다. 한 전문가는 적절한 인력과 프로세스가 전제되지 않는다면 기술투자가 해결책이 될 수 없다고 잘라 말한 바 있다.[35)]

정보(information)는 아마도 현대의 비즈니스환경에서 가장 중요한 요소일 것이다. 제조능력, 지리적 입지와 같은 전통적인 성공 요소의 중요성은 예전만큼 강력하지 않다. 이제는 고품질정보와 정보관리, 특히 고객에 대한 정보가 고성과조직(high performance organization)의 특징이 되고 있다. 정보가 기업에게 제공하는 경쟁우위 외에도 정보시스템의 역할은 중요하다. 양질의 정보획득을 위해

35) Delaney and Wilson, op. cit.

서는 많은 비용이 소요되기 때문이다. 예를 들어, UPS는 지난 10년간 정보시스템에 매해 10억 달러씩 투자했다.

네트는 우리 생활의 모든 측면에 변화를 가져올 것처럼 보이나 지금까지 그 영향은 기대 이상으로 큰 것은 아니었다. 네트가 공급사슬과 물류에 미칠 영향에 대해 두 가지 상반되는 시각이 있다. 첫째는 네트를 통해 개선된 효율성은 공급사슬의 모든 참여자에게 혜택을 제공하게 될 것이라는 시각이다. 이와는 반대로, 네트가 공급사슬을 압도하고 스팟시장(spot market)의 계획수립을 불가능하게 함으로써 시장불안(instability)을 야기할 것이라는 견해도 힘을 얻고 있다.

한 가지 좋은 소식은 대부분의 국가에서 심지어는 경기침체기에도 정보시스템과 관련하여 시장의 안정성이 유지되었다는 것이다. 미래에는 웹기반 공급사슬이 지배적이 되겠지만 아직까지도 제조업체의 사활은 제품의 품질 그리고 공급업체 및 고객과의 관계에 의해 결정된다. 그렇다면 웹이 우리가 기대했던 것만큼 유용하지 않다는 것인가? 이에 대해서도 다양한 견해가 존재한다. 본 장을 통해 정보시스템이 니즈 충족에 이용되고, 사람과 기업이 이러한 도구를 이용하는 방법에 매우 빠르게 적응하고 있다는 사실을 알 수 있다.

그러나 한편으로는 간과할 수 없고 간과해서도 안 되는 측면이 있는데 그것은 바로 사람이다. 일자리는 사회적 그리고 문화적 의미를 갖고 있다. 이는 Council of Logistics Management의 출판물이 물류 자체뿐만 아니라 조직과 조직문화에 관해 많은 지면을 할애하고 있다는 사실에도 잘 드러난다. 또 다른 예로서, 항공화물 예약업체의 경우 GF-X의 시장점유율은 10%에 지나지 않는다. 이는 아직도 대부분의 사람들이 일상적으로 반복되는 업무조차 운송업체에 직접 전화를 걸어 일을 처리하고 싶어 한다는 것을 의미한다. 정보는 그 자체로서는 의미가 없으나, 문화, 사람, 조직구조의 맥락 안에서 활용될 때 의미가 부여되는 것이다.

본 장에서는 운송업과 관련된 네 가지 업종이 언급된다. 첫 번째는 화물을 운송하는 물류 및 운송업체 그룹이다. 이들 업체는 정보시스템을 유용하게 활용하기는 하지만 정보관리는 이들 업체의 부차적인 기능이다. 두 번째, 정보시스템 그룹으로서 여기에는 소프트웨어, 하드웨어, 관련 정보시스템 서비스 업체가 포함된다. 세 번째 그룹은 물류 및 운송정보에 관한 전문조직이다. 항공화물업계의 GF-X, 해운업의 관세공표업체 등이 이에 포함된다. 마지막으로 화주가 있다. 화주는 부분적으로는 운송업체의 정보시스템을 토대로 어떤 운송업체를 이용할지를 결정한다. 즉, 화주는 운송업체의 정보시스템 기능의 수혜자가 된다. 그러나 이러한 고객들도 나름대로의 정보시스템을 구축하고 있으므로 자사의 시스템과 공동조율이 가능한 운송업체를 찾고자 할 것이다.

e-물류(e-logistics)는 물류작업 수행을 위해 정보시스템을 이용하는 것을 의미한다. 사실 모든 사람이 어떠한 형태로든 정보시스템과 통신서비스를 이용하고 있으므로 e-물류가 어떤 특별한 것은 아니다. 단지, 이 용어를 굳이 사용할 때에는 그 시스템이 다른 시스템보다 더 고도화된 첨단의 시스템이라는 것을 강조하는 것이다. 또한 오늘날의 전자상거래는 네트를 이용한 비즈니스거래를 의미한다. 여기서 네트는 또 하나의 유통채널이 되는 것이다. 물류의 경우 네트를 통한 주문접수와 전화나 팩스 등을 이용한 전통적인 주문접수에 큰 차이는 없다. 네트를 통한 B2B가 도입되기 전에는 EDI(Electronic Data Interchange)가 오랜 기간 사용되어 왔다. B2B와 EDI는 기술적으로는 다르나 정보시스템을 적극적으로 이용하려는 기본적인 아이디어는 같다고 하겠다.

그렇다고 해서 전자상거래가 물류에 아무런 영향을 못미친다는 것은 아니다. 네트는 소비자시장에 큰 변화를 가져왔다. 온라인 쇼핑의 이용자가 급증하고 있고 이는 소매업체를 중심으로 한 물류에서는 큰 변화로 인식되고 있다. 이에 따라 물류가 소매업체 대상의 물품운송에서 직접 소비자를 대상으로 한 물품운송으로 변화하고 있다. 즉, 점포를 대상으로 한 대량운송의 상당 부분이 개인고객을 대상으로 한 소포운송으로 대체되고 있다는 것이다. 이러한 양상이 국제물류에 미친 영향은 아직까지 상대적으로 작다. 개인이 국제적으로 거래를 하는 경우는 드물기 때문이다.

질문에 대한 답은 어떤 질문을 하느냐에 따라 달라진다. 마찬가지로 정보시스템은 무엇보다도 활용 목적에 따라 달라진다. 정보란 연관성과 목적을 가진 데이터이다.[36] 고객은 정보를 전반적인 서비스의 일부로 기대한다. 화주는 운송업체로부터 물품의 위치정보 및 예상 도착일자를 얻고자 한다. 창고업체는 가용재고수준에 대한 질문을 받는다. 여기서 일차적인 문제는 '알고자 하는 정보가 실제로 존재하는가?'이다. 정보시스템은 재고 감소와 인건비 절감에 있어서 매우 중요한 역할을 한다. 만약 공급업체가 다음주 수요량을 예측할 수 있다면 필요한 재고량을 정확히 알고 미리 준비할 수 있을 것이다. 11장에서 설명되었듯이 재고의 주요 기능 중의 하나는 정보 부족으로 인한 불확실성에 대비하는 것이기 때문이다.

업계리더란 우수한 경영성과를 달성하는 경영인이다. 그렇다면 정보시스템이 기업경영에 얼마나 기여하는가? 성과가 우수한 기업은 고품질정보시스템을 갖추고 있다. 그러나 우수한 정보시스템이 성과가 저조한 기업을 끌어올릴 수 있는 것은 아니다. 정보관리는 보조기능일 뿐이며(정보기술업체가 아닌

---

36) Peter F. Drucker, "The Coming New Organization," Harvard Business Review, January/February 1988.

경우라면) 기업의 핵심적인 기능은 아니기 때문이다(Porter의 가치사슬(value chain) 모형을 생각해 보라).

전략적 · 전술적 계획은 정보를 토대로 수립된다. 본 장의 뒷부분에서 설명되겠지만, 정보에는 일상적인 운영에 이용되는 정보도 있고, 장기적인 동향을 예측하는 데 이용되는 정보도 있다. 그러나 정보시스템이 향후 계획과 관련하여 경영자에게 무엇을 해야 할지 말해주지는 않는다. 그것은 인간의 판단력이 개입되어야 하는 문제이다. 따라서 정보시스템은 다음과 같은 기본 요소로 구성된다.

① 입력(Input)

② 출력(Output)

③ 모형(Models)

④ 기술(Technology)

⑤ 데이터베이스(DataBase : DB)

⑥ 제어(Control)

이와 같은 여섯 가지 기본 요소 중에서 정보기술은 다른 요소들을 결합시키는 접착제 역할을 한다. 입력과 출력은 일반적으로 입력데이터와 출력데이터를 의미한다. 기술자가 프로그램 변경을 위해 시스템에 개입하는 경우는 입력으로 간주되지 않는다. 프로세싱(processing) 또는 저장을 위해 컴퓨터에 정보가 투입될 때 그것을 입력이라고 한다. 출력 역시 데이터로, 경영자들은 출력정보를 토대로 의사결정을 한다. 경영정보시스템(Management Information System : MIS)이 고차원적인 의사결정을 내리는 것은 아니다.

전자상거래를 위한 컨텐츠 관리 요소

콘텐츠 유형	콘텐츠 정의
Raw Content	정보원(Information Source)에서 제공된 상태가 비체계적이고 일관성이 없으며 부정확한 데이터
Clean Content	Raw Content에서 부정확성과 비일관성이 제거된 데이터
Rationalized Content	Clean Content를 체계화하여 구체적인 환경 또는 내용을 반영하도록 가공한 데이터
Normalized Content	Rationalized Content를 대안 비교, 의사결정 등을 위해 사용될 수 있도록 가공한 데이터
Syndicated Content	Normalized Content를 필요로 하고 사용할 수 있는 사람이 직접 이용할 수 있는 수준으로까지 가공된 데이터

모형은 시스템의 구조라고 볼 수 있다. 기업 본부와 현장 사무소를 예로 들어 보자. 본부를 허브(hub)로 하여 본부와 현장 사무소들을 연결하는 방식으로 정보시스템을 구축할 것인가? 아니면 모든 사무소가 상호 연결되어 직접 커뮤니케이션을 하도록 할 것인가? 북미의 한 운송업체는 그 지역의 니즈를 충족시키는 메인프레임(mainframe) 컴퓨터를 갖고 있었다. 그 회사는 시스템을 재설계하여 메인프레임을 없애고 아시아에 소재하는 한 개의 컴퓨터만을 이용하여 다른 모든 지역에 거쳐 모든 데이터가 일관성을 유지할 수 있도록 했다.

통제(control)는 정보시스템을 관리하는 방법이다. '쓰레기가 들어오면 결과물도 쓰레기에 지나지 않는다(garbage in, garbage out)'라는 말이 있다. 이는 입력이 적절하지 않으면 출력도 적절하지 않다는 것을 의미한다. 통제시스템은 적절한 입력이 투입되도록 함으로써 출력이 개선될 수 있도록 하는 것이다. 재고정보를 데이터베이스에 입력하고자 하는 하드웨어업체를 생각해 보자. 이 업체는 종종 제품명이 바르게 입력되지 않는 문제가 있다. 예를 들어, 100개의 망치가 입고되었는데 톱이 입고된 것으로 입력되었다고 가정해보자. 이렇게 입력에 오류가 발생하면 시스템은 100개의 톱은 재고로 남아 있으며 망치는 부족한 것으로 인식하고 잘못된 명령을 내리게 된다. 이러한 오류방지를 위해 통제시스템이 데이터의 정확성을 스스로 확인할 수 있는 기능을 보유해야 한다. 위와 같은 경우에는 통제시스템이 입고내역을 데이터베이스와 대조하여 검토하는 감독자의 역할을 할 수 있으며, 또한 입력오류를 최소화하는 바코드 시스템(bar-code entry system)을 도입할 수도 있다.

데이터는 정보시스템을 구성하는 기본 구성 요소이다. 데이터의 양식은 전반적인 시스템의 품질을 크게 좌우한다. 사실상 정보시스템의 가장 큰 목적은 데이터를 수집하여 유용하게 가공하고 활용할 수 있도록 하는 것이다. Keeping Score에서는 콘텐츠(content)로 불리는 데이터의 다양한 유형을 구분하고 있다. 이 책의 분류법에 따르면 데이터에는 계층적 체계가 있는데 Raw Content라고 불리는 단순하고 용도가 제한적인 데이터에서부터 Syndicated Content라는 정교한 데이터에 이르기까지 데이터를 다양하게 나누어 볼 수 있다.

통신은 네트기반 정보시스템의 핵심 기능 중의 하나이다. 세계화는 전세계 사람들이 상호 커뮤니케이션을 할 수 있게 된 결과이다. 커뮤니케이션 기회가 주어지면 비즈니스가 형성되고 여기에 합리적인 가격에서 운송이 뒷받침되면 글로벌경제가 구축되는 것이다. 그렇다고 해서 통신이 곧 정보시스템을 의미하는 것은 아니다. 메시지를 전달하는 것은 정보시스템의 다양한 기능 중의 하나일 뿐이다.

정보 전달이 용이해짐에 따라 기업과 정보가 매일 받는 정보의 양이 급격히 증가하였다. 이에 따라 정보의 홍수를 막거나 통제하는 일이 정보관리의 핵심 논제로 부각되었다. 미국의 우편 서비스 직원은 한해 약 22만3천 개의 우편물을 배달한다. 한편 AOL(American On-Line) 직원은 약 138만 개의 이메일과 메시지를 발송하며 네트상에 4,300만 건의 접속을 관리한다.[37] 위 자료에서 보는 바와 같이, 네트의 보편화에 따라 일반 우편의 효율성과 효과성은 이미 감소하고 있다.

통신의 발전이 기업의 성과개선에 기여하는 이유와 방법을 이해하기 위해서는 커뮤니케이션의 성격을 먼저 살펴 보아야 한다. The Institute for the Future의 보고서에 따르면 미국 직장인은 하루에 190개 이상의 메시지를 주고 받으며 이 수치는 계속 증가하고 있다.[38] Pitney Bowes의 CEO인 Michael J. Critelli는 다음과 같이 말한 바 있다. "우리는 더 많은 메시지를 발송할 수 있는 능력을 갖게 되었지만 그 메시지를 받고 대응할 수 있는 능력을 크게 증가시키지는 못했다."[39] 우리는 때때로 정보가 많을수록 좋다는 그릇된 생각을 하게 된다. 그러나 고품질 정보시스템이 추구하는 것은 더 많은 정보가 아니라 더 좋은 정보이다.

최첨단 정보시스템의 역량은 정보이용자를 이해할 수 있는 지능(intelligence)이라고 할 수 있다. 효과적인 커뮤니케이션의 핵심 요건은 정보 제공자가 정보 수혜자를 이해하는 것이다. 만약 정보시스템이 유용한 정보를 입수하지 못하고 있다면 여기서 가능한 대안은 정보 수혜자가 자신의 니즈를 정보 제공자에게 알기 쉽도록 이해시키는 것이다. 현재의 통신시스템의 문제는 메시지를 발송하는 비용이 너무 저렴해서 메시지의 가치가 평가절하된다는 것이다. 일반 편지와 같이 우체부가 전달하는 고비용 메시지는 중요한 내용이라는 것을 의미하게 되었다. 그렇기 때문에 이메일 시대에도 중요한 안건은 상대적으로 많은 비용이 소요되더라도 직접 전화하여 전달하거나 서류를 속달우편으로 발송한다. Critelli는 또한 다음과 같이 말한다. "모든 메시지 시스템은 수취인에 대한 정보(예를 들어, 그들의 상품 및 서비스 니즈 그리고 선호도에 대한 정보)를 어느 정도 보유하고 있는가에 따라 영향을 받는다. 사생활보호법은 메시지 수취인에 대한 정보획득 노력과 관련하여 보다 복잡한 규제를 마련하여야 할 것이다."[40]

물류는 인력과 조직을 얼마나 효율적으로 통합하느냐에 따라 성패가 좌우된다. 물류와 관련된 가장 큰 도전과제는 현재 사용 가능한 도구를 보다 효과적으로 사용하는 방법을 배우는 것이다. 전통적으로 이

37) Thomas J. Duesterber, "The Post Office and the Digital Switch," Edward L. Hudgins ed, Mail@the Millennium, Washington D.C., Cato Institute, 2000, p. 140.

38) Michael J. Critelli, "The Future of Messaging," (Hudgins, op.cit.) p. 127.

39) Ibid.

40) Ibid.

에 대한 대안은 보다 강력한 컴퓨터, 보다 빠른 커뮤니케이션, 보다 큰 데이터베이스였다. 그러나 이는 더 이상 최적의 대안이 되지 못하고 있다. 물류업이 필요로 하는 것은 양질의 정보, 정확한 데이터, 효과적인 커뮤니케이션이다.

12.2 | 정보시스템과 물류정보시스템(LIS)

경영정보시스템은 세 가지 기본적인 기능을 수행한다. 데이터수집 및 저장, 데이터 커뮤니케이션 그리고 데이터 프로세싱이 바로 그것이다. 경영정보시스템은 전조직에서 사용되고 완벽히 통합되는 것이 이상적일 것이다. 다시 말해 모든 부서가 동일한 시스템 또는 호환 가능한 시스템을 운영하는 것을 의미한다. 일부 기업에서는 물류정보시스템(이하 LIS)이 구축되어 있기도 하다. Richard Dawe 박사는 LIS를 가리켜 "물류 프로세스에 관계되는 인력, 장비, 통제시스템을 연결하는 상위시스템으로서 물류 관련 의사결정의 토대가 되는 기업 내부 · 외부 정보흐름을 창출하는 것"이라고 정의했다.[41)]

LIS는 기업의 주요 시스템으로부터 분리된 별도의 시스템이 아니라 전체 경영정보시스템의 일부이어야 한다. 정보시스템과 물류시스템의 목적은 기업의 모든 부분의 조화로운 운영에 있으므로 물류시스템이 정보시스템의 일부이어야 하는 것은 당연한 것이다. 일반적으로 경영정보시스템은 어느 기업에나 적용될 수 있는 범용의 시스템이 아니라 특정 기업을 위해 맞춤형으로 설계되는 것이다. 기업별로 목표, 조직, 구조 등이 상이하기 때문이다. 그러나 물류는 기본적으로 기업 내 상이한 조직의 프로세스를 통합 · 조율하는 작업이다. 조직의 니즈를 충족시킬 수 있는 우수한 정보시스템을 갖추고 있는 몇 개의 기업으로 구성된 공급사슬을 생각해보자. 각 구성원이 우수한 시스템을 구축하고 있어도 상호 간 호환가능성은 보장되지 않는다.

모든 산업이 경쟁 압력을 받지만 이러한 압력이 정보기술을 이용하여 즉각적으로 해소되는 것은 아니다. 한 조사결과에 따르면 미국의 운송 부문이 신기술 투자 규모에서 14위를 차지했다. 운송 부문의 신기술 투자액은 직원당 $2,367에 달하는데 이 수치는 금융서비스 및 식음료산업에 훨씬 못미치는 수치이다. 팩스, 컴퓨터, 프린터 등 일반 기술에 대한 지출에서는 운송 부문이 직원당 $9,359로 9위를 차지했다.

41) Dawe, op.cit., p. 10.

정보시스템을 이용한 최근의 요구사항은 바로 개인별 맞춤화(personalization)라고 할 수 있다. 맞춤화란 고객과 제품에 대한 정확한 지식을 바탕으로, 개별고객별로 적합한 제품, 교차판매(cross-selling), 업셀링(upselling) 등의 기회를 제공하는 것을 말한다. 지금까지 컴퓨터는 반복적인 작업에만 유용한 것으로 인식되어 왔다. 그러나 이제 컴퓨터가 복잡한 의사결정 프로세스를 토대로 한 일회성 작업도 담당할 것을 요구하고 있다. 맞춤화는 규칙기반처리(rules processing)를 바탕으로 한다. 여기서 규칙은 데이터베이스로 사전에 기록되어 있으며 컴퓨터는 자동적으로 적합한 규칙을 적합한 상황에 적용한다. B2B와 같이 거래에 따른 처리량이 많은 경우에는 패턴인식(pattern recognition)기법도 이용된다.

정보제공과 관련하여 가장 기본적인 이슈는 기밀유지(confidentiality)이다. 이미 앞에서 본 바와 같이 공급사슬의 각 구성원은 정보를 보호하려고 많은 노력을 기울인다. 그러한 상황은 정보시스템에도 영향을 미친다. Covisint는 미국의 3대 자동차 제조업체(GM, Ford, Daimler Chrysler)의 공동 출자로 운영되는 e-marketplace로, B2B 거래모형에 있어서 가장 모범적인 사례이다. Convisint를 통해 위 세 자동차 제조업체뿐만 아니라 공급업체 및 하청업체 등이 자동차 부품을 거래하는데 그 시장규모가 수천억 달러에 이른다. 그러나 이 e-marketplace를 이용하는 많은 공급업체들도 이 시스템으로 집중되는 자사의 지적재산권 등의 사내 정보의 보호에 우려를 표시하고 있다. 실제로 이들 업체 중 한 업체의 구매담당임원이 전 직장에서 기밀정보를 빼내어 새 직장에 제공하려다 발각된 사례가 있었다. 더욱이 주요 자동차 제조업체의 공급업체의 수가 5만 개에서 3만 개로 축소됨에 따라 업계 일부에서는 공급사슬이 결속단체가 된 것이 아니냐는 의문을 제기하고 있다.

정보시스템 활용에 있어서 기업과 정부 간 혹은 정부 내 정책당국 간의 관계도 세심한 고려가 필요한 분야이다. 미국 관세청은 공개정보와 기밀정보를 구분함에 있어서 많이 고민하고 있다. 미국 관세청의 AES(Automatic Export System)은 ExdEc 데이터를 수집하여 이중 일부를 공개한다. AES는 매우 종합적인 시스템으로서 경쟁사 간의 역학관계 및 전략에서 글로벌무역에 이르기까지 방대한 양의 데이터를 제공해왔다. 또한 미국에서는 운송업체와의 전자 인터페이스 통제를 놓고 관세청과 재무부가 서로 논쟁을 벌인 적이 있다. 운송업체 관련 서류를 취급하는 창구는 하나로 통일되어야 한다. 운송업체가 각기 다른 정부기관에 동일한 정보를 신고해야 한다면 매우 비효율적일 뿐만 아니라 정보의 정확성과 품질도 저하될 것이다. 하나의 정책기관이 데이터를 통합하여 관리하도록 함으로써 오류가 발생할 가능성도 줄일 수 있으며 정보 제공자가 자신의 이익을 위해 정보를 왜곡할 가능성도 줄일 수 있다.

기업들은 회색시장(gray market) 및 위조 방지를 위해 운송업체가 운송품목에 대한 정보를 공개할 것을 요청해왔다. 그러나 운송업체들은 자신의 경쟁사에게 이용될 수 있는 사업상의 기밀이라는 이유로 정보공개를 거부하고 있다. 정보는 중요한 사회문제와도 직접적인 관련성이 있을 수 있다. 그러나 운송품목이 이후에라도 공개되면 이는 특정 기업의 운송 패턴을 노출시킬 수 있다. 이 경우 오히려 절도나 테러 등의 범죄행위에 공개된 정보가 악용될 소지도 있다.

물류정보시스템(Logistics Information Systems : LIS)

이제 물류 비즈니스에 있어서 정보시스템의 의미와 기능에 대해 설명한다. 우선은 물류업체의 고유한 특징을 이해하고 이를 토대로 어떠한 특별한 정보 니즈가 있는지를 파악해야 할 것이다. 물류는 물품운송에 관한 것이며, 따라서 물류업에서의 정보는 물품에 관련된 정보일 것이다. 물류는 또한 공급사슬 내 널리 분산되어 있는 다양한 업체를 조율하기 위하여 적절한 정보의 유통을 필요로 한다.

기술은 고정자산의 생산능력을 증가시키는데, 물류의 경우 불필요한 움직임을 최소화하고 하역작업의 기계화를 통해 장비의 효율성을 개선하여 24시간 가동체제를 구축하는 것이 그 한 예이다. FedEx는 Tennessee 주에 위치한 허브공항의 야간 운영을 컴퓨터 시뮬레이션을 통하여 분석하였다. 이로써 가장 효율적인 착륙, 선적, 하적, 파킹 패턴을 파악하였고 결국 수백만 달러를 절감할 수 있었다.

정보기술도 고정자산의 생산능력을 증가시키기 위 해 도입되었다. ERP(Enterprise Resource Planning)는 기업의 모든 정보 니즈에 대응하는 정보시스템이다. 그리고 DSS(Decision Support Systems)나 ExS(Expert Systems)를 포함하는 MIS(Management Information Systems, 경영정보시스템)는 경영진의 의사결정을 지원하는 시스템이다. 제조업체의 경우 MRP(Material Requirement System)를 사용하여 자재흐름을 관리한다. 이외에도 비슷한 기능의 시스템을 의미하는 다양한 용어가 사용되고 있다.

사업 분야가 다양한 대기업에서는 제조 부문에 적용되는 ERP와 전반적인 기업경영에 이용되는 MIS를 구분한다. LIS도 이러한 맥락에서 물류흐름의 효율성을 높이기 위하여 도입되는 다양한 정보시스템을 통칭하는 것으로 볼 수 있다.

인터넷과 여타 통신기술의 발전으로 물류상품과 서비스가 거래되는 새로운 시장이 생성되었다. 여기서 물류서비스에 화주가 접근하는 방식은 다양하다. 2000년 기준으로 물류 관련 서비스를 거래할 수 있는 시장 또는 인터넷 사이트가 50여 개에 이르는데 이러한 시장 및 사이트는 앞으로 10~15개 이내로 통합될 것으로 전망된다.[42] 물류서비스 거래사이트는 물품, 통화, 정보의 이동을 촉진하는 온라인 시장으로 정의된다.[43] GF-X와 같은 사이트는 독립기업으로서 어느 서비스 제공업체에도 소속되어 있지 않다. 어떤 사이트는 특정 업계만을 대상으로 하기도 하며(수직적 거래, independent vertical exchange) 또 어떤 사이트는 다양한 산업에 걸친 제품 또는 서비스를 취급하기도 한다(수평적 거래, horizontal exchange). 컨소시엄 거래시장(consortium exchange)은 거래단체가 스스로 거래소를 운영하는 것을 의미하며, 민간거래시장(private trading exchange)은 해당 거래업체만 접근 가능한 경우를 말한다.

본 장의 앞부분에서 인터넷이 경제에 미치는 영향에 대한 상반된 시각에 대해 언급한 바 있다. 현재로서는 인터넷의 도입으로 공급사슬이 압도되기보다는 안정성이 확고해지고 있는 경향이 강하다. 그 이유는 무엇일까? 스팟거래(spot trading)를 중심으로 한 거래소(trading exchange)가 어느 정도 가치 있는 서비스를 제공하기는 하지만 모든 기업이 스팟시장에서의 거래에 수반되는 위험을 원하지는 않기 때문이다. 서비스계약의 증가는 운송서비스를 구매하기 위해 스팟시장을 이용하는 기업이 줄고 있음을 의미한다. 다시 말해, 많은 기업이 스팟거래를 통한 단기적 이익보다는 장기적 거래 관계에서 비롯되는 안정성과 혜택을 선호한다는 것이다.

국제물류에는 특별한 LIS 관리 이슈가 대두된다. 그 중의 한 가지가 언어이다. 컴퓨터는 프로그래밍 언어로 영어를 사용한다. 그러나 사용자 인터페이스는 국가별로 상이하다. 영어로 표기된 제품 데이터베이스는 스페인어 사용 국가에서는 이용이 어려울 것이다. 법적 이슈도 관련되어 있다. 예를 들어, 사생활보호법도 국가별로 상이하다. 어떤 국가에서는 고객정보를 데이터베이스로 구축할 수 있는 반면 또 다른 국가에서는 사생활보호 차원에서 동일한 고객정보를 수집 · 보유하는 것이 불법이 될 수도 있다.

공급사슬은 물류와 정보시스템에 특별한 도전과제를 부여한다. 앞에서 언급했듯이 기업은 공급사슬하에서 공급업체 그리고 고객과의 관계를 조율을 해야 하는 신비에 가까운 (때로는 불가능한) 기교를 요하지만, 물류관리는 이에 비하면 훨씬 구체적인 것이다. 따라서, LIS는 공급사슬의 정보시스템이 아니라 공급사슬에 '적용되는' 개별주체들의 정보시스템의 통합을 의미한다. 왜 이에 대한 이해가 필요한가? 어떤 기업이 새로운 경영정보시스템 설계를 앞두고 있다고 가정해보자. 그런데 이 기업은 어떤 업체가 자사의 공급업체가 될지를 모르고 있다(일반적으로 이는 사실이다). 따라서 이 기업이 설계하

---

42) Bauer et al., "e-Business: the Strategic Impact on Supply Chain and Logistics," Council of Logistics Management, 2001, p. 13.

43) Ibid., p. 55.

는 경영정보시스템은 공급자의 그것과는 매우 상이할 수 있을 것이다. 또한 공급업체는 변경되기도 하므로 경영정보시스템을 특정 공급업체에 맞추어 설계할 필요는 없다. 결국 정보시스템은 그 기업의 고유한 상황에 맞추어 설계되고 결국 공급사슬을 조율하는 역량은 크게 떨어지게 될 것이다. 그러나 궁극적으로는 구매부서가 공급업체의 정보시스템과 거래를 위한 조율 등 상호작용을 해야 할 것이므로, LIS의 목적은 이에 초점을 맞추어야 한다.

정보시스템은 비용절감의 목적으로 설계되는 경우가 많다. 이는 여러 가지 방법으로 가능한데 재고 축소를 통한 거래비용(transaction costs) 절감이 가장 보편적인 접근 방법이다. 그러나 Bauer 등은 다음과 같이 설명한 바 있다. "예상된 비용절감은 실제로 비용을 제거함으로써 달성되는 것이 아니라 공급업체 네트워크에 비용을 전가함으로써 가능해지는 경우가 많다."[44] 가장 효율적인 기업은 정보를 효과적으로 이용하여 비용을 공급업체 또는 고객에게 전가한다. 그렇다고 이것이 비도덕적인 일이라고만 볼 수는 없을 것이다. 이에 대한 답을 하기 전에 기업의 일차적인 목적은 언제나 자사의 수익성 향상에 있지 공급사슬 전반의 수익성 향상에 있지는 않다는 점을 상기해 볼 필요가 있다(공급사슬 전반의 수익성 향상은 자사의 수익성 향상을 위한 수단일 뿐이다. 이는 앞장에서 살펴 본 바와 같이 공급사슬이 불안정할 수밖에 없는 근원적인 이유이다).

제휴 및 파트너십 구축 동향은 정보시스템의 지배구조(ownership)에 대한 우려를 낳고 있다. 제휴가 성사되면 기업은 내부시스템을 새로운 파트너와 호환이 가능하도록 조정한다. 이러한 시스템 조정작업이 기업의 핵심기능에 직접적인 변화를 가져오지는 않지만 새로 추가되거나 제거되는 부분은 간접적인 영향을 미친다. 이러한 과정에서 기업들은 파트너십을 기준으로 하여 시스템을 수시로 변경해서는 안 된다. 파트너십이 오래 지속되지 않는 경우도 많기 때문이다.

General Electric사의 CEO였던 Jack Welch는 "닷컴 업체가 당신의 회사, 고객, 공급업체 사이에 끼어들지 않도록 하라"고 경고한 바 있다. 예컨대, 3PL과의 업무협상 시 소프트웨어 애플리케이션 권한도 협상하여야, 업무 관계가 지속되지 않는 사태가 발생하여도 소프트웨어 이용 권한까지 상실하지 않게 된다.

44) Ibid., p. 82.

상용화된 데이터베이스

경영 관련 정보분석과 의사결정지원에 널리 이용되는 상용 데이터베이스(여기서는 시스템이 아닌 정보서비스를 말함)가 있다. 그 중 가장 규모가 큰 것이 Journal of Commerce가 제공하는 PIERS이다. 이 데이터베이스는 US Customs Service 그리고 US Census Bureau와 같은 기관에 연결된 정보를 검색하여 국제교역에 대한 가장 광범위인 데이터를 제공한다.

샌프란시스코에 소재한 컨설팅업체인 Manalytics International사는 프로젝트 수행을 위해 PIERS를 이용한다. 예를 들어, 고객사가 자사의 제품 수요에 대해 알고 싶어할 경우 PIERS와 다른 데이터베이스 및 자체 연구조사를 통해 국제운송과 관련한 동향을 파악할 수 있다.

PIERS는 또한 개별 화주와 관련된 정보까지 제공하므로 특정 화주의 운송품목, 운송량, 운송시기 등을 알 수 있다. 기업들이 이러한 정보를 제공하는 이유는 무엇일까? 일단은 모든 수출업체 및 수입업체는 의무적으로 이러한 정보를 신고해야 하기 때문이다. 그러나 화주는 자사의 이름을 노출시키는 것을 꺼린다. 어떤 화주는 중개업체의 이름을 이용하여 자사의 이름을 노출시키지 않는다. 그렇더라도 우수한 조사업체는 누가 화주인지를 알아낼 수 있다. 예를 들어, 어떤 한 업체가 단 하나의 화학제조업체만이 소재한 도시에서 화학제품을 운송한다면 화주가 어떤 업체인지를 유추하는 것은 쉬운 일이다.

데이터에는 다양한 제공처가 있으며 모두 장 · 단점을 갖고 있다. UN, OECD, EU는 모두 무역통계를 위한 중요한 데이터를 제공한다. 정보제공에 있어서 중요한 부분은 정보 제공처를 찾아내고 정보를 해석하는 방법을 알아내는 것이다. 데이터 수집 방법과 취합된 수준도 알아야 한다. 예를 들어, 어떤 데이터는 교역량을 톤으로 표시한다. 이 정보가 어떤 업계에서는 유용하겠지만 교역량을 톤으로 파악하는 것이 의류업계에서도 의미가 있겠는가? PIERS는 컨테이너를 이용한 물품과 그렇지 않은 물품으로 구분된 데이터를 제공하며 화주별 데이터도 제공한다.

GPS(Geophysical Positioning Systems)

오늘날 운송에서 가장 중요한 도구(tool) 중의 하나가 위성을 이용한 GPS이다. GPS는 군사목적의 시스템을 상업용으로 전환한 것이다. 미군은 전세계를 정찰하는 위성을 발사했는데 이 위성은 주기적으로 지구로 신호를 보낸다. 그러면 휴대전화기 크기만한 GPS 수신기(GPS receiver)가 이 신호를 받아 정확한 위치를 계산한다. GPS 수신기는 오차의 범위가 2~3m 이내일 정도로 정확하다. 보다 전문화된 GPS는 지상기지국을 이용하여 항공기의 착륙 또는 선박의 입항을 통제하기 위하여 매우 정확한 위치를 제공하는데 이를 DGPS(Differential GPS)라고 한다.

GPS는 물류산업의 여러 부분에서 이용된다. GPS를 통해 수화물의 위치를 추적할 수도 있으며 공항에서는 DGPS를 통해 항공기를 특정 방향에서든 접근할 수 있도록 하여 영공을 보다 효율적으로 이용한다.

12.3 | 비즈니스 프로세스 측정(Measurement of Business Processes)

정보시스템의 중요한 역할 중의 하나는 기업활동을 정확하고 유용한 방식으로 측정하는 것이다. 이러한 이유에서 프로세스의 측정에 주목해야 한다. 물류 프로세스를 다루는 'Keeping Score'의 저자들은 대부분의 물류관리자가 창고, 운송, 여타 물류활동 등의 내부활동 성과 측정에만 초점을 맞추고 고객만족에 직결되는 외부활동에는 관심을 기울이지 않는다고 지적한다.[45] 측정 프로그램은 기업전략과 정보시스템을 연결하는 중요한 부분이 되어야 한다. 측정 프로그램의 첫 단계는 어떤 프로세스를 측정하기 원하는지 파악하는 것인데, 이를 위해서는 먼저 전략을 검토하고 이의 핵심 성공 요인을 규명하는 것이다.

측정 프로그램의 효과적인 실행을 위해서는 극복해야 할 장애물이 있다. 우선 정보수집에는 많은 비용이 소요된다. 이러한 비용지출을 정당화하기 위해서는 정보 니즈가 유용한 것이어야 하며, 그 유용성이 모든 관련 주체에 의해 입증되어야 한다.

정보수집에는 많은 인력이 필요하다. 만약 이들이 정보수집 프로세스에 전념하지 않는다면 입력되는 정보의 질이 저하될 것이며, 따라서 전반적인 측정 프로그램이 위기에 처하게 될 것이다('garbage in, garbage out'을 다시 한 번 상기하라).

효과적인 측정을 방해하는 장애물

- 측정 자체의 어려움
- 측정과 전략 간 바른 연계가 정의되어 있지 않음
- 기능과 프로세스가 복잡하고 조화를 이루고 있지 않음
- 측정 대상이 정보 공유를 꺼림
- 용어 정의에 대한 공통의 이해 부족

그림 12-2 **기업에서 정기적으로 측정되는 활동 및 요소들**

45) Keebler et al., op.cit., p. 3.

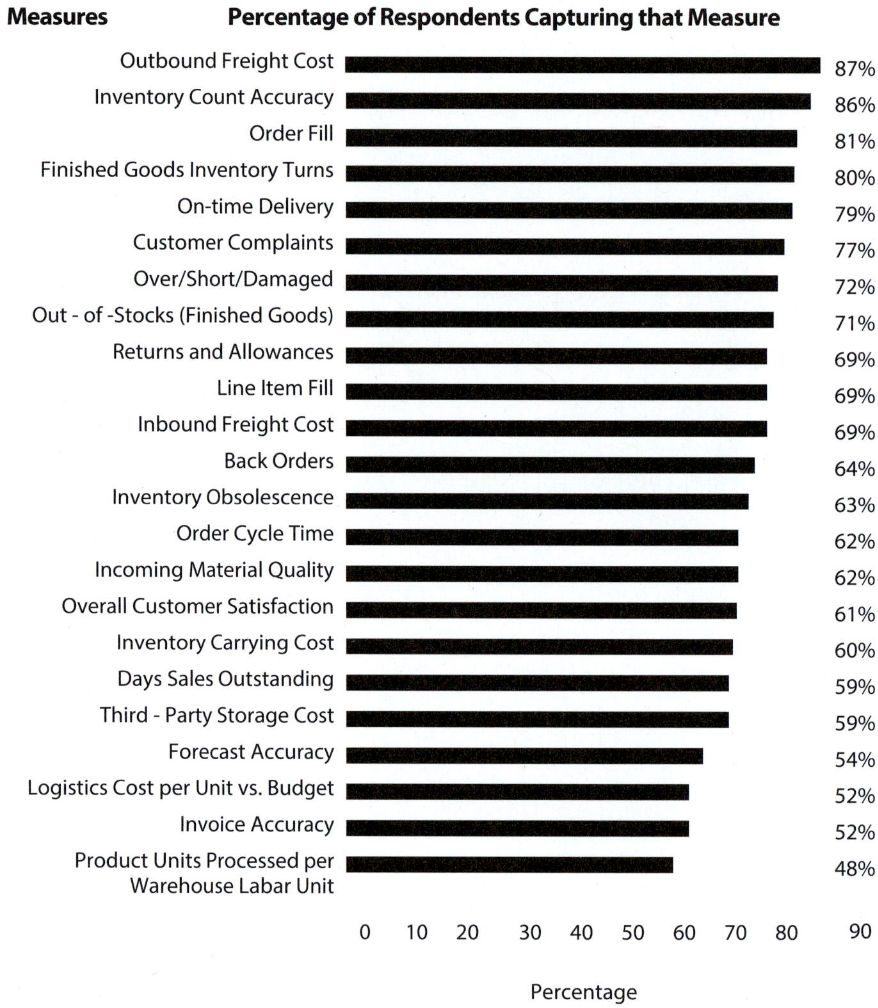

데이터는 일단 수집되면 최종 사용자에게 유용한 형태로 만들어져야 한다. 많은 측정 프로그램들은 이러한 점에서 부족하다. 일단 정보가 수집되면 별다른 가공을 거치지 않은 채 기업 내 조직원들에게 유용하지 않은 형태로 제공되기 때문이다. 따라서 데이터는 다음과 같은 요건을 충족시켜야 한다.

- 시의적절성(timely) : 해운업체는 대양 횡단에 3주가 소요되는 자사의 선박 상황을 파악하고 있어야 한다. 또한 항공운송업체는 대양 횡단에 3시간이 소요되는 자사의 항공기 상황을 파악하여야 한다. 여기서 시의적절하다는 것은 신속한 것을 의미한다기보다는 상황에 적합한 시간을 의미하는 것이다.
- 관련성(relevant) : 대부분의 기업이 이용할 수 있는 정보가 홍수를 이룬다는 점을 고려해볼 때, 정보를 분류하고 관련 있는 정보만을 선택하는 것도 어려운 작업이다.

- 정확성(accurate) : 데이터의 품질은 데이터의 양 그 이상으로 중요하다. 부정확한 정보는 없는 것보다 못하기 때문이다.
- 적절한 형태(appropriate form) : 어떤 경영정보시스템은 투입정보가 문자 형태로 되어 있고 또 다른 시스템은 숫자 형태로만 정보를 입력받을 수 있다. 또 다른 공통적인 이슈는 사용되는 소프트웨어이다. 적절한 형태란 데이터가 소프트웨어와 호환 가능한 형태이어야 한다는 것을 포함한다.
- 가용성(available) : 필요한 데이터가 존재하기는 하지만 이용할 수 없는 위치에 있거나 이용할 수 없는 형태에 머물러 있을 수도 있다. 또한 데이터에 대한 접근은 보안의 이유로 통제될 수도 있다. 물류에서 정보관리의 많은 이슈는 공급업체 또는 고객이 오퍼레이션을 조율할 수 있도록 지원하는 정보를 확보하되 이 정보를 노출하고 싶지는 않다는 사실에서 유래한다.

Partlow Chart

Partlow Chart는 정보시스템이 간단하면서도 효과적일 수 있음을 보여 주는 사례이다. 냉장화물 운송사업은 매우 수익성이 높은 사업이다. 하지만 온도를 어떻게 일정하게 유지하고 내용물이 상하지 않도록 할 것인가? Partlow Chart는 냉장 컨테이너에 비치되어 온도를 기록하게 되어 있다. 예컨대, 어떤 물품에 대해서는 약 섭씨 15도 선에서 온도가 유지되도록 한다. 만약 이 경계를 넘게 되면 냉장 온도에 오류가 발생하였음을 즉각적으로 알린다.

성공적인 측정의 요소[46)]

- 정량화됨(quantitative) : 측정치가 객관적인 가치로 표시됨
- 이해의 용이성(easy to understand) : 측정치가 무엇을 측정하고 있는 것인지 그리고 어떻게 측정치가 도출되었는지를 쉽게 알 수 있음
- 바람직한 행동에 대한 독려(encourage appropriate behavior) : 측정기준은 생산적인 행동에 대해서는 보상을 제공하고 game playing은 억제할 수 있는 균형(balance)을 제공해야 함
- 가시성(visible) : 측정의 효과가 측정되는 프로세스의 모든 관련자에게 즉시 전달됨
- 명확성(defined and mutually understood) : 모든 핵심 프로세스의 참여자가 측정기준을 함께 정의하거나 이에 동의함
- 전체성(encompass both outputs and inputs) : 측정 대상 프로세스의 투입과 산출의 모든 요소를 포괄함
- 간결성(measure only what is important) : 프로세스관리에 실제로 도움이 되는 핵심적인 성과지표(performance indicators)에만 초점을 맞춤
- 다차원성(multi-dimensional) : 효용성(utilization), 생산성(productivity), 성과(performance) 간의 적절한 균형을 이루고, 이들 간의 상충관계(trade-off)를 반영함

46) Ibid., p. 8.

- 경제성(economies of effort) : 측정이 가져오는 혜택이 측정을 위한 정보수집과 분석의 비용을 상쇄하고도 남음
- 신뢰성(trust) : 측정을 통해 다양한 이해당사자의 참여의 정당성을 보증함

물류 프로세스 측정에 있어서 중요한 교훈[47)]

- 물류 프로세스의 측정이 전략적 방향과 일관되게 실행되어야 함
- 고객 니즈에 대한 심도 깊은 이해
- 고객서비스 비용파악
- 물류를 프로세스 관점에서 파악
- 핵심 측정치에만 초점을 맞춤
- 비효과적인 측정활동의 과감한 중단
- 정보기술의 적극적 활용

12.4 | CI(Competitive Intelligence)와 국제물류[48)]

Barney International Corp.은 100여년 동안 신선한 과일과 기타 식료품을 생산하고 수출하여 년매출 30억 달러를 창출하는 대기업이다. 전세계 주요 시장을 겨냥하여 중앙아메리카, 남아메리카, 카리브해 연안, 아프리카, 필리핀, 중국 등의 지역에서 생산하고 수출한다. 매주 3백만 개에 이르는 40파운드의 바나나 박스가 컨테이너, 팔레트, 벌크컨테이너 등에 실려 냉동화물선으로 운송된다.

바나나는 부패가 쉽고 부서지기 쉬운 제품이므로 품질 유지를 위해서는 취급과 출시까지 세심한 배려가 필요하다. 재배지에서 수확해서 가공, 거래, 소매업체로 운송하는 데 소요되는 시간은 재배지와 최종 목적지까지의 거리에 따라 수일에서 5주까지 다양하다. 마진은 적으며 경쟁은 치열하다. 물류비용은 매출의 30%에 달하므로, 이러한 변수와 비용조건 하에서 이 기업의 국제물류부서는 매우 중요한 기능을 수행한다.

CI(Competitive Intelligence)

완전한 공백상태에서 비즈니스를 개시하는 기업은 없다. 또한 매출과 주주가치창출을 위해 노력하는

47) Ibid., pp. 5~7.

48) 이 절은 Craig Weicker저 "Competitive Intelligence and International Logistics," (Douglas Long, "International Logistics: Global Supply Chain Management," Ch.14, pp. 380~383)의 내용을 저자와 협의 하에 재구성한 것임

한편 경쟁업체와 경쟁을 해야 한다. 따라서 최고경영진은 자사가 직면한 경쟁환경에 대해 관심을 갖게 된다. General Motors의 유럽사업부 사장인 Lois Hughes는 시장과 경쟁에 대한 논의에서 "주의를 기울이는 것을 한시라도 게을리 하면 빠른 속도로 깊은 침체의 늪에 빠진다."라고 말한 바 있다. 이러한 맥락에서 Barney에서는 바나나 사업에 대해 사장에게 직접 보고를 하는 전담 사무소를 두고 있다.

CI란 전략적 의사결정 프로세스와 결과에 영향을 미칠 글로벌 경쟁상황에 대한 시의적절하고 의미 있는 정보를 의미한다. CI 구축을 위해서는 미약하고 모호한 시장의 신호를 어떻게 수집하고 해석해야 하는지를 알아야 한다. CI는 많은 측면에서 시장조사와 다르다. CI는 보다 전략적이고 종합적이며 데이터 분석과 정보가 전략에 미치는 영향에 초점을 맞춘다. CI가 종합적인 이유는 생산, 연구개발, 물류, 마케팅, 의사결정, 시나리오계획 등 다양한 기능과 부문에 걸쳐 영향을 주고받기 때문이다. CI와 관련한 주요 단체인 SCIP(Society of Competitive Intelligence)[49]의 멤버십은 현재 급격하게 확대되고 있는 추세에 있다. CI의 확대는 경쟁의 심화, 복잡한 글로벌 비즈니스 환경, 기술과 통신의 발전에 의해 영향 받는다.

Barney에서의 CI와 국제물류

Barney의 CI 부서는 관리자와 분석전문가들로 구성되어 있다. 분석전문가는 경쟁업체별 생산량과 생산능력, 향후 생산 시나리오 및 예측치, 공급 국가 등에 대한 정보를 수집 · 분석한다. 또한 업계 전체에 대해서 운송 화물선의 현황, 시장점유율, 규제환경, 비핵심제품에 대한 정보, 파트너십, 고객 등을 분석한다. 규제환경은 비즈니스에 중대한 영향을 미치며 사전 경고 없이 급격하고 빠르게 변화하므로 특별한 주의를 기울이고 있다. 예를 들어, EU는 1990년대 초반에 카리비안 연안 및 아프리카의 구식민지령에 유리한 지위를 확보하기 위하여 바나나에 관한 새로운 수입정책을 수립하여 수입쿼타를 조정했다. 이러한 조치의 영향으로 Barney의 유럽시장 점유율은 40%에서 20%로 축소되었다. 사실 유럽시장은 Barney에게 가장 수익성이 높은 시장이었다. 미국제무역사무소(US International Trade Office) 대표부와 WTO는 이러한 정책을 변경하도록 압력을 행사하기 위하여 EU와 대립하고 있다. 특히 미국은 일종의 보복조치로서 미국에 수입되는 다양한 제품에 대해 수입관세를 조정하였다. CI 부서는 쿼타 시스템에 대응할 수 있는 중요한 정보를 제공하고, 향후 가능한 정책 변화에 대해 경영진이 이에 대비한 계획을 수립할 수 있도록 시나리오를 계획하고 분석한다.

---

49) www.scip.org

CI 부서의 분석결과 등과 같은 정보는 Barney, 정부기관 및 대표부, 특히 무역상무부(Trade And Customs Department) 소속의 모든 부서와 직원 그리고 인터넷과 다른 출처에 제공된다. 기술의 발전은 더 많은 정보를 창출하고 커뮤니케이션 도구를 향상시키므로 모든 데이터를 관리하고 처리할 수 있는 시스템과 조직구조는 이제 비즈니스 성공의 필수적인 요소이다.

CI 부서의 핵심은 모든 운송 화물선과 항구, 제품, 공급처, 시장 등을 트랙킹하는 맞춤화된 데이터베이스이다. 화물선은 물류업계의 모든 회사에게 가장 중요한 자산이다. 따라서 경쟁업체가 이러한 자산을 어떻게 이용하는가를 파악하는 것은 매우 중요하다. 일일 화물선 가동 비용은 1만 달러를 상회하며 하역과 기타 항구에서의 운영비용은 수십만 달러에 이른다. 데이터는 주간, 계간, 년간, 특별 보고서 작성을 위해 수집, 분석, 공유된다. 전세계적으로 4만 여명의 직원을 두고 있는 상황에서 CI 부서의 서비스를 모든 사업부와 경영진에게 홍보하고 이들이 정보수집과 활용에 적극적으로 참여하도록 독려하는 작업도 지속적으로 이루어 지고 있다.

CI 부서는 최근 인트라넷(intranet)을 구축하여 전세계의 경영진이 네트상에서 적절한 신원확인(authentication) 절차를 통해 공동시스템에 접근할 수 있도록 하였다. 이 사이트는 보고서를 공유하고 사용자가 사업보고 목적으로 데이터베이스 파일을 이용할 수 있도록 한다. 이를 통해 분석결과를 최종 사용자가 쉽게 검색하고 이용할 수 있다. 또한 전세계 정보이용자와 정보원에게 매일 신속한 뉴스를 전달하며 네트상의 번역 도구를 이용하여 정보 출처지의 해당 언어를 자동으로 영어로 번역한다.

국제물류 부서는 향후 생산량, 운송수단 결정, 항구에서의 운영, 선박 및 트럭의 일정관리, 최종 목적지 결정을 위한 장·단기계획을 수립한다. 글로벌 식료품산업에 큰 변화가 발생한다면 이러한 장·단기계획에 영향을 미치게 될 것이다. 예를 들어, 허리케인이 Guatemala에 상륙했을 때 CI 부서는 Guatemala에 근거를 두고 있는 한 경쟁업체의 생산능력의 약 40%가 피해를 입을 것으로 예측하였다. 이러한 분석은 아래와 같은 질문을 통해서 구체화된다. ① 허리케인 피해로 인하여 어떠한 시장이 언제까지 영향을 받을 것인가? ② 이러한 피해가 경쟁업체의 물류 운영에 어떠한 변화를 초래할 것인가? ③ 구체적으로 어떤 항구, 무역항로, 고객들이 영향을 받을 것인가? 이러한 질문과 이에 대한 해답을 시나리오분석 등을 통해 연구하는 과정에서 보다 나은 대응방안을 도출하게 된다. 경쟁환경을 모니터하고 분석하는 일련의 과정은 CI 부서에서 끊임 없이 추진하는 일이다. 이러한 이유로 보다 많은 기업들이 사내(in-house) CI 부서를 신설하거나 이러한 기능을 제공하는 외부 컨설팅업체의 자문을 받는다.

LEARNING CASE

자동화기계를 넣으면 '스마트물류센터'가 된다?

중국 충칭(Chongqing, 重庆)에 있는 JD(징동)의 스마트물류센터 [출처=ichongqing]

'알파고'의 바둑대결로 AI가 주목받게 되었듯이 2021년 3월 쿠팡의 뉴욕증권거래소 입성(86조원 시가총액 인정)은 일반 국민들의 물류에 대한 관심을 고조시켰다. 더욱이 의아했던 점은 당시 쿠팡의 적자 규모가 4조원에 달했다는 점이다. 한편 쿠팡 상장 1년 전 '우아한형제들'의 배민을 독일계 DH(딜리버리 히어로)가 4조7500억원에 인수하는 사건도 있었다. 창고와 트럭으로 대변되던 3D업종 물류가 핫한 주목을 받게 된 다이나믹스(Dynamics, 역동성)는 과연 무엇이고, 그렇다면 미래에도 물류는 계속 주목받는 산업으로 남게 될까? 역동적인 물류의 미래를 들여다본다.

최근에 들었던 물류분야 지인의 이야기이다.

누구나 들으면 아는 대기업 고객으로 최근에 스마트물류센터를 야심 차게 오픈했고 큰돈을 들여 웬만한 자동화 장비들을 구비했는데, 문제는 하루 처리 물동량이 예상의 3분의 1 수준 정도밖에 되지 않아서 이 고민을 해결해 달라는 요청을 받았다는 것이었다. 그것도 언제나 대한민국 '국룰'인 단시간에…

이미 현장의 인력난은 주지의 사실이고, 인력 걱정 없는 자동화로 꾸며진 스마트물류센터는 모든 기업이 추구하는 트렌드가 되었다.

하지만 일반적으로 초기 투자비용이 만만치 않기 때문에 구축 실패 시 돌이킬 수 없는 손해에 대한 위험성이 존재하는 것 또한 무시할 수 없는 사실이다.

그렇다면 성공적인 도입을 위한 고려사항은 무엇일지 알아보자.

자동창고(AS/RS: Automated Storage and Retrieval Systems)(좌), AGV(Automated Guided Vehicles)(우)
[출처=howtorobot, conveyco]

'자동화'보다는 '최적화'를 생각하자

간단한 논리이지만 'Smart'의 핵심은 물류센터 내 흐름(flow) 전체를 효율화하는 것이지 자동화기계로 사람을 대체하는 '무인화'만을 달성하는 것이 궁극의 목표는 아닐 것이다. 원하는 물동량 목표를 정하고 전체 흐름 중에서 'bottleneck' 되는 포인트를 발견해서 자동화기계를 활용하여 막힌 흐름의 속도를 높이거나, 인력 대체를 통해서 안전을 강화하는 등의 전체 물류센터 운영효율을 '최적화' 하는 것이 궁극의 목표라 할 수 있다.

자동화기계의 도입이 스마트물류센터의 충분조건이긴 하지만 그 이상의 고려가 필요하다. 사실 '적절한' 자동화기계/벤더의 선정(selection)은 매우 중요한데, 이때 항상 최고의 품질과 가격을 요구하는 자동화기계 선정이 정답은 아닐 수 있다.

즉, 전체 동선과 예상 물동량을 정의한 이후에 자동화기계의 배치(layout)와 전후 프로세스와의 연계(connection)를 고려한 상태에서 가장 적합한 자동화기계/벤더의 선정이 이루어져야 한다는 것을 의미한다.

물류센터 작업별 자동화 장비구성

배달대상은 물류센터로 입고되어 보관 후 출하에 이르기까지 정형화된 순차적인 작업단계를 거치게 된다. 우선 각 작업단계별로 고려가능한 자동화기계에는 어떤 것들이 있는지 살펴보자(아래 표).

물류센터 작업단계별 자동화기계

작업단계	자동화기계
입고/하역	ATLS(Automated Truck (Un)Loading System), 무인지게차

보관	자동창고(AS/RS), Mobile Rack(전동랙), 파렛트 셔틀, Mini Load, AutoStore, Box Multi Shuttle
이송	AGV(Automated Guided Vehicle), AMR(Automated Mobile Robot), RGV(Rail Guided Vehicle) 무인지게차
픽킹	DPS(Digital Picking System), Carousel, Mini Load, GTP(Goods To Person), GTR(Goods to Robot), AutoStore
분류	DAS(Digital Assorting System), 소터(웨이브, 슬라이드슈, Tilt Tray, Cross Belt 등)
포장/적재	제함기, 자동테이핑기, 랩핑기, 벤딩기, Palletizing Sys.
상차/출고	ATLS, 무인지게차

스마트물류센터 구축 전 엔지니어링 절차 꼭 밟아야...

목적에 맞는 효과적인 스마트물류센터 구축을 위해서는 사전 엔지니어링 절차가 반드시 필요하며, 이를 통해 물동량, 설비, 건축조건에 부합한 기본설계가 도출된다.

실제 구축은 이 기본설계를 토대로 장비구매 및 설치, 시운전의 과정으로 이루어진다고 보면 된다. 아래에 스마트물류센터 구축에 앞서 사전 설계를위한 6단계의 엔지니어링 절차를 제시해 본다.

1단계 ▶현상조사

- 경영목표 확인: 경영전략(판매, 생산/조달, SCM, 물류 등)
- 추진계획 확인: 물류센터 추진배경/목표/예산, 중장기사업계획
- 기본조건 파악: 부지/건축조건, 공급망구조, 배송조건, 물류네트워크
- 운영상황 조사: Layout/물류동선, 사용장비/설비, 공정별작업방법,일일 작업시간표, 작업인원, 정보설비 등
- 물동량 조사: 취급품목, 포장형태, 물동량/주문납기/수배송 데이터
- 개선포인트 도출: 현상관찰조사, 관련자 인터뷰/설문
- 유사사례 조사: 국내외 벤치마킹 사례조사

2단계 ▶분석

- 현상분석: 운용프로세스, 일일작업시간, 장비/설비능력, 정보시스템
- 물동량 분석: 물동량 데이터, 주문 및 납기 데이터, 수배송 데이터

- 개선방안 수립: 문제점 정리 및 분석(정량적, 정성적)

3단계 ▶개념설계

- 설계조건 설정: 목표연도 매출목표/물동 산정, 시스템기능정의 등
- 설계산출물: 운용프로세스, 레이아웃/물류동선, 기능별 소요면적, 적용설비 및 장비 선정, 작업인원, 정보시스템 개요
- 예상투자비용 산출
- 시스템 도입 효과

4단계 ▶기본/상세설계

- 설계산출물: 개념설계 산출물 개별에 대한 상세 설계서
- Road Map, Master Plan, 공사 스케쥴

5단계 ▶계약 및 실행

- RFP 작성: 일반 시방(Specification), 특기 시방, 평가기준
- 운영준비: 조직, 인프라 및 정보시스템

6단계 ▶오픈/운영

- Trial 및 보완
- 인수인계 및 운영
- 운영결과 확인 및 평가

뉴스투데이 기사 편집(2022. 7. 22.)
https://www.news2day.co.kr/article/20220721500192

참고문헌

국내문헌

- 김기평 외(2014), 실무자를 위한 유통마케팅, 비즈프레스.
- 김재일 외(2009), 물류 및 공급사슬관리의 전략적 이해, 박영사.
- 남상신(2008), 초우량기업의 물류성과와 역량관리, 범한출판.
- 리테일매거진(2015), vol.467, 한국체인스토어협회.
- 문덕충 외(2014), 대학생과 실무자를 위한 물류시스템관리, 대경출판.
- 미래창조부(2013), 국가정보화에관한연차보고서.
- 박남규 · 박상국(2015), 시뮬레이션을 이용한 항만물류관리론[개정판3판], 범한출판.
- 박정섭(2010), 물류관리보관하역론, 화학사.
- 방희석 외(2011), 물류관리론, 청람.
- 신건철 외(2004), 국제물류: 글로벌 공급사슬의 개념적 이해와 실제, 무역경영사.
- 아오키 쇼이치(2014), 유동을 장악한 기업들이 선택한 물류관리 테크닉, 비즈니스맵.
- 오세조(2007), 손에 잡히는 유통마케팅, 중앙경제평론사.
- 유창권(2012), SMART물류, 형설출판사.
- 이원동(2013), 물류기업실무자을 위한 물류관리, 청람.
- 조진행(2011), 물류관리:이론과실제, 두남.
- 한국산업인력공단(2015), 유통관리(물류관리), 진한엠앤비.
- 한국철도기술연구원(2005), 수송비통계자료.
- 함유근 외(2012), 빅데이터경영을 바꾸다, 삼성경제연구소.

외국문헌

- Antonio Estache, Manuel Romero, and John Strong, Toll Roads, Estache and de Rus.

- Bauer et al., "e–Business: the Strategic Impact on Supply Chain and Logistics," Council Logistics Management, 2001.
- D. J. Bowersox and D. J. Closs, Logistical Management : The Integrated Supply Chain Process, McGraw–Hill, 1996.
- Brian O'Reilly, "They've Got Mail!," Fortune, February. 7, 2000.
- Chris Barnett, "Shippers Say They Just Want to Know Pickup and Delivery," Journal of Commerce, Sept. 1, 1998.
- Clifford F. Lynch, "Logistics Outsourcing : a Management Guide," Council of Logistics Management, Oak Book, 2000.
- D. J. Bowersox, P. L. Carter, and R. M. Monczka, Materials Logistics Management, IJPP & MM, 1984.
- Douglas M. Lambert and J. R. Stock, Strategic Logistics Management, 3rd ed., Irwin, Boston, MA, 1993.
- Douglas M. Lambert, "Customer Service Strategy and Management," Robeson and Copacino, op. cit.
- Glenn A. Dalhart, C. John Langley Jr., and Brian F. Newton, Third Party Logistics Services : Views from the Customers, University of Tennessee, 1999.
- Global Voice of Air Logistics : Manifesto, the International Air Cargo Association.
- James L. Ginter and Bernard La Londe, An Historical Analysis of Inventory Levels : an Exploratory Study, The Supply Chain Management Research Group, November, 2001.
- Keebler, Keeping Score, Council of Logistics Management, IL, Oak Brook, 1999.
- Kogan Page, "Marketing and Logistics Led Organizations : Creating and Operating Customer Focused," Supply Networks, 2017.
- Mary C. Lacity and Rudy Hirscheim, Information Systems Outsourcing.
- Michael J. Critelli, The Future of Messaging(Hudgins, op. cit.).
- Paul R. Murphy, James M. Daley, and Douglas R. Dalenberg, "Port Selection Criteria: an Application of a Transportation Research Framework," The Logistics and

Transportation Review, Vol. 28.

- Peter F. Drucker, "The Coming New Organization," Harvard Business Review, 1988.
- Robert Mottley, Logistics in the New FDX, American Shipper, 1998.
- Robert V. Delaney and Rosalyn Wilson, "Managing Logistics in a Perfect Storm," 12th Annual State of Logistics Report, Cass Information Systems and Prologis, Washington D.C., 2001.
- Ronald H. Ballow, Business Logistics Management, 1999.
- Sarcar and Suman, "The Supply Chain Revolution : Innovative Sourcing and Logistics for a Fiercely Competitive World," Unabridged edition, 2017.
- Sheffi and Yossi, Logistics Clusters, The MIT Press, 2016.
- T. R. Lakshmanan, "Trade and Trade Facilitation: An Overview," in Integration of Transport and Trade Facilitation: Selected Regional Case Studies, World Bank Report, Washington DC, 2001.
- Thomas J. Duesterber, "The PostOffice and the Digital Switch," Edward L. Hudgins ed., Mail@the Millennium, Washington D.C., Cato Institute, 2000, p.140.
- Thomas W. Gleason, Containerization and the Labor Equation, VIA Port of NY-NJ, April 1986.
- William Pagonis and Jeffrey Cruikshank, Moving Mountains, Harvard Business School Press,1992.

인터넷 사이트

- http://biz.heraldcorp.com/
- http://www.futurekorea.co.kr/news/
- http://www.sisamagazine.co.kr/news/
- http://www.newsis.com/

- http://www.ddaily.co.kr/
- http://www.etnews.com/
- http://www.klnews.co.kr
- http://www.ksg.co.kr/bizlogistics/
- http://www.etoday.co.kr
- http://www.mk.co.kr
- http://www.yonhapnews.co.kr
- http://www.edaily.co.kr
- http://magazine.hankyung.com/
- http://www.busan.com
- http://www.hankyung.com
- http://www.newsinside.kr
- http://www.scip.org
- http://www.newspim.com
- http://www.junggi.co.kr
- http://www.etnews.com
- http://www.ksg.co.kr

ㅅ

ㅇ